좌파정권 10년
방송은
이런 짓들을 했다

좌파정권 10년
방송은
이런 짓들을 했다

- 이 보고서는 좌파 방송인들이 정권에
충성을 바친 실상을 그대로 보여준다 -

최도영 · 김강원 공저

비봉출판사

방송 3사의 좌파정권을 향한 충성경쟁 백서

1998~2007년부터 10년 동안 벌어진 충격적 사실 폭로,
위장 민주언론 전성기의 실체와 언론 장악의 배후를 공개한다.

이 책은
김대중, 노무현 정권의 위장 민주언론시대 10년 동안에 벌어진
종북방송, 편파왜곡, 허위선동, 뇌물제공, 성추문 등
방송이 정권과 야합하여 벌였던 축축한 실체들을
국민들에게 최초로 남김없이 밝히고 있다.

■ 서문 ■

 이 책은 1998년부터 '위장민주언론시대' 10년 동안 좌파방송인들이 정권에 충성경쟁을 벌이면서 방송을 정권의 도구로 전락시킨 기록을 담은 것이다.
 '위장민주언론'은 겉으로는 민주언론을 부르짖으면서 권력과 야합하여, 종북으로 기울어진 좌편향성을 의미하는 것이다.

 2004년 6월 15일, 〈PD수첩〉은 김대중 전 대통령의 남북공동선언 4주년을 맞아 프로그램을 통째로 김 전 대통령에게 헌납하였다. 당시 MBC노조, PD협회, 기자협회 등은 이에 대해 일언반구 이의를 달지 않았다.

 2012년 1월 30일, '언노련 MBC노조'는 이명박 정부가 불공정방송을 했다면서 장장 170여일의 파업에 들어갔다. 처음에는 보도국장과 보도이사를 바꾸라고 외치다가 그것이 안 되자 낙하산 사장 퇴진으로 번졌다. MBC노조는 이명박 정권에서 5년 임기 1,825일 가운데 232일, 12.7%를 파업으로 보냈다.

 방송의 생명은 공정성이다.
 공정성이란 바꾸어 말하면 형평성과 정확성이다.
 어떤 사안을 다룰 때 편파성을 띠지 않고 불편부당하게 보도하는 것이 형평성이고, 허위나 날조가 아닌 사실에 바탕을 둔 객관적인 보도를 하는 것이 정확성이다.
 우리는 미디어와 소통하며 알고 느끼고 판단하고 행동하게 된다. 방송의 공정성이 무엇보다도 중요하고, 우선해야할 이유가 바로 이것이다.

김정일을 찬양하는 적기가가 버젓이 방송되고 클로즈업된 김일성 시계가 안방으로 침투하는 방송, 북한의 국가를 대한민국 국민들에게 들려주는 방송, 우리 대통령 얼굴 옆에 인공기를 버젓이 띄우는 방송, 더는 이런 방송이 존재해서는 안 되겠다.

조작된 광우병의 공포로 온 국민을 감염시키고 선전 선동을 통해 국정을 무력화 시키고 정권을 전복하려고 어린 학생들까지 거리로 내모는 이런 방송은 더는 용납해서는 안 된다.

이 책을 통해 우리 국민들이 좌파정권 10년 동안 위장민주언론의 실체와 좌편향적 형태, 전 국민을 상대로 한 치밀한 계산된 음모를 깨우치게 되기를 바란다.
또한 진정한 국민을 위한 국민의 방송이 바로 서는 것이 국가의 정체성을 지키는 근본임을 다시 깨닫는 기회가 되길 바란다.

오늘도 여전히 국민을 선동하기 위한 위장된 민주언론이 세상을 떠돌고 있다. 단죄斷罪하지 않는 역사는 반복되는 법이다. 지난날의 과오에 대한 반성을 통해 보다 나은 내일을 기약할 수 있는 것이다.

2013. 8.

■ 목차 ■

서문 / 5

1장 ■ 좌파시대의 개막, 김대중 정권과 방송 / 13
　방송 3사, 좌파이념 확산, 북한 홍보 방송 / 13
　국가정보원, 성급한 북한 방송 개방 / 20
　남북 보도지침, 남한 언론의 항복문서 / 38
　박지원 장관, 뉴스데스크에 출연, 장광설 / 49
　방송 3사 대북 특별 창구 설치, 북한 지원 / 58
　연평해전 원인은 우리 어선의 월선조업 / 61
　MBC, 끝까지 우리 어선의 월선조업 주장 / 72

2장 ■ 방송 3사의 정권 장악을 위한 충성경쟁 / 78
　대통령을 향한 뜨거운 충성경쟁 백태 / 78
　정권의 나팔수를 자임한 좌파언론들 / 82
　방송개혁위원회, MBC민영화 차단 로비 / 85
　방송개혁위원회 대응 TF팀 구성 활동 / 87
　신문 출신 김중배 씨가 MBC 사장 된 배경 / 91
　청와대의 전방위적 방송 장악 압력 / 93
　정권의 사전 선거운동에 총동원된 방송 3사 / 97
　정권에 진상한 '거실에서 만난 대통령' / 100
　노조, 군부독재 시절의 대담 합동중계 연상 / 104
　〈PD수첩〉 포맷 깨고 남북공동선언 4주년 대담 / 109
　총선전략, 정규편성 파괴에, 연장방송 불사 / 117
　권력 앞에 비굴해진 방송 노조의 행태 / 119

3장 ■ 노무현 정권과 방송의 허니문 관계 / 121
　노무현 대통령 만들기 일등공신 방송 / 121
　노무현의 보은 발언 – "방송은 이제 내편" / 123
　SBS, 남북 방송교류에 1,000여 명 대거 방북 / 128

마오쩌둥의 대장정 방송, 김현희 가짜설 조작 / 132
대통령의 말, 국론을 분연시킨 원인 제공 / 134
김현희 가짜설 유포에 앞장선 MBC / 136
선진국일수록 국가보안법 같은 법은 없다는 주장 / 143
서동구 내정 파문과 좌파이념 전도사 정연주 등장 / 150
17년 전의 정신으로… 노조위원장 출신 사장 / 153
노 대통령, 앞으로 방송사에 전화하지 않을 것… / 160
내 편이 하면 정상, 반대편이 하면 낙하산 / 163
좌편향 방송의 포문을 연 방송 3사 / 167
좌익세력 미화에 국민 시청료 펑펑 / 181
해방공간의 '반역 좌익'의 미화 / 182
〈태백산맥〉, 무죄 판결과 〈서울 1945〉 / 190
조정래 씨, 〈잠들지 않는 남도〉 표절 인정 / 191
미천한 신돈을 개혁세력으로 포장 / 193
침략자인 칭기즈칸을 미화한 드라마 방영 / 197
방송 3사의 대북 전략물자 제공 의혹 / 200
어느 탈북자의 증언 / 206

4장 ■ 뇌물, 향응으로 얼룩진 방송인 백태 / 213

부동산 투기와 주식투자 vs 하수처리장과 구찌백 / 215
준비 안 된 사장, 사고 누더기 방송 / 224
노 대통령, 〈PD수첩〉을 감싸는 글로 방송 개입 / 229
1박 2일 촬영, 2박 3일 잠 안 잔 걸로 / 233
〈시사매거진 2580〉의 장뇌삼 뇌물 파동 / 236
우울한 그림자, 방송 사고는 노이즈 마케팅? / 242

5장 ■ 노무현 지키기—탄핵규탄 특별방송 / 245

방송 3사, 노무현 대통령 지키기에 총동원 / 245
삼성 X파일, 눈 뜨고 특종 날린 MBC / 254
뜬금없이 등장한 디지털 전송방식 변경 투쟁 / 256
프로그램 동원으로 미국 전송방식 반대 / 260

제주지역 디지털 방송 전환에 영국을 취재 / 261

6장 ■ 좌파 언론 커넥션의 전성기－〈언노련〉, 미디어오늘, 〈언개련〉, MBC / 264
장준하 vs 박정희, 조용수 vs 이회창의 오마쥬 / 264
〈PD수첩〉 조선일보 이승복 오보 시비 개입 / 266
안보상업주의－언노련, 미디어오늘의 합작품 / 269
MBC, 신강균의 〈뉴스서비스 사실은〉 개입 / 270

7장 ■ 전 국민에게 좌파사상 세뇌시킨 방송 / 275
프로파간다의 전주곡－전 국민 좌파 사상교육 / 275
가자! 북한으로－봇물을 이룬 북한 특집방송 / 280
대통령 취임식 대신 김정일에 충성 맹세 / 288
북한 광고 제작 사업권에 흑금성 이용 / 297
또 다른 대북사업 관련 공금유용 사건 / 304
김정일을 극진히 떠받든 대한민국 언론들 / 306
좌편향 의식화에 앞장선 방송 3사 / 313
미디어법 반대와 민영화 논리의 괴리 / 314
MBC 정치노조의 불법 정치파업 230일 / 317
노조, 간부들의 출세 길로 가는 징검다리 / 322
MBC 노조, 세계인에게 보내는 영상 메시지 / 325
MBC가 노영방송이라고 하는 견해들 / 328
노조를 위해 행동하는 보직간부 노조원들 / 333
회사 심장부에서 근무하는 국장급 노조원 / 335

8장 ■ 좌파들 스스로가 촛불시위는 실패 인정 / 338
목숨 걸고 광우병 쇠고기 먹겠습니까? / 338
〈PD수첩〉 오보 논란, 그 진실은? / 340
번역가 정지민 씨가 제기한 문제들에 대한 해명 / 343
'유전자 하나만으로 광우병 걸린다'로 단정 / 347
잘못 인정할 땐 악영향 … 최대한 시간 끌자 / 351
KBS, MBC, SBS 등 촛불시위 보도시각 / 354

여성시대 MC 양희은의 운동가요 "아침이슬" / 368
MBC, 억지 사과방송, 노조의 극렬 저항 / 372
숨죽이고 촛불난동 지켜본 대주주 방문진 / 377
은밀하게 사전에 기획된 광우병 프로그램 / 379
영국 광우병소를 미국 광우병소로 둔갑 / 382
애초에 오역을 의역으로 빙자한 선동 프로그램 / 390
〈PD수첩〉 취재팀, 인간광우병 질문을 유도 / 399
광우병으로 몰고 가는데 유리한 인물만 섭외 / 404
드라마 〈스포트라이트〉까지 촛불시위 선동 가담 / 406
KBS, 72시간 촛불문화제 생중계 동참 / 410
MBC, 영국 163번째 광우병 사망자 조명 / 413
주부 대상 생활정보 프로그램의 광우병 칠갑 / 414
〈좋은 아침〉, 인터뷰 짜깁기로 여론조작 / 419
뿌리 깊은 방송조작의 발자취 탐구 / 420
죄의식 없이 되풀이 되고 있는 방송조작 / 423
조작 허위 방송에 철퇴를 가하는 선진국 / 426
실패로 끝난 좌파들의 광우병 촛불난동 / 429
촛불시위 사회적 비용은 3조7천억 원 / 434

- 에필로그 / 436
- 저자 후기 / 443

㈜ 본문에서 편의상 단체명을 약어로 사용했다. 본문 내용을 이해하는 데 도움을 주고자 주요 단체의 원래 이름과 약칭을 싣는다.

> 2580 : 시사매거진 2580
> DTV소비자운동 : 디지털TV 전송방식 변경을 위한 소비자운동
> MBC공방노 : MBC공정방송노동조합
> MBC노조 : 전국언론노동조합연맹 MBC본부
> 공방협 : 공정방송협의회
> 공언련 : 공정언론시민연대
> 학술교류협 : 남북학술교류협의회
> 동아투위 : 동아자유언론수호투쟁위원회
> 민노총 : 전국민주노동조합총연맹
> 민변 : 민주사회를 위한 변호사 모임
> 민실위 : 민주언론실천위원회
> 민언련 : 민주언론시민연합
> 민족돕기 : 우리민족 서로돕기
> 민화협 : 민족화해협의회
> 방개위 : 방송개혁위원회
> 방개혁 : 방송개혁시민연대
> 방문진 : 방송문화진흥회
> 방통위 : 방송통신위원회
> 사실은 : 신강균의 〈뉴스서비스 사실은〉
> 시변 : 시민을 위한 변호사회
> 시선집중 : 손석희의 시선집중
> 언개련 : 언론개혁시민연대
> 언노련 : 언론노조, 전국언론노동조합연맹
> 우리는 : 김미화의 세계는 그리고 우리는
> 작가회의 : 민족문학작가회의
> 전교조 : 전국교직원노동조합
> 정통부 : 정보통신부
> 참여연대 : 참여민주주의와 인권을 위한 연대

제1장 좌파시대의 개막, 김대중 정권과 방송

1998년 김대중 정권, 2003년 노무현 정권으로 이루어지는 '위장 민주언론시대' 10년간 대한민국의 기간 방송인 KBS와 공영방송 MBC, 민영방송 SBS 등 방송 3사는 좌파정권의 선전선동 사령부로서 이념선동의 나팔수 역할을 충실히 해주었다. 방송 3사 노조는 방송사 경영권은 물론 편집권, 인사권까지 장악하게 되면서 대한민국 방송의 흐름을 주도하는 핵심 세력으로서 '위장 민주언론시대' 의 방송을 손아귀에 넣고 주무르게 되었다. 이제부터 그 10년간 '위장 민주언론시대' 에 정권의 하수인으로서 자행한 좌파이념 선동煽動의 행적과 그 실체를 추적해 보기로 한다.

방송 3사, 좌파이념 확산, 북한 홍보 방송

1998년 2월, 김대중 정권의 등장과 함께 KBS, MBC, SBS 등 방송 3사는 물론 방송 유관기관, 관변 언론계에는 혁명적인 인적 개편이 이루어지게 된다. 특히 좌파성향을 띤 여러 시민단체 출신 인사들이 대거 이들 제도권 방송계로 진출하여 헤게모니를 잡게 되었다.

홍두표 KBS 사장은 임기가 남았는데도 불구하고 사표를 내고 떠났다. 그 후임으로 전북 부안 출신의 박권상 씨가 KBS사장으로 앉았다. 박씨는 방송과는 조금도 인연이 없는 신문인 출신이었다. 김대중 정권은 부사장에 언론노동조합연맹(언노련) 이형모 위원장을 임명하려고 역사상

유례가 없는 4계단 위인설관(爲人設官) 폭거 인사를 단행하였다.

당시 겨우 차장급인 이형모 언노련 위원장은 몇 달 사이에 초고속 승진을 거듭하여 부사장 자리에 오르게 된다. 이러한 인사는 조직의 위계 질서를 한 순간에 날려버린 KBS의 대표적인 악질 인사로 기록에 남게 되었다. 전주고 출신의 박 사장이 취임하면서 KBS는 하루아침에 '전주고 사단'이 형성되어 이후 주요부서의 국장, 부국장, 본부장 등에 전주고 출신과 호남 출신들이 요직을 독점하면서 김대중 정권의 홍보 전위대로 나서게 된다.

박 사장은 취임 후 좌파정부의 성향에 코드를 맞춘 뉴스와 기획프로그램들을 만들어 방송사들의 충성경쟁에 바람을 불어 넣었다. 그 후 KBS의 대 북한 관련 프로그램의 성향이 180도 달라졌으며, 시청자들은 좌편향 프로그램들을 보면서 좌파정부의 실상을 눈으로 실감할 수 있을 정도였다.

1998년 8·15 광복절에 방송 3사는 북한 관련 프로그램들을 폭포처럼 쏟아 붓기 시작했다. 8월 9일, KBS 〈일요스페셜〉에서는 노르웨이 출신의 여성 다큐멘터리 감독이자 저널리스트가 북한의 모습을 촬영하여 제작한 〈솔런 호아스 기자의 평양일기〉를, MBC는 8월 11일부터 14일까지 정부 수립 50주년 다큐멘터리 〈격동, 반세기의 통치자들〉 5부작을, SBS는 8월 10일부터 14일까지 특별기획 〈김승규의 평양 리포트〉 등 북한 관련 특집을 대대적으로 편성하여 친북 분위기 조성에 공세적으로 나섰다.

MBC의 〈격동, 반세기의 통치자들〉은 한국 근대사에서 활동한 정치 지도자들의 활동과 업적을 탐구하는 다큐멘터리였다. 이 프로그램은 한국 근대사에서 활동한 정치 지도자들의 삶과 업적을 탐구하였다. 시간대도 밤 10시 황금시간대에 편성되었다.

제1편 〈하지 장군과 미군정〉은 미국 일리노이 주 골콘다 태생의 하지 중장에 대한 역사적 평가를 시도했다. 우익 정치세력의 토대를 제공한 미군정을 이끈 하지의 업적에 대해 존 메릴 미 국무성 한국 전문가, 브루스 커밍스를 비롯한 미국 학자들의 시각을 소개한다.

제2편 〈이승만〉은 제1공화국 이승만 대통령에 대한 엇갈리는 평가를 추적했다. 당시 로버트 올리버 외교 고문, 장석윤 비서 등 이승만 대통령의 측근 인사와 서중석, 이호재 교수 등 국내 사학자들의 시각으로 이승만 대통령의 업적과 활동을 저울질했다.

〈MBC 가이드〉 99년 8월호에 중앙일보 권혁수 기자가 기고한 "정부수립 50주년 기념 다큐멘터리 격동, 반세기의 통치자들"이란 글을 보면 이승만 전 대통령에 대한 평가가 아주 부정적으로 그려져 있다. 〈격동, 반세기의 통치자들〉 2편에서 외부 기자가 이승만 전 대통령을 어떻게 평가했는지를 보기로 하자.

> (이승만 전 대통령은) 사실 한국 전쟁이 일어나자 얼른 대전으로 피해놓고 마치 자신도 아직도 서울에 있는 양 라디오를 통해 '서울 시민은 안심하라'고 열변을 토했던 그 아닌가. 반공 이데올로기를 내세우며 엄청난 탄압을 일삼았던 것도 그이고. 이승만 대통령뿐 아니라 대한민국이 세워진 뒤 최고 권력자에 오른 사람들은 하나같이 칭찬받을 팔자와는 거리가 먼 것 같다.

여기서 〈격동, 반세기의 통치자들〉 "2편, 북진통일 이승만의 꿈"을 기획 제작한 최승호 PD가 1998년 8월 21일 〈PD저널〉에 기고한 제작기를 보면 이 프로그램의 좌편향성이 어느 정도였는지를 쉽게 알 수 있을 것 같다.

1998년 5월 경, MBC는 김대중 정권이 출범한지 3개월여 만에 현대사 다큐멘터리를 제작 방송에 나섰는데 이건 너무나 의외의 일이었다. 정부 수립 50주년 특집 〈격동, 반세기의 통치자들〉 5부작이었다. 이것을 신호탄으로 MBC에서는 좌파 성향의 다큐멘터리와 보도를 줄줄이 쏟아

붓게 된다. 이로부터 정확히 1년이 흐른 99년 9월부터 MBC에서 좌편향성이 가장 강했던 〈이제는 말할 수 있다〉가 전파를 타게 되었다. 결국은 〈격동, 반세기의 통치자들〉은 〈이제는 말할 수 있다〉의 파일럿 프로그램이 된 셈이었다.

최승호 PD는 〈PD저널〉에 "이승만식 반공주의 망령은 현재도 존재한다."는 전제에서 글을 시작했다. 여기서 이승만 초대 대통령을 30여 년 전에 폐기된 인물로 비하卑下하였다. 이승만을 향한 그의 증오심과 적개심이 얼마나 강렬했으면 사물에나 쓰는 "폐기廢棄"라는 언어를 동원하여 능멸凌蔑했을까 하는 생각이 든다. 폐기란 '폐기물, 폐기처분 등이나 법률, 조약, 약속 등을 무효로 할 때 쓰는 용어'로 사람에게 쓰기에는 부적절한 단어이다.

대한민국 초대 대통령 이승만, 그는 이미 30여 년 전에 폐기된 인물이었다. 몇 년 전 조선일보가 그를 되살리려 이벤트를 꾸며보았지만 '이미 잊혀진 독재자'로서의 이미지를 바꾸기에는 역부족이었던 그 인물에 대한 프로그램을 제작한다는 것은 PD로서 부담이었다.

여기서 더 놀라운 것은 최 PD는 이승만 전 대통령을 무력으로 북한을 수복하겠다고 선언한 호전광好戰狂으로 몰아갔다. 그러면서 이승만은 공산주의를 박멸撲滅하려면 세계대전이라도 벌여야 한다고 주장했다고 묘사했다. 이건 우리나라 건국 대통령을 전쟁광 히틀러 수준으로 폄하貶下한 것이다. 이 글을 읽으면서 6·25 전쟁은 북침이라는 좌파세력의 주장이 괜히 나온 게 아니라는 느낌이 들었다.

나는 이승만에게 숨겨진 놀라운 면이 있다는 것을 알게 되었다. 그것은 북진통일론이었다. 그가 단독정부 수립을 주장할 때부터 한반도를 통일하기 위해서는 전쟁 밖에 방법이 없다고 생각했고, 전쟁 전 여러 차례에 걸쳐 북한을 무력으로 수복하겠다고 선언했으며, 휴전을 극렬하게 반대하고, 전쟁 이후에도 북진을 하려는 기도를 중단하지 않았으며, 심지어 공산주의를 박멸하기 위한 세계대전을 주장했다는 사실을 알게 되자 나는 '이거다' 라고 생각했다. 프로그램을 꿸 논리를 발견한 것이다. 북진통일론은 내게 강렬한 인상을 주었다.

여기서 최 PD가 이승만 전 대통령이 '북진통일론'을 주장했다는 것을 알게 되었다고 밝혔는데, 이건 우리 근현대사에 대한 지식도 없이 다큐멘터리 제작에 나섰다는 것을 스스로 고백한 것이다.

그는 또 "하야 후에 이승만 전 대통령은 잊혀졌지만 그의 논리는 그대로 살아남아 오늘날까지도 통일을 위한 남북 간의 대화와 협력을 집요하게 공격하고 있다."고 주장했다. 그러면서 "수년전 북한의 핵문제가 비화되었을 때 한 월간지가 '전쟁을 각오하자'고 서슬 퍼런 칼날을 치켜들었던 것도 이승만식 반공주의의 발현이었다."고 썼다. 이처럼 북한의 핵 개발에 대해 반대한 것을 "이승만식 반공주의의 발현"으로 규정했다. 당시 북·미간 제네바협정에 따라 북한은 핵개발을 포기한다고 발표했다. 그러다 부시 행정부 이후 미국의 협정 위반을 주장하며 핵시설 가동에 들어갔으며 2006년 10월에 1차 핵실험을 하였다.

그 논리는 경쟁자를 인정하지 않는 이승만의 독선적인 성격, 그의 단호함, 냉전을 예견할 능력, 그리고 그를 국부로 모시며 50년대 내내 북진통일을 외쳐야 했던 당대의 한국인들이 가슴속에 품은 분단에 대한 원망과 전쟁의 참화를 동시에 느끼게 하는 것이었다. 더구나 매력적이었던 점은 북진통일론이 대중에게 거의 알려져 있지 않다는 사실이었다. 이승만 정권 붕괴 후 쿠데타로 집권한 박정희 정권은 자신들의 정당성을 강조하기 위해 이승만을 비판했지만 주로 '독재자 이승만'에 관해서였다.

결국 〈격동, 반세기의 통치자들〉은 남북 분단의 원인이 미군정과 우익 정치세력의 합작合作에 있으며, 이승만 전 대통령의 지나친 반공이데올로기에 의해 남북관계의 경색과 분단의 고착이 심화되었다는 좌편향성을 보인 것이다.

조선일보 등도 이승만 되살리기를 하면서 '독재자 이승만'이라는 국민감정을 희석시키는 데만 열중하고 북진통일론은 철저히 외면했다. 나는 그들의 외면이 이유 있는 것이라고 생각했다. 북진통일론이야말로 '보수 우익'을 자처하는 이 땅의 극우세력이 집요하게 추구해온 반공주의의 본령이기 때문이다.

조선일보가 이승만 되살리기로 독재자라는 국민의 감정을 희석(稀釋)시키는데 일조했다는 것이다. 그러면서 조선일보는 이승만 정권의 북진통일론을 외면했다는 것이다. 최 PD는 여기서 이승만을 독재자로 규정하고 "잊혀진 인물과 폐기된 인물"을 동일선상에서 놓고서 "2편, 북진통일 이승만의 꿈"을 제작한 것이다.

이에 대해 〈이승만의 삶과 국가〉를 펴낸 오인환 전 공보처장관은 최근 한 일간지와 인터뷰에서 "이승만 전 대통령의 북진통일론"을 국익에 도움이 되는 다목적 카드였다는 점을 인정해야 한다. 북진론은 남한을 적화통일하겠다는 김일성의 국토단정론에 맞서기 위한 대응논리였다. 반공노선을 함께 내걸면서 국론을 결집시키고 권력을 강화하려는 국내 정치적 요인이 있었고 미국의 군사적 지원을 확보하기 위한 외교적 목적도 있었다"고 말했다.

제3편 〈미완의 혁명-장면과 제2공화국〉은 장면 총리의 민주적 리더십을 오늘의 관점에서 재조명했다. 장면 총리의 선우종원 비서실장, 둘째 아들인 장익 가톨릭 춘천교구장 등의 인터뷰를 통해 1999년에 탄생 1백 주년을 맞는 장면 총리를 재평가했다.

제4, 5편 〈박정희〉는 2부작으로 박정희 대통령의 통치철학과 시대사적 의미를 되새겨 보았다. 제4편은 5·16 이후 10월 유신까지 근대화시대의 박정희를 집중 분석하고, 제5편은 유신으로 파멸을 자초한 개발독재의 한계를 비판했다.

SBS도 북한 프로그램 소개에 뒤질 수 없었다. 5부작 〈김승규의 평양리포트〉를 준비했다. 이 프로그램은 북한 당국의 철저한 통제와 감시에 따라 글을 쓰고 카메라를 돌린 북한의 대남 선전 프로그램이나 다름없었다. 여기에는 평양시내 풍경과 만경대, 학생소년 예술궁전, 묘향산, 단군릉, 조선예술영화촬영소 등 북한이 지정한 장소를 북한의 일정과 취재라인을 따라 촬영하였기 때문에 북한 사회의 진면목眞面目은 엿볼 수가 없었다. 오직 그들이 보여주고 싶은 것들만 일방적으로 홍보하는 데 그친 대남 선전선동 프로그램의 범주를 넘어서지 못했다.

이 프로그램은 독립제작사 스포츠아트(대표 김승규)가 한국 방송 사상 최초로 방송 영상물 제작을 위한 취재허가를 받고 그해 5월 16일부터 5월 23일까지 평양특별시와 평안북도 묘향산 일대의 유적지를 취재한 것이다. SBS는 이렇게 북한의 가공 포장된 모습을 선전해 주는데 수십만 달러를 지불한 것으로 알려져 있다.

〈평양리포트〉는 "획일적인 교육방법이 뭐가 잘못 됐느냐" 등의 대사를 여과 없이 내보내는 바람에 통일부, 방송사 등에 시청자들의 항의전화가 빗발쳤다는 것이다. 이처럼 방송 3사는 김대중 정권의 대북 화해무드에 편승하여 북한 측에 엄청난 금품을 지불하면서까지 경쟁적으로 북한 프로그램을 들여다 방송하는 데 열을 올렸다.

이와 같은 김대중 정권의 친북 무드 속에서 월간조선 조갑제 부국장(현 조갑제닷컴 대표)은 칼럼니스트로 출연하던 SBS 〈라디오 칼럼〉에서 전격 퇴출되는 사건이 벌어졌다.

당시 조갑제 부국장은 두 차례에 걸쳐 〈라디오 칼럼〉 방송에서 최창집 교수에 대해 '그는 논문에서 북한 지도부의 시각을 인용하면서 동시에 그 해석에 동조하고 있다'고 지적했다. 이것을 빌미로 방송위원회가 '방송심의규정 제21조 공정성의 3항'을 적용해 두 차례 경고조치를 내리자

SBS는 그를 방송에서 밀어내고 만 것이다. 조갑제 대표는 그때나 지금이나 보수진영을 대변하는 인사로 이름이 나있다.

국가정보원, 성급한 북한 방송 개방

이런 분위기 속에서 바로 이듬해인 1999년 1월 국가정보원은 "북한 방송의 단계적 개방과 대국민 정보 서비스 체계 강화 방침"을 발표하여 방송의 좌파 성향을 유도하였다. 국가안보의 최일선에서 대북정보를 수집 관리하는 국가정보원이 아무런 조치도 없이 일방적으로 북한 방송을 개방하겠다고 선언한 것이다. 북한 방송은 대한민국의 방송과는 판이하게 다른 일당 독재체제와 제도, 주체사상에 의해 일분일초가 감시되고 있다는 것은 삼척동자三尺童子도 다 아는 것이었다.

철두철미한 통제 속에서 김정일 우상화와 공산주의 체제 수호에만 이용되는 북한의 방송을 단지 남북 간 교류와 민족 동질성 회복, 통일 환경 기반을 조성하기 위한 것이라고 포장하는 단세포적 차원의 망상妄想이 김대중 정권의 대북정책이었다. 이것은 국가 최고의 정보기관인 국정원이 직무를 유기遺棄한 맹목적 충성의 발로였다는 것이다.

이때 노골적인 친북 분위기 속에서 1999년 KBS와 MBC는 본격적으로 대형 이념 프로그램을 기획하여 좌파정부의 이데올로기 전파에 앞장서게 된다. KBS는 다분히 민중사관에 입각한 선동적이고 자극적인 용어인 "해방"을 타이틀로 정했고, MBC는 이제 시대가 바뀌었다는 사실을 부각시키려고 〈이제는 말할 수 있다〉를 타이틀로 정하여 진보 좌파적 시각으로 카메라의 앵글을 돌렸다.

KBS는 특집 다큐멘터리 〈20세기 한국사 - 해방〉을 전남 함평 출신인 남성우 주간을 총 책임자로 정하고 10부작으로 제작해 매주 2편씩 5주 연속해서 방송했다.

KBS가 해방 과제로 삼은 테마는 땅, 성, 식민, 전쟁, 독재, 빈곤, 무지, 이데올로기, 시간, 한반도 등 10가지였다.

이들 테마만 잠깐 눈여겨봐도 이 프로그램의 성향과 기획 의도가 어떤 것을 말하고자 하는 것인지 쉽게 알 수 있다. 다분히 민중 이데올로기를 부각시키려는 것임은 두 말할 필요가 없다.

선조들의 피와 땀으로 이룩한 오늘의 대한민국을 민중적民衆的인 시각으로만 조명하여 현대사의 어두운 그림자를 짙게 부각시킨 것이었다.

이들 프로그램은 연간 무역규모 1조 달러, 세계 11위의 무역대국으로 최단기간의 성장을 이룩한 우리 대한민국, 세계가 경이롭게 주목하고 있는 대한민국을 건국 초기의 혼란과 가난, 이념 갈등의 상황에 가둬놓고 대한민국을 아직도 해방되지 않은 극복의 대상으로 폄훼貶毁하여 좌파정권의 코드에 맞추었다.

MBC도 정권에 잘 보이는 데 뒤질세라 〈이제는 말할 수 있다〉라는 기획 다큐멘터리 프로그램으로 화답和答하였다.

〈이제는 말할 수 있다〉는 애초 12부작으로 기획했다가 아예 정규 프로그램으로 확대해서 정착시켰다.

이 프로그램은 과거 정권 하에서 발생한 의혹, 미해결 사건 등을 주로 다룰 계획이었지만 후에는 남북 분단, 김일성의 항일투쟁, 반민족 행위 특별조사위원회(반민특위), 제주 4·3사건 등 해방공간의 현대사로 폭을 넓혔다.

하지만 이 프로그램은 우리 조국의 역사를 편향된 시각에서 조명하였다는 비판에서 자유로울 수는 없었다. 특히 한국 현대사에 가장 큰 영향을 미친 미국과의 문제를 외눈으로 보고 자극하여 반미 감정을 부추기는 데 일조—助했다는 평가를 받고 있다.

　2000년 초에 KBS에서 김대중 정권의 김정일 눈치 보기가 노골적으로 드러난 사건이 일어났다. 이미 예고방송까지 내보낸 북한 관련 프로그램의 방송을 취소해 버린 사건이었다.
　러시아 연해주TV에서 보도한 자료와 비디오저널리스트 조천현 씨가 촬영한 4개의 녹화자료를 가지고 〈긴급입수, 탈북난민 7인의 증언공개〉를 일요일 저녁 8시 〈일요스페셜〉 시간에 방송하기로 결정하고 이미 예고방송까지 여러 차례 내보냈다.
　그런데 방송 며칠을 앞두고 박권상 사장은 갑자기 〈긴급입수, 탈북난민 7인의 증언공개〉의 방송을 취소한 것이다. 그때 표면적인 이유는 탈북자들의 인권문제를 들었으나 실상은 김대중 정권의 김정일 눈치 보기 때문에 빚어진 것이었다.
　이 프로그램에는 북한을 탈출한 난민들의 북한 체제에 대한 신랄한 비판과 북한 사람들의 비참한 생활상에 대한 생생한 증언이 들어 있었다는 것이다.
　만약 그들의 주장대로 단순히 북한 난민들의 인권이 문제라면 얼굴을 모자이크 처리하고 음성을 변조하여 얼마든지 탈북난민들을 보호할 수 있는 길이 있었는데도 방송을 취소한 것이다.

　그런데 이 내용은 북한의 우방이라는 러시아 연해주TV에서 이미 방송이 나간 것이어서 난민들의 신변안전과 인권보호를 들먹이는 것은 그 자체가 어불성설이었다. 탈북 난민들은 인터뷰에서 "북한에 돌아가면 우리들은 전부 죽습니다"며 공포에 질린 얼굴로 절규했다. KBS는 "그들의 북한에서의 생활, 탈북 과정, 중국에서의 유랑, 러시아 국경을 향해 출발하는 모습 등을 생생히 공개한다."고 예고했다.

이로부터 방송 3사는 탈북 난민에 대한 김대중 정권의 입장을 지금도 그대로 따르고 있다고 볼 수 있다.

이 사건은 한 번 잘못된 것이 후대에까지 악영향을 미치고 있다는 구체적인 선례先例로 남아 있는 것이다. 이 프로그램의 현지 취재는 97년에 한국 방송대상을 받은 일요스페셜〈지금 북한에선 무슨 일이 일어나고 있나?〉의 제작자인 비디오 저널리스트 조천현 씨가 맡았다. 조 씨는 탈

〈남북 정상회담 전까지 방송사가 내보낸 북한 영상물〉

구분	방송사	프로그램	방영일	비고
북한 영상물 구입	KBS	드라마 임꺽정(45분)	1998.10.17~ 11.15(10회)	
		금강산 기록영화	방영	
	MBC	극영화 온달전	1999.1.3.~ 2000.6.14	
		극영화 사랑 사랑 내 사랑	2000.6.10	
		평양교예단 공연	1999.12.20	
	SBS	극영화 안중근 이등박문을 쏘다	1998.9.1	
		극영화 홍길동	2000.6.10	
프로그램 제작	KBS	KBS일요스페셜 북녘산하기행 -1부(민족시인 고은, 금강산을 가다) -2부(가슴으로 만난 북녘 땅, 북녘 사람들)	1부:1998.9.6 2부:1998.9.13	중앙일보 부설 통일문화연구소 자료 이용 제작
		북한특별기획 -1부(북한의 여성) -2부(김일성대학)	1부:2000.6.9 2부:2000.6.10	
	MBC	특집 위성중계 민족통일음악회	1999.12.20	당일 녹화 후 밤 10:50 위성중계
	SBS	김승규의 평양리포트	1998.8.10~ 8.14(5회)	
		남북 통일농구	1999.12.23	
		조경철 박사의 52년만의 귀향	1999.12.7	
		2000년 평화친선음악회 평양에서의 7일	1999.12.10.~ 12.19	
	케이블 Q채널	그리운 북한 땅, 우리문화답사기	1998.9.16.~ 10.14(5회)	중앙일보 부설 통일문화연구소 자료 이용 제작

북 난민들의 실태를 기록하려고 2년여에 걸쳐 그들의 뒤를 쫓았으며, 99년에는 200일 넘게 중국에서 머물기도 했다. 제2부는 〈밀착취재 2년, 중국 땅의 탈북 소년들〉이 대기하고 있었지만 이 프로그램은 김정일을 자극해서는 안 된다는 정권의 개입으로 빛을 못보고 사라졌다.

남북 간에 교류협력법이 제정되면서 언론사들이 경쟁적으로 북한을 방문하여 취재하여 북한 관련 프로그램을 제작하는 단계로 발전하게 되었다. 그런데 문제는 방송사가 정권에 잘 보이려고 무리해서 방북을 하다가 사고가 터지는 사례가 빈번하게 일어났다. 대북 송금의 불투명성, 남북 간의 소통 문제, 촬영한 테이프 압수 등의 불상사가 있었지만 북한 프로그램에 대한 과열경쟁으로 쉬쉬하고 넘어간 게 많았다.

〈영상물 제작 관련 북한 방문 승인 현황〉

신청자	승인일자	방북 목적	방북기간 지역
MBC 유흥렬 전무, 김윤영 국장 등 2명	1997.8.18	금강산 촬영 등 TV프로그램 제작 협의 및 현지답사	1997.10.25~11.1 (평양, 묘향산)
중앙일보 통일문화연구소 권영조 소장 등 4명	1997.9.2	문화유적 답사 협의 및 현지 답사	1997.9.23~10.4 (평양 등)
중앙일보 통일문화연구소 권영조 소장 등 5명	1997.12.5	북한문화유적 답사 및 조사	1997.12.16~12.27 (평양, 개성, 구월산, 정방산 등)
스포츠아트 김승규 대표 등 4명	1998.5.1	북한 역사유물 및 풍물기행 관련 방송영상물 제작	1998.5.16~5.23 (평양, 묘향산 등)
중앙일보 통일문화연구소 권영조 소장 등 6명	1998.6.25	북한 문화유적 답사	1998.7.7~7.21 (백두산, 금강산, 개성 등)
중앙일보 홍석현 사장 등 8명	1998.8.19	남북한 언론 및 문화교류 협의	1998.8.22~8.29 (평양, 금강산 등)
동아일보 최규철 편집부국장 등 5명	1998.8.19	백두산·금강산 개발계획 취재, 언론교류 추진	1998.8.27~9.5 (평양, 백두산 등)

이때 김대중 정권은 북한과의 6·15 평화통일 공동선언을 위한 물밑 접촉을 은밀하게 추진하고 있었다. 또 노벨 평화상을 받으려는 비즈니스가 추진되고 있는 민감한 시기여서 가능하면 김정일의 심기를 건드리는

일은 하지 말자는 분위기가 지배적이었다.
 만약 북한 체제와 인민들의 실상을 폭로해 김정일이 남북회담을 거부하면 6·15선언은 물 건너가게 되고, 그러면 수년간 준비해온 노벨 평화상 수상도 물거품이 되기 때문이었다.

〈방송 프로그램 제작 관련 방북 실태〉

방송사	방문자	방문 목적	기간
MBC	김종현 PD 등 6명	평양 통일탁구경기대회 취재	2000.7.26~7.30.
방송사 신문사 등	박지원 문광부 장관, 박권상 (KBS사장) 노성대(MBC사장) 송도균(SBS사장) 등	언론사 사장단 46명 방북 (조선, 동아일보는 불참)	2000.8.5~8.12
MBC	김윤영 교양제작국장 등 5명	이산가족 방송물 제작	2000.8.5~8.12.
KBS	이동순 교양국장 등 6명	방송 프로그램 제작 협의	2000.8.11~8.18
KBS	이동순 교양국장 등 22명	백두산 생방송 준비	2000.8.26~9.18.
SBS	이긍 부국장 등 29명	평양 생방송 진행 및 취재	2000.10.7~10.15
MBC	최진용 PD 등 7명	춘향전 방북공연 취재	2001.1.30~2.3
KBS	김한곤 PD 등 4명	역사자료 전시회 및 토론회 취재	2001.2.27~3.6
MBC	김현경 기자 등 2명	주민생활 등 취재	2001.3.10~3.20
KBS	홍성규 정책기획센터장 등 9명	방송 프로그램 제작 협의 답사	2001.3.31~4.7.
MBC	김상기 통일방송연구소장 등 2명	애니메이션 공동제작 및 방송교류협의	2001.4.21~4.25
MBC	정일윤 통일외교부장 등 11명	노동절 남북 공동행사 보도	2001.4.30~5.3

 당시 정권의 개입으로 프로그램이 못나가는 데도 방송 3사 노조는 침묵으로 일관하였다. 이들 노조는 김대중 정권과 코드가 일맥상통一脈相通하고 있었기 때문에 일체 대꾸를 하지 않고 눈을 감았던 것이다.
 이 무렵 방송 3사는 김대중 정권의 대 북한 허니문 시대에 맞추어 북한 관련 프로그램을 경쟁적으로 제작하여 우리 방송에는 북한 프로그램들이 넘쳐나고 있었다.
 북한 관련 프로그램 신설 확장과 입수 방송, 북한 뉴스를 대대적으로 보도하는 등 방송에서는 내일 당장 통일이 이루어질 것처럼 착각이 들 정도였다. 이러다 보니 방송 3사는 북한 관련 프로그램 확보를 위해 사활을 건 무한전쟁을 하게 되었다.

라디오라고 이런 북한에 편승한 분위기를 놓칠 수가 없었다. 라디오에서도 북한 관련 프로그램은 해빙무드를 타고 우후죽순처럼 생겨나고 있었다. 이미 〈통일로 가는 길〉을 정규 편성하고 있었던 CBS는 〈2000년 남북 평화 만들기〉를 신설한 첫 회에 '김일성, 김정일 부자父子에 대한 몇 가지 오해'를 방송하여 이 프로그램을 들은 사람들은 이 프로그램이 두 사람을 위한 홍보전위대로 착각이 들게 할 정도였다. 이어서 '조선민주주의 인민공화국을 아십니까?', '북한에 대한 오판과 오보는 어떻게 만들어지는가?' 등으로 북한 홍보 수위를 조금씩 높여가고 있었다.

이에 뒤질세라 불교방송(BBS)도 처음으로 〈통일로 하나로〉라는 정규 프로그램을 편성했으며, 평화방송(PBC)도 〈삼천리, 우리는 하나〉를 신설해 북한 프로그램의 열풍에 끼어들었다. 이들 프로그램만 들으면 남북한은 통일의 문턱을 넘어선 것으로 착각이 들게 할 정도였다. 우리 방송사들의 이 같은 작태作態는 김대중 정권의 대북 유화有和정책에 대한 분위기 조성이었다.

〈방송사 보도 프로그램의 북한 현지 제작 내역〉

방송사	방북현황	날짜	방송내용
KBS	'백두에서 한라까지' 제작진 20여명 방북	2000. 9. 5 ~ 9. 23	-9시뉴스 생방송 -북한 지역문화 소개
MBC	통일방송연구소와 조선아시아태평양평화위원회간 남북방송교류 협의 차 북한주민 접촉	2000. 10월말	-남북경제협력사례 보도 프로그램 제작(예정) -북한의 자연다큐멘터리 제작(예정) -마당놀이평양공연(예정)
SBS	8뉴스 취재단 29명 방북	2000. 10.10 ~ 10.16 ※북측 사정으로 예정일 10월18일보다 앞당겨 16일 귀국	-경의선 복구 지원 현황 -수해복구 -북한주민 생활상 -북한방송사 -노동당 창건일 행사 등

2000년 9월 12일 KBS는 추석에 한국 방송 사상 처음으로 남북이 공동으로 제작한 3원 생방송 〈2000년 한민족 특별기획-백두에서 한라까지〉를 기획했다. 이 프로그램에는 "통일 대장정, 이제부터 시작"이라는 부제가 달렸다. 이 프로그램을 중계하기 위해 수십 명의 제작진과 다섯 대의 중계차와 방송장비가 북한으로 들어갔다.

우리는 지금도 중계차가 북한으로 넘어갈 때 간과(看過)하는 것이 하나 있다. 바로 전략물자 수출제한 협약인 코콤(COCOM)이라는 것과 90년대 중반 이후에는 바세나르 협약을 외면하는 것이다. 이것은 전략물자로 쓰일 수 있는 물품이나 기술이 북한, 이란, 이라크는 물론 알카에다, 탈레반 같은 테러집단으로 흘러들어가지 못하게 막는 국가 간의 협약이다.

이 프로그램 중계차량은 화물선으로 실려서 남포항으로 들어간 것으로 알려져 있다. 사용 기간이 지난 방송장비에 들어 있는 반도체나 부품은 대부분이 고성능이어서 핵실험은 물론 미사일 발사, 전차, 어뢰 등 재래식 무기 운용에 곧바로 쓰일 수가 있다. 이들 물자가 북한으로 들어갈 때는 재래식 무기 수출통제 기구인 바세나르협약에 위배되지 않는지 당연히 점검해야 한다. 현재 수출통제체제는 크게 핵(核) 통제기구인 핵공급국그룹(NSR)과 쟁거위원회(ZC), 생화학무기 수출통제를 다루는 호주그룹(AG), 대량살상무기 운반수단 확산 방지를 위한 미사일기술 통제체제(MTCR) 등으로 나눠진다.

바세나르협약의 이중용도 품목 및 무기류 구성에 보면 통제 리스트는 민감도에 따라서 기본리스트(Basic List), 민감리스트(Sensitive List), 초민감리스트(Very Sensitive List) 등 세 가지가 있다. 기본리스트에는 민감리스트와 초민감리스트가 포함되어 있고, 초민감리스트는 민감리스트의 세부항목(subset)으로 되어 있다.

바세나르협약의 이중용도 품목은 제품의 기능에 따라 신소재, 소재가공, 전자, 컴퓨터, 통신장비, 레이저 센서, 항법장치, 해양기술, 추진

장치 등 9가지 카테고리(구COCOM 체제에서는 핵 관련 품목 포함 10가지 카테고리로 분류)로 구성되어 있다.

또 전략물자 반출제한은 첨단 전략물자나 기술이 분쟁지역이나 테러 지원국으로 유입되는 것을 제한하려는 감시시스템이다. 이에 따르면 고성능 컴퓨터를 포함하여 전략물자로 지정된 1,620여 개의 품목이 위험국가에 반입되지 못하는 것이다. 현재 개성공단에는 전략물자 반출제한을 엄격하게 통제받고 있다고 한다. 현지에 진출한 기업들은 미국과 북한의 갈등과 바세나르협약에 따른 전략물자 반출 제한으로 사업에 불편을 겪고 있다는 것이다.

당시 대규모 제작진이 북한으로 갔으며 방송장비는 선박 편으로 실려서 남포항으로 들어갔다고 한다. 그때 북한으로 들어간 방송장비는 물론 운반차량에 대한 점검이 필요하다는 말들이 제작진 사이에서 돌았다. 이로부터 10년도 훨씬 더 지난 2012년 1월 3일 KBS홍보실이 펴낸 Special-KBS TV 개국 50주년 특집에 보면 "국토 분단 이후 남북이 처음으로 합동하여…"로 〈백두에서 한라까지〉를 일방적으로 미화했다.

이 프로그램을 담당했던 김한곤 PD가 돌아와서 〈미디어오늘〉에 기고한 글에서 "평양은 정돈되고 깨끗한 거리"이며 또 정겨움이 있는 도시라고 칭찬했다. 이들 프로그램은 북한이 안내하는 대로 따라가 보는 수준의 취재에 머물렀다. 북한은 혹시나 자기들의 시선을 벗어나게 되면 녹화테이프와 방송장비를 압수하고 추방도 서슴지 않았다. 이 프로그램은 백두산을 비롯해 북한의 경관을 눈요깃감으로 보여준 것 말고는 특별한 게 거의 없었다고 한다. 이 일을 성사시키는 데 KBS가 북한에 얼마를 주었는지 밝혀지지는 않았지만, 과연 그렇게 큰돈을 주고 방송할 만한 가치가 있었을까 하는 아쉬움이 남는다.

평양의 정돈되고 깨끗한 거리와 건물들. 모스크바를 연상시키면서도 다른 점이 있다. 그것은 이 반도의 산하가 모두 그러하듯 산이 손에 잡히고 강이 눈에 밟히는 정겨움이 있기 때문이다.

이 프로그램은 백두산에 북한의 삼지연 인민학교 어린이들을, 한라산에는 서귀포 초등학교 어린이들을 동원해 백두산과 한라산 그림그리기, 노래, 춤 등을 보여주었다. 또 북측에는 백두산 전문가 2명이 남측 사회자와 서로 대화를 나누며 백두산과 한라산을 서로 소개하였다. 또 북한의 3대 명산인 백두산, 묘향산, 칠보산과 남한의 3대 명산인 한라산, 지리산, 설악산을 차례로 비추었다.

이밖에 엘칸토와 IMRI 평양공장, 삼성 대동강 TV공장 등 남북 경제협력의 현장과 조선력사박물관, 강서대묘의 고구려 고분벽화 등 문화유적을 보여주었다. 이런 것들은 결국 눈요깃거리에 지나지 않았다.

지난 2000년 9월에는 한국 방송 역사에 또 한 번 큰 획을 그은 사건이 있었다. 우리 북녘 땅을 직접 밟고 백두산에 올라 아름다운 천지와 북한 주민들의 생활상을 담았던 〈백두에서 한라까지〉가 바로 그것. 국토 분단 이후 남북이 처음으로 합동하여 공동 제작한 이 방송은 백두산과 한라산 그리고 서울을 3원 생방송으로 감동을 선사했다.

한편, SBS도 KBS와 거의 같은 시기에 우리 방송 사상 최초로 취재기자 7명, 카메라기자 9명, 기획제작, 중계, 세트 담당, 미술팀 등 모두 29명의 취재단을 평양으로 보냈다. 방송사는 6·15 공동선언 이후 변하고 있는 북한의 모습을 생방송으로 전한다면서 홍보전을 대대적으로 펼쳤다.

10월 9일 〈SBS 8뉴스〉가 평양에서 생방송으로 진행되었다. 김일성광장 주체탑 앞 뉴스세트에서 서두원 정치부 북한팀장이 북한노동당 창건일 기념행사, 평양·남포 간 고속도로 개통식, 주민 생활, 북측 이산가족

찾기 사업 등의 뉴스를 보도했다. SBS는 북한 유일 정당의 잔치인 노동당 창건일 행사를 우리 국민들에게 보여주었다. 이것을 보면서 우리 국민들이 북한 독재정권이 호의호식하는 노동당의 행사까지 시청하게 되었다.

이날 노동당 창건기념일에 등장한 무기들은 우리나라로 정조준된 것들이다. 그 무기들을 북한이 마음만 먹으면 언제든지 우리 쪽으로 발사할 수 있는 것들이다. 더 기가 막힌 것은 평양 발 뉴스에서 김정일을 "자상한 지도자"로 보이게 하려고 애쓴 흔적이 곳곳에서 배어났다.

> 노동당 창건 55돌을 축하하는 기념식은 북한의 육해공군의 열병식으로 시작됐습니다. 군인들의 행진에 이어 노동당 창건 55주년 기념일을 축하하는 각종 조형물을 앞세운 시민들의 행진이 이어졌습니다. 5년마다 행사를 성대하게 치루는 관행대로 이번 55주년 기념식은 주민과 학생, 군인 등 모두 130여만 명이 참가해 역대 최대 규모를 자랑했습니다. 김정일 국방위원장은 주석단에서 손을 흔들어 주민들의 환호에 답했습니다.

이날 MBC는 〈뉴스데스크〉는 북한 노동당 창건행사에 오종렬 전국연합 상임의장, 고 문익환 목사의 부인 박용길 씨, 백기완 통일문제연구소 소장, 한완상 상지대 총장, 지은희 여성단체연합 상임대표 등 42명이 평양으로 들어가 참가했다고 단신으로 처리했다.

공교롭게도 SBS가 평양에서 생중계로 뉴스를 진행하는 시간에 김대중 대통령의 노벨 평화상 수상 소식이 전해졌다. 김 대통령은 햇볕정책으로 남북 간에 50년 이상 지속돼온 적대 관계를 청산했다는 것이었다.

우리는 북한이라는 존재가 얼마나 변화시키기가 힘든 집단이라는 것은 뼈저리게 느껴왔다. 휴전 이후 우리는 북한에 셀 수 없을 정도로 많은 피해를 당했다. 우리는 여태껏 북한에 물자나 돈을 퍼주면서 선심을 베풀었지만 북한은 우리에게 폭격, 납치, 살해, 테러 등으로 되갚아주었다. 우리는 북한에 햇볕을 쪼인다고 해서 결코 변하지 않을 집단이라는 것은 경험으로 알고 있다.

　북한에 자본주의의 '돈 맛'을 들여서 변화시켜 보겠다는 것은 허상虛像이었다는 게 드러났다. 정상회담 한 번 하면 마치 남북통일이 저절로 따라올 것처럼 야단법석을 떨었으며, 멋모르는 국민들은 거기에 휩쓸렸다. 북한 중앙조선TV에서 정상회담을 남측의 김대중 대통령이 '장군님(김정일)'을 '흠모'하여 '알현'한 것이라고 자기들에게 유리하게 알렸다. 북한은 또 남북공동선언을 위대한 김정일 '장군님께서' 인민들에게 내리신 큰 선물이라고까지 미화시켰다.

　10월 14일 〈SBS 8뉴스〉에는 난데없이 북한에 보낸 진돗개가 출연하여 국민들을 어리둥절하게 만들었다. 이 진돗개는 김대중 대통령이 6·15 정상회담 때 김정일에게 선물한 "평화와 통일"이라는 이름의 개들이었다. 뉴스 제목은 "평양 사절 진돗개"였다. 우리 기자는 평양시민과 대화를 나누면서, 개의 몸무게가 넉 달 만에 4배로 늘어났다고 너스레를 떨었다. 이 개는 방송에 3번이나 출연하여 스타급으로 몸값이 높아졌다. 물론 우리가 북한에 보낸 개가 자라는 모습이 뉴스거리는 될 수 있다고 본다. 하지만 북한에 수십억 원의 돈을 던져주고 평양까지 가서 고작 뉴스 아이템이 진돗개라는 것은 코미디보다 더 코미디였다. 개 이야기는 9월 3일 "방송의 날 특별기획 – 김대중 대통령에게 듣는다"에, 또 이듬해 3월에 MBC 〈통일전망대〉에도 출연하였다.

○ 우리 텔레비전에서도 다 봤지요?
● 네.
○ 신문에서도 봤지요?
● 예!
○ 바로 이 개가 진돗개라고 합니다. 진돗개.
● 진돗개!

○ 진돗개!

● 진돗개! 모두 잘 보세요.

어느 새 의젓한 진돗개로 성장한 평화와 통일이는 무엇보다 남북 화해의 상징으로서 평양 시민들의 사랑을 한 몸에 받고 있습니다. 불과 넉 달 만에 4,5kg의 몸무게가 4배로 늘어날 만큼 잘 자라고 있습니다.

원래 SBS는 2000년 10월 7일부터 21일까지 평양에서 뉴스를 진행하는 것으로 정해져 있었다. 그런데 SBS취재팀에 뭔가 문제가 생겼다는 소문이 무성하게 퍼졌다. 2000년 10월 9일 동아일보는 "〈SBS 8뉴스〉 일부 평양서 생방송"에서 "평양 생방송은 무궁화 위성을 통해 남한으로 중계된다. 29명으로 구성된 특별 취재단은 7일 평양에 도착해 취재활동 중이며 21일 귀국한다."라고 보도했다.

그런데 〈SBS 8뉴스〉 취재팀은 중간에 막연히 "북측의 사정"이라는 구실로 5일이나 앞당겨 귀국한 것으로 되어 있다. 이것으로 봐서 평양에서 SBS에 뭔가 중대한 변고變故가 있었던 게 확실한데도 알려지지 않았다. 지금 인터넷 뉴스 포털까지 샅샅이 검색해 봐도 당시의 상황에 대한 털끝만큼의 단서도 잡히지 않아서 평양에서 도대체 무슨 일이 있었는지 알 길이 없다.

그 당시 여의도에는 〈SBS 8뉴스〉 취재팀이 평양에서 뭔가 실수를 하는 바람에 뉴스를 송출할 수 없게 되었다는 얘기가 돌았다.

10월 4일 〈8뉴스〉는 북한의 "만화영화 최고수준"이라는 뉴스 말미에 "평양 2000 특별취재단은 지난 8일 동안 평양 일원과 개성을 비롯해서 북녘 땅 여러 곳을 취재해 생생한 현지의 모습을 보도했습니다. 방송 사상 처음으로 이루어진 평양 생방송 뉴스를 오늘로 마칩니다. 지금까지 평양 김일성 광장에서 전해 드렸습니다."라고 고별성 멘트를 날렸다.

SBS 홈페이지에서 뉴스를 검색한 결과 〈8뉴스〉는 평양에서 15차례의 뉴스를 보내면서 우리나라를 "남측"이라고 말한 것이 7차례, "남한"이

두 차례였다. 반면에 북한을 "북측"이라고 한 것은 11차례, "북한"이라고 한 것은 41번이나 되었다. 여기서 SBS는 상대방을 "북한"이라고 공식적으로 대했으며, 우리나라를 "남측"이라고 말한 게 훨씬 더 많았다. 이처럼 〈8뉴스〉는 "남측 : 북측 = 7 : 11, 남한 : 북한 = 2 : 41"로 국가 호칭에서도 심한 불균형을 보였다. 세상에 내 나라보다 일당 독재 세습의 적국敵國인 북한을 더 우대하는 방송은 아마 SBS 밖에 없을 것이다. 남측이나 북측은 공식 명칭도 아니며 정서적으로도 그리 바람직한 호칭은 더더욱 아니다. 이래서 어떤 국민들은 우리나라 지상파 방송을 "평양방송 서울지국"이라고 싸잡아 부르고 있는지도 모르는 일이다.

SBS 기자는 평양에서 8일 동안 뉴스를 제공했다고 말했다. 그런데 평양에서 뉴스를 처음으로 전한 날이 10월 9일이었고 마친 날은 16일이었지만 정작 뉴스를 내려 보낸 날은 7일에 불과했다. 여기서 SBS는 이상한 셈법을 선보였다. 북한으로 출발한 날은 7일이었고 귀환이 16일이었으니까 가는 날에다가 오는 날까지 뉴스를 전한 것으로 치면 10일이 맞다. 이럴 경우 "평양에 10일 동안 머물면서 7일 동안 여러분께 뉴스를 전해드렸습니다"라고 해야 정확하다. 여기서 문제는 어떤 사연인지 11, 12일 이틀 동안은 평양 발 뉴스가 한 건도 없었다.

뉴스 내용에도 심각한 문제가 노출되었다. 평양에서 6일 동안 북한 찬양 일변도의 뉴스만 내려 보냈다. 아마 적진敵陣에서 북한의 심기를 불편하게 하는 뉴스를 내보낸다는 것은 감히 생각조차 할 수 없었을 것이다. 10일에는 노동당 창건기념일 행사 모습, 평양거리, 화초 전시 등을 다루었다. 그런데 11, 12일 이틀 동안은 앞에서 말한 것처럼 뉴스가 없었다. 김대중 대통령이 노벨 평화상을 받은 13일에서야 12번째 꼭지로 "평양 2000"에서 북미 공동성명에 대한 북한 현지 반응을 짤막하게 보도했다.

이어서 남포항에서 "북한은 올해 가뭄과 태풍 등의 영향으로 모두 240여 만 톤의 식량이 부족할 것으로 예상돼 이번 식량 지원분은 북한의 식량 사정 개선에 큰 도움을 줄 것으로 기대됩니다."라고 보도했다.

14일에는 "여기는 평양, 평양에서 남포 고속도로 개통, 남북합작공사 순조, 평양 사절 진돗개, 만화영화 세계 수준" 등을 전해주었다.

- 앵커: 국내 방송 사상 처음으로 북한 평양에서 생방송을 진행한 SBS 특별취재단이 오늘 귀환했습니다. 북한 보도의 새로운 장을 열었다는 평가입니다. 조민성 기자입니다.
- 앵커: 먼저 평양을 위성중계차로 연결해서 이 시각 현재 평양소식을 들어보겠습니다. 서두원 기자!
- 기자: 평양 대동강변입니다. 제 뒤로 보이는 건물은 김일성 광장 앞에 자리한 인민…"

10월 16일 뉴스 진행이 좀 이상하다 싶었다. 이날 〈8뉴스〉 앵커는 "새 지평 열었다"에서 특별취재단이 귀환했다고 전했다. 그런데 이어서 앵커는 "이 시각 현재 평양 소식"을 들어보겠다면서 평양에 있는 위성중계차를 불렀다. 이미 취재팀이 귀환했다고 말해 놓고서는 중계차를 부른 것은 앞뒤가 맞지 않아 보였다. 혹시 기자와 중계차가 평양에 남아 있다면 그게 가능했을 것이다. 그게 아니라면 평양에서 이미 녹화한 테이프를 틀면서 마치 위성으로 생중계하는 것처럼 국민들을 속인 게 아닌가 하는 의혹이 든다. 이건 분명히 앞뒤가 맞지 않는 뉴스 진행으로 부자연스러워 보였다.

이에 대한 의혹은 다음 두 가지로 유추해볼 수 있다. 첫째, 북한이 뭔가 생트집을 잡아서 생중계를 막았을 수 있다. 둘째, 현지의 돌발적인 사정으로 생중계를 할 수 없게 되니까 사전에 녹화하여 그것을 마치 생중계하는 것처럼 꾸몄을 수도 있다. 이처럼 좌파정권에서 경쟁적으로 대북 접촉을 하는 과정에서 은폐한 사례들이 많았지만 쉬쉬하고 넘어갔다는 것이다.

〈SBS 8뉴스가 평양에서 보도한 뉴스〉

날짜	제목	내용
2000년 10월 9일(월)	여기는 평양	평양 생중계 첫 뉴스
	방북 인사 평양 도착	남측 단체 42명 방북 소식
	4시간 늦게 출발	민노총 이규재 통일위원장 국보법 위반자 탑승 문제
10월 10일(화)	여기는 평양	노동당 창건 55주년 행사 보도
	평양 시내는…	평양의 명동 창광거리 소개
	문화예술행사 만발	소년백화점, 메기매운탕, 꽃집
10월 13일(금)	평양 2000	북미합의사항 북한의 반응
	남포항에서	남측이 제공한 곡물 하역작업
	가물은 논	북한 농촌 벼 베기 소개
10월 14일(토)	여기는 평양	끊어진 경의선 남쪽 현장
	남포 고속도 개통	10차선 고속도 개통 소식
	남북 합작공사 순조	평양 실내체육관 공사 현장
	평양사절 진돗개	김 대통령 기증 진돗개 소식
	만화영화 세계 수준	조선과학교육영화촬영소 평양 뉴스 취재 종결 멘트
10월 15일(월)	새 지평 열었다	북한 보도의 새 장을 열었음 귀환 소식 후 평양 위성중계차 연결

이처럼 SBS는 수십억 원의 거금을 들여 북한에 들어가 10일 동안 고작 15번의 뉴스를 내보냈다. 이것은 상당히 비효율적이며 북한에 대한 망상이 빚어낸 촌극이었다. 또 거액을 주고 평양까지 갔으면 그 의의나 성과 등을 정리하여 보도하는 것이 예의라고 보인다. 그런데 SBS는 칼로 무 자르듯 평양발 뉴스를 접고 말았다. 만약 10월 9일부터 14일 사이에 뭔가 북측과 마찰이 생겨서 뉴스를 진행할 수 없는 사유로 일정이 당겨졌으면 그 사실을 국민들에게 알렸어야 했다.

이처럼 좌파정권 10년 동안 방송 3사의 대북 접촉과 그 이행 과정을 보면 몇 가지 문제점들이 있었다.

첫째, 북한에 먼저 발을 들여놓으려고 방송사 간에 치열하게 경쟁을 하면서 은밀하게 진행하게 되고, 그러다 보니 대북 브로커의 속임수에 낚이는 사례가 있었다. 또 북한이 요구하는 취재비가 천정부지로 뛰었고 플러스알파의 뒷돈을 요구하는 경우도 허다했다는 것이다. MBC가 연루된 흑금성 사건이 바로 대북 브로커에게 낚인 사건이었다.

둘째, 방송사들이 서로 비슷한 내용을 다루어 전파 낭비는 물론 외화를 낭비하는 사례가 잦았다. 2000년 9월 KBS 〈백두에서 한라까지〉와 10월 SBS의 〈평양 2000〉이 장소만 다를 뿐 둘 다 북한의 풍물을 소개하는 수준에 그친 것이다.

셋째, 북한에서 추방되거나, 녹화테이프나 방송장비 등을 압류당하여도 쉬쉬하고 넘어갔다. 금강산 이산가족 상봉의 경우를 들 수 있다.

넷째, 북한이 용어 하나 갖고 트집을 잡아도 당당하게 대처하지 못하고 북한의 공세攻勢에 끌려 다녔다. 북한은 우리가 '납북자'라는 용어를 사용하지 못하게 막았다.

다섯째, 방북 중에 갈등으로 발생하는 사고를 덮어버리는 경우가 더러 있었다. 이를 국민들에게 알리지 않고 슬그머니 봉합해버렸다고 한다.

여섯째, 내부에서 부서끼리 서로 북한에 먼저 들어가 선점하려고 암암리에 추진하면서 갈등이 빚어지기도 했다. 이건 좌파정권에 대한 충성심에서 빚어진 것이었다. 또 대북송금 과정에서 배달사고도 종종 있었다고 한다.

이처럼 남북 정상회담 이후 대북 접촉 실상, 영상물 반입, 방북 실태를 보면 그 수가 폭발적으로 증가했다. 이때 김대중 대통령의 노벨상 수상 가능성이 점점 높아지고 있다는 소문이 돌았다. 남북 정상회담이 열릴 것이라는 설이 무성해지면서 덩달아 노벨 평화상 수상 가능성도 높아졌다는 것이었다. 이렇게 방송이 국민 세금을 북한에 퍼주면서 경쟁적으로 북한 프로그램 제작에 나서면서 부작용이 속출했지만 강성노조의 눈치를 보면서 덮여졌다.

남북 정상 회담 이전인 97년부터 2000년 6월까지 방송 3사는 7건의 대북 접촉을 가졌다. 하지만 정상회담 이후 20건으로 3배 가까이 폭증하였다. 심지어 교육방송 EBS까지 북한행에 가세하였다. YTN과 독립제작사의 방북과 대북 접촉을 합치면 정상회담 이전 8건에서 34건으로 4배 이상 늘어났다.

〈뉴스데스크에 방송된 북한 관련 아이템〉

방송일	타이틀	방송내용
3월15일	부쩍 는 손님	평양에 남한 및 외국인의 숫자가 크게 증가. 평양비행장, 고려호텔에서 만나는 외국인들 모습
3월20일	볼링, 당구 인기	서방 스포츠인 볼링과 당구가 평양에서 유행. '평양 볼링관'에서 볼링과 당구를 즐기는 평양시민들 인터뷰
3월21일	황성옛터 인기	일제시대의 가요를 북한에서 정리, 복원하고 있으며 특히 이난영의 '목포의 눈물'은 취입을 준비 중
3월22일	호랑이 엄마	50여 마리의 호랑이를 번식시킨 평양동물원 관리공 여성들 김순옥 씨와 자식처럼 정성으로 구관조를 기르는 여성 관리공의 삶
3월23일	깍쟁이라구요	북한에서 깍쟁이로 통하지만 개성 특유의 11첩 반상에서는 푸짐한 인심이 느껴짐
3월24일	최고수 되기까지	서울을 다녀간 '평양교예단', 이들은 완벽한 묘기. 이들 교예단의 막내들이 펼치는 묘기를 방송
3월26일	정상회담 진돗개	2000년 정상회담 당시 김대중 대통령이 선물한 진돗개의 최근 모습. 이제 6-7월이면 새끼도 낳을 예정임
3월27일	평양에서 온 편지	이산가족 1차 상봉단으로 서울서 9순 노모를 만난 조주경 김일성대 교수의 영상사모곡
3월29일	아들 좋아합니다	남아선호 사상이 강한 평양의 어머니들, 평양 산원을 찾아 산모들의 아들자랑 소개

MBC도 대북 접촉에서 뒤질 수 없었다. 2001년 3월, MBC는 북한 소식을 평양 중앙텔레비전에서 위성으로 송출하는 등 〈뉴스데스크〉에서 모두 9회나 방송했다. 이때 방송된 북한 관련 내용들을 보면 대부분이 북한 체제를 인정하는 것들이었다.

9회에 걸쳐서 〈뉴스데스크〉에 나간 내용을 보면 "평양에 관광객 증가, 볼링과 당구가 유행, 일제 강점기 가요 복원, 호랑이 번식 성공, 개성상인 정신, 평양교예단 홍보, 진돗개 안부, 북한 아들이 남한의 어머니에게 보내는 편지" 등으로 북한 인민들의 삶을 느낄 수 없는 밋밋한 연성軟性 뉴스로 채워졌다. 김 대통령이 북한에 기증한 진돗개 스토리는 방송 3사 합동중계 당시 류근찬, 엄기영, 이남기 등 방송 3사 보도본부장이 풍산개 안부를 물으면서 통일개를 낳게 하자고 대통령에게 건의한 것만큼이나 아첨용이었다. MBC는 여기에 1억2천여만 원을 북한에 제공한 것으로 알려졌다.

남북 보도지침, 남한 언론의 항복문서

2000년 8월 5일 박지원 문화관광부 장관은 46명의 언론사 사장들을 이끌고 평양을 방문해 김정일 국방위원장을 만나고 돌아왔다. 이때 남북 언론인들은 남북언론 합의문을 발표하게 된다.

46명의 남한 언론사 사장들은 평양에 가서 "반反김정일 반反북 보도금지, 반反화합 보도금지, 반反통일 보도금지, 반反민족 보도 금지라는 문서에 서명하고 돌아왔다. 이때부터 대한민국 언론은 김정일을 '위원장'으로 극진히 예우하기 시작하였다고 한다. 기가 찰 노릇이었다. 자기 나라 지도자는 비하하고 우리 뒤통수에 총부리를 겨누고 있는 김정일은 깍듯이 예우하였다.

지금도 언론노조, 기자협회, PD협회 등 언론 3단체는 북한의 일방적인 합의서 파기에도 불구하고 남북 언론보도 준칙을 충실하게 지키고 있으며 홈페이지에 전문을 고지하고 있다. 또한 이들 단체들은 북한의 극렬한 대남 비방 보도에도 불구하고 지금까지 단 한 번도 북한의 언론

보도 태도에 대한 비판이나 정정을 요구한 사실이 없다.

2009년 방개혁은 남한의 방송과 신문이 남북 보도 관련 기사에서 북한 매체는 남한 정부를 '남조선 반역정권, 독재정권, 괴뢰 패당정권' 등으로 극렬하게 비방하고 있는데도 우리 언론들은 김정일을 '국방위원장'으로 대우하고 있는 것을 문제 삼았다.

특히 2009년 미디어법 반대 파업과 관련하여 북한은 구체적인 투쟁 지침까지 언급하면서 미디어법을 막으라고 지령을 내렸다. 언론노조는 방송제작 거부와 국회난입 등으로 좌파 시민단체와 공조하여 미디어법 반대투쟁을 전개하였다.

〈방개혁〉은 2009년 7월, '북한 방송의 대남 비방 실태 및 미디어법 반대 투쟁 선동' 모니터링 결과 보고서를 발표했다. 이 보고서는 2009년 5월부터 북한 방송과 북한 관련 자료를 집중 모니터링한 것이다.

북한은 남북한 공식 합의서를 보도할 때나 다른 문헌 또는 기사 등을 인용하여 보도할 경우에는 우리나라를 '대한민국'으로 부르고 있었다. 반면에 북한 매체가 직접 우리나라를 호칭할 경우에는 '남조선'으로 사용하지만 현 정부에 대해서는 반역 정권, 독재정권, 괴뢰정권, 패당정권 등으로 비하하였다.

남북한 간의 명칭 사용에 대한 규정은 김대중 정권 하인 2000년 8월, 문광부 장관이 언론사 사장단을 이끌고 평양을 방문하여 '8·11 남북언론 합의서'에 서명하면서부터 비롯되었다.

당시 남북은 이 합의사항을 북한에서는 조선기자동맹 중앙위원회가, 남한에서는 구 전국언론노련, 현 언론노조를 중심으로 '남북 언론교류 협력위원회'를 결성하여 이행하도록 조치하였다

한국기자협회와 전국언론노동조합, 한국방송프로듀서연합회, 한국인

터넷기자협회, 한국언론재단 등은 6·15남북공동선언 5주년을 기념하는 평양통일대축전을 계기로, 2000년 이후 유명무실했던 남북언론교류협력위원회를 재가동시켰다.

그 실천요강의 "정보 제공 적극 편성"을 보면 "북한 관련 프로그램을 편성할 때 형식적 소극적 편성에서 벗어나 장르별로 적극 편성하며…"로 되어 있다.

하지만 우리가 북한 프로그램을 내보낸 것에 비해 북한이 우리 프로그램을 북한 주민들에게 얼마나 보여 주었을지 궁금하다. 지구상에서 최후의 1인 독재를 하고 있는 북한이 과연 우리 프로그램을 중앙조선TV에서 내보냈을지 의심스럽다.

다음은 냉전시대 관행 탈피에 관한 것을 보면, "냉전시대에 형성된 내면적 자기검열, 습관화된 분단의식, 누적된 선입견과 편견으로부터 자유로운 상태에서 프로그램을 제작한다."고 되어 있다.

여기서 "내면적 자기검열"이란 용어는 쉽사리 이해가 안 되는 것이다. 이후 방송 3사가 북한에 보여준 작태를 들어 설명한다면 "스스로 판단하지 말고 실행에 옮기라"는 정도로 볼 수 있을 것 같다. 이건 정말 큰 일이 나고도 남을 일이었다. 민주사회에서 '자기검열'은 가당찮은 것이었다. 이 말을 듣고 있으면 북한에서 체제를 유지하려고 개인의 자유를 억압하는 수단의 하나인 '자아비판'이 떠올랐다.

이후 방송 3사는 좌편향적인 프로그램을 무차별적으로 내보내게 된다. 또 "습관화된 분단의식"도 얼른 접근이 안 되는 용어이다. 이것을 쉬운 말로 바꾼다면 아마 "분단에 대한 고정관념을 깨라"는 정도가 될 것 같다. "누적된 선입견과 편견으로부터 자유로운 상태" 라는 장문의 문장 역시 이해갈 듯 말 듯하다. "누적된 선입견", "편견으로부터 자유로운 상태" 등은 우리가 배운 반공교육, 북한에 대한 정보 등을 모두 버리라는 지침으로 볼 수 있을 것이다. 이처럼 "PD연합회의 남북 보도

실천요강" 대로라면 우리 방송은 김정일 치하에 들어간 것이나 다름없었다. 이것은 우리 방송 종사자들의 북한에 대한 좌편향적인 정도를 가늠해 볼 수 있는 결정적인 증거물이다.

〈PD연합회의 남북 보도 실천요강〉

1. 정보제공 적극 편성 : 조선민주주의인민공화국 관련 프로그램 편성 시 형식적·소극적 편성에서 벗어나 다큐멘터리·드라마·오락물 등 각 장르별로 적극 편성하며, 남북 관련 긴급 혹은 특집 프로그램 편성시 정치적 의도가 없는지 특히 유의한다.
2. 통일지향 가치 추구 : 기획, 출연자 선정, 편집 등의 제작과정에서 민족동질성 회복, 화해·공존공영의 증진, 통일의 촉진이 구현되도록 적극성을 갖고 제작에 임한다. 프로그램 제작 시 여러 가치가 충돌할 경우 인간 존엄성 존중, 민족 이익 수호, 민족 화해 증진 등의 가치를 판단의 우선가치로 삼는다.
3. 냉전시대 관행 탈피 : 냉전시대에 형성된 내면적 자기검열, 습관화된 분단의식, 누적된 선입견과 편견으로부터 자유로운 상태에서 프로그램을 제작한다. 또 냉전의식을 바탕으로 만들어진 가요·가곡·드라마·영화 등의 방송을 피하며, 갈등을 조장하는 불필요한 화면을 사용하지 않는다.
4. 상업·선정주의 경계 : 상업주의와 선정주의를 경계하며, 안일하고 편의적인 제작태도를 극복하기 위해 끊임없이 노력한다. 나아가 현재의 모든 방송행위가 미래의 통일 민족문화와 직결된다는 것을 염두에 두고 프로그램 제작에 임한다.
5. 다원주의 가치반영 : 사회적 가치나 의견 등의 메시지를 시청취자에게 전달할 때는 제작진이 단정적 결론을 내리기보다 시청취자가 듣고 보며 스스로 판단할 수 있도록 한다. 이를 위해서 통일과 관련된 다양한 의견을 가능한 한 가감 없이 프로그램에 반영하도록 노력한다.
6. 보도활용 제작 신중 : 국내외 매체의 조선민주주의인민공화국 관련 보도를 근거로 가십·콩트 프로그램을 제작할 경우 보도의 정확성, 취재원의 신뢰도, 보도 이면에 게재되어 있을 수 있는 정치적 의도 등을 충분히 검증한 뒤 방송하며, 무분별하게 인용하여 민족화합을 저해할 수 있는 내용으로 프로그램화하지 않는다.

7. 생활문화 적극 소개 : 정치적 통합을 넘어서는 남북 주민간의 사회·문화적 통합이 진정한 최종적 통일임을 인식해 조선민주주의인민공화국 주민들의 생활과 문화를 프로그램 소재로 적극 채택한다.
8. 능동적인 자료 접근 : 조선민주주의인민공화국에 대한 프로그램 제작 시 정보의 편중성·부족 상황을 극복하기 위하여 제작진 스스로 노력한다. 1차 자료를 적극 활용하고, 각 분야 연구자 등 폭넓은 인적자원 확보에 각자가 능동적으로 힘쓴다.
9. 남북차이 이해 노력 : 언어·문화·생활·관습·가치관 등에서의 남북의 차이를 인정하고 이를 객관적으로 인식하기 위해 노력하며, 가능한 한 이 차이들을 희화적 소재로 삼지 않도록 한다.
10. 남북 동질성의 부각 : 남북의 차이점보다는 같은 점을, 과거보다는 미래를 부각시킴으로써 미래지향적·통일지향적 방향으로 프로그램 제작에 힘쓴다.

2009년 〈방개혁〉이 북한 중앙방송, 평양방송, 중앙통신, 중앙TV 등 4개 방송과 노동신문의 대통령 비난 실태를 모니터하였다. 그 결과, 우리 대통령을 '민족 재앙의 화근', '통일 암적 존재' 등으로 비하하면서 '가만 놔두지 않을 것', '민족 안에 들어낼 것' 등으로 신변을 위협하고 인격을 모독하는 살벌한 단어들을 남발하였다. 그런가 하면 듣기에도 민망한 역도逆徒, 패당牌黨 등 평소에 듣도 보도 못한 천박스런 비어卑語들까지 서슴없이 동원하여 비방하였다. 또 상황에 따라서 북한은 매국노, 외세 의존병자, 충견, 호전광, 파쇼 등의 듣기만 해도 머리카락이 솟구치는 섬뜩한 용어들을 수시로 사용하고 있었다.

북한이 우리 대통령을 직접 비방한 횟수는 일일 평균 1~3월은 78~105회, 4월은 30여 회, 5월은 70여 회, 6월은 110여 회로 급증하였다. 7월은 40여 회 (7월 들어 김일성 사망 15주기를 전후하여 김정일 김정은 부자의 업적 선전, 찬양에 주력하면서 감소한 듯)로 다소 줄어들었다.

〈북한 매체의 대통령 비난 사례〉

△ 2008년 10월 28일 (중앙인민방송) : 삐라살포와 반북대결 책동을 수수방관하는 이명박 정권 퇴진.
△ 2009년 5월 4일 (민주조선) : 이명박 정권의 명줄을 끊어놓기 위한 투쟁에 총궐기.
△ 2009년 5월 9일 (평양방송) : 이명박 일당을 미친개 때려잡듯 제때에 없애 버려야 함.
△ 2009년 5월 30일 (노동신문) : 우리의 무자비한 징벌 앞에 역도 패당은 뼈도 추리지 못할 것임.
△ 2009년 6월 2일 (노동신문) : 우리는 역도패당의 죄악을 하나도 빠짐없이 력사에 기록하고 이명박 일당이 그 엄청난 죄악의 대가를 반드시 치르게 할 것임.
△ 2009년 6월 14일 (중앙통신) : 대결 책동에 미쳐 돌아가는 이명박 역도를 절대로 가만두지 않을 것임.
△ 2009년 6월 27일 (중앙방송) : 이명박 패당이야말로 민족 안에 더 이상 살려둘 수 없는 추악한 역적배임.
△ 2009년 7월 6일 (노동신문) : 이명박이 택해야 할 길은 서민 방문이 아니라 퇴진의 길임.
△ 2009년 7월 7일 (중앙통신) : 반통일 폭압책동에 날이 갈수록 기승을 부리는 역적패당을 절대로 용서치 않을 것임.

북한은 미디어법 제정과 관련해서는 2009년 3월 30일, "남조선에서는 리명박 패당의 언론 장악책동'이 날로 악랄해지고 있다."면서 미디어법을 직접 입에 올렸다. 기자동맹 최칠남은 "언론탄압과 장악 책동은 용납 못할 반민주적 반민족적 범죄 행위", "언론을 어용화, 반동화하며 인민들의 눈을 싸매고 입과 귀를 틀어막는 파쇼적 폭거로 낙인 규탄한다."고 저질스러운 언어를 동원해 비난하였다.

2009년 5월 11일 김정일은 "언론탄압 책동의 배경에는 저들이 실시하는 반역정치의 반인민적 본질을 가리고 파쇼독재의 기반을 다지려는 음흉한 기도가 깔려 있다."며 "남조선 각 계층 인민들은 집권세력의 악랄한 언론탄압 책동을 '민주주의를 후퇴시키고 언론을 보수화하려는 무모한 망동'으로 규탄하고 반 이명박 투쟁을 더욱 적극화, 대중화 해 나가야 한다."고 구체적인 투쟁 지침을 언급하였다.

어쨌든 그 후 언론노조는 불법파업으로 제작 거부, 국회 난입 등으로 좌파 시민단체와 공조하여 미디어법 반대투쟁을 강력하게 전개하였다. 〈방개혁〉이 밝힌 '남북보도지침'이란 2000년 8월 평양을 방문한 남한 언론사 대표단이 북한 언론사 대표단과 남북공동선언의 이행에 함께 노력하자며 합의한 것이다.

〈남북보도지침〉

첫째, 남과 북의 언론사들과 언론기관들은 민족의 단합을 이룩하고 통일을 실현하는 데 도움이 되는 언론활동을 적극 벌여나가기로 한다.

둘째, 남과 북의 언론사들과 언론기관들은 새롭게 조성된 정세의 흐름에 맞게 민족 내부에서 대결을 피하며 민족의 화해와 단합을 저해하는 비방 중상을 중지하기로 한다.

셋째, 남과 북의 언론사들과 언론기관들은 언론, 보도활동에서 서로 협력하며 접촉과 왕래, 교류를 통하여 상호이해와 신뢰를 두터이 해나가기로 한다.

넷째, 남과 북의 언론기관들의 접촉은, 남측에서는 한국신문협회와 한국방송협회를 비롯한 주요 언론단체들의 대표가 참여하는 남북언론교류협력위원회가, 북측에서는 조선기자동맹중앙위원회가 맡아 하기로 한다.

다섯째, 남측 언론사 대표단은 북측에서 초청한 데 대한 답례로 북측 언론기관 대표단이 서울을 방문하도록 초청하였으며 북측은 앞으로 적당한 기회에 서울을 방문하기로 하였다.

이 남북언론 합의문의 남북 간의 긴장을 완화하고 상호 불신을 줄여 민족 간 화합을 위해 노력하자는 원래의 취지는 그 시작부터 기대하기 어려웠다. 이것은 남한 언론사들의 북한에 대한 항복 문서였기 때문이었다.

이에 앞서 2000년 7월 8일, 김정일은 평양방송을 통해서 '통일에 역행하는 모략지謀略紙는 마땅히 길들여야'라는 제목의 논평을 발표했다. 이것은 남한 언론에 대해 선제공격을 가한 것으로 김정일의 빨치산식 전술이었다. 이건 한마디로 "너희들 까불지 말고 가만히 있으라"는 협박이나 다름없는 것이었다.

김정일은 논평으로 "'북의 남침으로 6·25전쟁이 일어났다'는 모략설을 퍼트리며 우리 공화국(북한)을 중상하고 남북 사이에 대결을 고취하는 조국 통일의 걸림돌을 들어내고 암초는 폭파해 버려야 한다. 민족의 단합과 통일에 저해를 주는 행위에 대하여는 그 누구든 추호도 용납지 않을 것이다."라고 엄포를 놓음으로서 〈8·11 남북언론 합의문〉의 가이드라인을 제시한 것이다.

이것은 북한 저들만의 고수급 기만술欺瞞術이었다. 순진한 우리 언론들은 김정일의 전술에 이끌려 넘어간 것이다. 북한은 매체의 숫자도 아주 적은데다가 언론의 자유도 없는 통제집단이다. 전 세계 뉴스가 시시각각 들어오는 우리 시스템과는 전혀 다르게 작동되는 1인 독재 세습집단이라는 것을 모를 리 없는 우리 언론인들이 김정일의 전술에 빨려간 것이다.

북한 독재정권은 우리와 뉴스를 거래할 수 있을 정도로 뉴스 공급이 자유롭지 못한 집단이다. 뉴스의 양에서나 질에서 비대칭 구조를 갖고 있는 북한과 남북 언론 합의문을 맺는다는 것 자체가 어불성설이다. 그러고 나서 북한이 우리에게 뉴스를 하나라도 제대로 공급했는지를 되새겨볼 일이다.

우리 언론이 김일성의 6·25 남침과 1·21사태와 울진삼척 공비침투

같은 무장도발, 8·18도끼만행, 아웅산 묘소 폭파, KAL858기 공중폭파 사건 같은 도발과 테러를 보도하면 그것은 근거 없는 모략설의 유포이며 '공화국'에 대한 악의적 중상인 동시에 남북 간에 대결을 고취한 것으로 북으로부터 항의와 친북 반역세력의 규탄을 받게 되었다.

또한 우리 언론은 노동당 선전선동부 산하 '기자동맹 중앙위원회위 원장' 최칠남을 대리하여 '남북언론교류협력위원회(전국언론노조 + 기자협회)'의 검열과 통제 하에 김일성 남침 전범 문제, 김정일의 테러문제를 보도할 수 없게 되었으며 '국군포로'나 '납북어부' 같은 용어조차 제대로 사용할 수 없게 되었다.

이밖에도 핵무기 개발 의혹, 미사일 발사, 화생방 물질 생산, 대량파괴물질 생산, 강제집단수용소 등 북한 인권문제, 고난의 행군시기와 350만 명의 아사자餓死者, 30만 명의 경제 난민, 탈북자, 10만 명의 꽃제비, 북한에 대한 개혁개방 요구, 김정일의 건강과 세습 문제 등 북한 체제 유지나 존속과 관련된 사항은 함부로 보도해서는 안 되는 금기사항이 되어 버렸다.

북한 금강산에서 3월 20일부터 25일까지 진행된 13차 적십자회담에서 이산가족 상봉을 취재하는 한국 기자들이 1969년 북한으로 강제로 끌려간 후 처음으로 아내를 만난 한 한국 어부를 '한국에서 "납북" 되었다'고 묘사했다. 북한은 3월 22일 이에 대한 트집으로 99명의 한국 노인들이 금강산 상봉장에서 떠나는 것을 10시간 지연시켰다. 북한 측은 SBS와 MBC의 보도에 항의하며, 이 두 명의 기자들이 북한 정권에 무례를 범하였다면서 촬영 테이프를 압수하였다. MBC 기자는 22일에 떠날 예정이었지만, SBS 기자는 행사 6일 전체를 취재할 예정이었다. 남북은 이런 상황을 해결하기 위해 만났지만 SBS가 자사의 기자를 철수시키기로 결정할 때까지 합의점을 찾지 못했다. 다음날, 나머지 21명의 기자단도 북한의 언론자유 침해에 항의하기 위해 철수했다. 이처럼 북한은 우리 언론이 "납치"나 "유괴" 등의 용어 자체를 아예 입 밖에 내지 못하도록 봉쇄했다.

2005년 11월 8일, 금강산에서 열린 제12차 적십자회담에서 '납북자'란 용어가 트집잡힌 이래 2006년 3월 20일 개최된 제13차 적십자회담에서도 우리 측 보도진이 북한이 정한 '금기어'인 '납북자', '납치'란 용어를 사용했다고 취재수첩과 송출용 녹화 테이프를 빼앗고 억류 협박과 추방 위협을 당하였다.

그때 통일부 당국자는 "이번에 연루된 북한 측 담당자들은 이산가족 상봉 관련 일을 해본 적도 없고 한국 언론과 접촉해 본 적도 없는 사람들이라고 말했다. 경험이 많은 요원들이었으면 단순히 엄격한 경고만 내보내고 이 문제를 더욱 신중하게 처리했을 텐데 이 초보자들이 원칙을 엄격히 지켜 규정대로 민감하게 반응했다"고 말했다. 그 후 우리 언론은 "국군 포로와 납북 어부"라는 용어 대신에 "전쟁시기와 그 후에 생사를 알 수 없는 사람들"이라는 해괴한 짜깁기 용어로 바꾸었다.

이처럼 적십자회담에서 엄연히 북한에 납북된 우리 국민을 "전쟁 시기 생사 불명자"라고 표기하여 국민들을 어리둥절하게 만들었다. 당시 공동 보도문의 표현대로라면 "전쟁 시기 생사를 알 수 없게 된 사람들"이란 6·25전쟁 때 헤어진 이산가족과 납북자만을 염두에 둔 것으로 전후 납북자는 배제되었다.

북한은 이렇게 대한민국을 우롱하면서 자기들의 치부를 건드리지 못하게 만들었다. 북한의 술수에 말려 민항기로 납치된 우리 국민이나 어업을 하다가 납북된 어민들은 적십자회담의 논의 대상에서 빠져버린 것이다. 이처럼 북한은 전후 납북자들의 존재를 인정하지 않으려는 전술을 구사하면서 책임을 교묘하게 회피하였다.

이런 상황에서 민주노동당, 민주노총, 전교조, 한총련 등과 함께 한겨레, 오마이뉴스, MBC 등 친북 언론은 김정일의 지도자상을 지속적으로 부각시키면서 연방제와 6·25는 '통일전쟁' 이었다는 북한의 주장을 알리면서 주한미군 철수와 국가보안법 폐지 여론을 증폭시키는 전략을 구사하였다.

이들 매체들은 심지어 '6·25 북침설'을 은연 중 확산시켰는가 하면, 방송 3사는 아웅산 묘소와 KAL858기 폭파도 안전기획부(현 국정원)가 저지른 공작이라고 유포시켜 나갔다.

인간의 언어란 사람의 마음과 생각을 변화시키는 매개체이며 또 행동을 지배하고 환경과 운명을 결정하기도 한다. 흔히 의도되고 작위적인 언어와 그 선동 속에서 국민의 사고와 판단은 어긋날 수밖에 없는 것이다. '남북언론합의문'이란 과거 좌파들이 스스로를 얽어맨 이념의 굴레이며 북한의 대남 적화통일 전술에 동조하게 된 것이었다. 한 쪽의 일방적인 선의와 화합의 의지만으로는 그 어떤 평화도 이루지 못한다는 것은 북한이 도발과 테러를 통해 스스로 밝힌 것이다.

2000년 8월 5일, 북한이 발표한 남한의 방북 언론계 인사들을 보면 다음과 같다. 북한이 공개한 자료를 그대로 인용하기로 한다. 이들은 박지원 문화관광부 장관을 따라서 방북 대열에 합류했다. 조선일보, 동아일보 등 두 사장은 방북 대열에 들어있지 않았다.

〈남한 신문방송통신사 사장 방북단〉

조선중앙통신에 의하면, 김정일 총비서가 (2000년) 8월 12일 평양을 방문하고 있는 남조선 언론사대표단을 접견하였다. 문화관광부 장관 박지원과 공동단장들인 신문협회 회장이며 〈한겨레〉 사장인 최학래, 방송협회 회장이며 〈한국방송공사〉 사장인 박권상, 신문 부단장들인 〈국민일보〉 사장 리종대, 〈대한매일〉 사장 차일

석, 〈중앙일보〉 사장 금창태, 방송부 단장들인 〈문화방송〉 사장 로성대, 〈서울방송〉 사장 송도균, 단원들인 〈경향신문〉 사장 장준봉, 〈문화일보〉 회장 김진현, 〈세계일보〉 사장 송병준, 〈한국일보〉 사장 장명수, 〈매일경제신문〉 사장 장대환, 〈서울경제신문〉 사장 김영렬, 〈한국경제신문〉 사장 김영용, 〈코리아 헤랄드〉 내외경제 사장 김경철, 〈전자신문〉 사장 김상영, 〈국제신문〉 사장 리종덕, 〈부산일보〉 사장 김상훈, 〈매일신문〉 사장 김부기, 〈영남일보〉 사장 김경숙, 〈광주매일〉 회장 고제철, 〈광주일보〉 회장 김종태, 〈대전일보〉 사장 윤종서, 〈경인일보〉 사장 우재찬, 〈강원도민일보〉 사장 안형순, 〈강원일보〉 사장 최승익, 〈충청일보〉 사장 서정옥, 〈경남신문〉 사장 리문행, 〈제주일보〉 사장 김대성, 〈인천일보〉 사장 신화수, 〈기독교방송〉 사장 권호경, 〈한국교육방송공사〉 사장 박흥수, 〈평화방송〉 사장 박신언, 〈불교방송〉 사장 김규칠, 〈부산문화방송〉 사장 류삼렬, 〈대구문화방송〉 사장 신대근, 〈전주문화방송〉 사장 장영배, 〈춘천문화방송〉 사장 심상수, 〈부산방송〉 사장 김성조, 〈대구방송〉 사장 리길영, 〈한국방송공사〉 부산방송총국 총국장 방윤현, 〈한국방송공사〉 광주방송총국 총국장 김광석, 〈한국방송공사〉 대전방송총국 총국장 리광호, 〈한국방송공사〉 청주방송총국 총국장 남선현, 〈연합텔레비죤뉴스〉 사장 백인호, 〈경인방송〉 사장 표완수.

박지원 장관, 뉴스데스크에 출연, 장광설

2000년 8월 14일, 북한에서 돌아온 박지원 문광부 장관은 MBC 뉴스데스크에 출연해 개선장군처럼 장광설長廣舌을 늘어놓았다.

그날 박 장관이 뉴스데스크에서 한 얘기는 이미 평양 현지에서 보도된 내용으로 특별히 새로울 것은 없었다. 장관이 이처럼 뉴스데스크에 직접 출연하여 대담對談한 것은 아주 이례적이었다. 기자 리포트로도 충분히 다룰 수 있는 내용인데다가 이미 방북 중에 보도되었기 때문이었.
뉴스데스크는 그날 박 장관에게 6분 가까운 시간을 주었다. 이 시간이면 뉴스데스크의 뉴스 한 꼭지가 보통 1분이 조금 넘는 것을 감안하면 최소한 4~5꼭지가 나갈 수 있었다.

박 장관은 그날 김정일 국방위원장(박 장관의 표현)의 홍보맨 역할을 자처하고 뉴스데스크에 출연한 것처럼 보였다. 그는 대담 중에 김정일을 '자기가 생각한 바를 거침없이 표현하고, 자상하고 통도 컸으며, 정치적 순발력도 뛰어났다' 고 극찬極讚해 주었다.

그날 뉴스데스크 이인용 앵커는 김정일을 미화하는 질문을 던졌으며, 박 장관은 사전에 원고대로 김정일을 미화하는 발언을 하였다.

앵커 역시 "파격적인 정도로 솔직하다 이런 느낌이 들거든요" 하면서 박 장관의 발언에 추임새를 넣어주었다. 그러면서 남한 신문을 들여보내 달라면서 김정일을 '정상頂上' 이라고 표현했다. 보통 정상이란 '정상회담' 같이 개인보다는 둘 이상에 쓰는 용어로서 한 개인을 가리킬 때는 적절치 않다. 그러면서 김정일의 이런 솔직한 모습이 남북관계에 어떤 영향을 미치는지를 물었다.

이에 대해 박 장관은 "50일 만에 북한을 방문했더니 (김정일이) 현격하게 변화된 것을 느꼈다"면서 김대중 대통령의 6·15 방북 결과가 긍정적으로 나타나고 있다고 주장했다.

이어서 김정일이 식량난, 전력난, 가뭄 등에 대해 솔직하게 얘기했다고 강조했다. 이날 하이라이트는 북한이 노동당 규약을 곧 개정할 것이라는 것이었다. 이건 상당히 충격적인 내용이었다.

조선노동당의 당면 목적은 공화국 북반부에서 사회주의의 완전한 승리를 이룩하고 전국적 범위에서 민족해방과 인민민주주의 혁명과업을 완수하는 데 있으며, 최종 목적은 온 사회의 주체사상화와 공산주의사회를 건설하는 데 있다는 것은 익히 아는 사실이다.

이날 김정일을 미화하는 것도 모자랐는지 김정일이 북한 독재체제의 버팀목인 '노동당 규약' 을 개정하겠다고 말했다는 것이다. '노동당 규약' 이 북한 1인 독재체제의 존립 근거가 된다는 것이라는 쯤은 익히 알고 있는 상식에 속한다.

'노동당 규약'에는 '한반도 적화통일'이 명시되어 있다. 김일성은 당 규약에 등장하는 모든 조직의 설립자이고 김정일은 김일성의 업적을 계승·발전시켰다고 내세우고 있다. 다음 김정은은 3대 세습으로 북한 독재정권을 공고하게 확립하는 임무가 바로 노동당 규약에 포함될 것이다.

박 장관은 이런 것을 알고 있었을 텐데도 노동당 규약이 바뀔 것이라고 홍보한 것이다.

그 후 우리나라에는 국가보안법을 폐지하라는 주장들이 봇물처럼 터져 나왔다. 바로 북한이 노동당 규약을 변경한다는 말이 나오면서 국가보안법 폐지론이 더 힘을 받게 되었다. 하지만 국가보안법의 존재 근거인 남북한 대치 상황과 북한의 대남적화 전략이 바뀌지 않은 상황에서 국가보안법을 전면 폐지하는 것이 타당하지 않다는 반론도 만만치 않았다. 북한의 최상위 규범인 노동당 규약에는 대남적화 전략이 분명하게 명시되어 있다. 북한은 또한 형법에도 인민을 가혹하게 처벌할 수 있는 '반反국가 범죄' 조항들을 그대로 두고 있다.

만약 '노동당 규약'을 개정한다면 언제 죽을지도 모르는 김정일이 20대 김정은에게 권력을 세습해 줄 수 없을 것이다. 김정일이 과격하고 전투적인 '노동당 강령'을 고칠 수도 있다고 말했다는 것이다. 이건 사실 여부를 떠나 북한의 심리작전에 말려든 것으로밖에 볼 수 없는 것이다. 이것은 김정일의 대남 적화 전략을 장관이 뉴스데스크에 직접 출연하여 전 국민에게 고지해준 것이나 다름없었다.

하지만 이날 이후 북한 독재집단이 '노동당 규약'을 바꿀 것이라는 말은 더 이상 나오지 않았다. 북한에서 김정일을 빼고 다른 사람이 이런 발언을 하면 아마 바로 총살형에 처해졌을 것이다. 이건 우리가 김정일의 발언을 곧이곧대로 받아들인 것이었다.

박 장관의 발언으로부터 무려 10년도 넘게 지난 2010년 9월 28일, 북한은 제3차 당 대표자회에서 30년 만에 노동당 규약을 전면 개정했다. 그런데 규약 개정의 포인트는 3대 세습의 제도적 장치를 확실하게 강화하는 내용이었다.

북한은 노동당 규약 서문에 있던 기존의 맑스-레닌주의 용어를 삭제하고 김일성의 당이라고 규정하였다. 당의 기본 원칙을 '당 건설의 계승성 보장'이라고 하여 3대 세습이 당의 기본적인 임무라는 것을 그의 사후 누구도 손을 못 대도록 명백하게 규정해 두었다.

> 김정일 국방위원장 스스로 노동당 강령은 영원불변한 것이 아니고 또 45년 전에 제정된 것이기 때문에 과격적이고 전투적이다, 그러니까 고칠 수 있다, 이렇게 얘기를 했습니다.

이밖에 박 장관은 '우리 특파원 평양 상주常駐, 연예인 공연, 한라산과 백두산 교차 관광' 등을 김정일과 논의했다고 밝혔다. 이런 것들 가운데 우리 측이 비용을 전적으로 부담하는 연예인 공연을 빼놓고는 모두가 공염불空念佛로 끝나고 말았다.

이것은 김정일의 대 국민 선동용 프로그램을 국민에게 알려준 것이었으며 북한의 전술에 놀아난 것이었다. 남한 언론사 사장단의 북한 방문과 김정일 면담으로 우리 언론은 북한 체제를 공고히 해주는데 앞장을 서게 되었다. 여기서 그날 박지원 장관이 뉴스데스크에 출연해서 한 발언의 요지만을 보기로 한다.

〈언론사 사장단과 북한 방문한 박지원 장관 인터뷰〉
● 이인용 앵커: 지난번 정상회담 때 이어서 이번에도 김정일 국방위원장을 아주 가까운 위치에서 지켜보셨어요. 이번에 김정일 국방위원장은 지난번처럼 아주 놀랄만한 얘기들을 많이 쏟아놓았는데 전체적으로 어떤 느낌을 받으셨습니까?

○ 박지원 장관(문화관광부): 지난번에도 그렇고 이번에도 비교적 많은 대화를 나눌 수 있었습니다. 김정일 국방위원장은 한 마디로 자기가 생각하는 바를 거침없이 표현했습니다. 비교적 자상하고, 통도 컸으며, 정치적 순발력도 뛰어났다, 이런 인상을 받았습니다.

● 앵커: 그런 맥락에서 이해될 수 있겠습니다마는 저희가 지난번 정상회담 때 오간 얘기로 알려져 있었지만 조금 말하기 조심스러워 했던 노동당 규약 개정 문제요. 이번에 아주 고칠 수 있다고 분명하게 말했거든요.

○ 장관: 저희도 상당히 그 부분의 얘기를 꺼내기가 주저스러웠는데 김정일 국방위원장 스스로 노동당 강령은 영원불변한 것이 아니고, 또 45년 전에 제정된 것이기 때문에 과격적이고, 전투적이다, 그러니까 고칠 수 있다, 이렇게 얘기를 했습니다.

● 앵커: 이번에 김정일 국방위원장 얘기를 들어보면 앞서도 얘기가 있었습니다마는 파격적일 정도로 솔직하다 이런 느낌이 들거든요. 이를테면 식량난을 얘기할 때라던가, 남한 신문을 들여보내 달라 이런 걸 얘기할 때 그런 것을 느꼈는데, 이런 정상의 솔직한 모습이 앞으로 남북관계에 어떤 효과를 가져다 줄 수 있다고 생각하십니까?

○ 장관: 저는 역사적인 6·15 남북 정상회담 후 꼭 50일 만에 평양을 방문했습니다. 그때와 현격하게 변화가 있었던 것을 피부로 느낄 수 있었습니다. 김정일 국방위원장은 물론 북한의 지도자나 접촉한 주민들도 과거에는 자기들의 소위 치부, 어려움을 드러내놓고 얘기를 하지 않았는데 이번에는 모든 분들이 자기들은 좀 어려웠다, 그리고 식량난, 전력난에 대해서도 얘기를 했고, 그러나 작년부터 경제가 좋아지고 있고, 자기들은 극복할 수 있다, 라고 강조를 했습니다. 그러면서 김정일 국방위원장은 10년 이래의 가뭄으로 저수지의 물이 반밖에 저수되지 않고 있어서 농사나 금년 겨울을 보내기가 굉장히 염려된다는 솔직한 얘기도 했습니다.

● 앵커: 또 하나 눈에 띄는 것은, 김정일 국방위원장이 이번에 노동당 규약 개정 문제라든가 남북의 직항로 얘기를 하면서 북한 내 군부가 반대를 할 거다, 그렇지만 하겠다, 이런 얘기를 했어요. 그 얘기를 보면 북한 내의 다른 목소리가 존재한다, 강경한 목소리가 존재한다, 또 한편에서는 그것을 충분히 극복해 나갈 수

있다는 어떤 자신감 같은 것을 읽을 수 있었거든요. 김정일 위원장 내부 장악력 어떻게 보셨습니까?
○ 장관: 김정일 위원장은 확실히 정권을 장악하고 있었고, 굉장히 안정적이었습니다. 방금 말씀하신 군부가 반대한다, 그러한 내용의 얘기를 한 것이 아니고, 일반적인 행정부서에서는 군부에 대해서 모르고 있다, 군부는 내가 명령을 할 수 있기 때문에 자기가 장악하고 있다는 것을 표현한 것입니다. 그래서 김정일 국방위원장은 문자 그대로 국방위원장으로서 군부를 완전 장악하고 있고, 모든 것을 명령할 수 있다는 위치에 있다는 것을 느꼈습니다. (이하 생략)

2005년 6월 9일, 6·15 남북공동선언 5돌을 맞아 지난 2000년에 결성된 이후 활동이 멈췄던 '남북언론교류협력위원회' 가 다시 가동하게 되었다. '남북언론교류협력위원회' 는 '남북언론합의문' 을 실천하기 위한 남쪽 언론위원회로서 언노련, 기자협회, PD연합회, 한국인터넷기자협회, 한국언론재단 등 언론 관련 5개 단체가 참여하고 있었다. 이상기 기자협회장, 신학림 언론노조 위원장, 정호식 PD연합회장, 윤원석 인터넷기자협회장이 공동대표로 선출되었으며, 정남기 한국언론재단 이사장이 고문을 맡았다. 이들은 2000년 '남북언론교류협력위원회' 의 정신과 성과를 발전적으로 이어가고 변화한 언론 환경과 한반도 상황에 능동적으로 대응할 수 있는 실질적인 남북언론교류 창구로서 역할을 하겠다고 다짐하였다. 2000년 당시 참여했던 한국신문협회, 한국방송협회, 한국신문방송편집인협회 등 3개 단체는 '남북언론교류협력위원회' 에 가입하지 않았다. 이날 성유보 방송위원, 문영희 동아투위 위원장 등 전현직 언론인과 한상렬 6·15 남측 준비위 공동대표 등이 참여하여 축사를 했다.

6·15 공동선언 이후 대중문화 공연을 중심으로 대한민국 방송의 북한에 대한 짝사랑이 더 심해지게 되었다. 1999년 SBS 〈평화친선음악회〉

를 시작으로 MBC 〈민족통일음악회〉, 2002년 〈이미자의 평양 동백아가 씨〉와 윤도현 밴드가 출연한 〈오! 통일 코리아〉 등이 이어져 방송 교류는 우후죽순 전성기를 맞게 되었다. KBS는 2003년 〈전국노래자랑-평양 편〉을 모란봉공원에서 열었으며, SBS는 2005년 〈조용필의 평양콘서트〉를 열었다.

이런 가운데 가수 윤도현 씨의 철없는 발언은 북한에 잠깐 머물면서 좌파사상에 얼마나 쉽게 동화될 수 있는지를 보여주는 실증적인 사례로 회자膾炙되고 있다.

북한은 독재체제를 유지하려고 전 국민을 주체사상이라는 날조捏造된 틀에 가둬 놓고 통치하고 있다는 것은 상식이다. 마치 사이비 교주가 혹세무민惑世誣民 날조된 교리로 신도를 홀리는 것과 흡사한 것이다.

윤도현 씨는 북한을 다녀와서 한 말이 "북한의 가정은 우리가 사는 것과 별반 다르지 않다"는 것이었다. 우리의 삶과 별반 다르지 않다는 북한은 1인 독재국가이면서 국민소득이라고 해봐야 겨우 1천 달러 수준이었다. 또 노동당 간부들이 살고 있는 평양은 다른 지역에 비해 상상할 수 없는 특혜를 누리는 지역이다. 공산국가에서 당 간부들만이 사치스럽게 산다는 것은 더 이상 거론할 필요가 없는 사실이다.

북한에서 1994년 7월 9일 독재자 김일성이 죽고 나서 1995년 이후 2000년까지 고난의 행군 시기에 350만 명이 넘는 동포들이 굶주림에 못 이기고 죽었다고 한다. 심지어 청진에서는 굶주림으로 정신착란을 일으킨 여성이 자기 허벅지 살을 뜯어먹었다는 끔찍한 얘기를 탈북자 이형철(가명)으로부터 직접 들었다.

어부 최욱일 씨는 1975년 8월 동해에서 오징어를 잡는 중에 북한 경비정에 납치됐다가 2007년 1월, 31년 만에 탈북했다. 그는 "북에서 잘 때도 변소에 갈 때도 감시와 통제를 받았으며, 쌀과 옥수수가 섞인 200g

정도를 매끼 배급받다가 1995년쯤부터는 배급도 끊겨서 굶어 죽는 사람이 속출했으며, 굶어죽지 않으려고 토끼가 먹는 풀이라면 다 먹었다."고 증언했다.

윤도현 씨가 이처럼 비참한 북한의 실상을 조금이라도 알고 있었다면 이런 경거망동輕擧妄動의 발언까지는 하지 않았을 것이다. 북한 내부 실상과 주체사상의 본질을 제대로 알지 못하는 사람이 북한에 가게 되면 겉모습만 보고서 그들의 주장에 동조하는 실수를 하게 되는데 김정일은 연예인의 이 같은 발언을 천군만마라고 좋아했다고 한다.

2011년 8월 27일, 라이트코리아 홈페이지에 올라있는 "윤도현, 월북하는 게 어때?"라는 기사 일부를 옮겨 본다.

가수 윤도현 씨가 북한을 선전해 주는 듯한 발언을 해 빈축을 사고 있다. 윤 씨는 (2011년 8월) 26일 Mnet 핫스타 인터뷰 '마이크'에 출연한 자리에서, 평양 방문 당시 캠코더로 가정집을 몰래 엿본 적이 있었다고 밝혔다. 지난 2002년 공연을 위해 북한을 방문했던 그는, 당시 자신이 머문 평양의 호텔에서 캠코더로 몰래 창 건너편의 가정집을 훔쳐봤다고 회고했다. 평양 시민들의 삶이 궁금했다는 것. 그러면서 '뜻밖의 장경'에 '큰 충격'을 받았다고 했다. 자신이 목격한 장면은 '한 아버지가 아이를 비행기 태우고, 애완견을 기르는 등 우리와 다를 바 없이 지극히 평범한 가정의 모습'이었다는 것. 이같이 전한 윤 씨는 "심한 반공교육의 영향인지 평범한 그들의 모습이 더 신기했다"고 말했다.

한편 MBC와 SBS도 KBS를 따라서 북한 체제 홍보에 더욱 공세적으로 나서게 된다. 이들 방송사는 아예 평양 공연을 성사시키기 위해 북측과 다양한 방법과 특단의 수단을 다 동원하여 물밑 접촉을 벌였다. 이 와중에서 한 방송사는 대북 사기꾼에게 속아 수십억 원을 날리고도 속수무책 냉가슴만 앓았다는 소문도 들렸다.

두 방송사는 끈질긴 대북 접촉 끝에 SBS는 〈2000년 평화친선음악회〉, MBC는 〈민족통일음악회〉를 각각 12월 5일과 20일 평양 봉화예술극장에서 가졌다. 그런데 SBS의 〈2000년 평화친선음악회〉는 사실상 SBS쪽에서만 통하는 타이틀이었다. 북쪽은 '로저 클린턴 선생과 그 일행의 평양공연'으로 불렀다. 로저 클린턴은 당시 빌 클린턴 미국 대통령의 이복동생이었다. 레퍼토리 구성도 북측이 녹화한 필름은 철저하게 '로저 클린턴 일행'에 의한 공연으로 꾸며져 SBS는 돈만 대고 들러리만 선 꼴이 되고 말았다.

MBC의 〈민족통일음악회〉는 오정해의 '진도아리랑', 현철의 '홍도야 우지마라', 김종환의 '눈물 젖은 두만강' 등과 북측의 '양산도', '군밤타령' 등으로 민족감정을 자극하는 내용이었다.

양 방송사 공연 모두 우리 쪽에서는 대대적인 예고방송으로 분위기를 띄우며 흥분해서 날뛰었지만, 북측에서는 일부 특권층만을 위한 밀실행사로 공개조차 되지 않았다고 한다.

이 공연을 하려고 두 방송사는 북한에 거금巨金을 건네주면서 김대중 정권의 햇볕정책을 공고히 해주는데 앞장을 선 꼴이 되고 만 것이다.

이후 KBS와 MBC는 연례행사처럼 퍼주기 성 방북공연을 앞서거니 뒤서거니 하면서 열었다. 2002년 KBS는 〈남북교향악단 합동공연〉을, MBC는 〈2002 평양특별공연〉을 추진하면서 제작비를 초과 집행하거나 뒷거래로 엄청난 물품을 기증했다는 의혹을 받았지만, 좌파정권에서 그게 문제가 될 수는 없었다.

KBS는 애초에 승인된 제작비 12억 원에서 4억 원을 초과하여 지급했으며, MBC는 제작비로 지급한 현금 외에 칼라 TV 5천 대를 별도로 주어 퍼주기 논란을 일으켰다.

2001년에는 KBS가 다큐멘터리 제작을 위해 〈개마고원〉 담당 설상환 PD, 〈남과 북이 함께 부르는 노래〉의 김현 PD, 〈북에 있는 10대 문화유산〉 프로그램의 사전 답사를 위해 우종택 PD가 방북 길에 올랐다.

2002년에는 KBS는 〈제국의 아침〉이라는 드라마를 북한 현지에서 촬영한다는 명분으로 홍성규 특임본부장을 단장으로 총 16명의 대규모 방북단을 보냈다. 이보다 앞서 남북교류협력단 편성본부장 등 8명의 선발대가 북한을 방문하여 KBS교향악단 200명이 평양공연에 참여하기로 합의하고 돌아왔다.

MBC 또한 충성경쟁에서 밀릴세라 김중배 사장을 단장으로 하는 방북단이 평양에 들어가 183명의 공연, 취재, 참관단이 평양특별공연을 위해 방북하기로 합의하고 돌아왔다.

방송 3사 대북 특별창구 설치, 북한 지원

1998년부터 김대중 정권은 〈햇볕정책〉을 표방하였다. 2001년 들어서면서 대북 지원액수도 대폭 늘어났다. 2001년 정부 지원 985억 원, 민간 지원 782억 원, 합계 1,767억 원이 지원되었다. 이런 기조는 노무현 정권에 들어서도 계속 이어졌다.

2002년 월드컵 무드를 타고 북한에 대한 정부 지원금이 무려 2.7배로 늘어난 2,650억 원을 북한에 퍼주었지만, 그 해 6월 29일 연평해전이 일어났다.

2003년 2,607억 원, 2004년 2,672억 원, 2005년 3,147억 원, 2006년 2,273억 원, 2007년 3,488억 원으로 사상 최대치로 늘어났다.

2007년 10월 노무현 대통령이 군사분계선을 넘어가 김정일을 만났으며, 그때 북방한계선(NLL)에 대한 부적절한 발언을 했다는 논란이 있었다.

2008년 이명박 정권이 들어서면서 대북지원금 규모는 급격하게 줄어들었다. 2008년 438억 원으로 전년도 3,488억 원의 12.6%에 불과했다. 2009년 294억 원, 2010년 204억 원, 2011년 65억 원, 2012년 23억 원으로 명맥만 유지하게 되었다. 그 사이 민간부문 대북 지원금 역시 같은 기간에 725억, 377억, 200억, 131억, 118억 원으로 줄어들었지만 정부 부문 지원금보다는 많았다.

그 당시 방송가에서는 북한의 현실을 송두율 교수의 내재적(內在的) 관점에서 바라봐야 한다는 말들이 주류를 이루고 있었다.

이를테면 김정일이 96년 이후 350만 명을 굶어 죽인 것을 북한만의 내부문제로 봐야지 그것과 연계시켜 지원을 끊으면 더 큰 비극이 일어난다는 것이다. 또 우리가 북한에 주는 쌀이나 의약품 등이 군인들한테 전달되는 것이 아닌가 하는 걱정을 하는데, 북한군 역시 우리 동포라는 것이다. 이렇게 주장을 하는 방송인들 가운데 일부는 미군 철수에 동조하기도 했으며 연평해전은 우리 어선이 어로한계선을 넘었기 때문에 일어났다고까지 주장했다. 이들은 굶주린 북한 주민에게 주라고 건넨 쌀을 군인들에게 배불리 먹이면 결국 그들이 우리를 향해 총부리를 겨눌 것이라는 말에는 꼬리를 감췄다.

이런 분위기 속에서 방송 역시 퍼주기 대열에 합류했다. 심지어 MBC 대주주인 방문진은 평양, 개성 등지에 나무를 심어주는 〈그린코리아〉라는 사업을 대대적으로 펼쳤다. 하지만 황폐한 민둥산에서 살아남은 나무는 별로 없었다는 것이 뒤에 방북한 사람들이 증언해주었다. 이건 정권의 햇볕정책에 힘을 실어준 일종의 퍼포먼스였던 것이다.

이즈음 방송 3사는 남북 방송교류를 명분으로 앞다투어 대북방송 전담기구를 설치했다. KBS는 남북교류협력기획단을, MBC는 통일방송협력단을, SBS는 남북교류협력단이라는 기구를 설치하여 방송인 북한 방문, 프로그램 제작 및 취재, 북한 프로그램 수입 등 북한 방송과의 협력 기반을 한층 더 강화하게 되었다.

이로 인해 방송사는 북한의 주체사상이 들어 있는 북한 영화를 경쟁적으로 수입하여 우리 안방으로 침투시켰다. 이것이 바로 북한의 대남적화 전술이라는 것은 김일성의 비밀교시와 유훈통치에 들어있는 것이다.

특히 남북 정상회담 분위기에 맞추려고 MBC는 〈춘향전〉을 영화화한 〈사랑 사랑 내 사랑〉과 〈온달전〉을, SBS는 〈홍길동〉과 〈안중근 이등박문을 쏘다〉 등의 북한 영화를 우리 안방에 여과 없이 침투시켰다.

이처럼 남북 방송사 간의 허니문 시대가 이어지면서 MBC의 〈이제는 말할 수 있다〉가 북한 조선중앙TV에서 방송되는 충격적인 사건이 벌어지게 되었다.

그때 북한에서 방송된 〈6·25 일본 참전의 비밀〉은 6·25 당시 유엔군의 원산상륙 작전에 일본군이 비밀리에 참여한 사실을 폭로한 내용이었다. 원래 50분 분량의 프로그램을 북측은 15분 정도로 압축해서 북한 아나운서의 해설과 자막 작업을 거쳐 방송했다고 한다.

북한 방송은 의외로 프로그램 초반에 "이 프로그램은 남조선 문화방송에서 제작한 것"이라는 자막을 넣어서 남조선 방송 MBC와의 돈독한 관계를 과시하였다고 한다.

이와 같은 사건이 은밀하게 이루어졌기 때문에 대다수의 국민들은 그 내용을 알지 못했다. 이것 역시 햇볕정책의 소산所産으로 북한 입장에서 볼 때 김일성 비밀교시를 근간으로 하는 김정일 독재체제를 강화하는 데 도움이 된다고 판단해서 북한 인민들에게 남조선의 프로그램을 보여준 것이다.

남북 정상회담이 끝난 뒤 방송 3사는 6·25 특집 편성을 둘러싸고 이념 정체성의 혼란에 빠져 한바탕 홍역을 치르게 되었다.

그 때 마침 6·25전쟁 50주년을 맞아 방송 3사는 특집드라마와 다큐멘터리 등을 대대적으로 제작하여 방송할 계획이었으나 남북 정상회담으로 인한 친북 분위기 때문에 이미 제작한 작품의 방송을 취소하거나 내용을 수정하는 등 소동을 피운 것이다.

연평해전 원인은 우리 어선의 월선조업

2002년 6월 29일, 남북한 밀월 분위기가 무르익어갈 즈음에 찬물을 끼얹는 사건이 터졌다. 연평해전이 일어난 것이다. 이 사건으로 김대중 정권의 북한 퍼주기와 햇볕정책을 통한 대북 친화노선을 최일선에서 선전 선동한 방송사들, 특히 MBC의 실체가 적나라하게 드러나게 되었다.

연평해전이 발발하자 MBC는 뉴스데스크에서 연일 이 사태를 기자 리포트로 집중 보도했다. 사태 발발 당일인 6월 29일부터 MBC는 '연평해전의 발발 원인이 북한의 도발이라기보다는 우리 어선들의 월선조업越線操業에 있다'는 식으로 김정일에게 유리하게 보도 몰이를 하였다. 또 남북 간의 첨예한 문제인 북방한계선(NLL)의 무력화 우려가 있는 '남북 공동어로구역 설정'을 논의할 필요성까지도 제기하였다.

국방부 조사 결과나 관련자들의 증언과 다른 부분을 부각시키며 북한의 고의성을 부정하는 쪽에 무게 중심을 두었다.

6월 29일 첫날, MBC는 비교적 차분하게 북한의 도발 상황을 전달했다. 그러다 어쩐 일인지 이틀 째 되는 30일부터 보도 태도가 싹 바뀌었다. 당시 이용마 기자는 '북한 서해 교전사태, 남한이 영해 침범 등 반박'이라는 리포트에서 "먼저 영해를 침범한 쪽은 남한이라는 것입니다. 남측에서 북한 영해 안에 북방한계선을 일방적으로 그어놓고 자주 침범했다는 것입니다. 선제공격도 남측이 했다고 주장했습니다. 당시 북한 경비정이 두 척에 불과한데 수적으로 두 배가 넘는 남한 함선에 대한 선제공격은 말도 안 된다는 주장입니다."라는 편향된 리포트를 했다.

이어서 서동만(상지대 교수)는 인터뷰에서 "최고지도부, 김정일 국방위원장을 포함해서 그 의도가 실린 행동으로 보기에는 너무 설명이 안 된다는 거죠"라고 저의가 의심스러운 발언을 했다.

서 교수의 발언을 들으면서 연평해전은 김정일이 개입해서 일어난 게 아니라는 생각이 들었다. MBC는 연평해전 보도에서 '불법 월선, 집단 월선, 적색선, 불법 조업, 월선 조업, 월선 꽃게잡이' 등 우리에게 불리한 용어를 계속해서 남발하고 있었다.

MBC뉴스 가운데 "북한 서해 교전사태, 남한이 영해 침범 등 반박"을 보기로 하자.

- 앵커: 북한은 오늘 해군이 먼저 공격을 했다는 우리 군 당국의 발표를 정면으로 반박했습니다. 북한은 하지만 우리 정부에 대한 직접적인 비난을 피하는 등 사태 악화를 원하지 않는 듯한 모습을 보였습니다. 이용마 기자입니다.
- ○ 기자: 북한은 오늘 해군사령부 대변인을 통해 남한 군 당국의 발표를 조목조목 반박했습니다. 먼저 영해를 침범한 쪽은 남한이라는 것입니다. 남측에서 북한 영해 안에 북방한계선을 일방적으로 그어놓고 자주 침범했다는 것입니다. 선제 공격도 남측이 했다고 주장했습니다. 당시 북한 경비정이 두 척에 불과한데 수적으로 두 배가 넘는 남한 함선에 대한 선제공격은 말도 안 된다는 주장입니다. 북한은 이런 적극적인 해명과 함께 비난의 초점을 남한 정부나 미국이 아니라 남한 군부로 한정해서 이 사안이 정부 차원 대결로 확대되는 것은 피하는 모습이었습니다.
- 북한 해군사령부 대변인 발표문(조선중앙TV, 오늘 저녁 8시): 남조선 당국자들이 이번에 이와 같은 엄중한 군사적 도발을 감행한 것은 북남 화해와 통일 열기에 찬물을 끼얹고… (이하 생략)

7월 2일, MBC는 그동안의 보도 태도를 획기적으로 바꾸었다. 연평해전은 우리 어선들이 꽃게를 더 잡으려고 적색선을 넘었기 때문에 일어났다는 식으로 여론몰이를 하였다. 여기서 뉴스데스크가 말한 '적색선' 이란 어업한계선보다 위에 있고 북방한계선(NLL) 바로 아래에 있는 그런 마지노선의 의미였다.

〈연평도 일부 어민들, 적색선 월선 꽃게잡이 사전 담합〉
- 앵커: 서해교전 당시 우리 고속정이 거의 무방비로 피격을 당한 데는 꽃게잡이 어선들의 불법 월선도 한 원인이라는 어민들의 자책성 증언을 어제 집중보도해 드렸습니다. 그런데 우리 꽃게잡이 어선들의 같은 월선행위는 선주들의 사전 집단모의에 따라서 이루어졌고 또 해군 당국도 이를 묵인했었다는 어민들의 추가 증언이 나왔습니다. 먼저 김재용 기자가 보도합니다.
- 기자: 교전이 발생하기 사흘 전인 26일 선주들이 모여 집단적으로 적색선을 넘기로 모의한 뒤 어선 56척이 실제로 적색선을 넘었습니다. 적색선은 어업한계선보다는 위에 있고 NLL 즉, 북방한계선 바로 아래에 있는 이른바 군사작전상의 마지노선입니다. 다음 날인 27일 해군이 어선의 집단행동에 제동을 걸기 위해 출항을 통제했습니다.
- 연평도 어민: 불법 조업하는 게 어제 오늘 일이 아니고… 어로한계선도 지나버리고, 어로 저지선(적색선)까지 지나 가지고, 북방한계선 가까이까지…
- 기자: 28일 선주들이 담합해 어선들은 또다시 적색선을 넘었습니다.
- 연평도 어민: 8시에 집단으로 행동을 해, 어민들이… 가서 한 시간 정도 허가 없이 작업을 했어요.
- 기자: 어선들이 필사적인 집단 월선을 계속하자 해군 당국은 28일 밤 통제받는 것을 조건으로 적색선을 넘을 수 있도록 허용했다고 어민들은 증언했습니다. 교전 당일인 29일 허가를 받은 어선들은 최고속력으로 적색선 안으로 들어갔다고 합니다.

계속해서 MBC는 '군 통제 묵인 하에 집단 월선 꽃게잡이 관행 사고 원인', '해군 연평도 어민 생계 위해 집단 월선 조업 종종 묵인', '연평도 꽃게잡이 어로저지선 넘어서 조업' 등의 보도로 우리 어민들의 잘못을 물고 늘어졌다.

7월 3일 뉴스데스크에서 엄기영 앵커는 "우리 군은 북한의 위협으로부터 우리 어선들을 보호하기 위해서 절대 넘어서는 안 되는 마지노선인 어로 저지선을 그어놓고 있습니다마는 어로작업은 그 선을 넘어서까지 이루어지고 있었습니다."라고 보도하였다.

이것은 연평해전이 어로한계선을 넘어간 우리 어선과 월선을 단속하지 않고 방치한 우리 군에게 책임이 있다는 것이었다.

이날 또 오상우 기자는 '연평도 꽃게 어획량 교전 직전 급증 무리한 조업 입증'이란 제하題下의 리포트에서 '서해교전이 발생하기 전 이틀 동안 연평도 어민들이 평소보다 몇 배나 많은 꽃게를 잡은 것으로 드러났다'면서 그 구체적인 수치를 제시해 주었다.

> 지난달 한 달 동안 연평도에서는 250톤 정도의 꽃게가 잡힌 것으로 옹진수협에 집계됐습니다. 그런데 날짜별로 꽃게가 얼마나 잡혔나 들여다보면 이상한 점이 발견됩니다. 총 어획량 250톤을 조업날짜로 나누면 하루 평균 어획량은 14톤 정도. 지난달 12일 9톤, 22일에는 12톤 정도에 머무르던 꽃게 어획량은 서해교전이 발생하기 이틀 전인 27일 30톤으로 치솟더니 전날인 28일에는 45톤으로 최고치를 기록했습니다.

기자는 이처럼 꽃게 어획량을 들먹이면서 우리 어선이 어로한계선을 넘었다고 단정적으로 보도했다.

7월 4일에는 뉴스데스크에 '연평도 꽃게잡이 어민 월선 조업 등 무리해야 큰 돈'이라는 리포트를 내보냈다. 이것은 우리 어민들이 한 푼이라도 더 벌려고 어로한계선을 넘어 월선조업을 하고 있다는 사실을 강조한 것이었다.

> 새벽 6시, 연평도의 당선부두입니다. 출항허가가 떨어지자마자 마치 경주를 하듯 어선들이 빠른 속도로 출발합니다. 좋은 자리를 차지해야 더 많은 꽃게를 잡을 수 있기 때문입니다. 사정이 이렇다 보니 어민들은 어업한계선이나 저지선을 넘은 경험을 서슴지 않고 자랑하기도 합니다.

5일에는 "연평도 꽃게잡이 어선, 꽃게 따라서 경쟁적 북상"이라는 리포트가 나가게 된다. 이처럼 MBC의 연평해전 보도 태도는 "우리 어선의 월선조업이 북한 공격의 빌미가 되었다"는 것을 굳히는 쪽으로 치닫고 있었다.

7일 MBC는 급기야 "국방부 불법 월선조업 규제 처벌규정 강화 방침"이라는 소식을 내보냈다. 이로써 국방부도 우리 어선의 월선조업이 연평해전의 원인이었다는 주장에 동승同乘한 것처럼 보도했다.

<small>배상기(합참 검열단장): 20여 척이 주변 조업 구역을 이탈하여 조업을 시작했는데…</small>

합참 검열단장의 '주변 조업구역 이탈'이란 한 마디 발언으로 북한의 도발은 우리 어민들의 월선조업으로 일어난 것으로 정당화된 셈이었다.

국방부는 연평해전의 원인이 월선조업에 있었다는 식의 조사결과를 발표하였다. 그 후 MBC는 연평해전 뉴스를 거의 다루지 않았다. 이처럼 MBC는 초기에는 북한 측의 의도적인 도발로 보도하다가 7월 2일부터 서서히 우리 어선과 군 당국의 묵인으로 연평해전이 일어난 것으로 보도했다. 이런 뉴스를 본 국민들이 선제공격한 북한보다는 우리 어선과 군 당국에 책임이 있는 것으로 착각하게 만들었다.

MBC가 다룬 '월선조업이 북한 공격의 빌미'가 되었다는 뉴스는 다음과 같다.

- 6월 29일(토)
  북한 서해 침범 교전 원인, 꽃게어장 쟁탈전 [김재용]
- 6월 30일(일)
  북한, 서해교전 사태 남한이 영해 침범 등 반박 [이용마]
- 7월 1일(월)
  연평도 꽃게잡이 어민 서해 교전 사태 발생 자책 증언 [유상하]
  연평도 꽃게잡이 어선 어로 한계선 넘어 조업 [황석호]

해군 고속정 꽃게잡이어선 통제하다 북 경비정에 참사 [전봉기]
○ 7월 2일(화)
연평도 일부 어민들 적색선 월선 꽃게잡이 사전 담합 [김재용]
북 경비정 해군과 총격전중에도 꽃게잡이 조업 [박승진]
군 통제 묵인하에 집단 월선 꽃게잡이 관행 사고 원인 [유상하]
해군 연평도 어민 생계위해 집단 월선조업 종종 묵인 [이주훈]
연평도 어로금지구역 꽃게어장 노다지 [지영은]
● 7월 3일(수)
연평도 꽃게잡이 어로저지선 넘어서 조업 [유상하]
연평도 꽃게 어획량 교전 직전 급증 무리한 조업 입증 [오상우]
연평도 꽃게잡이 어선들 해군 호위속 조업 재개 [이승용]
연평도 주민 꽃게 어획 감소로 가구당 빚 수억원 [김재용]
○ 7월 4일(목)
연평도 꽃게잡이 어민 월선 조업 등 무리해야 큰 돈 [권희진]
연평도 꽃게잡이 어선 조업 개선책 시급 [유상하]
● 7월 5일(금)
연평도 꽃게잡이 어선 꽃게 따라서 경쟁적 북상 [김재용]
○ 7월 6일(토)
퇴각 북 경비정 사진 속 어로저지선 넘어 설치된 어망 [김재용]
연평도 재향군인회장 신남석 꽃게잡이 월선조업 관행 제보자 [유상하]
● 7월 7일(일)
국방부 불법 월선조업 규제 처벌 규정 강화 방침 [박찬정]
동해 어로한계선 불법 월선조업 빈번 근본 대책 시급 [황병춘]

반면에 KBS는 6월 29일부터 비교적 차분하게 연평해전을 보도하고 있었다. 30일에는 "전사자들은 용감했다", "꽃게철에 안타까운 어민들"을 리포트 했다. 이날 기자는 "만선의 기쁨으로 한참 덩실거려야 할 마을이 제 모습을 잃었습니다. 꽃게잡이 어선 70여 척의 발목이 이틀째 꽁꽁 묶여 있습니다. 하루만 배가 못 나가도 수천 만 원의 피해를 입는 어민들의 마음은 안타깝습니다. 이미 손을 다 본 배를 손질하고 또 손질하면서 시름을 달랩니다."면서 주민들의 생계가 걸린 애타는 심정을 제대로 전해주었다.

- ○ 이근칠(주민): 배가 못 나가니까 게 잡이가 중점인데 게잡이를 못 하니까 지금 다 놀고 있잖아요. 어떡합니까? 큰 일 났다고…

7월 2일에는 '한미 교전수칙 개정 추진', '북 도발은 치밀한 계획', '북 경비정 격침 안 시켰나? 못 시켰나?' 등을 내보냈으며, 한나라당 이회창 대선후보 인터뷰도 내보냈다. 또 북한의 공격으로 산화한 장병들의 영결식 소식도 다루었다.

7월 3일에는 '북 함정 퇴각 안 하면 경고사격', '선제공격 용납 않는다', '김 대통령, 북 도발 재발 시 응징경고' 등 우리 정부의 강경한 입장을 전해주었다.

이처럼 MBC가 백령도 어민들의 월선 조업이 북한의 선제공격을 불러온 원인이라고 보도하고 있을 때 KBS는 원칙대로 보도해서 대조를 보였다. 오히려 4일에는 '연평도 어민들 어민 책임론 반발 확산'이라는 리포트를 내보냈다. 심지어 북한 경비정이 NLL을 침범했다고 보도하여 MBC와는 정반대의 보도 태도를 보여주었다.

- ○ 기자: 북한 경비정이 북방한계선 NLL을 넘어 남측 해역으로 내려왔기 때문입니다. 성 선장은 꽃게를 잡지 못해 애가 탔지만 북한 경비정이 내려왔다는 말에 부두에 남을 수밖에 없었습니다. 이처럼 북한 경비정이 내려와 우리 어선이 조업을 하지 못하는 경우는 하루, 이틀이 아닙니다.
- ● 성도경(꽃게잡이 어선 선장): 이북 경비정이나 이북 배, 어선들이 많이 남하해서 해군에서 조업을 조기에 통제한 적도 있고 대기하다가 완전히 못 나간 적도 여러 번 있습니다.
- ○ 기자: 북한 경비정의 출몰로 어민들이 큰 피해를 보는 상황에서 이번 교전을

어민 책임이라고 하는 주장에 대해 어민들은 크게 반발하고 있습니다. 특히 어선이 북쪽으로 너무 올라가 북한 경비정을 자극했다고 주장하는 일부 선원들은 실제 배의 좌표도 볼 줄 모르는 사람들이라고 말합니다.

7월 5일에는 '북한 NLL 인정 증거 있다' 는 리포트를 내보냈다. 그날 앵커는 "서해교전 사태가 나자 북한은 이번에도 북방한계선을 문제 삼고 있습니다. 그러나 북한 스스로도 과거 북방한계선을 인정했던 증거가 한두 가지가 아니어서 북한의 이런 주장은 앞뒤가 맞지 않습니다."라고 보도했다.

서울 세종로에 있는 통일부 북한자료센터입니다. 북한에서 발행된 1959년판 조선중앙연감이 있습니다. 황해도 지도에 해양과 섬 사이로 굵은 점선이 그어져 있습니다. 지도 설명대로 이 점선은 군사분계선입니다. 이 지도에 한국에서 발행한 지도를 포개봤습니다. 북한이 군사분계선으로 표시한 점선과 우리 측 지도의 NLL이 거의 일치합니다. 북한이 NLL을 남북 간 군사분계선으로 인정했다는 것을 알 수 있습니다.

이처럼 KBS는 연평해전 발발 순간부터 끝까지 북한이 선제공격을 했다는 입장을 고수했다.

한편 SBS도 KBS처럼 북한의 책임론을 끝까지 펼쳤다. 연평해전 발발 당일 SBS는 8시 뉴스에서 '남북 교전, 북측 선제공격으로 촉발' 이라는 기사를 첫 꼭지로 내보냈다.

북한 경비정 2척이 서해 북방한계선을 넘어오기 시작한 시각은 오늘(29일) 오전 9시 54분. 1척이 먼저 1.8마일을 넘어온데 이어 다른 1척이 6분 뒤인 10시 1분에 침범했습니다. 우리 측 고속정 4척은 즉각 출동해 각각 대응하면서 북측으로 돌아가며 수차례 경고방송을 했습니다. 그러나 북측 경비정들은 이를 무시한 채 계속 남쪽으로 항진했고, 우리 고속정들은 400미터 가까이 근접해 북측 경비정을 저지했습니다. 10시 25분. 북측 경비정 한 척이 갑자기 우리 고속정 한 척을 향해 선제사격을 가했습니다.

이날 SBS는 '북한, 올해만 NLL 14번 침범'이라는 리포트로 북한이 먼저 NLL를 침범했다는 사실을 확인해 주었다. 30일에는 '고속정, 북 선제공격으로 큰 피해', '전사 장병들 모두 20대 꽃다운 나이' 등의 리포트로 국민들의 울분을 달래주었다.

7월 1일에는 '서해교전 전사자들 국립묘지에 안장', '유족들 오열 또 오열', '북, NLL 무력화 의도한 듯' 등을 보도했다.

7월 2일에는 '연평도 어민, 닷새 만에 조업 재개', '국방부, 무리한 조업과 서해교전 무관'이라는 우리 정부의 발표내용을 보도했다. SBS는 이처럼 숨 가빴던 연평해전 당시부터 끝까지 연평도 어민들이 어로한계선을 넘어가 조업하는 바람에 북한의 공격을 받았다는 리포트는 한 꼭지도 내보내지 않았다.

7월 4일에는 '서해교전 당시, 어로한계선 넘지 않아'라는 보도가 있었다.

"한나라당과 민주당이 오늘 해군 2함대 사령부를 방문해 서해교전 사태에 대한 진상을 조사했습니다. 해군은 당시 우리 어선이 어로한계선을 넘은 일이 없었다고 답변했습니다."라고 비중 있게 처리했다.

그 때 민주당 노무현 대선 후보도 2함대 사령부를 방문해서 우리 어선이 어로한계선을 넘지 않았다는 사실을 확인했다는 것처럼 보도했다. 당시 민주당 조사특위 천용택 위원장은 우리 어선이 북방한계선을 넘어갔다는 것은 낭설이라면서 펄쩍 뛰었다.

여기서 천 위원장은 "(우리 어선이) 북방한계선을 넘어가서…"라고 말했는데, 국방부 장관까지 지낸 북한 전문가가 어로한계선과 북방한계선을 혼동한 듯한 발언은 의외였다.

○ 민주당 조사특위 천용택 위원장 : 우리 어선은 어로통제선을 넘어가 가지고, 북

방한계선을 넘어가서 북한을 자극했다는 것은 전혀 근거 없는 낭설이라는 것이 확인됐고…

5일, KBS는 '정치권, 서해교전 현장 조사' 리포트에서 "또 북방한계선에 근접해 조업한 우리 어선들이 교전 발발의 원인이었다는 일부 방송보도는 당시 상황을 담은 해군 기록을 확인한 결과 전혀 사실이 아닌 것으로 밝혀졌다."면서 일침을 던졌다.

여기서 말하는 '일부 방송보도' 란 MBC를 두고 한 것이 분명해 보였다. KBS는 SBS처럼 "노무현 경선 후보는 이번 사태가 '북한의 명백한 도발행위' 라고 단정 짓고…"라고 보도했다. 노무현 후보가 말한 '북한의 명백한 도발행위' 란 우리 어선들이 어로한계선을 넘지 않았는데도 도발한 것을 의미한 것이다. 이처럼 노무현 전 대통령의 NLL에 대한 인식은 후보시절과 현격한 격차를 보여 문제가 되고 있는 것이다.

사정이 이런데도 MBC는 연평해전의 원인이 어민들의 불법조업이었다는 한층 더 강력한 증거를 제시했다.

7월 6일, '꽃게잡이 월선조업 관행 제보자' 로 연평도 재향군인회장 신남석 씨의 인터뷰로 연평해전이 꽃게 어선들의 불법조업과 무관하지 않다는 주장을 뒷받침해 주었다. MBC는 수세에 몰리자 어민들이 월선조업을 했다는 양심적 제보자를 찾아낸 것으로 보였다.

○ 신남석 연평도 재향군인회장 : 고기가 안 잡히니까 옛날부터 어로한계선을 지나서 북방한계선 가까이까지 가서…

7월 8일에는 이 문제로 MBC가 공격을 받자 〈오마이뉴스〉가 'MBC 특종에 타 언론사 딴지걸기' 라는 기사로 편들기에 나섰다. 이건 MBC의 '우리 어선들의 월선조업' 이 문제라는 것을 정당화시켜 주려는 응원이었다. 이때까지 KBS, SBS는 우리 어선의 월선조업이 없었다는 우리 군

당국의 입장까지 전해 주었다. 〈오마이뉴스〉는 이것을 MBC의 특종으로 본 것이다.

　　교전 당시 일부 어선의 북방한계선 근접 조업을 처음으로 확인 보도한 MBC는 한동안 '외로운 드리블'을 하다가 나중에는 다른 언론들의 '강력한 백태클'까지 당해야 했다. '국익'과 '안보' 라는 이름의 짙은 그림자가 '진실'을 가리는 현실에서 MBC는 '특종의 대가'를 톡톡히 치러야 했다.

그 때 사회부장 이우호 씨는 〈오마이뉴스〉와의 인터뷰에서 MBC의 월선조업 보도를 비판하는 다른 언론들을 전쟁광으로 몰아가는 듯이 발언을 해서 빈축을 사기도 했다.

　　서해교전을 둘러싼 지금의 보도 경쟁이 무엇을 위한 것인지 모르겠습니다. 일부 언론의 논조는 '전쟁 못해서 안달이 났다'는 느낌까지 드는군요.

이 부장은 서해교전이 일어난 원인을 꽃게 조업을 둘러싼 남북의 갈등으로 풀어간 것이다. 엄기영 앵커는 월선조업 보도에 대해 부정적으로 보는 다른 방송사를 비판했으며 심지어 현지 어민의 제보가 있어 타 언론사와 차별화된 보도를 하게 된 시발점이 됐다고 평가하기도 했다.

99년 연평해전 이후 2002년 6·29 교전까지 연평도 일대에서는 전투까지는 안 갔지만, 긴장상태를 넘나드는 위기가 있었다. 위기 상황은 시기적으로 꽃게잡이가 많은 6월에 집중됐다. 꽃게 조업을 둘러싼 갈등이 증폭됐다.

〈오마이뉴스〉 보도에 따르면, 교전 당일 오후 5시경 사회부에 연평도 어민 신남석 씨(연평도 재향군인회장)의 제보 전화가 걸려와 다른 방송사와 차별화된 뉴스를 내보내게 되었다는 것이다. 그는 "처음에 KBS 보도국에 제보했지만 달갑지 않는 것 같은 느낌이 들었다"고 밝혔다.

7월 6일부터는 연평해전 뉴스는 '태풍 라마순' 속보에 밀려 뜸해졌다. MBC는 그 다음부터는 시사프로그램을 동원하여 북한에 면죄부를 주는 듯한 보도를 계속 이어가게 된다.

7월 5일 방송된 〈뉴스서비스 사실은〉에서 NLL의 존재 근거에 대하여 회의를 제기하면서 "사실 NLL, 즉 북방한계선은 1953년에 이승만 정부의 북진통일 정책을 막기 위해서 유엔사령부가 일방적으로 지정했고, 또 국제법적으로도 근거가 약하다는 것이 전문가들의 지적"이라면서 북한 측 입장을 두둔하였다. 심지어 사실 확인절차 없이 기존의 틀에 따라 무조건 남북대결을 부추기는 일부 언론의 고질적인 병폐를 비판하였다.

MBC, 끝까지 우리 어선의 월선조업 주장

MBC가 6월 29일부터 7월 7일까지 9일 동안 연평해전과 관련해서 리포트한 내용을 더 자세히 들여다보기로 하자.

MBC는 9일 동안 연평해전 리포트를 87회 했는데 그 중에서 어민들의 월선조업과 관련된 리포트만 19건으로 22%를 차지했다. KBS, SBS는 어민들의 월선조업과 직접적으로 관련된 리포트는 단 한 건도 없었다. MBC가 우리 어민들의 월선조업이 북한의 공격을 불러왔다고 보도몰이를 한 7월 2일과 3일의 방송 3사의 보도내용을 비교해 본다.

△ 7월 2일(화)

〈MBC뉴스데스크〉	
김대통령 방일 귀국보고회 북 재도발하면 강력 응징	정상원
합참 경고방송 없이 즉각 사격 교전규칙 개정 시달	금기종
연평도 일부 어민들 적색선 월선 꽃게잡이 사전 담합	김재용
북 경비정 해군과 총격전 중에도 꽃게잡이 조업	박승진
군 통제 묵인하에 집단 월선 꽃게잡이 관행 사고원인	유상하

해군 연평도 어민 생계위해 집단 월선조업 종종 묵인	이주훈
연평도 어로금지구역 꽃게어장 노다지	지영은
연평도 서해 교전사태 4일째 충격 벗고 안정	이승용
황도현 중사 가난한 살림에도 둘도 없는 효자	박찬정
서해 교전 사태 진상 풀리지 않는 의문	이주승
파월 미 국무장관 서해 교전사태 대북특사 재검토	최창영
북측 원자력 규제요원 25명 내한 등 남북왕래 활발	여홍규
한나라당/민주당 서해 교전 진상조사위원회 구성	박성호
〈KBS 뉴스9〉	
북 함정 퇴각 안하면 경고사격	안세득
선제공격 용납 않는다	송종문
김 대통령, 북 도발 재발시 응징경고	박상범
북 경비정. 승조원들도 큰 피해	이홍철
정치권, 서해교전 책임자 문책 공방	이춘호
초계함 교전 대응 작전 허술했다	백운기
북한, '책임은 미국, 대화는 대화다'	금철영
북한의 두 얼굴, 속셈은 뭔가?	손관수
미 특사 파견, 북 답신 후 검토	임창건
조업 재개, 팽팽한 긴장 여전	김덕원
서해교전 해외 반응, 북의 자살골	윤양균
〈SBS 8뉴스〉	
북 NLL 퇴각불응시 경고사격	조성원
김대통령, "북한 재도발때는 응징"	임광기
"북 경비정도 상당한 타격 입어"	박병일
정치권, '서해교전' 문책론 논란	정준형
연평도, 조업재개 불구 안개로 중단	송욱
미, 대북특사 파견 재검토	조지현
북한 핵 안전요원 25명 입국	윤춘호

△ 7월 3일(수)

〈MBC뉴스데스크〉	
해군 서해 교전 사태 자체 진상조사 착수	이성열
연평도 꽃게잡이 어로저지선 넘어서 조업	유상하
연평도 꽃게 어획량 교전직전 급증 무리한 조업 입증	오상우
연평도 꽃게잡이 어선들 해군 호위속 조업 재개	이승용
연평도 주민 꽃게 어획 감소로 가구당 빚 수억원	김재용
서해 교전 사태 북한의 계획된 도발	최명길
서해교전 전사자 영결식 보상금 미흡 홀대	이주승
청와대 북한 도발 재발 땐 강력 응징	송기원

한나라당-민주당 서해 교전사태 문책, 진상조사 공방	도인태
미국 10일 예정 북미대화 철회 북에 통보	신경민
⟨KBS 뉴스9⟩	
군 당국, 서해교전 정밀조사 착수	안세득
미 대북특사 파견 전격 철회	최재현
럼스펠드, '북 도발 증거 있다'	임창건
정부, 북미대화 여건 조성에 외교력 집중	이홍철
남북관계 개선 불투명	손관수
서해교전 책임 논란 확산	박성래
연평도 4일만에 꽃게 수확	김현경
⟨SBS 8뉴스⟩	
미, 대북특사 파견 백지화	박수현
연평도 어민, 닷새만에 조업 재개	송욱
국방부, "무리한 조업과 서해교전 무관"	표언구
서해교전 전사자 영결식 소홀 논란	조성원
군, 서해교전 당시 초기 '안이한 대응'	박병일
여야, '서해교전' 문책론 갈등 증폭	유영규

MBC는 연평해전 보도로 생뚱맞게 조선일보와 소송전을 펼치게 된다. MBC가 이 뉴스에서 조선일보의 연평해전 보도를 전쟁 분위기를 부추기는 것이라고 비난하자, 뒤에 월간조선이 "MBC가 연평해전 사태의 본질을 북한 도발이 아니라 우리 어선의 월선조업이 문제라는 식으로 북한에 우호적인 보도를 해 시청자들의 외면을 받고 있다"는 기사를 실었다. 이에 대해 MBC는 자사의 명예를 훼손했다며 월간조선에 5억 원의 손해배상 소송을 냈지만 패소하여 언론사로서의 공정성에 심대한 타격을 입게 되었다.

MBC는 자기들의 색깔이 드러나는 것이 두려워 5억 원이라는 거액의 손해배상을 청구해서 월선조업 비판을 막으려고 했다.

당시 서울지법 민사26부의 판결을 보도한 2003년 8월 22일 조선일보 기사와 소송판결문 요지는 아래와 같다. MBC의 완패였다.

재판부는 판결문에서 "공영방송사는 국민에게 미치는 영향력을 감안할 때 사회적 쟁점에 대한 주관적 의견이나 일방에 치우친 표현을 방송하지 말아야 할 의무를 부담하고 있는 만큼 공영방송의 보도태도의 정당성과 객관성에 대한 자유롭고 폭넓은 비평이 허용돼야 한다"고 밝혔다. 재판부는 "따라서 월간조선이 보도한 내용은 문화방송의 서해교전 보도와 사회 일반 여론, 서해교전 사태에 대한 국방부 조사결과 등을 기초로 한 의견 표명으로, 언론매체 상호간 정당한 비평의 범위 내에 속하는 것으로 명예훼손이 성립되지 않는다"고 판결했다.

2002년 7월 4일, 〈민언련〉은 '가제는 게 편'이라는 말처럼 "민감한 사안에 대한 심층취재로 '어부들의 월경 사실'을 인터뷰해 낸 문화방송에 박수를 보내며 다른 언론이 문화방송과 힘을 합하여 연평해전 사태의 진실을 밝히는 데 나서주기를 기대한다."고 성명을 발표했다.

이 성명 중에서 "이번 교전사태를 보도함에 있어 언론은 현상적인 접근에 머무르지 말고 근본적인 원인과 배경을 집중적으로 파헤쳐 다시는 이러한 불행한 사태가 발생하지 않도록 한반도 전체에 '교전지역의 공동구역화' 등 '대책 마련'을 촉구하는 방향으로 나가야 했다."면서 북방한계선인 NLL을 포기하자는 것과 비슷한 주장을 폈다.

교전지역을 '공동구역화' 하자는 주장은 바로 북한 어선과 우리 어선이 공동으로 조업을 하게 하자는 것이다. 이것은 우리 어선과 북한 어선이 공동으로 어로작업을 하다보면 더 큰 분쟁이 일어날 수도 있는 위험한 발상이다. 〈민언련〉의 성명서를 보면 우리 국민이 쓴 성명인지 의심이 들 정도였다.

〈언론은 서해교전사태의 진실을 밝히는 데 주력하라〉

도대체 일부 언론은 서해교전 사태를 어디까지 몰고 가려 하는가. (중략) 지난 6월 29일 이후 많은 국민들 또한 불안해하고 있다. 그러나 일부 언론의 서해교전 관련 보도를 보며 양식 있는 사람들 사이에서 '도저히 이래서는 안 된다'는 공감대가 터져 나오고 있는 것도 사실이다. 일부 언론의 보도를 접하면 북한은 치밀하게 서해교전을 준비했고 더 이상 '남북 간 평화'는 없으며 우리는 '햇볕정책'을 당장 폐기하고 국민 모두가 '북한을 때려잡기 위해 나서야할 것 같은' 긴장감이 느껴진다. 과연 서해교전이 그렇게까지 몰고 가야 할 사태인가.

2003년 7월 4일, 〈민언련〉은 북한을 매도하고 햇볕정책에 제동을 걸지 말라는 식의 성명을 발표했다.

> 우리 언론은 이번 사태가 터지자마자 사태의 평화적 해결과 재발방지를 위해 힘을 보태기보다는 북한을 매도하고 정부의 햇볕정책에 제동을 걸며 교전규칙을 강화해 긴장을 '확대'시키는 보도에 주력해 한반도를 긴장의 도가니로 몰아가고 있다.

MBC는 이후에도 연평해전 사태를 끈질기게 물고 늘어지는 전략을 구사했다. 2003년 3월 9일에는 〈이제는 말할 수 있다-서해교전과 NLL편〉을 통해 다시 이 문제를 들고 나왔다.

이 프로그램에서 '해상교전규칙 변경의 문제점'을 제기하고 'NLL은 해상 군사분계선인가, 불법적 유령선인가'라는 자극적인 제목으로 NLL은 1953년 유엔군사령관인 클라크가 설정, 북한에 통보했고, 이에 대해 북한은 지난 50년간 묵인해 왔다. 지금의 NLL이 실효적 해상 군사분계선이라는 국방부의 주장에 대해 북한 측의 '연평해전 지역은 자기들 영해이고 NLL은 자신들이 인정하지 않는 유령선'이라는 주장과 1973년 판문점 군사정전위원회에서 북측이 '서해 5도는 유엔사 관할이지만 섬 주변의 물은 한 방울도 손 못 댄다'며 황해도-경기도 도 경계선이 해상분계선이라는 북한 측 주장을 그대로 전했다. 이처럼 〈이제는 말할 수 있다〉는 시종일관 북한 측 주장을 옹호하는 내용으로 채웠다. 더욱이 이 프로그램은 결론 부분에서 서해상은 언제든지 군사적 충돌과 확전 가능성이 잠재된 곳이므로 NLL에 대한 우리 측의 인식을 바꾸고 협상을 서둘러야 할 때라고까지 주장했다.

MBC의 연평해전에 대한 집념은 2004년에도 이어져 7월 4일 〈시사매거진 2580〉에서 '그 후 2년 서해교전의 진실'을 통해 연평해전은 또 다시 월선조업 문제와 우발적 충돌이었다고 주장했다.

여기서도 MBC는 종전의 태도에서 조금도 물러서지 않고 우리 측 어선들이 조업구역 월선과 국방부 등 관계기관의 문제점만 강하게 제기하였으며 정작 사태를 도발한 북측의 책임에 대해서는 한 마디 언급도 없었다.

2008년 6월에는 당시 국정원장이었던 임동원 씨가 MBC 〈통일전망대〉에 출연해서 연평해전 다음날 북측은 다급하게 핫라인을 통해 편지를 보내 '말단 부대의 잘못으로 생긴 우발적 사고라며 유감의 뜻을 밝혔다'면서 핫라인을 확전을 막은 수훈갑으로 소개하였다. 이런 것은 당시 북한의 도발에 대한 응징보다는 확전을 막은 것만을 공적으로 내세우는 작태였다.

연평해전은 북한의 등산곶호와 우리 해군 참수리호가 가까이서 대치하다가 북측이 사전 경고 없이 기습적으로 함포를 발사하여 일어난 명백한 북측의 도발이었다. 이 사태로 우리의 꽃다운 청년 6명이 무참하게 목숨을 잃었고 19명이 크게 다쳤다. 이렇게 MBC는 〈뉴스데스크〉, 〈이제는 말할 수 있다〉, 〈시사매거진2580〉, 〈PD수첩〉, 〈뉴스서비스 사실은〉, 〈뉴스 후〉 등의 시사프로그램을 총동원하여 조국을 지키다가 산화한 호국 영령들의 고귀한 희생을 우리 어선이 자초自招한 사건으로 깎아내렸다.

제2장 방송 3사의 정권 장악을 위한 충성경쟁

대통령을 향한 뜨거운 충성경쟁 백태

방송 3사의 김대중 대통령을 향한 충성경쟁은 가히 눈 뜨고 볼 수 없을 정도로 노골적이었다.

KBS와 MBC는 1999년 7월 김 대통령의 자유메달 수상식 장면을 미국 필라델피아를 연결해 각각 1시간 10분, 55분 동안 전국에 생중계를 했다. SBS는 정규 방송이 끝난 다음 날 새벽 시간에 수상식을 녹화중계로 내보냈다. 이것을 두 개의 공영방송이 생중계한 것도 과분한 일인데 상업방송인 SBS까지 끼어들 일은 아니었다. 이것은 정권에 대한 아부이자 충성의 맹세이었다.

이 과정에서 KBS와 MBC는 서로 눈치를 보면서 널뛰기 편성을 하는 추태醜態를 부렸다. 당초 이 행사를 정규프로그램 뒤에 녹화중계하기로 방침을 세웠던 KBS는 생중계에서 다시 녹화중계로 그러다 다시 생중계로 세 번씩이나 편성을 뒤바꾸며 '오뉴월 죽 끓듯이' 변덕을 부렸다.

KBS는 당일 밤 녹화중계 한다는 최종 방침을 정하고 〈9시 뉴스〉에서 예고까지 하고서도 수상식을 불과 2시간 앞에 두고 갑자기 생중계로 편성을 바꾸었다.

MBC가 〈뉴스데스크〉에서 김대중 대통령의 자유메달 수상식을 생중계한다는 예고를 내보낸 직후에 벌어진 일이었다. 널뛰기 편성은 MBC라고 별반 다를 게 없었다. MBC는 당초 녹화중계하는 것으로 방침을 정했다가 수상식을 하루 앞둔 3일에 급히 생중계하기로 편성을 바꾸었다. KBS가 이날 생중계로 편성을 먼저 바꾸었기 때문이었다. KBS와 MBC의 담당간부는 서로 "상대사 때문에 일어난 일"이라고 둘러대면서 시청자들과의 편성 약속은 안중에도 없었다. 김 대통령의 자유메달 수상식은 공영방송들이 비싼 위성 사용료를 지불하면서까지 무한경쟁으로 생중계를 할 정도의 중대 사안은 아니었다. 이 상은 어디까지나 김 대통령 개인의 수상이자 영예일 뿐이었다.

이처럼 대통령의 사적인 행사에 국민의 혈세와 광고비로 운영하는 공영방송들이 일방적으로 오락가락 고무줄 편성을 하면서까지 시청을 강요한 것은 전두환 정권의 '땡전' 뉴스 이상의 아첨이었다.

김 대통령은 대선 후보 당시 공보처를 폐지하겠다고 선거공약으로 내세웠고, 취임 후에는 이 공약을 지키려는 듯 실제로 공보처를 없애버렸다. 그러나 김 대통령의 주특기인 말 뒤집기로 이 공약은 1년 만에 백지화되고 더욱 강력한 정권 홍보기구인 국정홍보처가 과거 공보처의 유령으로 되살아났다.

1999년 5월 초대 국정홍보처장에 중앙일보 기자 출신의 오홍근 씨가 취임했다. 조선, 동아, 중앙일보 입장에서는 새로 신설된 국정홍보처가 언론통제기구로 보였으니 오홍근 국정홍보처장 또한 곱게 보일 리가 없었다. 그 후 오홍근 국정홍보처장은 김대중 정권의 용병傭兵이 되어 조·중·동 신문과 매섭게 '전투'를 벌이게 된다. 이런 인연으로 오홍근 국민의정부 국정홍보처장은 청와대 공보수석, 대변인을 거쳐 가스안전공사 사장, W대, S대 등 겸임교수, 민주당 전북도장위원장 등 요직을 거치면서 출세가도를 달리게 된다.

국정홍보처 신설에 따라 언론통제에 대한 우려가 높아지고 있는 가운데 아니나 다를까 청와대 정책기획수석실과 공보수석실이 각각 정부 부처의 '대통령 국정보고 생중계'와 '박지원 공보수석 특별 대담방송' 중계를 방송사들에 요구하고 나섰다. 대통령 국정보고 생중계와 공보수석 방송 출연은 전두환 군사정권에도 감히 시도하지 못했던 기상천외奇想天外한 발상이었다. 청와대 하명을 받은 KBS, MBC, SBS 등 방송 3사는 1999년 3월 말에서 4월 초에 걸쳐 대통령 국정보고를 생중계하기로 하고 이를 긴급 편성했다가 취소하고 또 다시 방송하는 등 줏대 없는 한심한 작태作態를 보였다.

한편, SBS는 이러한 명령이 떨어지자 재빨리 통일부와 금융감독위원회의 국정보고를 각각 1시간 동안이나 생중계하였다. 이렇게 SBS가 발 빠르게 먼저 치고 나가자 KBS와 MBC도 부랴부랴 긴급 편성했다가 노조의 반발로 취소하는 척하다가 결국에는 생중계해주어 권력에 바짝 다가섰다.

KBS는 산업자원부의 국정보고를 긴급 편성했다가 취소한 후 며칠이 지나 환경부, 여성특별위원회 국정보고를 오후 2시 30분부터 녹화중계로 응했다. 해양수산부의 국정보고를 생중계하려다 취소했던 MBC도 노동부 국정보고를 생중계했으며, SBS도 며칠 전 취소했던 건설교통부 국정보고를 결국에는 생중계하였다.

이처럼 방송 3사의 국정보고 편성은 예정에 없던 것으로 이들이 편성표를 교환하는 금요일까지도 편성표에 들어 있지 않다가 청와대 정책기획수석실의 요청에 따라 이루어진 것으로 알려졌다.

당시 방송사의 한 편성간부는 '청와대가 요청했다'고 밝혔고, 방송사의 또 다른 관계자도 '김한길 수석이 방송사에 직접 전화해 비공식적으로 요청했다'고 밝혔다. 이런 일들이 방송사의 충성심의 발로發露와 청와대의 로비가 환상의 짝꿍을 이루어 빚어졌다는 것은 이미 다 알려진 사실이다.

고진 MBC 보도본부장은 공정방송협의회에서 '청와대로부터 국정보고를 프라임 시간대에 비중 있게 다루어 달라는 전화를 받았다'고 실토하여 청와대의 개입에 의해 저질러진 방송 장악이었다는 것을 인정했다.

DJ 정부는 그 후 고진 씨에게 방송영상정책에 대한 종합적 연구기능과 방송영상산업 지원업무를 수행하는 방송영상정책 지원 총괄기구인 방송영상산업진흥원장 자리를 마련해 주었다. 고진 씨는 전남 완도 출신으로 보도국 문화부 부국장, 보도제작국 국장, 보도본부장 이사를 거쳐 목포 MBC 사장을 지냈으며 야당인 민통당이 추천으로 방문진 이사까지 거쳤다.

이때 경악할 만한 사태가 벌어졌다. DJ정권의 최고 언론사령관인 박지원 공보수석은 MBC 지방 계열사에 자신이 출연하는 특별 대담프로그램을 관철시켜 그의 막강한 파워를 과시했다. 당시 춘천 MBC의 한 관계자는 '청와대가 박 수석의 특별 대담프로그램을 방송해 달라고 요청해 왔다'고 밝혔다.

그해 2월 부산방송(PSB)을 시작으로 대구방송(TBC) 등 지역 민방의 특별 대담프로그램에 출연한 데 이어 3월에는 전주MBC의 〈보도특집 박지원 대통령 공보수석 초청대담〉에, 4월에는 광주MBC 〈일요대담〉에 연속해서 출연했다. 청와대 공보수석의 지방 방송 출연은 방송 사상 전무후무한 사건으로 방송장악의 생생한 표본으로 전해지고 있다.

이렇게 청와대가 나서서 방송을 떡 주무르듯 농락하고 있었지만 노조는 정권이 공정방송을 침해했다는 물렁물렁한 성명 두어 번 내고는 말았다. 살아있는 정권의 실세를 건드려서 득 볼 게 없다는 보신주의가 방송사에 떠돌고 있었다.

당시 신동아 1999년 5월호에 윤영호 기자가 쓴 "인사개입 시비에서 방송법 논란까지"라는 기사를 보기로 하자.

　　박지원 수석이 올해 들어 지방을 순회하면서 특별대담프로에 출연, 방송사 노조의 반발을 산 것이 그런 경우라고 할 만하다. MBC 노조는 3월 30일 성명을 내고 "공보수석이 지역방송에 출연해서 지역 현안을 다루는 것은 무책임한 월권이며, 언론을 국정홍보 수단으로 삼겠다는 불순한 의도로 볼 수밖에 없다"고 지적, 특별대담 중단을 요구했다.

　　박 수석은 지난 2월 부산방송(PSB)을 시작으로 대구방송(TBC) 등 지역민방의 특별대담 프로에 출연한 데 이어 3월 14일에는 전주MBC의 '보도특집—박지원 대통령 공보수석비서관 초청 대담' 프로에 출연해 국정을 소개했다. 광주MBC는 또 3월 27일 녹화, 다음날 방영할 예정이던 '박수석 초청 일요대담' 프로를 노조 반발로 4월 4일 방영했다. 그러나 예정됐던 춘천MBC와 마산MBC의 박 수석 초청 대담프로는 노조 쪽 반발로 무산됐다.

　　MBC 노조 박영춘 위원장은 이와 관련, "청와대 공보수석실 쪽에서 지방MBC에 박 수석 초청 대담프로 방송을 요구한 것으로 안다"고 밝혔다. 그러나 박 수석은 "지방MBC의 초청에 응한 것일 뿐"이라고 주장했다. 박 수석은 또 한국언론재단 주최로 열린 영남지역 편집·보도국장 세미나(1월 22일)에서 "지역감정을 부추기는 지역 언론 등은 법제화를 통해서라도 처벌하겠다"고 공개적으로 밝혀 지역 언론인들의 반발을 샀다. 청와대가 지역감정 논리를 앞세워 지역 언론을 장악하려 하고 있다는 비판이 제기된 것이다.

이때 PD들의 이권단체인 PD협회가 발행하는 〈PD저널〉은 1999년 4월 8일, "김대중 정부 언론정책 어디로 가나"에서 공보수석 대담편성·국정보고 생중계 '요구'를 다루었다. 하지만 당시 막강한 파워를 자랑했던 방송 노조는 그 후 정권에 대한 어떤 조치도 없이 침묵으로 일관해 이 사건은 수면 아래로 가라앉고 말았다.

정권의 나팔수를 자임한 좌파언론들

2001년 3월 5일, 300여 명의 각계 시민단체 대표들은 "김정일 위원장, 어서 오고, 부시, 당신은 방해 마시오."라는 '올바른 남북관계를 위한 300인 선언'을 발표했다. 이것은 내용상으로는 김정일 위원장의 답방을 지지하는 모임이었다. 그 전에 보수단체들은 "김정일의 서울 방문을 무슨 수를 써서라도 막겠다."고 결의해 놓고 있었다. 김정일의 답방을 놓고 우파와 좌파들의 세력 대결은 거세지고 있었다. 하지만 그 당시 김정일이 서울을 방문할 것으로 믿는 사람은 거의 없었다. 김정일이 서울을 방문했을 때 혹시 일어날 수도 있는 반대 시위, 비방 문구 등에 북한이 신경을 곤두세우고 있어서 답방 확률은 제로에 가까웠다.

그런데도 이들은 7·4 공동성명과 6·15 공동선언에 나타난 민족의 평화와 통일이 보수파와 미국의 간섭으로 훼손될 위기에 놓였다고 주장했다. 이들의 요구를 보면, 김정일 위원장의 답방과 2차 남북정상회담의 조속한 성사, 한반도 평화선언과 정상회담 정례화, 군비증강을 강요하는 미국의 국가 미사일 방어(NMD), 전역 미사일 방위구상(TMD) 등을 중단할 것 등이었다. 이들의 이러한 주장은 북한의 주장에 동조하여 그대로 박수를 쳐준 꼴이 되고 말았다.

이들은 부시 대통령의 방한을 반대하기 위한 명분으로 답방이 불가능한 김정일 위원장 카드를 꺼내들었다. 여기서 300인 선언에 참여한 언론계의 인사 가운데 MBC 사원들도 들어 있었다. MBC 취업규칙에 사원은 정치적인 활동을 하지 못하도록 되어 있다. 그런데 당시 300인 선언에 참여한 언론·출판인 명단에는 언론노조 위원장 최문순, PD연합회 회장 최진용, MBC통일방송연구소 전문위원 정상모 등 3인이 들어 있었다. 비록 이들 3인의 신분은 노조위원장, PD연합회장, 전문위원 등이었지만 어디까지나 이들은 MBC 사원이었다. 이들은 MBC 사원이었기에 정치 행위에 가담한 것은 명백한 사규 위반이었다. 이때 MBC 사장은 참여연대 공동대표 출신의 김중배 씨였다.

2004년 11월 16일, 각계 인사 357명이 이라크 파병 연장을 반대하는 시국선언을 발표하게 된다. 전국 361개 시민단체들이 참여한 "파병 반대 비상국민행동"은 이라크 파병 연장 추진을 즉각 중단할 것을 촉구하는 시국선언문을 발표했다. 이들은 "점령군의 존재 자체가 이라크 갈등의 원인인 이상 평화재건이라는 정부의 주장은 설득력이 없다"면서 "더 이상 정체성 없이 미국만을 추종할 것이 아니라 파병연장을 철회하고 당장 철군해야 한다"고 주장했다. 이날 시국선언에는 이수호 민주노총 위원장, 문규현 신부, 박원순 아름다운재단 이사, 연예인 권해효 씨 등 각계 인사들이 동참했다.

여기에는 방문진 이사 이수호 씨가 들어 있었다. 방문진 이사가 정당이 추천한다고는 하지만 정치적인 중립성을 지켜야 하는 자리이다. 방송문화진흥회법이나 정관에는 임원이 될 수 없는 자로 "대한민국의 국민이 아닌 자, 정당법에 의한 당원, 국가공무원법 제33조 각호의 1에 해당하는 자"로 되어 있다. 또 정관 제15조(겸직 등의 금지) 조항에 보면 "진흥회의 상근 임원과 사무처장은 이사회에서 승인하는 경우를 제외하고는 영리를 목적으로 하는 사업에 종사하지 못한다."고 되어 있다. 이렇다 보니 방문진 이사들이 정치적인 성향을 강하게 보이면서 MBC를 정치적인 집단으로 만드는데 일조하고 있는 것이다.

이수호 씨처럼 방문진 이사가 민노총 노조위원장이 되어 파업을 주도하면서 이라크 파병, 한·일FTA 등에 반대하는 시국선언을 발표해도 제재할 수 없게 되어 있다. 이수호 이사는 민노총 위원장 자격으로 〈100분 토론〉에 출연했다. 2005년 6월 30일 이수호 위원장은 이용득 한국노총 위원장과 함께 '한국사회진단 3편-양대 노총 위원장에게 듣는다'에 출연해서 민감한 비정규직 문제와 관련한 노동계의 해결방안을 제시하기도 했다.

이용득 한국노총, 이수호 민노총 위원장은 청문회 형식으로 진행된 토론에서 노동계의 자성과 위기 해법에 대한 부재 등에 대한 답변을 요구받았다. 패널은 노동계 비리, 노동운동의 위기, 대기업 노조의 무책임성, 투쟁 일변도 노동운동 등을 지적했다. 이수호 위원장은 새로운 노정관계를 위해서는 대화 파트너를 교체했으면 좋겠다고 하여 노동부 장관의 퇴진을 주장했다.

이수호 씨는 방문진 이사로 〈100분 토론〉에 출연해 민노총 위원장이라는 카드를 써서 두 마리의 토끼를 잡은 것이다. MBC 대주주인 방문진 이사가 민노총 노조위원장 자격으로 MBC 시사프로그램에 출연해 노동부 장관의 퇴진을 공개적으로 발언한 것이다.

전교조 위원장으로 이름을 떨쳤던 이수호 씨가 방문진 이사가 된 배경은 상당히 전략적인 배경을 갖고 있다. MBC노조는 노조 몫으로 이수호 씨를 방문진 이사로 추천했다는 것이다. 그 후 이 씨는 MBC노조위원장 출신이자 전 언노련 최문순 위원장을 사장으로 밀어주었다. 또 방문진이 공적 자금을 이용해 좌파 시민단체들을 이끌고 북한으로 나무를 심으러 가는 데도 앞장을 섰다. 이 씨는 전교조 → MBC노조 → 언노련 → 민노총 → 민노당으로 연결되는 조직의 연결고리를 적절히 활용하여 MBC에 좌파이념을 이식한 전도사였다.

방송개혁위원회, MBC민영화 차단 로비

1998년 12월 1일, 김대중 정부는 3개월 시한부의 대통령 직속기구로 방송개혁위원회를 출범시켰다. 강원룡 크리스찬 아카데미 이사장을 위원장으로 하여 정·관계, 학계, 방송계 인사 등 15명으로 구성됐다. 이렇게 출발한 〈방개위〉는 MBC에게 계속 불리한 정책을 쏟아내었다. 바로 MBC민영화였다.

99년 1월 15일, 〈PD연합회〉는 방송개혁 현안 설문조사 결과를 발표했다. 〈PD연합회〉는 1월 7~8일 이틀 동안 서울지역 KBS, MBC, SBS, EBS 등 방송 4사 PD 200명을 대상으로 설문조사를 한 결과 전체 응답자의 52%가 MBC민영화에 찬성했으며 38.8%가 반대했다. 단지 MBC에서만 민영화 반대가 72.9%로 우세하게 나타났다. SBS와 관련된 민영방송의 최대 소유지분을 30%에서 20% 이하로 낮추는 데 대해서는 절반이 넘는 57.4%의 찬성률을 보였다. 특히 SBS PD(50명)의 68.4%가 이에 대해 찬성 표시를 했다. 아마 이것은 SBS 사원들이 대주주 일가의 지분을 낮추어 견제하려는 것으로 보였다. 다시 말해 오너십을 약화시켜서 노조의 파워를 강화하려는 의도였던 것이다.

1월 26일, 〈방개위〉 1차 공청회에서 이창근 교수(광운대 · 언론학)는 1공영 다민영 체제는 과거 공중파 방송 위주 시대에 유효했고 다채널 · 다매체 시대에는 복수 공영, 복수 민영체제로 가야 한다고 주장했다. 여기서 이 교수가 내놓은 복수 민영체제란 기존의 민영방송인 SBS에다가 MBC를 민영화시키는 것을 염두에 둔 것이었다. 이날 또 김균 교수(고려대 · 경제학)는 "언론사 · 대기업의 방송사업 진입 규제는 타당하며 30대 재벌의 진출은 재벌개혁 차원에서 제한해야 한다."고 구체적으로 밝혀 방송계가 발칵 뒤집어졌다.

한편, 종합유선방송위원회 조은기 연구원은 "지역민방 정상화와 관련해, 통신위성을 통해 전국적으로 방송되는 슈퍼스테이션이 허용되면 지상파 3사 독점구조를 부분적으로 와해시키고 네트워크 부문의 경쟁을 도입하는 간접적인 방식이 될 것이다."고 주장했다. 이 발언은 지상파의 힘을 빼자는 것이었다. 이처럼 DJ정권 들어서 MBC를 민영화시키자는 여론부터 지상파의 세력을 약화시켜야 한다는 견해들이 여기저기서 터져 나오고 있었다.

〈방개위〉는 "KBS 1TV는 보도·시사 위주의 종합편성 채널로, 2TV는 문화·예술·교양·소수계층·지역연계 프로 채널로 성격을 구분하도록 조정하기로 했다. KBS 사장은 방송위 제청으로 대통령이 임명하는 것으로 했으며, 1981년부터 월 2,500원을 받아온 수신료는 2001년 2TV의 광고를 폐지할 때에 인상하는 것으로 합의되었다. 〈방개위〉가 활동에 들어가자 바빠진 것은 MBC였다. 여기서 MBC 민영화가 거론되었기 때문이었다. MBC민영화론은 MBC에게는 청천벽력과 같은 것이었다. 특히 기득권에 심취해 있는 경영진과 소수의 핵심 권력집단인 이너서클에 들어 있는 사원들 그리고 노조에게는 초미焦眉의 비상사태나 다름없었다.

1999년 2월 〈방개위〉는 최종 보고서를 발표했다. 그 가운데 MBC 관련 부분만 보면 공영방송 MBC시스템의 붕괴는 시간문제로 다가온 것처럼 보였다. 〈방개위〉는 MBC에 대해서는 해마다 총매출액의 7% 이내의 금액을 공적 기여금으로 사회에 환원시키고, 공영적 채널로 기능을 하게 하되 방송위가 정한 시기와 방법에 따라 단계적으로 민영화하는 방안이 제시되었다. 이처럼 사정이 급박하게 돌아가자 MBC는 가만히 앉아있을 수만은 없었다. 내부에서는 사장을 중심으로 매일 대책회의가 열렸다. 이때 상황이 MBC에게 불리하게 돌아가자 "방송개혁 관련 대외활동 방안"이라는 문건이 작성되었다.

방송개혁위원회 대응 TF팀 구성 활동

〈방개위〉의 가장 중요한 안건은 MBC의 위상 문제를 설정하는 것이었다. 〈방개위〉에서는 MBC에 대해서는 공영방송의 성격을 강화하든가 완전 민영화를 하자는 두 개의 안이 제기되었다. MBC가 공영이면서 광고로 운영되는 민영의 두 가지 특성을 함께 갖는 것은 바람직하지 않다는 데는 거의 합의를 보았던 것으로 알려졌다. 〈방개위〉의 공영방송 안은 70%의 주식을 갖고 있으면서 사장을 선임하는 것 말고는 운영에 조금도 관여하지 못하는 방문진의 감독 기능과 프로그램의 공익성을 강화하는 것이었다. 또 초과수익을 사회에 환원시키게 하자는 의견도 나왔다. 이상 둘 다 MBC에게는 죽으라고 내리는 사약賜藥이나 마찬가지였다.

이때 쯤 MBC에는 앞에서 말한 '방송개혁 관련 대외활동 방안' 이라는 극비 문건에 따라 선제적으로 민영화론 타파에 들어갔다. 그 문건에 따르면 MBC는 사내 인맥과 학맥 등을 총동원하여 민영화를 저지하는 것으로 되어 있었다. '민영화론 척결' 을 위한 비밀 로비조직을 가동한 것이다. 또 태스크포스팀에 소속된 사원과 청와대, 국회, 방개위, 시민단체 등의 인사를 일대일 점조직으로 연결한 막강한 로비팀을 출범시켰다.

유관기관조차도 언급할 수 없는 언터처블(untouchable) 존재로 막강한 파워를 갖는 MBC가 대외 로비조직을 가동했다는 것이 선뜻 이해가 안 가는 대목이다. 아마도 MBC가 공영적 상업방송이라는 기형적인 형태를 갖고 있는 조직이었기 때문에 위기의식이 더 컸을 것이다.

이 문건의 기본 방향을 보면 (1) 공식·비공식 창구를 통해 유력 기관·인사를 대상으로 MBC 입장 전파 (2) 본사 전 인력, 조직을 활용하여 방송개혁 관련 정보를 수집 분석하고 대응안 모색 (3) 인쇄매체 광고, 여론 조사 등의 대 국민 이해제고 활동 적극 전개 등으로 되어 있다. 로비 대상은 최고의 권력기관인 청와대로부터 국회, 학계, 연구기관,

시민단체, 미디어 등을 총망라하고 있다. 청와대의 경우 정무, 공보수석, 문광부, 기획예산위원회 등이 주 로비 대상이었다. 다음은 국회로 문화관광위원회 의원, 각 당 정책위 의원과 전문위원이었다.

이상의 로비 담당 책임은 보도국장이 맡았으며 정치부, 문화과학부, 경제부가 실무를 지원하는 것으로 되어 있다. 이밖에 언론학회, 방송학회 등의 학계와 연구기관인 방송진흥회는 기획국장(기획부, 편성기획부)의 몫이었다. 나머지 미디어, 시민단체는 홍보심의국장(홍보부, 시청자부)이 담당하는 것으로 되어 있었다. 여기의 로비 대상 시민단체로는 언론개혁시민연대, YMCA 미디어운동본부가 들어 있었다.

〈중점 활동대상 및 주관 부서〉

구 분	관 계 기 관		담 당
官 界	청와대 정무, 공보 수석 문화관광부, 기획예산위원회	보도국장	정치부, 문화과학부 경제부
國 會	문화관광위원회 의원 각 당 정책위 의원 및 전문위원		
學 界	언론학회, 방송학회	기획국장	기획부, 편성기획부
연구기관	방송진흥원		
미 디 어	신문, 방송 전문 잡지	홍보심의국장	홍보부, 시청자부
시민단체	언론개혁시민연대, YMCA 미디어 운동본부 등		

여기에 활동하는 요원은 회사 업무에 우선하여 대외활동에 주력하는 것으로 되어 있다. 얼마나 사안이 화급火急했으면 유력 인사별로 학연, 지연으로 연관이 있는 사내 담당자를 찾아서 맨투맨으로 연결시켰다. 이들은 외부 정보를 수집하고 MBC 입장을 전달하고 설득하는 것이 주 임무였다. 여기서 압권壓卷은 외부 인사들에게 보도국은 보도 제공, 제작국은 MBC프로 출연 초청 등을 병행하라고 되어 있다. 이렇게 하여 나타난 결과는 MBC위상대책위원회 대외협력팀장인 보도국장이 취합하여

보고하는 것으로 되어 있다. 이러고도 MBC가 공정방송을 한다고 입만 열면 떠들고 있는데 과연 거기에 합당한 행태인지 국민들이 판단하여야 할 것이다.

더 나아가서 MBC는 "유력인사 및 사내 연관 직원 현황"이라는 자료까지 은밀하게 작성해 공유했다. 이 자료에 따르면 청와대, 국회의원, 정당, 문광부, 기획예산위원회, 언론학회, 방송학회, 방송진흥원, 언개련, YMCA 등이 들어 있었다.

먼저 청와대를 보면 김한길 정책기획수석, 박지원 공보수석, 김정길 정무수석, 강봉균 경제수석 등이었다.

국회의원은 김원길, 이협, 최재승, 정동채, 정동영, 이경재, 강용식, 박종웅, 구천서, 변웅전 등 10명이었다.

정당은 국민회의 홍승태, 자민련 정승재, 한나라당 이상일 등 3명, 문화관광부 신낙균 장관 등 3명이었다.

당시 시민단체로 막강한 힘을 휘두르고 있던 〈언개련〉의 김중배 공동대표, 김주언 사무처장과 〈민언련〉 성유보 이사장, YMCA 이승정 청소년부장도 들어 있었다.

여기서 MBC는 이중성을 그대로 드러낸 것이다. 정권이 바뀔 때마다 밀월시대를 이어가면서 한편으로는 자사의 이익을 위해서라면 물불 안 가리고 로비한 것이다. 특히 사원들의 학연과 지연 등을 이용해 청와대까지 로비의 손길을 뻗친 것이다. 심지어 로비하는 데 필요하다면 방송 출연까지 시켜 주라는 것이었다. 이런 결과인지는 모르겠지만, 2000년 8월 14일 박지원 문광부 장관은 46명의 언론사 사장단을 이끌고 김정일을 만나러 갔다 와서 뉴스데스크에 6분 여를 출연해서 김정일의 인간성과 노동당 규약 변경 등을 털어놓았다.

DJ정권 바로 전인 YS정권에서도 태스크포스팀을 꾸려서 운용했다는 증거가 있다. "관련 인사 자료"라는 문서를 보면 당시도 청와대, 공보처, 국회 등 로비대상이 있었다. 청와대 이원종 정무수석, 한이헌 경제수석, 홍인길 총무수석, 박관용 정치특보, 박세일 정책기획수석 등이 들어 있었다. 이 자료에는 이들에 대한 사내 직원들이 맨투맨으로 연결되어 있었다.

이처럼 MBC 사측은 물론 노조까지 정권에 기대어 정치 활동을 한 것이다. 노조는 그러면서 정권을 비난하고 자기들과 코드가 안 맞는 정권이 들어서면 끝까지 발목을 잡고 늘어졌다.

이런 로비의 결과인지는 몰라도, 〈방개위〉가 고심 끝에 작성한 "MBC 민영화 방안"은 제대로 피기도 전에 시들어 버렸다. 이렇게 해서 노조가 주인인 MBC를 민영화할 수 있는 절호의 기회가 무산된 것은 두고두고 회한悔恨이 되고 있다. 이제는 2000년 〈방개위〉의 MBC민영화 방안 같은 것은 더 이상 기대할 수가 없을 것이다.

신문인 출신 김중배 씨가 MBC사장 된 배경

2000년 2월, 방문진에서는 MBC 사장 선임을 놓고 깜짝쇼가 벌어졌다. 예상을 깨고 신문 출신의 김중배 씨가 방송사 사장으로 선임된 이변이 일어난 것이다. 김중배 씨는 전남대 법학과를 졸업하고 한국일보 사회부 기자로 언론계에 발을 디딘 이래 민국일보, 동아일보 기자와 사회부장, 편집국장 등을 거쳤다. 동아일보에 '김중배 칼럼-그게 이렇지요'를 연재했다. 동아일보 편집국장 시절에는 언론자본과의 전쟁을 선포한 뒤 동아일보를 떠났다. 그 뒤 한겨레신문 편집위원장과 대표이사, 〈언개련〉 상임대표, 참여연대 공동대표 등을 지낸 뒤 2001년에 MBC

사장이 되었다. 이건 마른하늘에 날벼락과 같았다. 신문과 방송은 동일한 언론의 범주에 넣을 수 없을 정도로 스펙과 시스템이 서로 다르다. 또 김중배 씨가 구멍가게 주인이었다면 MBC는 대형 할인점에 해당되었다. 규모면에서도 김중배 씨가 몸담았던 조직과는 비교를 할 수 없었다. 하루아침에 구멍가게 주인이 할인마트 사장이 된 것이다.

이때 "어느 날 아침에 일어나 보니 유명해져 있었다."(I awoke one morning and found myself famous)는 영국 낭만파 시인 바이런의 유명한 시구가 떠올랐다.

그는 언론노조 기관지 미디어오늘의 편집위원장을 맡으면서 1997년 대선 때 미디어오늘의 DJ대통령 만들기에 한 축을 이루었던 인물이다. 그는 불편부당한 보도와 정치 권력, 자본 권력에 맞서 사회정의를 바로 세울 것을 주장하였지만, 결국은 정치 이념적 편향성과 자신의 사회적 지위에 대한 욕망을 벗어던지지 못하고 공영방송 MBC 수장이라는 자리에 오른 것이다.

DJ정권에서 MBC 사장 선임권을 갖고 있던 방문진 이사들 사이에 웃지 못할 해프닝이 있었다. 당시 친DJ계열로 구성된 방문진 이사들은 김중배 씨를 사장 감으로보다는 그저 예우해야 할 언론계 선배 정도로 생각하고 있었다고 한다. 그런 상황에서 김중배 씨가 사장에 출마했다가 한 표도 얻지 못하면 대 선배에 대한 예의가 아닐 것이라는 우려가 있었다는 것이다.

그런 가운데 '나라도 한 표는 찍어드려야지' 하면서 투표를 했는데 결과는 김중배 씨가 가장 많은 표를 얻게 되었다. 그 결과 오히려 당황한 쪽은 본인과 주변에 있던 노조 관계자들이었다.

당시 대선 후보 TV토론회에서 사전 질문지를 빼내 DJ측에게 전달한 것으로 알려진 고진 국장이 청와대 개입으로 사장이 될 것이라는 여론이 지배적이었다. 그 날 김중배 씨는 당시 언노련 최문순 위원장을 만나 사장직 수락여부를 상의했다고 한다. 여기서 노조의 확실한 지원을 약속받고 김중배 씨는 사장에 취임하였다.

하지만 노무현 정권이 들어서자마자 김중배 사장은 이임식도 제대로 못 치르고 황망遑忙하게 MBC를 떠났다. 공교롭게도 DJ 당선 전 친DJ쪽 인물이었던 KBS 이형모 부사장, MBC 김중배 사장 모두가 임기를 마치지 못하고 중도에서 물러났다. 이것은 성골聖骨과 진골眞骨의 차이였던 것이다.

2003년 6월 방문진 6기 이사회가 새로 구성되었다. 이때 이사장으로 이상희 씨가 선임되었는데 이상희 씨 역시 참여연대 공동대표 출신이었다. 제5기 방문진 이사들 가운데 이수호 전교조 위원장만이 유일하게 연임을 하게 된다. 이런 가운데 MBC는 점점 더 좌편향으로 기울게 되었으며 2004년 12월 초, 한국커넥션이 기존의 계약업체를 몰아내고 MBC에 운전사, 사무보조원 등의 용역을 제공하게 되었다. 그로부터 불과 석 달 만에 노조위원장이 사장이 되는 이변이 연출된 것이다. 2004년 6월 말에는 수천억 원의 건축비가 들어가는 MBC 일산드림센터가 착공되었으며, 이와 함께 디지털 방송장비 구입, 디지털 전환과 DMB 방송 등 수조 원대의 사업들이 줄줄이 이어졌다.

청와대의 전방위적 방송장악 압력

KBS와 MBC는 김대중 정부가 출범하자마자 마치 지난 정권에서의 잘못을 고해성사告解聖事라도 하듯이 앞 다투어 사과방송을 하고 환골탈태換骨奪胎하겠다면서 요란을 떨었다.

당시 방송 3사의 충성경쟁이 빚은 촌극은 국민회의 당내 행사에서도 고스란히 드러났다.

KBS, MBC, SBS 등 방송 3사가 국민회의 자체 행사를 경쟁적으로 중계하려고 추첨까지 하려고 했던 코미디 같은, 그야말로 "자던 소가 웃을 일"이 명색名色이 입만 열면 공정방송을 떠들어대는 방송사에서 벌어졌다. 이런 코미디의 발단은 국민회의 측이 실업기금 마련을 위한 바자회를 계획하자 SBS가 국민회의 측에 행사경비 일체와 운영인력 제공을 조건으로 독점 중계권을 제의하면서 방송사 간의 치열한 중계권 확보 쟁탈전으로 비화飛火되었다.

이에 뒤질세라 MBC도 동일한 제안을 국민회의 측에 올렸다는 것이다. 국민회의 측은 SBS와 선약된 사항이라면서 MBC의 제안을 거절했지만 거듭 요구하자 SBS의 양해를 얻어 양사가 공동으로 방송하는 것으로 조정했다. 뒤늦게 이 사실을 알게 된 KBS도 자기들만 빠질 수 없다면서 공동방송에 참여시켜달라고 요구했다. 이 행사의 실무를 담당한 국민회의 관계자는 방송 3사의 의견을 조정하기 위해 교양국장 등 관계자들을 불러서 공동중계를 제의했다. 하지만 방송 3사가 모두 방송할 경우 국민적 오해를 불러일으킬 소지가 있다며 추첨을 통해 한 방송사가 맡기로 합의하고 다시 모임을 가졌다. 이 자리에서 추첨에 의한 탈락을 우려해 당초의 입장과는 달리 KBS, MBC는 25일, SBS는 26일 각각 2시간씩 '사이좋게' 나누어서 생방송하기로 합의했다. 이것은 정권에 대한 뜨거운 충성 경쟁 때문에 빚어진 촌극이었다.

이때 〈PD연합회〉는 이 사건을 국민회의 측의 방송 통제로 오해해서 '국민회의는 당 행사에 방송을 이용하지 말라'는 성명을 냈다. 이 성명이 조선일보 등에 보도되어 결과적으로 오보가 되고 말았다. 이것은 해프닝 치고는 참으로 어처구니없는 것이었고, 실상을 알게 된 국민들은 과연 정치와 권력이 무엇인지 새삼 되새겨 보게 되었다. 이것은 '위장민주언론시대' 10년 동안에 일어난 간사스런 아침 방송의 일각一角일 뿐이었다.

〈국민회의는 당 행사에 방송을 이용하지 말라〉

국민회의가 오는 25, 26일 실업기금 마련을 위한 바자회를 열면서 KBS · MBC · SBS 공중파 3사 간부를 불러 이를 생중계해 줄 것을 요구했다고 한다. 이에 따라 KBS · MBC는 25일에, SBS는 26일에 각각 2시간씩 6시간 생방송을 편성하였다. 우리는 국민회의에 강력히 요구한다. 당 차원 행사에 동원한 방송 3사 생중계를 당장 취소하고 책임자는 사과하라. 그리고 홍보 행사를 통해 실업문제를 해결하려고 하기보다 장기적이고 정교하고 구체적인 정책 입안과 제도 마련에 나서라.

1998년 4월 17일 한국방송프로듀서연합회

당시 청와대의 방송 장악을 위한 압력은 뉴스는 물론이고 토론, 교양 등에 걸쳐 전방위로 이루어졌다. 제작 중인 프로그램의 방송 중단 압력, 대통령 홍보 프로그램의 방송 3사 합동중계 지시, 특정 프로그램 편성 압력 등 청와대가 방송사 편성국의 역할을 대행하고 있었다.

1999년 말 가을 프로그램 개편을 맞아 SBS에 청와대의 압력으로 토론 프로그램이 긴급 편성되어 물의가 빚어졌다. SBS는 가을 프로그램 개편을 위해 신설 기존 프로그램의 시간대 이동 등 모든 편성작업을 마무리하고 시행을 앞두고 있었다.

이때 갑자기 청와대 압력이 들어와 국정홍보용 대담프로그램 〈오늘과 내일〉이 이미 편성된 프로그램을 밀어내었다. 원래 그 시간대에는 〈제3 취재본부〉가 방송되고 있었는데 개편에서 뉴스 매거진인 〈뉴스 추적〉을 편성했다. 그런데 밤 11시 주요 시간대인 이 자리에 〈오늘과 내일〉이 치고 들어오면서 〈제3 취재본부〉는 일요일 아침으로 밀려났다.

이런 내막은 9월 중순 경 청와대 공보수석실이 정책 홍보용 TV프로그램을 신설하기로 하고 박준영 공보수석 등 청와대 인사가 SBS 임원을 여러 차례 만나 신설 프로그램의 포맷과 패널의 숫자, MC 등 프로그램의 구체적 구성 방향을 제시하여 편성 압력을 행사했다는 것으로 드러났다.

청와대 고위층이 방송사의 편성권을 정면으로 침해한 이 사건을 두고 당시 SBS의 한 PD는 '우리도 모르게 청와대 공보실이 SBS의 편성실이 되었으며 공보수석이 편성실장이 되었다'고 자조적인 분노를 표출하기도 했다.

당시 청와대 압력으로 인한 편성권 침해 사례는 부지기수不知其數인데 이미 방송일자를 정해 놓고 한창 제작 중인 프로그램에 대해 제작 중단 압력을 행사한 적도 있었다.

2000년 KBS는 〈추적 60분〉에서 '국방군사연구소는 왜 갑자기 해체되었나?'(연출 최지록)를 8월 6일에 방송하기로 하고 제작 중이었다. 그런 중에 청와대에서 제작 중단 지시가 내려와서 담당자들이 철야 농성을 벌인 일도 있었다. 한국경제신문은 2000년 8월 20일 자에서 이 사실을 다음과 같이 보도하고 있다.

  제작 중단 사태로 경영진과 제작진 간의 대립을 불러온 KBS 〈추적 60분〉 '국방군사연구소는 왜 갑자기 해체되었나'가 세 차례의 연기 끝에 오는 9월 3일 방영된다. KBS 이석우 제작본부장과 〈추적 60분〉 제작진은 지난 19일 불필요하게 군을 자극할 소지가 있는 남원 양민학살사건 관련 인터뷰를 수정하는 선에서 이 프로그램을 방송하기로 합의했다. 이 본부장은 '남원 양민학살 사건 관련 인터뷰는 프로그램의 본래 기획의도에서 벗어난 데다 아직 확실한 근거도 없는 사건을 KBS가 나서서 다룰 필요가 없다는 판단에 따라 제작 중단조치를 내렸었다'며 '제작진이 이 부분을 시정하기로 함에 따라 재방영 결정을 내렸다'고 밝혔다. 〈국방군사연구소〉의 방송 여부를 둘러싼 일련의 사태는 KBS의 공신력에 적지 않은 타격을 줄 것으로 보인다.

국방부의 외압 여부가 논란이 되고 있는 가운데 2주씩 연기하다가 방송일이 임박해서야 제작중단 조치를 내린 것이나, 그 후 3일 만에 '제작 방향을 바꾼다'는 조건으로 방송을 내보겠다고 밝힘으로써 공영방송의 신뢰도에 손상을 입었다는 게 방송가 주변의 평가다.

하지만 국방부가 지난달 30일에 방송된 〈매향리 그 후, 우리 정부는 어디에 있는가?〉에 대해 KBS에 손해배상 소송을 낸데 이어 〈국방군사연구소〉편도 방송이 되면 문제 삼겠다고 따지자 KBS는 두 차례나 방송을 연기했다.

이러한 상황에서 KBS 경영진이 제작중단 조치를 내림에 따라 사태는 더 복잡하게 꼬이기 시작했다.

KBS PD협회와 제작진은 즉각 "자유언론의 비판 정신을 말살하는 폭거"라고 규정하고 농성에 들어갔다.

KBS 경영진이 문제 삼은 부분은 전체 프로그램 가운데 약 6분 가량을 차지하는 남원 양민 학살사건 관련 인터뷰였다. 이 부분이 '국익에 저해될 뿐만 아니라 불필요하게 군을 자극할 소지가 있다'는 게 그 이유였다.

자칭 국민의 정부를 표방하며 출범 초 공보처를 폐지하는 등 언론에 유화적인 제스처를 보내 국민과 언론에 착시錯視 현상을 일으키게 했던 김대중 정권은 은밀하고 세련된 수법으로 방송을 길들여 나갔다. 나중에는 과감하고 직접적인 방법으로 압력을 행사하며 방송 장악에 나섰다. 이러자 당시 방송계에서는 '다시 5공 시절로 회귀하는 게 아니냐?'는 우려와 동시에 '해도 너무 한다'는 불만이 여기저기서 터져 나오고 있었다.

정권의 사전 선거운동에 총동원된 방송 3사

김 대통령의 절대적인 신임과 호남 출신 후배들로 KBS를 완벽하게 장악하며 방송계의 황제로 떠오른 박권상 사장은 1999년 말 대대적인 밀레니엄 특집과 2000년 총선에 대비한 프로그램들을 치밀하게 준비해 나갔다.

KBS, MBC, SBS 등 방송 3사는 경쟁적으로 매머드급 밀레니엄 특집을 준비하는데 한 방송사는 140여억 원이란 천문학적인 제작비를 쏟아 붓는 등 사상 최대의 21세기 특집을 준비한다고 호들갑을 떨었다.

집권 3년차를 맞는 김대중 정부에 과잉 충성하려는 방송사들은 우리나라에서 해가 가장 먼저 뜨는 독도는 물론 뉴질랜드, 피지 등 외국에까지 제작진을 파견하여 새천년에 떠오르는 태양을 정권에 선사하였다.

하지만 도가 지나치면 아니 하는 것만 못하고 더 심하면 악재惡材가 되는 법이다.

KBS는 해군의 협조를 얻어 새천년 준비위원회와 함께 독도 인근 해상에서 군함과 잠수함을 동원하여 거창한 특집 프로그램을 야심차게 기획했는데 해군 당국의 갑작스런 취소 통보로 프로그램이 무산霧散되었다. 사정이 이렇게 악화되자 급기야 현대상선 화물선까지 동원하는 등 한바탕 소동을 피웠다.

KBS의 이러한 소동은 틈만 나면 자주외교를 언급해온 김대중 대통령의 대 일본 저자세 외교 때문에 빚어진 굴욕적 사건으로 그의 이중성을 여실히 보여준 사례로 남아있다.

2000년 1월 1일 오전에는 김대중 대통령과 오부치 게이조 일본 수상과의 화상통화가 계획되어 있었는데 KBS와 해군 당국은 이 사실을 모르고 충성심에 들떠 대대적인 행사 준비를 하고 있었다.

당시 정부는 우리 국민의 독도로의 호적이전 문제 등으로 일본이 예민하게 반응하자 일본과의 외교적 마찰을 우려하여 그들의 심기를 건드리지 않으려고 독도 접안接岸은 물론 독도 주변으로 접근하는 것조차 철저하게 막고 있었다.

MBC도 KBS에 뒤지지 않으려고 독도에서 밀레니엄 생방송을 준비했지만 정부가 독도 접근을 강경하게 금지하는 바람에 독도 근처에는 얼씬도 못하고 금강산으로 가는 현대 풍악호 선상에서 방송을 할 수밖에 없었다. 원래 독도 해상에서의 방송을 마친 후 금강산 인접 항구에서 북한 측과 합동공연을 추진하기로 계획했지만 북측과 합의가 안 되어 공연 자체가 불발되었다.
  어쨌든 김대중 정부의 대일 굴욕외교屈辱外交로 정작 우리나라에서 해가 가장 먼저 뜨는 독도에서의 밀레니엄 일출을 국민들이 생생한 화면으로 보지 못한 것은 두고두고 아쉬웠던 대목이다.
  그러면 왜 이렇게 방송사들은 새해 밀레니엄 방송에 목을 매었을까?
  방송사가 단순히 시청자들에게 새로운 세기를 맞는 기쁨을 선사하려고 국제통화기금(IMF) 체제의 고통 속에서 그렇게 거액의 제작비를 들여 전시적 프로그램을 마련한 것은 아니었다. 그 해답은 너무나 자명한 것이었다. 바로 2000년 국회의원 총선이 기다리고 있었다.
  이런 가운데 KBS를 필두筆頭로 방송사들은 총선의 해를 앞두고 1999년 말부터 앞서거니 뒤서거니 하면서 대통령 모시기 특집프로그램을 준비하고 있었다.
  김 대통령은 1999년 12월 19일, KBS의 특집 프로그램 〈거실에서의 대담〉을 시작으로 2000년 1월 1일 KBS와 MBC의 밀레니엄 특집프로그램 〈평화선언〉에 출연했고, 1월 17일에는 MBC의 〈21세기 위원회〉, 2월 1일에는 SBS의 〈한선교·정은아의 좋은 아침〉에 출연하는 등 불과 한 달여 만에 4개 주요 지상파 프로그램은 물론 마산, 전주, 부산, 광주 MBC와 대구KBS부터 MBC라디오, CBS 등 라디오 프로그램에까지 동분서주 휩쓸었다.

정권에 진상한 '거실에서 만난 대통령'

KBS는 김대중 대통령 취임 2주년을 맞아서 〈거실에서 만난 대통령〉이라는 대담 프로그램을 방송했다. 말이 좋아 대통령이 출연한 것이지 내용은 아주 밋밋하기 짝이 없는 그저 그런 것이었다. 이에 대해 KBS노조는 노보 172호에서 "이 프로그램은 시청자들의 의문을 풀어주기보다는 대통령의 해명을 듣는 수준이었다"면서 비판의 포문을 열고 깎아내렸다. 이들은 자기들과 코드가 어느 정도 일치하는 김대중 정권에 공격의 화살을 돌린 것이었다. 이것은 아주 이례적인 반발이었다. 당시 청와대는 이 성명에 대해 놀라면서도 한편으로는 불쾌하게 여겼다는 후문이다.

    일요일인 지난 19일 밤 10시 30분 KBS 1TV는 '거실에서 만난 대통령' 이란 제목의 특별기획 프로그램을 방송했다. 회사 측은 김 대통령 당선 2주년을 계기로 청와대 거실에서 대통령과 출연 인사들이 마주앉아 주고받는 솔직한 대화를 시청자에게 전한다는 목적으로 이 프로그램을 기획했다고 밝혔다.

    그러나 총선을 앞둔 민감한 연말 시점에 당선 2주년이라는 계기로 이 같은 프로그램을 기획한 것에 대해 사내에서 강한 우려가 제기되었고, 이와 관련해 노동조합은 지난 15일 프로그램 기획을 비판하는 성명을 발표했다.

    또 프로그램이 방송된 후 담당부서인 보도제작국 제작진들은 제작과 기획 과정에서 불합리한 관행이 재연되었다는 데 의견을 모으고 21일 이를 비판하는 성명으로 문제를 삼았다.

1. 회사 측은 정치 관련, 특히 대통령 관련 임시편성 시 즉시 조합에 통보하도록 한 노사 간의 공식합의를 무시했다. 지난 4월 김 대통령의 '자유의 메달' 수상식 생중계를 계기로 공방위에서 합의한 내용이 지켜지지 않은 것이다.
2. 프로그램 기획의 목표가 분명하지 않다. 제작을 맡은 보도제작국은 어렵게 성사된 대통령과의 대화를 통해 시청자가 원하는 답변을 얻어 내겠다는 의지를 밝혔

으나, 프로그램 기획서에 기술된 기획 의도는 "취임 직후 70~80%에 이르던 지지도가 최근 50% 선으로 떨어진 만큼 국민의 지지를 잃고 있는 상황에서 대통령의 솔직한 심경과 정부에 대한 불신과 불만에 찬 국민들의 마음을 달래고 정부에 대한 신뢰를 회복"하는 것으로 돼 있다.

3. 프로그램의 기획과정은 물론 제작의 전 과정이 부장급 이상 간부진에 의해 전유됐고, 담당부서인 보도제작국 현업인들의 의견은 배제됐다. 이 때문에 대담 출연자의 선정과 질문지 작성 과정은 현업 제작진의 의사가 배제된 채 간부진과 청와대의 의견 조율로 정리됐다.

4. 프로그램 녹화 후 청와대가 원본 테이프를 검토한 후 KBS에 구체적인 문장까지 편집 내용을 지정해 주었다. 단순한 의견전달을 넘어 내용을 명시한 편집 요구는 분명히 제작의 자율성을 침해하는 것이다.

5. 대담 중 질문내용이 "대통령의 고뇌와 안타까움이 허심탄회하게 드러나야 하며, 준비된 대통령으로서 경륜과 자신감, 통치철학을 확인해야 한다"는 기획의도에 치우쳐 지나치게 수동적인 형식으로 기울었다. 이를테면 "커다란 성과에도 불구하고 보좌진의 정치적 스캔들 때문에 손해 보는 느낌이 들지 않는가?" "IMF위기 당시 어떻게 1년 반이면 극복이 가능하다는 탁월한 통찰을 할 수 있었는가?" 등과 같이 개인적 감회를 묻는 질문이 집중돼 현 상황에 대한 대통령의 인식 내용과 현재 제기되는 다양한 비판에 대한 대통령의 의견, 향후 상황 극복을 위한 대안 등의 중요 주제가 제대로 다뤄지지 못했다. 노동조합은 이번 '거실에서 만난 대통령' 특별기획 프로그램의 전체적인 기획과 제작과정, 방송 내용이 공영방송사로서 KBS가 주도하는 시청자 중심형의 능동적 기획에 이르지 못하고, 수동적 한계에 그쳤다는 비판과 관련해 앞으로 공정방송위원회를 통해 문제를 제기할 방침이다.

이 프로그램이 나가자 보도제작국 뉴스PD들은 "KBS가 청와대 외주제작사"냐면서 거세게 반발했다고 한다. 이들은 대통령 공약사항인 '국민과의 대화'를 주관할 차례인 KBS가 갑자기 대통령 홍보 프로그램을 편성한 것은 납득이 되지 않는다면서 반발했다. 당시 청와대 측이 옷 로비 사건 등 악재가 잇따르자 '국민과의 대화'에 부담을 느꼈으며, 간부들이 이 같은 부담을 덜어주려고 어용御用프로그램인 〈거실에서 만난 대통령〉을 마련하게 된 것으로 보고 있었다.

당시 KBS가 청와대에 전달한 기획서를 보면 "국민의 지지를 잃고 있는 상황에서… 정부에 대한 신뢰를 회복하여 희망을 가지고 힘을 합하여 새천년을 맞이하고자 함"이라고 되어 있었다고 한다.

이 프로그램 대담자 홍성규 보도국장은 "요즘 복잡한 일도 많고 힘든 일도 많은데 잠은 잘 주무십니까?"로 시작하여 "왜 내게는 이렇게 시련이 많은가 그런 생각을 안 해 보셨습니까?"라고 하는 등 대통령의 고뇌를 유도하는 듯한 아부성 질문을 던져 눈살을 찌푸리게 했다. 더욱이 이 프로그램을 제작하는 과정에서 현업 PD들이 철저히 배제되었다는 것도 문제였다.

더 우려할 만한 것은, 이 프로그램을 제작하는 과정에서 청와대가 편집에 직접 개입했다는 것이다. 성명에 따르면, 청와대가 원본 테이프를 검토한 뒤 "몇 분 몇 초에 어느 문장을 빼 달라고 일일이 지적해 주었다"는 것이다.

〈거실에서 만난 대통령〉은 뜻밖의 거대한 의혹을 풀어주는 해결사 역할을 하게 되었다. 월간조선은 2009년 9월호에서 〈거실에서 만난 대통령〉에서 나온 신동아그룹의 해체와 관련된 기사를 특종으로 올렸다. 월간조선은 이 기사에서 "김대중 대통령은 KBS와의 특별대담 중 '옛 소유자(최순영)로부터 대한생명을 뺏어 가지고 새로 살린다'는 말을 하면서 '빼앗아'라는 단어가 마음에 걸렸는지 '빼~'라는 말을 하면서 잠시 주춤거린 뒤 그대로 '뺏어 가지고'라고 말했다."고 전했다.

자칫하면 역사 속으로 묻힐 뻔한 대한생명의 진실을 밝힌 당사자는 뜻밖에도 김대중 대통령 자신이었다. 김 대통령은 이날 신동아 그룹의 주력 기업이었던 대한생명이 해체된 비하인드 스토리를 털어놓은 것이다. 그런데 청와대가 일일이 편집에 관여했다고 하는데 정치적으로 민감한 대한생명 얘기를 살려두었는지 지금도 의혹으로 남아 있다.

이날 대담에는 홍성규 당시 KBS 보도국장, 소설가 김주영 씨, 정신과 의사 이나미 씨가 출연했고, 김 대통령은 사전 원고도 없이 얘기를 풀어 나갔다. 특별대담이 방영됐던 1999년 연말은 '옷 로비 사건'에 대한 특검과 검찰의 수사 종료를 앞둔 시점이었다.

이를 보고 김동길 전 교수는 2009년 8월 19일, '돌아가시기 전에 꼭'이란 뉴데일리 칼럼에서 김 대통령에게 "최순영 회장, 정말 내가 잘못했어요."라는 한 마디의 사과를 하라고 요구했다.

김대중 씨가 대통령 재임 중인 1999년 12월 19일 KBS의 특별기획 "거실에서 만난 대통령" 프로에서 인터뷰를 하면서 던진 한 마디가 매우 충격적이어서 여기에 소개를 하지 않을 수가 없고, 가능하면, 세상 떠나기 전에 이 일에 대해서는 꼭 사과를 하고 "내가 잘 모르고 저지른 일이니, 오늘의 대통령에게 간곡하게 부탁합니다. 곧 바로잡아 주세요" 라고 꼭 한 마디 하기를 바라는 마음입니다. 대한생명이 당시의 실세이던 사람들에게 엉뚱하게도 "부실기업"의 낙인이 찍혀, 며칠 사이에 주인은 붙잡아 감옥에 가두고, 그의 업체는 벼락 맞은 쇠고기가 된 것은 천하가 다 아는 사실인데, "거실에서 만난 대통령" 이라는 그 프로에서 대통령이 친히 "… 그러나 큰 줄거리를 말하자면 대한생명에 대한 여러 가지 비리 그리고 이것을 구속 수색해야 한다는 구속방침, 그리도 대한생명은 완전히 부실화되었기 때문에 퇴출시켜서 새로이, 말하자면, 옛 소유주로부터 뺏어서 새로이 살려나가야 한다. 이런 줄거리는 다 보고가 되어 있고, 또 전부 제 결정, 승낙을 받아서 실천한 것입니다" 라고 말했으니 원 세상에, 이럴 수가 있습니까?

이후 MBC도 정권의 미운 털이 박힐까봐서 그랬는지 전직 대통령까지 모시면서 공세적으로 나섰다. 전직 대통령을 모시는 데까지 혈안이 되었던 프로그램이 다름 아닌 고발 프로그램으로 지명도가 높은 〈PD수첩〉이었다. 이것을 알고 많은 사람들이 대경실색大驚失色하게 된다. 이것은 다음 장에서 자세히 다루어진다.

노조, 군부독재 시절의 대담 합동중계 연상

김대중 정권에서 KBS, MBC, SBS 등 방송 3사가 동일한 내용의 녹화 프로그램을 같은 시간대에 일제히 방송한 드라마 같은 사건이 있었다. 이에 대해 방송 3사 노조는 물론 기자협회까지 나서서 방송의 자율성을 부정하는 행위라며 방송을 중단하라고 요구했다. 하지만 그건 마이동풍馬耳東風이었다. 방송 3사 노조는 '정권이 하고 싶은 얘기만 일방적으로 하되, 형식만은 자유로운 회견으로 포장하는 것은 국민에 대한 기만欺瞞'이라고 혹평을 했다.

2000년 9월 1일, MBC노조는 〈방송의 날 특별기획-김대중 대통령에게 듣는다〉를 방송 3사가 합동방송으로 내보내는데 대해 반대 성명을 냈다. 노조는 이것이 과거 군사독재 시절 언론장악의 악몽을 떠올리게 한다면서 강력하게 비난했다. 사실 그 당시 독재정권의 가장 대표적인 피해자인 김 대통령에게 '독재시절' 운운한 것은 아이러니였다는 의견들이 있었다.

〈방송의 날 특별기획-김대중 대통령에게 듣는다〉는 김대중 대통령띄우기였다. 공동회견은 방송 하루 전인 9월 2일 청와대에서 사전에 녹화되었다. 여기에는 KBS 류근찬 보도본부장, MBC 엄기영 보도본부장, SBS 이남기 보도본부장 등 세 명이 대담자로 나와서 남북 정상회담 이후의 남북교류 문제 등 국정 현안에 대해 묻고 답하는 형식으로 진행되었다. 이것은 지금까지 방송 3사의 좌파정권에 대한 무궁한 충성심을 보여준 구체적인 사례로 회자膾炙되고 있다.

이처럼 방송 3사 보도본부장들이 김대중 정부에 아부를 했다는 사실은 잘 알려져 있지 않다. 이남기 보도본부장은 노조의 반발이 거센데도 이를 밀어붙였으며, 2005년에는 기획본부장으로서 '조용필 평양공연'을 추진한 것으로 알려져 있다.

당시 대담내용은 지금도 문화체육관광부 홈페이지 공감코리아나 국가기록원에 가면 볼 수 있다. 이때 방송 3사 노조는 물론 언노련, 민언련 등 시민단체는 겉으로 보기에는 이 방송에 거칠게 저항하는 듯이 보였다. 이 프로그램은 지금도 웃음거리로 전해지고 있다.

대담 중에 엄기영, 이남기 본부장은 극도의 아첨의 질문을 던져서 재미를 더해 주었다. 비록 분위기를 부드럽게 만들어보려는 데 뜻이 있다고 하더라도 전파 낭비라는 우려를 그대로 드러냈다. 두 사람이 6·15 정상회담 때 김정일한테서 선물로 받은 풍산개의 안부를 물은 것이었다. 이남기 본부장은 "풍산개하고 진돗개 줄을 묶어놓지 않고 풀어놓으시면 사랑이 싹터가지고 통일개 라는 이름의 더 좋은 품종이 나오리라 기대도 해 봅니다마는, 혹시 끈을 좀 풀어놓으실 생각은 없으십니까?"라면서 생뚱한 질문을 던졌다.

그런데 김대중 대통령의 답변이 더 걸작이었다. 풍산개하고 진돗개가 함께 있는 장면을 찍어서 북한에 보내주었다는 것이었다. 이건 사전에 질문하기로 약속한 것이겠지만, 정말 아니다 싶었다. 그 때는 외환위기의 끝자락에서 국민들이 허덕이고 있었다. 과연 이런 아부의 질문이 국민들에게는 어떻게 들렸을지 궁금하다. 국민의 자산인 전파를 개 안부를 묻는데 쓴 것은 국민을 우습게 본 것이다.

● 엄기영 보도본부장 : 가벼운 것 하나만 물어보겠습니다. 지난번에 평양을 방문하

셨을 때 김정일 국방위원장이 풍산개를 선물했죠. 우리 진돗개와 사이좋게 잘 지내고 있습니까?

○ 김대중 대통령 : 예. 진돗개 두 마리, 풍산개 두 마리 등 네 마리가 나란히 있는데 서로 사이가 나쁜 것 같지는 않아요. 나쁘려 해도 거리가 다가갈 수도 없지만 사실은 괜찮은 것 같아요. 그런데 간혹 보면 청와대 사이트에 풍산개의 안부를 묻는 질문이 많이 옵니다. 사람들은 내 안부는 묻지 않고 풍산개 안부를 많이 묻는데 관심들이 많은 것 같아요.

● 이남기 보도본부장 : 풍산개하고 진돗개 줄을 묶어놓지 않고 풀어놓으시면 사랑이 싹터 가지고 통일개라는 이름의 더 좋은 품종이 나오리라 기대도 해 봅니다마는, 혹시 끈을 좀 풀어놓으실 생각은 없으십니까?

○ 김 대통령 : 그것은 한번 검토해 봐야 할 일인데요. 그것도 재미있는 생각입니다.

● 이남기 본부장 : 남북이 지금 하나가 되어 가고 있기 때문에 한 번 말씀드렸습니다.

○ 김 대통령 : 북한에서도 여기에 풍산개를 보내고 관심이 많다고 해서 진돗개하고 같이 있는 장면을 비디오로 떠서 이번에 보내 줬습니다.

당시 김 대통령의 대담 방송에는 방송의 날 밤 10시에 방송 3사가 동시에 내보낼 만큼 긴박하거나 국민들이 꼭 알아야 할 내용은 하나도 없었다. 그날 대담 내용은 외환위기 극복 성공담, 방북 성공담에다가 김정일의 답방 등 재탕 삼탕 여러 차례 들은 것들뿐이었다.

MBC 노조 성명에 있는 그 당시 방송 3사 합동중계 내막을 들여다보기로 하자. 그때 방송 3사 보도본부장은 청와대에서 대통령을 만나 〈대통령에게 듣는다〉를 녹화했는데 문제는 방송 3사가 똑같이 이것을 방송의 날에 방송한 것이었다. 그때나 지금이나 밤 10시대는 시청률이 높은 시간대이다. 이런 시간대에 대통령 대담을 방송하는 것은 시청자의 선택권을 빼앗는 전파 낭비이자 폭력 행위로 규정하고 반발한 것이다.

이때 청와대는 의약분업 파업에 밀려 남북정상회담이 제대로 부각되지 않아서 알릴 필요가 있었다고 한다. KBS는 9월 1일 〈9시 뉴스〉에서 "김대중 대통령은 오는 3일 방송의 날을 맞아 KBS를 비롯한 방송 3사와 특별회견을 갖고 국정 현안에 대한 의견을 제시합니다. 김 대통령의 방송의 날 특별회견에는 방송 3사 보도본부장이 대담자로 나와서 남북 정상회담 이후의 남북교류문제와 경제문제 그리고 정치문제 등 국정 현안에 대해 질의하고 김 대통령이 구체적으로 답변할 것이라고 박준영 청와대 대변인이 밝혔습니다. 김 대통령의 특별회견은 3일 밤 10시부터 KBS 등 방송 3사를 통해 녹화 방송될 예정입니다."라는 예고를 내보냈다. MBC, SBS는 거론조차 할 필요가 없다.

방송 3사 노조는 이명박 정권에서 7분짜리 라디오 대통령 주례방송 하나 내는 것도 반대하다가 KBS 1라디오가 겨우 받아주었으며, MBC는 끝까지 방송을 거부한 사실이 있다.

이렇게 노조 성명이 나오자 한 보도국 간부는 3사 합동방송에 MBC는 빠지는 게 좋겠다는 입장을 보였다고 한다. 그런데 당시 엄기영 본부장이 다른 두 방송사 본부장들과 회의를 갖고 합동 녹화방송을 강행하기로 결정했다고 노보는 전하고 있다. 방송 3사는 방송의 날에 황금 시간대를 정권 홍보를 위한 제물로 바친 것이다. 이 방송이 나가고 나서 약 한 달 후인 10월 10일, 김대중 대통령은 노벨 평화상을 받았다. 김 대통령은 임기 중은 물론 퇴임 후에도 방송에 심하다 싶을 정도로 모습을 자주 드러내었다. 이처럼 김 대통령은 우리나라 역대 대통령 가운데 중앙은 물론 지방 구석구석까지 누비면서 방송을 가장 잘 이용한 대통령으로 기억되고 있다.

1999년 1월 28일 마산문화방송 회견
1999년 2월 26일 KBS 창사 기념회견

1999년 4월 15일 부산MBC 회견
1999년 4월 19일 KBS 대구방송 회견
1999년 4월 23일 전주MBC 창사기념 회견
1999년 12월 27일 MBC 라디오시대 여성시대 출연
2000년 1월 1일 KBS, MBC의 밀레니엄 특집 프로그램 〈평화선언〉
2000년 1월 17일 MBC 21세기 위원회 '대통령과 함께 21세기를'
2000년 1월 28일 특집 〈한선교, 정은아 좋은 아침 - 주부들이 만나고 싶은 사람 김대중 대통령〉
2000년 11월 13일 SBS 창사 10주년 특별기획 〈대통령과의 대화〉
2001년 3월 1일 국민과의 대화
2001년 10월 11일 경인방송 창사 5년 기념회견
2001년 12월 1일 MBC 창사 40주년 기념 김대중 대통령 회견
2003년 6월 15일 KBS 일요스페셜 '남북정상회담 3주년 특별대담'
2007년 4월 2일 김대중 전 대통령님 CBS TV 개국 5주년 특별대담

김 대통령은 퇴임 후에도 방송에 자주 모습을 드러냈다. 그 가운데 2007년 4월 2일 CBS TV와 나눈 특별대담에서 전직 대통령이 마치 간증회라도 하는 것처럼 보여 빈축을 사기도 했다. 이날 사회자는 종교 얘기로 들어가자면서 "이희호 여사와 김대중 전 대통령은 각각 기독교, 천주교라는 다른 종교를 갖고 있음에도…"라고 말하여 기독교와 천주교를 서로 다른 종교라고 못박아 버렸다. 이에 대해 김 대통령은 천주교와 기독교(감리교)를 같은 하느님을 믿는다고 답변했다. '하느님'은 천주교 식이고 '하나님'은 기독교식 단어다. 그날 김 전 대통령의 대화록을 보면 마치 간증기도회에 온 게 아닐까 할 정도로 느껴졌다.

● 잠시 종교이야기를 하겠다. 이희호 여사와 김대중 전 대통령은 각 각 기독교, 천주교라는 다른 종교를 갖고 있음에도 서로 부딪치는 일이 없다고 한다.
○ 김 전 대통령 : 나는 가톨릭이고 집 사람은 감리교(기독교)인데 종교적인 문제로는 다툰 적이 한 번도 없다. 식사할 때도 나는 천주교 식으로 십자 성호를 긋고,

집 사람은 그냥 고개 숙이고 기도를 한다. 어떻게 보면 우스운 장면인 것 같은데 자연스럽다. 같은 하느님을 믿는 것이니 싸울 일이 없다.

● 하느님을 믿는 것을 후회한 적은 없나, 자신의 신앙관은 어떤가.
○ 김 전 대통령 : 독재시절 국민들이 무자비하게 탄압당하고 할 때는 '정말 하느님의 정의가 있나' 라는 생각도 해봤다. 1973년 납치됐을 때 물에 던져지기 직전이었다. 당시 하느님을 생각하진 않았다, 그냥 곧 죽는구나 라는 생각만 했다. 그런데 갑자기 예수님이 옆에 서 있는 것을 봤다. 그래서 내가 예수님에게 '살려주십시오. 나는 우리 국민을 위해서 할 일이 아주 많습니다' 라고 기도를 했다. 그때 기도도 정치적으로 했다(웃음). 그 순간 펑 소리와 함께 나를 묶었던 정보부 요원들이 비행기다! 라며 밖으로 뛰쳐나갔다. 그 순간 예수님을 만난 것이다. 그 순간 나는 살아났다. 당시 내가 본 게 예수님이라고 나는 믿고 있다. 이를 김수환 추기경에게 말했더니 '그때 기도를 하고 있었으면 환상일 수도 있는데 다른 생각을 하고 있을 때 그런 현상을 경험했다면 정말 예수님일 것이다. 당신의 믿음에 달린 것이다' 라고 말했다. 김수환 추기경 같은 권위 있는 분이 '진짜 예수님을 만났다'고 해줬으면 더 좋았을 텐데, 내심 서운했다(웃음). 어쨌든 이를 계기로 신앙이 굳어졌다. 1980년 사형선고를 받았을 때도 이런 신앙 때문에 흔들림이 없었다.

● 바른 기독교란 무엇이라고 생각하나.
○ 김 전 대통령 : 마태복음 25장에 보면 예수님이 곧 산 자와 죽은 자를 심판하러 오신다고 했다. 이때 예수님은 가난한 사람, 고통 받는 사람을 위하고, 그들에게 많이 베푼 사람에게 상을 준다고 했다. 이게 바로 기독교의 정신이고 또 바른 기독교관이라고 생각한다.

〈PD수첩〉 포맷 깨고 남북공동선언 4주년 대담

방송 3사의 김대중 정권에 대한 충성맹세는 끝 간 데를 모를 정도로 집요하게 이어지고 있었다. 〈PD수첩〉은 2004년 남북공동선언 2주년에

'김대중 전 대통령 모시기' 프로그램을 마련했다. 이건 파격적이라고 말하기에도 어울리지 않을 정도였다. 대통령과의 대담은 이 프로그램의 포맷과 전혀 어울리지 않았는데도 충성심 하나로 밀어붙였다는 후문後聞이다. 취재구성 프로그램을 대담 프로그램으로 포맷을 변경하는 행위는 결코 있어서는 안 된다. 이건 '김 씨를 박 씨'로 성을 바꾸는 것처럼 금기사항이다. 이름은 바꿀 수 있을지언정 성은 바꿀 수 없는 것이다. 그런데도 〈PD수첩〉은 포맷 깨기라는 무리수無理數를 두어가면서까지 전직 대통령을 극진히 떠받들었다. 전직 대통령을 모시게 된 배경을 〈PD수첩〉 홈페이지에서 이렇게 둘러대고 있다.

〈PD수첩〉은 6·15남북공동선언 4주년 특집으로 남북 공동선언의 주역으로, 최근 국내 전직 대통령으로는 처음으로 유럽 순방 공식 외교활동을 마치고 돌아온 김대중 전 대통령과 독점 특별대담을 갖는다. 시사고발 프로그램인 〈PD수첩〉이 특정인과의 대담만으로 방송을 진행하는 것은 이번이 처음이다.

김 전 대통령과의 특별대담은 〈PD수첩〉의 송일준 책임 프로듀서가 연세대학교 김대중 도서관을 방문하고 이야기를 나누는 형식으로 약 50분 동안 진행되었다. 김 전 대통령은 2000년 6·15 정상회담 당시를 회상하며 공동선언 4주년을 맞는 소회, 정상회담을 위해 평양에서 머물렀던 2박 3일 동안 가장 인상 깊었던 일화들과 김정일 국방위원장의 답방에 대한 생각을 밝히고, 일부 국민에게 '뒷거래'라는 인식을 준 송금 특검을 밝혔다.
또한 6자회담을 둘러싼 북핵 사태의 본질과 해법, 북일 수교의 전망, 주한미군 감축과 재배치가 한반도에 미치는 영향과 우리의 대응 전략 등 급변하는 한반도 주변 상황에 대한 김대중 전 대통령의 진단과 해법을 들어본다. 그 외에 인터넷 공모를 통해 선정된 시청자들의 질문에 대한 답변과 더불어 한반도 평화정착과 통일을 위한 김 전 대통령의 앞으로의 계획과 국민에 대한 당부의 말을 전한다.

〈미디어오늘〉은 6월 9일 '6·15 남북 공동선언 4주년을 앞두고 〈PD수첩〉이 김 전 대통령 인터뷰를 단독으로 성사시켜 관심을 모으고 있다'고

기사를 내보냈다. 특히 '6·15 선언' 4주년에 유력 언론사들이 일제히 김 전 대통령과의 인터뷰를 시도했지만 '거부' 당한 바 있어 이 프로그램의 인터뷰 성사 배경 또한 주목을 끌고 있다고 했다. 이것은 〈미디어오늘〉이 〈PD수첩〉의 제멋대로 포맷깨기를 옹호한 것이었다.

그 당시 보도국도 김 전 대통령과의 인터뷰를 하려고 접촉했지만 성사되지 못했다는 것이다. 〈PD수첩〉 제작진은 김 전 대통령의 인터뷰 추진을 '극비'로 진행했는데, 그동안 이 프로그램이 지향해 온 프로그램 방향 등이 종합적으로 반영되어 인터뷰가 받아들여진 것으로 본다고 밝혔다.

이날 인터뷰에는 남북 정상회담 관련 사안은 물론 주한미군 철수 문제, 북한 핵문제를 둘러싼 6자회담 전망 등 국내외 현안에 대한 내용이 들어 있었다.

한편, 〈미디어오늘〉은 한술 더 떠 유력 언론사들이 김 전 대통령과 인터뷰를 하려고 접근했지만 안 되었으며 〈PD수첩〉만이 인터뷰에 성공했다고 추켜세웠다. 이것은 전형적인 프로그램 띄우기 전략이라는 냄새가 풀풀 났다. 아마 당시 분위기로 봐서 거꾸로 청와대가 〈PD수첩〉에서 인터뷰를 하자고 요청했을 수도 있다는 생각이 들었다.

여기서 분명한 것은 김 전 대통령이 방송에 출연하는 횟수가 너무 잦다보니 대담 내용에 차별성이 없게 되었다. 역시 〈6·15 공동선언 4주년 특집 방송 - 김대중 전 대통령 독점 인터뷰〉도 그 점에서는 별 반 다른 게 보이지 않았다. 굳이 전파를 낭비하면서까지 전직 대통령의 시시콜콜한 얘기를 들어야 하는 건지 의아심이 들었다. 선진국에서도 전직 대통령이 방송에 나갈 경우 현직 대통령의 입장을 충분히 고려하는 것으로 알려져 있다.

- 송일준 PD : 6·15 4주년 감회, 소회는?
○ 김대중 대통령 : 참 어려운 일이었고 그 이후로도 말 많고 시련 많았다. 4년 동안 상당한 일이 이뤄졌고 매우 기쁘게 생각한다. 과거 7·4 공동성명, 남북합의서도 훌륭한 내용이다. 그러나 잘 안 되고 냉전으로 돌아갔다. 이번에는 그렇게 안 됐다. 그 이유는 남북 정상이 직접 만나서 민족의 운명을 놓고 합의를 했기 때문이다. 이것이 중요한 계기가 돼 그 남북 사람들 생각이 많이 바뀌었다. 북도 그랬고 우리나라도 대구, 부산에서 U대회 아시안게임 열렸다. 우리 국민들이 공산주의를 반대하는 것과 민족으로서 접근하는 것에 대해 구별, 북도 생각 변화가 있었다. 남한에 대한 이해도 높아졌다. 이런 가운데 구체적 실천이 있었다. 이산가족 상봉, 이제 9천 명 이뤄져, 민간교류 5만 명, 금강산 관광 65만 명, 최근 장성급 회담에서도 좋은 합의가 있었다. 구체적 합의가 이뤄져 되돌릴 수 없는 방향으로 가 기쁘게 생각한다.
- 송 : 당시 심정. 가장 인상 깊은 일은?
○ 대통령 : 북에서의 일은 모두 감격스럽고 인상적이었다. 그러나 정상회담은 성명 문안을 사전에 만들지만 북에 갈 때는 그렇게 안 됐다. 게다가 김일성 묘 참배하라고 했고 안 하려면 오지 말라고 했다. 무거운 발걸음으로 과연 성공할까 의문. 김정일 위원장이 공항 나온다고 했는데 몰라, 비행기에서 내려다보니 있더라. 반갑게 악수했다. 인민군 사열 시켰다. 50만 명 이상 사람들이 나왔다. 자동차도 정상적 상황이라면 그 쪽 의전 책임자가 타는데 누가 턱 타더라, 보니 김정일이었다. 정상적인 생각과는 달랐다. 그런 것이 인상적이었다. 김정일 대화 10시간 밀고 당기고 일어서려는 때도 몇 번 있었다. 결국 해냈다. 공동발표 중 가장 격이

높은 공동선언을 만들었다. 민족통일 자주적으로 한다는 대전제에서 통일방안은 북이 낮은 단계의 연방제라는 방안으로 변화했다. 우리의 연합 방안과 비슷한 것, 접점을 이룬 것, 교류와 김정일 서울답방 9시간 대담이 인상 깊었다.

● 송 : 그런데 답방이 무산된 이유는?

○ 대통령 : 무산으로 보지 않는다. 지연되고 있다. 그 이유는 알 수 없다. 미국 문제부터 해결해야 한다고 느끼기도 했고 그 내부에서 위원장을 보내는 것을 바람직하지 않아 한다는 생각도 했다. 그 약속은 공동선언에도 들어갔고 그것은 지키지 않은 거라고 생각 않는다. 시간이 걸려도 지켜져야 하고 지킬 것이다. (답방은) 이뤄질 것이다. 세계가 바란다. 장쩌민, 푸틴 페르손 모두 남한 방문을 권유했다. 김정일도 부담이다. 지연되고 있다.

● 송 : 김정일에 대한 인식이 변화했나?

○ 대통령 : 가기 전에도 부정적 이미지는 가지고 있지 않았다. 친구도 잘 알아야 한다. 적은 더 잘 알아야 한다. 가기 전부터 김정일이 지도자로서 자질 갖춘 사람이라고 했다. 가서 보니 사실이더라. 그가 공산주의 독재한 것은 사실이다. 그러나 지도자로 볼 때 총명하고 남한 사정, 세계정세를 잘 알았다. 그 이후 올브라이트나 페르손도 의견이 같았다. 이번에 고이즈미 총리도 비슷한 평을 했다. 6·15를 계기로 김정일의 면목이 세계에 알려졌다.

● 송 : 6·15 이전의 합의와 다른 것

○ 대통령 : 과거 2개의 합의서(7·4기본합의)는 내용이 훌륭하다. 특히 기본합의서는 완벽하다. 다만 실천이 안 됐을 뿐이다. 정상들이 직접 만나야 하는데 그러지 않아 큰 힘을 받지 못했다. 양측이 안 되면 내팽개치고 간 것. 싸울 기회가 되면 약속 안 지킨 것. 그러나 5년간 일관된 대북정책으로 그렇게 반대와 어려움이 많았지만 결국 변화했다. 용천 사고도 야당과 북에 부정적인 사람들도 참여했다. 햇볕정책이 본격화되는 것이다.

● 송 : 북이 변하냐?

○ 대통령 : OECD(경제협력개발기구)도 질문하더라. 북한은 우리의 햇볕정책을 믿기도 했지만 안 믿는 것도 많다. 남북 모두가 이익이 되는 것을 찾아야지 명분만 가지고는 안 된다. 북한이 개혁개방으로 안 할 수 없다. 이대로 가면 핵무기를 아무리 가져도 무기를 먹고 살 수는 없는 것 아닌가. 북한은 대미관계 개선과

생존보장을 미국에 요구한다. 북한이 경제를 살리려면 개혁개방을 해야 한다. 2002년 7·1 개혁으로 북한은 매년 달라지고 있다. 중산층이 생기면 그것이 민주주의로 가는 것을 견인한다. 중국의 개혁을 보면 중산층이 생겨서 당헌까지 바꿔서 중산층이 당원이 됐다.

- 송 : 대북송금 특검으로 정상회담이 뒷거래로 이뤄졌다는 인식.
○ 대통령 : 송금과 정상회담과 관계 지은 것은 전혀 사실이 아니다. 정몽헌의 진술로 드러났다. 정부가 한 때 1억불을 지원하기로 한 것은 사실이다. 이는 정상회담의 흥정거리가 아니라 정부가 동의한 것이다. 잘사는 형이 가난한 동생을 찾아가는 데 주기로 한 것. 정부 예산으로 하려고 했는데 못했다. 결국 현대가 줬는데 그 대가로 통신권리를 받았다. 따라서 5억불 전부가 현대가 한 것이다. 우리가 주려다 못 준 것이다. 정몽헌의 증언과 특검도 일치. 오해가 있었는데 제가 얘기한 것이 사실이다.
- 송 : 미국이 남북문제에 부정적이라는 국민인식?
○ 대통령 : 국민 전체의 생각이 아닐 것. 외교문제와 우방 문제는 신중히 대응해야 한다. 지난 50년 간 미국은 한국전에 참전했고 경제지원 없었으면 현재 이런 상태 아니다. 그건 사실이다. 고마운 것은 고마운 것이다. 남북관계 개선을 얘기하지만 아직 남북은 준전시 상태이다. 평화협정이 맺어지지 않았다. 안보문제는 큰 문제이다. 미군이 12,500명 줄면 국방비가 늘어난다. 사회보장비 등 줄여야 한다. 당장 문제가 된다. 미군이 있는 건 국방비를 줄이고 안보를 튼튼히 하며 외국 투자자들이 안심한다. 미국이 남북문제에 대해 너무 거칠게 다룬 것이 문제다. 대화는 북이 하려는데 기회를 안 주고 있다. 정책에 대한 불만과 반미를 구분해야 한다. 우리는 혼자 살아갈 수 없다. 안보는 미국, 경제는 일본, 중국도 미국 못지않게 중요하다. 이분법적 구분 안 된다. 71년 4대강국 소·중·미·일이 한반도 평화 보장해야 한다고 했다. 지금의 6자회담이다. 4강국 사이에 존재하는 이상 중요하다. 우리는 반미는 절대로 안 된다. 할 말은 해도 정책적 잘못은 얘기해야지. 핵문제… 그러나 미국 관계는 우리에 필요하다. 우방과 관계를 긴밀히 유지한다. 그래도 문제점 비판하는 자세는 필요하다.
- 송 : 북핵 사태의 본질은?
○ 대통령 : 북이 핵을 만든다고 미국이 주장한다. 또 북은 그 이상이라도 만들 수

있다는 인상을 주는 문제. 의혹이 있다. 특히 북이 NPT 탈퇴 IAEA감시를 거부. 그래서 G-8에서 엄중한 얘기가 나왔다. 중국, 러시아도 북핵 보유는 안 된다는 것. 미국도 북이 HEU 증거를 내야 한다. 북은 있으면 있다 없으면 없다 분명히 하고 핵 포기 의사를 분명히 표현해야 한다. 해결하려면 방안은 용이하다. 북한이 전 세계가 납득하게 포기하고 국제원자력기구(IAEA) 감시를 받고 NPT에 복귀하는 것이다. 또 미국은 안보보장을 하고 북한이 IMF ADB 등 국제사회에 진출할 수 있도록 해야 한다. 이런 식으로 진행해야 한다.

- 송 : 주한미군은?
○ 대통령 : 감축이 부정적 영향, 안보 공백 생길 수 있고 국방비 올라 국제자본 투자 주저할 수 있다. 북한도 잘못하면 오판 가능성 있다. 그러나 우리는 이 문제 중요한 것은 미군 감축도 중요하지만 이 문제가 긴밀 협의해야 한다. 이해 속에서 해야 한다는 것이다. 일방적으로 하는 것은 철군 이상 부정적인 요인이다. 이것이 안보불안 요인. 미군이 가서 한반도 안보에 대해 한국 중장기적 지킨다는 약속 있어야. 6·25도 49년 미군 철수, 에치슨 라인으로 한국은 미국의 방위선 밖이라고 밝혀 북에 오판할 기회 준 것. 소련의 KGB문서에도 있지만 스탈린이 남침을 지지하기를 주저, 미국이 안 들어온다고 밝혀 결국 안심. 과거 경험… 무기체제 전략 육군 없이 해·공군이 뛰어오는 것. 미군 의지… 오판 없게 하면 바람직한 결론 내린다. 충분한 대화 통해 한반도 안보 공약 강화. 반미 감정이 절대 우리에게 바람직하지 않다. 한미 방위조약 유지해야. 남북관계가 좋아지면 평화체제로 가야 한다.

보도국 통일전망대도 2005년 6월 15일, 〈남북 정상회담 5주년 특집 – 비화 6·15〉를 제작하여 방송하였다. 김현경 기자는 보도국 통일전망대를 전담으로 맡고 있는 북한통이었다. 여기서 남북 정상회담이 열리기 전 대통령 특사 자격으로 비밀리에 두 차례 방북했다는 사실을 대북송금 특검과정에서 일부 밝혀진 임동원 당시 국가정보원장이 당시 상황을 공개했다.

또 판문점을 거쳐 방북해서 개성에서 있었던 남북 실세의 만남, 김정일 위원장과의 5시간 동안의 면담 등을 밝혔다. 또 남북공동선언의 핵심 주역들의 증언도 들려주었다. 이 프로그램을 못 본 국민들이 있을까봐 그랬는지 전직 대통령 모시기는 6월 18일, 토요일 오후 1시대에 다시 한 번 더 전파를 탔다.

5년이 지나 이미 다 알려진 내용들을 재방再放까지 한 것은 2년 앞으로 다가온 대선을 의식한 것이었다고 한다. 임동원 전 국정원장은 김 대통령이 위험을 무릅쓰고 평양에 왔다고 말했다는 북한 당국자의 말도 꺼내었다. 이 말은 남북공동선언 4주년 특집 대담에서 이미 나온 답변이었다. 대부분이 새로울 게 전혀 없는 것이었다. 이 프로그램은 오로지 김 대통령의 대북 치적을 찬양하는 데 많은 부분이 할애되었다. 일에는 공이 있으면 과도 있게 마련인데 공만 내세웠지 과에 대해서는 조금도 언급이 없었다.

가장 인상적인 말은 무엇이었는가 하면 북한 최고 지도자가 이런 말을 했어요. '대통령께서는 무서움과 두려움을 무릅쓰고 용감하게도 평양에 오셨습니다. 전방에서는 군인들이 서로 총부리를 맞대고 방아쇠만 당기면 서로 총알이 날아갈 판인데 대통령께서는 인민군 의장대의 사열까지 받으셨습니다. 이거 보통 모순이 아니지 않습니까? 그렇지 않습니까?' 하는 것이 김정일 위원장의 인사말인데 상당히 인상적으로 기억됩니다.

이때 MBC에서는 기가 막힌 일이 있었다. 6월 15일 자정 넘어 김대중 전 대통령의 〈남북공동선언 5주년 특집-비화 6·15〉가 특집으로 나가고 불과 이틀 후인 6월 17일, 취임 1주년을 맞는 〈이해찬 총리의 방송기자클럽 초청 토론회〉가 방송되었다. 이것도 방송사의 충성 경쟁 때문에 빚어진 것이었다. 그때 사내에서는 해도 해도 너무 한다는 말들이 돌았다. 당시 정권은 공영방송을 자기 사영私營 방송처럼 여기면서 툭하면 전직, 현직 대통령에다가 총리까지 방송에 등장시켰다. 반면에 이명박 대통령은 민주당과 노조의 반대로 방송에서 정책을 국민들에게 알릴 수 있는 기회마저 원천봉쇄 당했다. 야당과 노조는 그러면서 이명박 대통령을 불통 대통령의 상징으로 국민들에게 각인시켜 버렸다.

총선전략, 정규편성 파괴에, 연장방송 불사

MBC와 KBS가 2000년 1월 1일 0시 직후에 방송했던 '평화선언' 발표 중계는 정부 측의 주도로 결성된 새천년위원회의 무리한 요구로 이루어져 제작진이 반발했다. 제작진의 강력한 반발에도 불구하고 정부는 일방적으로 밀어붙였다.

세계 각국의 주요 방송사들은 밀레니엄 특집방송을 기획하면서 일방적인 국가 선전방송은 해서는 안 된다고 제작협약을 맺었다. 그런데도 새천년회의측은 87개 국에 송출할 방송에 김 대통령 연설 장면을 넣으라고 요구했다는 것이다. 당시 밀레니엄 특집을 준비했던 한 PD는 '대통령 연설 장면은 국가 선전 방송에 해당되어 들어가면 안 되는데도 새천년위원회는 45초짜리 연설을 방송하라고 압박하여 부득이 대통령 연설 장면을 30초로 재편집하고 광화문 축제 장면을 연설의 배경으로 편집하여 무리했다'고 고백했다.

이처럼 글로벌 이벤트에서 국가 간 협약을 무시한 것은 방송사들과 청와대 보좌진의 충성경쟁이 빚어낸 것이었다. 또한 김대중 정권의 방송장악 실체를 국제사회에 극명하게 보여준 대표적인 사례였다.

이때 MBC가 1월 17일 방송한 〈21세기 위원회〉는 청와대 영빈관에 설치한 세트나 소품은 물론 프로그램 내용 전반에 걸쳐 대통령의 인간적 면모를 부각시켜 주었다. 이 프로그램은 대통령 찬양의 극치를 과시한 프로그램이었다는 비난을 받았다. 더욱이 MBC는 정규편성까지 깨고 연장 방송을 했으며 방송이 나가기 전에 프로그램 편집본을 청와대에 자청하여 미리 보여주고 사전 검열을 받았다는 것이다. 청와대의 사전 검열은 KBS의 〈거실에서 만난 대통령〉 편집 과정에서도 있었으며, 그것이 〈21세기 위원회〉에서도 그대로 재연되었다.

〈21세기 위원회〉에서는 방청석에 앉아 있던 김한길 전 정책기획 수석의 얼굴이 단독 나갔는데, 이것은 명백히 선거방송 심의에 관한 특별 규정을 위반한 것이었다고 한다.

김 전 수석은 총선에 출마한다면서 이 프로그램이 나가기 불과 5일 전에 청와대 정책기획 수석직에서 물러났다. 이래서 선거방송 심의에 대한 특별규정 제19조(후보자 방송출연 제한 등)의 규정에 의해 14일부터 방송 출연이 제한되어 있는데도 의도적으로 방청석에 앉아서 얼굴을 띠운 것이다. 당시 이 프로그램은 높은 시청률을 기록하고 있어 많은 유권자들이 김 수석의 얼굴을 봤을 것이다.

SBS의 〈한선교·정은아의 좋은 아침〉도 역시 김 대통령과 부인 이희호 여사의 인간적인 면모를 부각시키는 친위대로 나섰다. 이 프로그램 또한 총선을 앞두고 있는 시기여서 사전선거 운동이라는 게 명백하였다. 더욱이 내용상으로도 〈21세기 위원회〉와 별 차이도 없었다. 심지어 사회자도 같은 인물이 나왔을 뿐만 아니라 여가시간 활용, 건강 비결, 두 부부의 결혼 당시의 사연, 잠자리 습관, 정치적 시련기의 심정, 부인에 대한 존경 등 거의 전부가 단골 메뉴들이었다.

이에 대해 SBS 노조는 '총선을 앞둔 대통령 모시기'란 성명을 내고 '타사에서 2회에 걸쳐 우려먹은 내용을 굳이 우리가 뛰어들어 방송할 이유가 있는가?'라고 성토하였다. 이처럼 KBS, MBC, SBS 등 방송 3사는 대통령 모시기 경쟁을 하면서 총선 정국에서 청와대 친위대(親衛隊)역할을 스스로 자처하고 나섰다.

권력 앞에 비굴해진 방송노조의 행태

이처럼 대통령부터 사전 선거운동을 위해 방송 출연에 앞장서고 방송사들은 다투어 선거 홍보용 프로그램을 만들어 청와대에 상납하는데도 노조는 형식적인 성명 한두 장으로 어물쩍 넘어갔다.

당시 김대중 정권에서는 방송 3사를 사전 선거운동에 활용한 것도 모자라서 심지어 KBS 현직 아나운서들이 유세 현장에서 여당후보 선거운동에 나서서 파문이 일었다. KBS 일부 아나운서들이 박용호 전 KBS아나운서 실장의 유세를 지원하려고 그의 선거구를 단체로 방문하는 비상식적인 사건이 터졌다.

KBS 김병찬, 이금희, 황수경 아나운서는 인천서-강화을 지역구에 민주당 후보로 출마한 박용호 전 KBS 아나운서 실장이 강화군 남산리 마을회관에서 주최한 노인잔치에 참석했다. 이들 아나운서는 이 자리에서 노래를 부르며 박 후보를 지원하였다.

이에 앞서 KBS의 또 다른 아나운서들이 민주당 인천서-강화을 지구당 창당대회에도 참석했다. 이 같은 아나운서들의 부정선거 운동은 여기서 끝나지 않고 박용호 후보 후원회를 겸한 출판기념회에 프리랜서 아나운서인 왕종근 씨와 KBS의 다른 아나운서들이 다수 참석했다는 것이다. 이 자리에서 사회를 맡은 왕종근 아나운서가 이금희 아나운서를 비롯한 참석 아나운서들을 소개하였다. 이것은 명백한 불법선거 행위였으며 국영방송 직원들의 정치활동 금지에도 위배되는 것이었다.

이 같은 행태는 같은 지역구에 출마한 한나라당 이경재 후보 측이 KBS 감사실에 항의하면서 외부로 알려졌다. 또한 김병찬 아나운서는 민주당 이창복 후보, 장성민 후보, 김민석 후보의 후원회 등에도 참석해서 사회를 보는 등 노골적으로 여당 후보 편들기에 나섰다.

KBS는 공영방송이다. 공영방송의 사원인 아나운서가 KBS사규 취업규칙 제7조 "직원은 정치활동에 참여하거나 정치단체의 구성원이 돼서는 안 된다"는 규정을 모를 리가 없었을 텐데도 막무가내로 정치활동에 참여했다고 한다.

총선 다음 해인 2001년 국회의원 재·보궐 선거가 다가오자 KBS, MBC, SBS는 여당 후보들을 위한 사전 선거운동 방송에 다시 열을 올린다. 당시 민주당 동대문 을에 출마한 허인회 후보와 구로을에 출마한 김한길 후보가 KBS1 라디오 〈경제가 보인다〉, MBC 〈섹션TV〉, SBS 〈한밤의 TV연예〉에 각각 출연하여 말썽을 빚었다

KBS 라디오는 민주당 동대문을구 후보인 허인회를 전화로 연결하여 약 8분간 홍보성 인터뷰를 내보냈고, MBC는 김한길 후보의 부인인 최명길 씨의 출산을 빌미로 하여 부부를 방송에 출연시켰으며, SBS도 〈한밤의 TV연예〉에서 김한길 씨를 초대했다.

중앙선거관리위원회가 이들 방송사에 "공명선거 실현을 위한 협조요청" 공문까지 보냈지만 방송사들은 이에 아랑곳하지 않고 여당 후보들을 지원했다.

제3장 노무현 정권과 방송의 허니문 관계

노무현 대통령 만들기 일등공신 방송

KBS, MBC, SBS 방송 3사는 노무현 정권 탄생부터 퇴임까지 노 정권 지킴이 역할을 충실하게 수행했다는 평을 들었다.

노 정권은 방송이 탄생시키고 집권 내내 방송이 지켜주면서 권력과 방송이 한 몸이 되어 공생한 권방유착權放癒着의 대표적인 사례로 남아있다.

노무현 대통령은 집권 초 방송의 날 리셉션에서 "나의 대통령 당선은 방송 때문이었다"고 고백하면서 방송과는 동지적 혈맹관계라는 것을 은근히 과시했다.

아마 우리나라 방송노조 역사상 방송 중단 등의 파업을 하지 않은 유일한 정권이 참여정부 시대일 것이다. 대선 때부터 선대본부의 홍보선전 대로 노무현 후보 당선에 혁혁한 공훈을 세운 방송은, 집권 후 헌정 사상 최초의 탄핵 사태에서 격정적인 특별방송을 편성해서 노무현 구하기에 역량을 총집결하였다. 이렇게 정권과 방송의 동반자 관계임을 다시 입증해 보인 것이었다. 지금부터 노 정권과 방송의 밀착관계를 조명하여 권방유착權放癒着 실태를 추적한다.

2002년 대선은 한마디로 김대업이 연출한 이회창 후보 아들의 병역비리 문제를 방송 3사가 편파적으로 보도하여 노무현 후보를 대통령으로 만든 일대의 쾌거(快擧)로 기록되고 있다.

그때 방송 3사는 뉴스는 물론 다른 시사 프로그램에서 병역비리를 폭로한 김대업을 의인(義人)으로 추켜세우느라 한 눈을 팔 수가 없었다.

김대업의 말 한 마디가 곧 9시 대 뉴스의 타이틀이 되었고, 그의 인터뷰는 어록이 되어 떠돌아 다녔다. 그는 9시 뉴스 시간대의 특급 탤런트가 되어 연일 그 자리를 화려하게 장식해 주었다.

당시 방송사들의 집중 보도로 인해 김대업은 일약 병역비리 수사 전문가이자 시대의 양심으로 부상하여 여권의 가장 강력한 선거운동원으로 추앙받게 된다. 하지만 달도 차면 기울게 되고 지나치면 아니 감만 못한 법이다. 그 후 추악한 흑색선전의 하수인으로 전락한 김대업의 베일은 한 꺼풀씩 벗겨지게 된다.

김대업은 2004년 2월, 무고혐의로 징역 1년 10월의 형이 확정되어 감옥으로 갔고, 그 후 2005년에는 이와 관련 2건의 소송에서 모두 패소하여 거액의 배상판결을 받았다.

2007년 7월에는 당시 병역비리 수사 담당자에게 1천만 원을 물어주라는 판결까지도 받았다. 재판부는 김대업이 허위로 제보를 하여 수사 담당자의 명예를 훼손하였다는 것을 인정한 것이다. 그는 정치세력을 믿고 너무나 멀리 나갔던 것이다. 김대업은 정치 집단의 본성을 몰라도 너무 몰랐기에 뒤통수를 맞은 것이다.

2002년 광란을 몰고 온 김대업의 병풍은 친여 언론들이 밀어준 사기성 폭로전이었다. 그 결과 이회창 씨는 대권 문턱에서 좌절을 맛보게 되었다. 김대업 사기 폭로로 이회창 후보의 지지율은 11.8%나 폭락한 것으로 드러났다.

2005년 대법원은 김대업 씨의 사기 폭로가 드러났던 2002년 대선 관련 기사를 보도한 〈오마이뉴스〉 등에 대해 손해배상 책임을 인정한 원심을 확정했다.

　여기서 당시 방송 3사의 병풍 보도들이 어떻게 나갔는지를 살펴보자. 선거 전이 한창이던 2002년 7월부터 10월까지 KBS는 이회창 후보 아들의 병역비리 의혹을 101건이나 다루었다. 이것은 1997년 대선 때 같은 사안에 대한 19건에 비해 5배가 넘는 양이었다. 이런 보도 행태는 이 후보가 1997년에는 여당 후보였지만 2002년에는 야당후보였기 때문이었다. 또한 보도 내용면에서도 엄청난 차이를 보였다. '병역 은폐 개입', '병역 은폐 물증 있다' 는 등 김대업의 주장을 그대로 반영하여 병역 은폐를 사실인 것처럼 연출했다.

　2002년 선거의 쟁점보도 실태를 방송사별로 살펴보면 KBS는 '대북 관련 쟁점(22건 23.9%)' 을 가장 많이 보도했으며, MBC는 '이회창 후보 아들 병역 관련 비리(21건 25.0%)' 를 가장 많이 보도하여 이회창 공격의 선봉에 섰던 게 드러났다.

　방송 3사는 김대업의 주장만을 부풀린 보도, 김대업을 수사 전문가로 보도하여 그의 주장을 신뢰하도록 왜곡하고, 병역 비리를 기정사실로 하고 의혹을 지속적으로 제기하는 보도로 노무현 후보의 당선에 일등 공신이 되었다.

노무현의 보은 발언 - "방송은 이제 내편"

　노무현 대통령은 취임하고서 가장 먼저 한 일이 KBS 행사장을 찾아간 것이었다. 취임 후 열흘도 안 된 3월 4일, KBS 개국 축하 리셉션 장을 찾아가서 '내가 방송이 없었으면 어떻게 대통령이 되었겠는가? 앞으로 방송이 가자는 대로 가겠다' 며 방송에 대한 감사의 심정을 솔직하게 털어놓고 방송 프렌들리(friendly)를 선언하게 된다.

노 대통령은 엊그제 KBS 창사 30주년 리셉션에서 "방송이 없었으면 내가 대통령이 될 수 있었을까 생각도 해봤다"는 말과 함께 "방송이 가자는 대로 갈 것"이라는 방송관放送觀을 피력했다.

이는 가판街販신문 구독을 금지시켜 권언權言유착을 끊겠다는 신문관新聞觀과는 대조적이며, 방송혁신을 기대했던 시청자들에게도 당혹스런 발언이 아닐 수 없었다. 방송이 없었으면 대통령이 되지 못했을 것이라는 표현은 지난 대선기간 중 도움을 받은 방송에 대한 보은의 표시였다. 이를 바꾸어 말하면 선거과정에서 방송은 특정후보를 지원했다는 것이고, TV가 정권을 창출하는데 동참했다는 것을 고백한 것이나 다름없다.

그렇지 않아도 공정치 못해 TV뉴스를 안 본다는 시청자들이 늘어나는데, 공공의 위임을 받은 방송이 특정후보를 밀었다는 것은 시청자를 우롱한 처사였다. 이것은 '권언유착權言癒着'의 산 증거이며, 선거 때 자신을 도운 방송을 이제는 통치의 보조수단으로 사용하는 것 아닌가 하는 우려를 하지 않을 수 없게 만들었다.

노 대통령의 "방송이 가자는 대로 갈 것"이라는 발언도 위험하기 짝이 없다. 이 발언 이후 방송은 점점 더 교만해지게 되었으며 이명박 정권에서 광우병 촛불시위를 촉발시키게 되었다.

2003년 3월 5일 조선일보는 사설 '방송 없었으면 대통령 됐겠는가'에서 이러한 노 대통령의 발언을 정면으로 문제 삼고 나섰다. 친노 성향의 방송인들이 노 대통령에게 멍석을 깔아주자 얼씨구나 하고 달려갔던 것이다. 그는 신문 등 인쇄매체보다 방송의 위력을 간파하고 적절하게 이용하여 대선을 승리로 이끌었다.

또한 그해 9월 3일 노 대통령은 63빌딩 국제회의장에서 열린 제40회 방송의 날 축하연에 참석하여 '방송산업은 다음 시대를 주도할 성장주도 산업으로 생각하고 5년간 5천억 원을 투자하겠다' 며 방송에 대한 식지 않는 애정을 보여주었다.

노무현 대통령은 2일 "정부는 방송산업을 다음 시대를 주도할 성장 주도산업으로 생각하고 있다"며 "앞으로 5년간 5천억 원을 투자해 방송산업을 적극 육성하겠다"고 밝혔다. 노 대통령은 "방송, 통신 시장규모가 올해 8조원 수준에서 2007년이면 14조원으로 두 배 이상 성장할 것"이라며 "방송산업이 앞으로 5~6년 후에 세계 최고 수준의 방송산업이 되도록 함께 노력해가자"고 당부했다. 〈이데일리〉

이후 노 정권과 방송의 관계는 한층 더 돈독해져서 방송 프로그램을 청와대로 초청해서 제작한 것을 비롯해 오락, 토론, 대담 등의 대통령 관련 프로그램들이 줄을 잇게 된다.
취임 5개월째인 7월 19일 노 대통령은 MBC 간판 오락프로그램인 〈느낌표〉에 출연하게 된다.
청와대는 당초 이 프로그램의 제작진과 출연진을 청와대로 초청하여 오찬을 함께 하자고 제안했다고 한다. 그런데 제작진과 협의하는 과정에서 방침을 바꿔 프로그램을 제작하는 게 어떨까하다가 의견일치를 봤다는 것이다.
청와대에 세트장을 마련하고 제작한 이 프로그램은 노 대통령에 맞추느라고 기존의 포맷을 변경하여 새롭게 구성했다. 〈PD수첩〉이 대담프로그램으로 포맷을 바꾸면서까지 김대중 전 대통령을 모신 것은 이 프로그램의 판박이였다.

MBC는 또 다시 대통령을 출연시키려고 시청자들과의 약속인 정규 프로그램의 포맷까지 바꾼 것이다. 아마 오락 프로그램의 포맷을 바꾸면서까지 대통령에게 충성을 바친 사례는 〈느낌표〉가 유일무이唯一無二한 사례로 기록에 남을 것이다. 이런 일이 이명박 정권에서였다면 가능했을까 좌파들은 가슴에 손을 얹고 반성해볼 일이다.
노 대통령은 이 프로그램에 출연하여 적극 지원 운운하면서 방송통제로 오해를 받을 수 있는 발언을 하였다.
이처럼 대통령은 TV에 출연하여 "자신의 이미지를 국민들에게 알려서 좋고 방송사는 대통령을 출연시켜 홍보해서 좋고…" 도랑치고 가재 잡는 격이었다.

그런데 노 대통령은 집권 말기인 2007년 8월, 소위 '취재 지원 선진화 방안' 이라는 구실로 정부 부처의 기자실 폐쇄 조치를 단행하게 된다. 이에 대해 전 언론계가 강력하게 반발하는 와중에 9월 63빌딩에서 열린 PD연합회 창립 20주년 기념식에 참가하였다.

노 대통령은 이 자리에서 작심한 듯이 "PD 모임에 대통령이 왜 왔을까? 여러분도 조금 놀랐을 겁니다"라며 친근감을 표시한 다음 "막상 모임에 와 보니 소위 우리 사회의 고위층이라는 분(그는 특별한 손님이라고 칭함)들이 안 보여 조금 멋쩍었다."고 털어놓았다. 이 말은 아마 자기는 다른 사람들과는 달리 PD들에게 각별한 관심을 갖고 있다는 것을 과시하려는 의도였을 것이다.

그는 "PD들은 방송의 전 영역을 카버하고 있다. 보도는 주로 사실보도라는 국한된 범위지만 여러분은 보도영역에도 관여하고 순수예술은 물론 대중문화에도 많이 관여함으로써 그 영향력이 일반보도만 하는 사람(기자)들보다 훨씬 큰 사회적 영향력을 갖고 있다"고 추켜세우면서 "큰 권력을 갖고 있는데 좀 휘둘러보라"며 격려인지 충동인지 모를 야릇한 말을 거침없이 쏟아냈다.

나중에는 PD들의 호응에 더욱 고무된 듯 "여기 기자협회장이 와 있지만 이제 기자들이 오라면 안 간다. PD들이 오라면 간다"며 기자들을 향해 서운한 감정을 여과 없이 그대로 드러내면서 PD와 기자들을 이간질시켰다. 이 날 대통령은 PD들에 대한 진한 애정으로 뜨거운 박수갈채를 여러 차례 받았다.

노 대통령은 "오늘 이 자리에 온 것은 하고 싶은 말이 있는데 그동안 말할 자리가 없었기 때문"이라면서 예정된 30분을 넘겨 1시간 동안 언론에 대하여 그간의 쌓인 불만을 털어놨다.

그는 "언론들이 상당히 막강한 특권을 누리고 있더라. 인사에 대해서도 발언할 만큼 강한 권력을 갖고 있었다. 그래서 그 근거가 되는 제도 몇 가지를 끊어 버렸다. 기자실을 폐쇄시키고 사무실 무단출입을 막았다. 그때부터 참여정부가 언론을 탄압하는 정부가 되었다"고 밝히고, "얼마나 자신만만하면 기자 집단과 맞서겠나. 전 언론사들이 성명을 내고 IPI(국제언론인협회)를 동원하고 난리를 치는데, 아무리 난리를 쳐도 내 임기까지는 가는데 아무 지장 없을 것"이라며 강한 자신감을 드러내 보였다.

당시 정윤재 의전비서관의 세무조사 무마청탁 문제로 언론이 이를 연일 보도하고 있었는데 이를 의식한 듯 "요즘 깜도 아닌 의혹이 많이 춤추고 있다"며 불쾌한 심경을 드러냈다. '깜도 안된다'는 말은 그 후 오랫동안 언론과 세인의 입에 회자膾炙되면서 포털 검색어 상위에까지 올랐다.

노 대통령은 이보다 먼저 6월 2일 양재동 교육문화회관에서 열린 참평포럼에 참석하여 양복 주머니에 손을 찔러 넣고 "먼 후일 나는 참여정부에서 가장 보람 있는 정책이 무엇이었느냐고 물으면 언론정책, 언론대응이라고 말할 것"이라고 밝혔다. 이처럼 언론의 강한 반발 속에서도 기자실 통폐합을 결국 밀어붙였다. 하지만 노 대통령이 최고의 치적治績으로 치켜세우던 기자실 폐쇄는 6개월도 못가서 뒷길로 사라져 갔다.

지금까지 살펴본 것처럼 노 정권은 유난히 방송과 친화력이 강했으며 특히 PD들과의 스킨십을 강화하여 다큐멘터리를 통해 소위 이념성 프로그램을 집중적으로 방송하게 만들었다. 이제부터 노 정권의 방언유착放言癒着의 실상을 각론으로 추적해 들어가 본다.

SBS, 남북 방송교류에 1,000여 명 대거 방북

　노무현 정권 초기부터 방송 3사의 북한 사랑의 열기는 후끈 달아올랐다. 취임 초 방북 러시가 이루어지고 있었다. 2003년 10월, SBS는 250여 명의 방송요원을 평양으로 보냈다. 그때는 송두율 씨에 대한 정치권의 줄다리기와 국정원과 검찰의 관계, 송두율 특집방송을 둘러싼 KBS 정연주 사장의 사과, SK그룹의 정치자금 제공 등이 얽히고설켜 정국이 엉망진창이었다. 이럴 때 북한만큼 정치로부터 시선을 돌리게 하는데 좋은 소재는 없었다.

　이 때 연예인 130여 명, 일반 참관인 800여 명이 평양으로 들어갔다. 또 4.5톤 트럭 12대 분의 한우가 뒤따라갔다. 이를 두고 김근식 경남대 극동문제연구소 교수는 "북한 심장부라고 할 수 있는 평양을 육로로 갈 수 있다는 것 자체가 지금 진행되고 있는 남북 간의 교류협력에 상당히 의미 있는, 진일보한 것이어서 역사적 의미를 찾을 수 있을 것 같습니다."고 평가했다. 그때 SBS도 1,000여 명의 방북 인원과 함께 흥분이 되어 있었다.

　SBS는 "분단 이후 최초, 육로를 거쳐 평양으로 들어갔다"는 신기록에 도취되어 있었다. 이런 대규모 방북은 현대그룹과 북한 아태평화위원회가 협조하여 평양에 건설한 실내체육관 준공식 참석이 목적이었다. 현대 아산으로서는 이 행사로 위기에 놓인 현대의 대북 사업을 활성화시키려고 했다. 이것을 위해 민영방송을 끌어들인 것이었다. 이렇게 SBS는 생중계까지 하면서 요란을 떨었지만 국민들의 반응은 냉랭했다.

　2003년 10월 1일, SBS는 류경 정주영 체육관 개관기념 통일음악회와 통일농구를 생중계하고, SBS뉴스와 오늘의 스포츠를 평양에서 방송하려고 대규모 인력과 방송장비와 차량을 평양으로 보냈다. 중계차 4대, 조명차 6대, 세트운반차 15대, 취재차량 6대 등 대부대가 평양으로 달려갔다. SBS는 북한의 이모저모를 취재하여 방송한다는 계획을 세우고 취재차량을 6대나 배정했지만 애초에 기대했던 것은 거두지 못했다.

북측이 공식행사와 남측 참관단만 취재하라고 거의 협박조로 나왔다는 것이다. 결국 SBS 취재팀은 평양시민들과 거리는 얼마나 변했는지 또 북한 주민들이 어떻게 살고 있는지에 대해 취재하겠다는 계획은 포기하고 말았다. 이것은 아마 북한이 자기들의 치부를 남한에 보여주기 싫었기 때문일 것이다.

10월 1일, 북한으로 향하던 날 서두원 평양취재팀장은 방북 후기에서 "반세기 만에 최초로 서울에서 평양까지 차를 몰고 가는 길. SBS 차량 31대의 행렬이 수km에 이른다. 노상에서 북측의 세관검사를 받고, 개성을 거쳐 고속도로에 올라 시속 90km 이상 속력을 낸다. 개성에서 평양까지 160km를 달리는 동안 통과한 터널이 18개, 다리는 33개. 여의도를 떠난 지 9시간 만에 평양시에 들어섰다. 여의도에서 233km. 남북 양측의 통관시간 등을 빼면 달린 시간은 4시간 반"이라고 당시 감회를 생생하게 묘사했다.

SBS는 10월 6일, 류경 정주영 체육관 개관식에 이어 통일음악회를, 7일에는 통일농구를 단독 생중계했다. SBS는 류경 정주영 체육관 앞에 설치한 뉴스세트에서 뉴스를 진행했다. 이때 SBS는 윤세영 회장이 제안을 해서 개성에 〈SBS방송센터〉를 설립한다고 보도했다.

SBS의 간이 방송센터와 드라마 촬영 세트장이 북측에 들어섭니다. 장소는 현재 공사가 한창인 개성공단이 유력합니다. SBS 윤세영 회장은 이종혁 아·태 부위원장과 양시운 조선중앙방송위원회 부위원장을 만나 이 같은 제안을 하고 긍정적인 답변을 얻어냈습니다. 개성 방송센터에서는 공단 안의 다양한 경제활동과 개성 관련 역사물들이 제작 방송될 예정입니다. 드라마 세트장은 영화 촬영장소로도 적극 활용할 계획입니다.

개성〈SBS방송센터〉에서 드라마를 제작하거나 영화촬영 장소로 제공하고, 개성공단의 경제활동 취재 거점으로도 활용하게 되면 방송사 차원에서 획기적인 일일 뿐만 아니라 한반도의 긴장완화와 남북교류에도 기여할 수 있을 것이라는 것이다. 그로부터 10년이 다 되어 가고 있지만 SBS가 개성에 방송센터를 만들었다는 얘기는 더 이상 들리지 않고 있다. SBS는 7일 박영만-손범규 아나운서가 신동파 씨의 해설을 곁들여 통일농구를 생중계했다. 농구경기는 프로농구 현대산업개발 여자팀에 이어 전주 KCC 선수에 허재와 김주성이 참가한 남자팀이 북측 대표와 경기를 했다.

이어 6일에는 유정현 아나운서와 북측 여자 아나운서가 공동으로 진행한〈류경 정주영체육관 개관기념 통일음악회〉를 생중계했다. 우리 쪽에서는 조영남, 이선희, 설운도와 여성 5인조 그룹 '베이비복스', '신화'와 바리톤 김동규가 출연했으며, 북한에서는 민요 가수들이 나왔지만 판에 박은 듯 식상했다. 다만, 이날 이선희가 '아름다운 강산'을 부를 때 "찬란하게 빛나는 붉은 태양이 비추고…"라는 대목에서 박수가 크게 나왔다고 한다. 아마 북한 주민들은 "붉은 태양"에서 위대한 수령 동지 김일성을 떠올릴 수도 있었을 것이다. 이 노래는 1970년대에는 금지곡 명단에 들어 있었다.

이 기간에 SBS가 평양에서 내려 보낸 뉴스를 보면 도무지 어느 나라 방송사인지 헷갈리는 경우가 한두 건이 아니었다. 현재 SBS 홈페이지〈8뉴스〉에는 우리나라를 "남측"이라고 또 북한을 "북측"이라고 표현한 것이 각각 37차례였다. 그런데 문제는 남한과 북한으로 표현한 것은 남한이 4차례에 불과했으며 북한은 15차례나 되어 불균형이 너무 심했다.

10월 9일에 SBS는 아주 의미심장한 뉴스 한 꼭지를 내보냈다. 좌파정권 내내 국민들은 북한에 퍼주는 것에 대해 불만을 갖고 있었다. 우리가 북한에 전달한 쌀이 굶주린 동포들에게 제대로 전달이 되고 있는지 의구심을 갖게 되었다. 특히 쌀은 배고픈 동포들에게 전달되는 게 아니라 군량미로 들어간다는 말들이 많았다. 이것은 바로 햇볕정책에 대한 불신으로 나타난 것이다.

SBS는 "북 지원 쌀 주민들에게 전달 확인"이라는 뉴스에서 "북한에 지원한 쌀이 제대로 배급되고 있는지 많은 사람들이 궁금하게 여겨 왔는데 정부가 걱정할 것 없다는 입장을 밝혔습니다. 일부의 우려를 인식한 듯 북한 주민들에게 쌀이 전달되는 화면도 함께 공개했습니다."고 보도했다.

이날 기자는 "현지 확인 결과 투명성에 별다른 문제점이 없었다."는 정세현 통일부 장관의 인터뷰도 곁들였다. 그럼에도 불구하고 우리 국민들은 교활한 북한이 우리가 지원한 쌀을 군인들에게 공급하는 게 아닌가 하고 여전히 의심의 눈초리를 보내고 있었다.

> 북한 남포항에 쌀 1만 톤, 25만 포대가 산더미처럼 쌓여 있습니다. 대한민국 쌀이라는 표시가 선명합니다. 북한 주민들에게 남한 쌀은 이미 익숙한 배급품입니다.
> ○ 박영애(북한 주민) : 마대에 써있는 것만 봐도 알고, 정성들여 '한국'에서 보내준 쌀 아닙니까, 정말 감사드립니다.
> 쌀 배급과정은 모두 4단계, 남한 쌀이 항구에 도착하면 각 지역별로 양정사업소나 식량공급소로 옮겨지고 주민 확인 작업을 거쳐, 북한 시세의 1/4가격에 배급됩니다.

또 〈이것이 평양냉면〉에서는 안산관식당의 냉면을 소개했는데, 이것 역시 케케묵은 아이템이었다. 이걸 보면서 얼마나 보도할 게 없으면 수도 없이 다룬 북한 냉면을 저렇게 상세하게 보여줄까 하는 측은한 마음이 들었다.

유정현 아나운서는 평양냉면이 "씹히는 맛이 면 자체가 틀린 것 같아요"라고 말했다. 이같은 발언은 평양에 있는 동안 입에 달고 있어야 하는 것이란 얘기를 북한에 다녀온 인사에게서 들었다.

　○ 유정현(아나운서) : 씹히는 맛이 면 자체가 틀린 것 같아요. 쫄깃쫄깃한 것 같기도 하고, 저는 이거 두 그릇째인데 맛있네요.

"방북 참관단, 벅찬 감회…설레임, 소떼 100마리도 북녘으로, 통일농구, 남북 화합의 열전, 환상의 공연, 평양에서 묘향산까지, '평양 방문' 교류확대 전기마련" 등 부제에 들어있는 '감회, 설레임, 화합, 환상' 등의 미화된 단어만으로도 북한에 대한 동경심을 유발하였다.
　SBS는 현대그룹이 깔아놓은 북한 잔치마당에 덩달아 춤을 춰준 꼴이었다. 좌파정권에서 이렇게 방송 3사는 북한으로 달려가서 정권과 코드를 맞추는 데 온통 정신이 팔려 있었다.

　　남과 북의 선수가 손을 맞잡고 코트에 들어서는 순간. 남과 북은 분단 벽을 넘어 다시 하나가 됐습니다. 그 감동의 무대가 4년 만에 평양에서 재현됩니다.

마오쩌둥의 대장정 방송, 김현희 가짜설 조작

　2006년 2월 18일, 노무현 정권도 2년 반의 반환점을 돌았을 때, KBS는 뜬금없이 남미 좌파지도자 우고 차베스를 기리는 프로그램을 내보냈다. 〈KBS 스페셜 신자유주의를 넘어-차베스의 도전〉 제작자는 이강택 PD였다. 이것은 2005년 남아메리카 볼리비아 대선을 기점으로 거세게 불고 있는 좌파의 물결과 전망을 탐구한 것이었다. 이것은 오일 사회주의 14년 동안 남미 좌파블록의 맹주로 활동한 차베스의 민중혁명 사상, 반 신자유주의를 조명한 프로그램이었다. 이 프로그램은 차베스를 이 시대 불세출의 영웅으로 그렸다.

이 프로그램은 "라틴아메리카의 진정한 독립을 꿈꾼 19세기 볼리바르, 민중들의 더 나은 삶을 위해 목숨을 던진 20세기의 체 게바라, 라틴아메리카의 오랜 염원은 21세기에 차베스에 의해 실현될 수 있을 것인가?"로 끝을 맺었다. 여기 〈신자유주의를 넘어서-차베스〉에서는 차베스를 볼리바르, 체 게바라 등에 비유하는 자유를 누렸다.

이 프로그램의 기저基底에 깔려있는 "신자유주의를 넘어서"는 반미주의와 직결되는 것이었다.

여기서 남미 좌파 바람의 중심에서 자칭 남미 좌파영웅을 자처하는 우고 차베스의 삶과 정치 역정을 아름답게 분식扮飾시켰다. 차베스는 '종신 집권'을 꿈꿨던 좌파 지도자로서 반미의 선두에서 싸웠다. 또 포퓰리즘으로 14년 동안 빈민들의 마음을 사로잡은 선동가 이상도 이하도 아니었다.

차베스는 2009년 국민투표로 대통령 연임제한을 철폐시키고 종신제를 꿈꾼 전형적인 좌파 독재자였다. 그런데 절대 권력에 대한 무한한 욕망이 그를 사지로 몰아갔다. 욕심이 죽음을 낳은 것이었다. 차베스는 살아생전에 마르크스, 레닌, 볼리바르, 마오쩌둥의 어록을 즐겨 탐독한 것으로 유명하다. 그 중에서도 마오쩌둥 어록은 늘 지니고 다니면서 틈만 나면 읽었다고 한다. 지금도 중국은 베네수엘라의 가장 큰 투자국이다.

차베스는 기행奇行과 다음과 같은 말로 시선을 끌어 모은 선동가였다.
- 화성에 문명이 있었는데 자본주의가 도래하여 그 행성을 끝장냈다.
- 악마가 여기 왔었다. 부시는 자신이 세계의 주인인 것처럼 말한다.
- 미국은 나와 남미 지도자들을 고통에 빠뜨린 암을 확산시키는 기술을 개발했다.
- 미국식 자본주의, 개발주의, 소비주의 모델이 세계를 파멸로 몰고 가고 있다.
- 미국에 있는 우리 정유시설을 파괴하는 데는 1분도 안 걸릴 것이다. 석유 값이 얼마나 오르는지 봐라.

남미 좌파의 기수 차베스가 암으로 2013년 3월, 세상을 떠났다. 중국의 인민일보人民日報는 '마오쩌둥의 추종자 차베스' 라는 기사에서 "차베스는 세상에 중국과 중국 공산당을 있게 해 준 신께 감사하다고 말했을 정도로 중국에 대해 매우 우호적이었다"고 보도했다.

대통령의 말, 국론을 분열시킨 원인 제공

노 대통령은 앞뒤 재지 않고 일단 말부터 하고 보는 성격 때문에 말 한 마디에 여러 사람이 목숨을 끊기도 했다. 심지어 대통령이 가타부타 적국敵國인 중국 지도자를 존경한다는 말을 해서 국민들의 분노를 사기도 했다.

노 대통령은 2003년 7월 10일, 중국 CCTV와 가진 인터뷰에서 "김구 선생과 링컨 대통령을 존경하며, 중국 지도자 중에 존경할 지도자를 꼽으라면 마오쩌둥과 덩샤오핑을 존경한다."고 밝혔다.

우리에게 중국의 마오쩌둥은 누군가? 그는 6·25 전쟁 당시 북한 김일성을 지원하여 기사회생시켜 준 인물이다. 한반도를 피비린내로 적셨던 한국전쟁은 김일성, 스탈린, 마오쩌둥 등 3인이 합의해 동북아시아에서 공산주의 영향력을 확대시키려고 일으킨 남침전쟁이라는 것쯤은 이미 다 밝혀진 것이다.

이런 엄연한 현실에서 노 대통령은 마오쩌둥을 존경한다고 당당하게 밝힌 것이다. 그의 이런 발언이 있기 불과 6개월 전 국영방송 KBS는 마오쩌둥을 잔뜩 미화한 프로그램을 방영했다. 아마 노 대통령이 이 프로그램을 보고서 영향을 받지 않았을까 하는 의구심이 들었다.

2006년 6월 6일 순국선열의 희생정신을 기리는 현충일에 마오쩌둥毛澤

東의 대장정을 그린 다큐멘터리 2부 '대륙의 붉은 바람'을 특집으로 방영했다. 현충일은 6·25전쟁 때 인해전술로 밀고 내려오는 중공군에 맞서 싸우다가 산화散華한 호국영령들의 영혼을 위로하는 날이다. KBS는 하필 이런 엄숙한 날에 마오쩌둥의 일대기를 버젓이 방영한 것이다.

이 프로그램은 중국 마오쩌둥과 공산군 병력의 1934년 중국 대장정을 그린 수입산 다큐멘터리였다. 일주일 전인 5월 30일에는 1부 '혁명의 대서사시大敍事詩'가 방송되었다.

마오쩌둥은 6·25전쟁에서 북한군의 패색이 짙어지자 중공군을 대규모로 투입해 우리의 통일 기회를 무산시키고 수많은 사람을 희생시킨 장본인으로 우리에게는 원수이다.

이 프로그램은 중국의 '아시안 유니언 컬처'와 미국의 '나인타임스 엔터테인먼트'가 공동 제작하였다. 1930년대 중국 대장정의 생존자들과 학자들의 고증을 토대로 당시의 험난한 여정을 재연하여 마오쩌둥의 굴곡진 삶에 분칠을 하여 미화한 프로그램이었다. 한국전쟁 당시 중공군을 투입하여 통일을 방해한 인물의 일대기를 굳이 현충일에 방영한 것은 순국선열에 대한 모독冒瀆행위나 다름없었다.

그해 가을, 10월 29일 KBS는 〈KBS스페셜, 얼굴 없는 공포, 광우병-미국 쇠고기 충격 보고〉를 방송했다. 이 프로그램은 미국산 쇠고기 개방 압력 배후에는 '부시 정권'이 있다면서 반미 감정을 노골적으로 드러냈으며, 미국산 쇠고기의 위험성을 과장했다는 평가를 받았다.

〈KBS스페셜, 얼굴 없는 공포, 광우병-미국 쇠고기 충격 보고〉와 〈PD수첩〉의 공통점이라면 광우병에 대한 공포심을 확대 자극했다는 것과 반미주의를 저변에 짙게 깔았다는 것이다.

제작자인 이강국 PD는 광우병에 대한 사회적 관심을 일으켰다는 공로로 '민주언론상 보도부문 특별상'을 수상했다. 이 PD는 2011년 〈언노련〉 위원장에 출마하면서 "정부 정책을 반대하는 것을 넘어 미디어 생태계를 복원하고 주도권을 찾아오기 위한 정책 활동에도 주력하겠다"고 포부를 밝혔다.

이제는 좌파정권 10년 동안 방송이 저지른 좌편향성 행위에 대한 엄정한 심판을 내려야 한다. 일부에서는 다 지난 것인데 새삼 들출 필요가 있느냐고 말하기도 한다. 그런 논리라면 우리가 일본의 부당한 침략에 대해 사과와 보상을 요구할 필요가 없다. 1948년 이후 지금까지 이스라엘은 나치 치하에서 악행을 저지른 자들을 추적하고 있다. 이스라엘은 인간 존엄성을 파괴한 자는 지옥에서라도 건져 올려 단죄斷罪한다는 원칙을 세워놓고 있다고 한다.

김현희 가짜설 유포에 앞장선 MBC

방송 3사는 KAL858기 폭파범 김현희 가짜설을 방송하여 김정일의 누명을 벗겨주는 좌편향의 극치를 보였다. 선발대의 총대는 MBC가 메었다. 2003년 11월 18일이었다. SBS는 29일 바로 MBC의 뒤를 따랐다.
KBS도 김현희 가짜 만들기에 바로 동참하겠지 하면서 기다렸지만 소식이 없었다. 해를 넘겨 이듬해 5월에야 그 소식이 들려 왔다.

북한 독재정권은 정전 이후 우리나라에 대해 크고 작은 테러를 셀 수 없이 도발했지만 한 번도 스스로 인정하거나 사과한 적이 없다.
그런데 KAL858기 폭파는 대한민국 정부에 의해 저질러진 테러라는 것이 방송 3사의 주장이었다. 방송 3사는 어떤 확증도 없이 우리가 살고 있고 후손들이 살아가야 할 조국을 테러국가로 몰았다.

이 프로그램은 테러를 저지른 범죄 집단 북한의 누명을 벗겨 준 셈이었다. 그동안 수사 결과 김현희의 범행으로 드러났으며 사건의 당사자인 김현희도 범행을 시인하고 속죄하면서 우리와 함께 살고 있다. 누가 이런 엄청난 반인륜적인 사건을 자기가 저질렀다고 일관되게 주장할 수 있으며 우리 정보기관이 조작하였다면 20년 넘게 범행사실이 은폐될 수 없을 것이다.

〈김현희 가짜 조작에 참여한 프로그램들〉
1) MBC 〈PD수첩〉
   제목 : 김현희의 진실
   방송일 : 2003.11.18
   사장 : 이긍희
   PD : 최진용
   2013년 1월 현재 제주MBC 사장
   1985년 MBC 교양제작국 PD입사
2) SBS 〈그것이 알고 싶다〉
   제목 : 16년간의 의혹과 진실
   방송일 : 2003.11.29
   사장 : 송도균
   PD : 윤성만
3) KBS 〈일요스페셜〉
   제목 : KAL858의 진실
      1부 폭파, 진실은 무엇인가
      2부 김현희와 김승일 - 의문의 행적
   방송일 : 2004.5.22~23
   사장 : 정연주
   PD : 류지열

이처럼 방송 3사는 "김현희는 가짜다"라고 몰아가기로 입을 맞추었다. 이들은 어마어마한 테러를 안기부가 날조했다고 억지 프로그램을 만들어 방송까지 했다. 이런 초대형 사건은 첩보기관이 개입한 것으로 만들면 많은 사람들이 쉽게 속아 넘어가기 마련이다.

〈PD수첩〉은 제568회 〈16년간의 의혹, KAL폭파범 김현희의 진실〉에서 '김현희는 가짜다'라고 단정을 지었다.

먼저 이 프로그램은 KAL858 폭파범인 김현희는 북한 공작원이 아닐 수도 있다고 언급했다. 최진용 책임PD는 서두에서 천주교 신부들이 내놓은 주장이라면서 이 사건은 안기부가 조작했다는 전제前提를 깔고 프로그램을 시작했다. 이것을 보면서 결론은 뻔한 것으로 보였다.

〈PD수첩〉은 먼저 천주교 신부 202명이 포함된 진상규명대책위원회가 '김현희는 가짜' 라는 선언을 했다고 밝힌다. 이어서 천주교인권위원회 전종훈 신부는 '김현희 라는 증거가 아무것도 없는데 어떻게 비행기가 없어졌다고 믿을 수 있느냐'고 주장했다. 이것은 테러리스트 김정일은 범죄자가 아니라는 것을 뒷받침해주는 발언이었다.

이때 심재환 변호사가 등장한다. 'KAL 858기 진상규명대책위원회' 소속의 심 변호사는 '김현희는 완전히 가짜다. 그렇게 딱 정리를 합니다. 이건 어디서 데려왔는지 모르지만 절대로 북한 공작원, 북한에서 파견한 공작원이 아니라고 우리는 단정을 짓습니다' 라고 말했다.

변호사로서 누구보다도 법을 잘 아는 그가 이렇게 말한 것은 당시 분위기에 편승해서 오버한 것처럼 보였다.

계속해서 그는 '그 수사 결과 자체의 본질, 핵심, 근본을 흔드는 정도의 오류라는 겁니다. 처음부터 끝까지 잘못되어 있으니까' 라고 주장했다.

이것 역시 좌파들의 천안함 폭침 사건의 가짜 조작설과 크게 다르지 않다. 어쩌면 여기서부터 보수정권에서 일어났던 크고 작은 사건들에 대한 조작설, 허위설 등의 움이 싹텄다고 볼 수 있다.

조갑제닷컴에 따르면 통합진보당 이정희 대표의 남편 심 변호사가 1987년 대한항공 858기 폭파범 김현희는 '가짜' 라는 주장을 되풀이하자 김현희 씨는 '그 말에 책임을 질 수 있는지 묻고 싶다. 그런 사람이 왜 대한민국에 살고 있는지 참 의문' 이라고 말했다는 것이다.

2003년 '김현희는 가짜다' 라는 프로그램을 방송할 당시 MBC 지휘라인을 보면 사장은 이긍희, 부사장 김용철(현 방문진 이사), 제작본부장 박종(SBS플러스 사장), 시사교양국장 장덕수(현 MBN 제작본부장)였다. MBC에서 부사장은 인사위원장이면서 편성전략회의 위원장을 겸한다. 최고책임자인 사장을 보필하여 징계와 포상을 시행하는 권한을 갖고 있다. 또 부적절한 방송이 나가는 것을 편성하지 않을 수 있는 권한도 갖고 있다.

〈PD수첩〉이 북한의 누명을 벗겨주고 대신에 대한민국을 테러국가로 조작해서 방송했지만 경영자 누구 하나 '이건 아니다' 라고 제지하지 않았다.

당시 교양국의 다른 PD들의 말을 빌리면 〈PD수첩〉이 '김현희는 가짜다' 라는 프로그램을 제작할 때 내부 분위기는 뭔가 폭발성이 강한 아이템을 취재하는 것 같은데 뭔지 알 수 없었다고 한다. 〈PD수첩〉이 '쉬쉬' 하면서 진행했기 때문에 같은 사무실에서조차 뭘 취재하는지 몰랐다는 것이다. 집에 가서 방송을 보고서야 '김현희는 가짜다' 라는 것을 알았다고 한다. 2005년 이 프로그램을 만들었던 최진용 PD는 그 후 교양제작국장이 되었다.

다시 심재환 변호사로 돌아가 보기로 하자. 여기서부터는 조갑제닷컴의 내용을 일부 수정하여 전재하기로 한다.

조갑제닷컴에 따르면, 법무법인 정평 심재환 변호사는 성균관대 경제학과 4학년에 재학 중인 1981년 5월, 교내에서 불온 선전물을 유포한 혐의로 구속되었다. 당시 경향신문 보도에 따르면, 심재환을 비롯한 수십여 명의 학생들은 성균관대 교수회관과 가정대 건물 옥상에서 '5월 광주사태를 기억하자'는 플래카드를 내걸고, 학우 이름으로 '선언문'을 발표했다. 그 때 "반파쇼 투쟁의 대열로 나서자"며 13개 항의 결의안과 3개 항의 행동지침을 밝혔다는 것이다.

이들은 "학우여 반파쇼 투쟁의 대열로 나서자"는 유인물 살포 후 동대문 경찰서까지 진출하기도 했다. 이들은 5월 14일과 27일 사이 '민주학생 희생자에 대한 위령기간'을 정해 '민주화 대제전'에 임할 것을 선포하는 등 반 정부 투쟁을 기도했다는 것이다.

심재환 변호사(전 '민변' 통일위원장)는 민혁당 사건(통진당 비례대표 당선자 이석기 연루), 송두율 사건, 일심회 사건, 왕재산 사건 등 주로 굵직굵직한 공안사건에 연루된 인사들의 변호를 맡았다.

2011년 적발된 왕재산 사건은 민혁당을 지도했던 북한의 대남공작 조직인 '대외연락부'(현 225국)가 1993년 "남조선 혁명을 위한 지역 지도부를 구성하라"는 김일성의 지시를 받고, 우리나라에 조직한 지하당이다. 왕재산은 북한에서 "군 관계자를 포섭하고 주요 시설 폭파 준비를 하라"는 지령을 받았으며, 미군의 야전 교범과 군부대·방산防産업체의 위치 정보 등이 담긴 위성사진 등 군사정보도 북괴에 넘긴 것으로 드러났다. 왕재산은 2014년에 인천을 거점으로 하여 인천 남동공업단지 등을 폭파시키는 것을 시작으로 유사시 인천광역시 행정기관, 군부대, 방송사를 장악한 이후 수도권에 대한 시위 형태의 공격작전과 궐기대회를 실시할 예정이었다.

〈민변〉홈페이지에는 2004년 12월 6일, 심 변호사가 작성한 "국가보안법의 전제인 북한에 의한 무력남침-적화통일론의 허구성"이라는 논문이 실려 있다. 여기서 심 변호사는 "국가보안법의 핵심인 무력남침위험론은 아무런 근거가 없다. 국가보안법의 전제인 북한에 의한 무력남침 적화통일론은 남한 수구냉전 세력이 자가발전에 의한 조작된 허구"라고 주장했다. 심 변호사는 변호사라는 직업과 민변이라는 그늘에 숨어서 이같은 북한 편들기를 드러내놓고 자행하였다.

또 심 변호사의 최근까지의 발언들을 살펴보면 그의 성향을 확연하게 알 수 있을 것이다. 역시 조갑제닷컴과 팩트파인딩닷넷에서 가져온 것이다.

> 김현희는 완전히 가짜다.
> 이명박 정부가 간첩단 사건으로 돌파하려 한다.
> 북한이 발사하려는 추진체는 미사일이 아니라 우주발사체.
> 남북상호협력을 위해서 국가보안법 폐지가 선행돼야 한다.
> 국가보안법은 허구요, 기만이요, 소름끼치는 음모의 굴레이다.
> 한총련의 인식은 잘못된 현실을 바로잡으려는 비판의식.
> 서해교전 사태는 남측만이 아닌 민족 전체의 관점에서,
> 전쟁이 아닌 평화의 관점에서 해결해야 한다.

당시 대한민국 사법부는 KAL 858기 테러가 북한 정권의 지령에 의해 일어난 사건임을 밝혀냈으며, 미국·일본·헝가리 정부도 독자적 조사를 통해 확인했다. 한 사람, 한 나라의 입을 막아 진실을 호도하기도 어려운데 미국이나 일본, 헝가리 같은 나라의 입을 막을 수 있는 길은 없다.

국정원도 '과거사조사위원회'를 두고 대한항공 여객기 폭파사건을 재조사하게 했다. 3년간의 조사 끝에 조사위원들이 내린 결론도 '김현희는 북한 공작원이 맞고 사건 조작은 없었다'는 것이었다.

그 후 심 변호사는 줄곧 북한을 옹호하고 국가보안법의 폐지를 주장했다. 2007년 10월 4일, 〈민변〉 통일위원장 자격으로 '남북의 상호협력을 위해서는 국가보안법 폐지가 선행돼야 한다'고 주장했다.

남과 북의 교류협력이 확대될수록 북한을 적으로 보고 있는 국가보안법이 근본적인 걸림돌로 작용할 것이다. 나아가 진정한 상호협력과 단합의 관계로 나아가기 위해서는 북한지역까지 남한의 영토로 보고 있는 헌법상 영토 조항도 수정하는 것이 바람직하다.

이것은 바로 북한이 앵무새처럼 반복 주장하고 있는 단골 메뉴 중의 하나라는 것쯤은 다 알고 있으면서 북한 정권의 입맛에 맞추려는 발언이다.

좌파들은 한편에는 맹목적으로 북한의 노동신문이나 우리끼리, 사이버방위사령부 등 친북, 종북 미디어를 보고 따라서 행동하는 무리가 있고, 다른 한편에는 진보의 탈을 쓰고 우리 사회의 구석구석에 진출하여 정부의 정책에 불만을 제기하면서 선동, 분열, 갈등을 조장하는 무리들로 나뉜다. 민주화 물결을 타고 드러내놓고 북한의 주체사상 노선을 지지하고 그들과 교류협력 하는 길이 가장 올바른 민주화 길이라고 왜곡하는 무리들이 가장 위험하다.

〈민변〉은 지속적으로 국가보안법의 철폐를 주장하는 대표적인 단체 가운데 하나이다. 2012년 2월 15일, 민변, 교원노조, 언론노조, 전국교수노조, 전국대학노조 등 자칭 진보 성향 100여 개 시민·노동단체가 국보법 폐지를 촉구하는 선언문을 발표했다. 이들은 "총선과 대선에서 국보법 폐지를 약속하는 후보와 정당을 지지하겠다"며 "국가보안법 없는 세상을 만들기 위해 정당들이 나서달라"고 요구했다. 그러면서 "공안기관이 국보법을 내세워 자유를 탄압하고 억압한다"고 강변하였다.

우리는 국가보안법 없는 세상을 만들기 위해 정당들이 나서 줄 것을 강력히 촉구한다. 국가보안법의 폐지는 시대의 당위이자 민주주의와 인권을 되살리기 위한, 평화통일의 분위기를 조성하기 위한 최우선의 조치임을 잊지 말아야 한다. 우리는 총선과 대선에서 국가보안법 폐지가 정당들의 공약으로 채택되기를 바라며, 그것을 약속하는 후보와 정당들을 지지할 것임을 천명한다.

이것은 정치에 개입하여 자기들의 입맛에 맞는 정권을 지지하겠다는 의미로 받아들여질 수 있다.

국가보안법이 정치 탄압수단으로 이용되었다는 것은 군부 독재시절에 나 있었던 옛날 얘기다. 현재 국보법을 빌미로 누구도 인권을 탄압하거나 자유를 제약할 수는 없다. 현 국보법에는 국민의 인권침해 조문이 들어 있지 않을 뿐만 아니라 인터넷으로 연결되어 있는 정보시대에는 불가능한 것이다. 단 하나, 북한만은 무법천지, 지상낙원이라는 데서 인권탄압이 자행되고 있지만 민변 등 시민단체들은 모르쇠로 일관하고 있다. 1991년 국보법은 개정을 통해 부당한 인권 탄압에 악용될 소지가 있는 조항들을 모두 삭제했다.

선진국일수록 국가보안법 같은 법은 없다는 주장

흔히 좌파들은 선진국들은 국가보안법과 같은 법률을 갖고 있지 않다고 선동하고 있다. 그래서 국가보안법은 후진국의 악법으로 당장 폐지되어야 한다는 것이다. 하지만 이 지구상 어느 나라도 국가 체제를 위협하거나 전복하려는 활동을 보고만 있는 나라는 하나도 없다. 더욱이 자국민을 해치거나 사회를 불안하게 만드는 불순분자를 처벌하는 법을 두고 있다. 미국, 독일, 영국, 캐나다 등 선진국은 형법이나 특별법의 형태로 국가의 존립과 체제 수호를 위한 안보 관련법을 보유하고 있다는 것은 상식이다.

미국의 국가보안법, 공산주의자 규제법, 캐나다의 국가기밀법, 독일의 결사법, 영국의 공공비밀보호법, 프랑스의 형법, 독일의 연방헌법수호법, 중국의 국가안전법, 일본의 파괴활동방지법 등이 우리나라의 국가보안법과 유사한 내용을 담고 있다. 이들 법은 냉전시대의 유산이라서 존재하는 게 아니라 테러가 국제화되고 심지어 사이버테러까지 일상화 되고 있는 상황에서 국가 제체를 지키고 자국민의 생명과 자산을 보호하는데 꼭 필요하기 때문에 존속시키는 것이다.

〈주요 국가의 안보관련 법률〉

국가	해당 법률	주요 내용
미국	국가보안법 National Security Act of 1950	국방정보 수집, 취득, 전달, 분실. 외국정부에 전달 행위 처벌
	미연방법 U.S Code	간첩, 검열, 선동, 전복 행위 처벌 및 찬양 고무죄 및 불고지죄 유사 조항 존재
캐나다	국가기밀법 Official Secrets Act	간첩죄, 비밀누설죄, 간첩에 대한 불고지죄, 기도 선동죄 등을 규정
영국	공공비밀보호법 Official Secrets Act 1989	간첩죄 및 간첩에 대한 은닉죄 및 불고지죄를 처벌하고 외국을 위한 간첩 행위도 처벌
독일	형법 Strafgesetz	내란, 배반 등 중요 범죄의 불고지에 대해 광범위 처벌. 찬양 고무죄 및 불고지와 유사한 처벌조항 보유
	공무원법 Beamtengesetz	불법 극우, 극좌, 적대 세력 공무원 임용 금지
	연방헌법수호법 Bundesverfassunggesetz	헌법보호청의 감시업무 규정
	결사법 Vereinsgesetz	단체 목적 및 활동이 헌법, 형법, 국제질서 등에 위배될 경우 해산 명령 및 재산압류 가능
일본	파괴활동방지법	내란, 외환죄를 교사, 선동하거나 관련 문서를 인쇄 배포 게시하는 행위 처벌
중국	국가안전법	형법상 국가안전위해죄를 세밀화하여 특별법으로 제정. 불고지죄와 유사 규정 보유

헌법의 최후 보루로 불리는 헌법재판소는 국가보안법 중 대표적 독소 조항이란 지적을 받고 있는 '제7조 1항(반국가단체 찬양 고무죄)과 5항 (이적표현물 제작 소지죄)'에 대해 재판관 9명 전원일치로 합헌 결정을 내렸다.

〈민변〉, 〈전교조〉 등 국가보안법 폐지를 주장하는 세력들은 선언문에서 법정에서 김일성 수령님 만세를 부른 왕재산 추종자마저 미화시키고 있다. 〈민변〉 선언문의 왕재산 부분을 보자.

> 이른바 '왕재산' 사건은 과거 합법적으로 정부로부터 승인을 받아 진행한 북 인사와의 접촉과 사업을 문제 삼고 있다. 정상적인 절차를 밟아 허가를 밟고 이루어진 방북과 사업이 어느새 북에 포섭되고 지령을 받아 간첩 행위를 한 것으로 국정원에 의해서 둔갑되었다.
>
> 왕재산 사건은 지금도 계속 확대되고 있다. 국정원의 의도는 단지 왕재산 사건의 실체를 밝히는데 있지 않고, 진보운동 진영의 활동을 위축하고 선거 시기에 활용하려는 데 있음이 명백해지고 있다.

우리 헌법 제3조(영토 조항)에는 북한 지역을 평화적 자유통일(헌법 제4조의 '자유민주적 기본질서에 입각한 평화적 통일' 원칙)에 따라 수복收復해야 할 대한민국의 영토임을 명시해 놓고 있다. 대한민국 헌법상 북한은 반 국가단체임에도 영토 조항 개정을 요구한 것이다.

2009년 4월 1일, 민노당 자주평화통일위원회가 주최한 토론회에서는 '북한이 발사하려는 것은 미사일이 아닌 인공위성'이라며 '인공위성 발사는 북한 자체로 큰 내적 의미를 가지고 있다'고 두둔했다. 이것은 북한의 미사일 발사를 미화하고 찬양한 발언이었다. 호전적인 북한 독재집단의 이 미사일이 언제 우리 가족을 향해서 날아올지 아무도 모르는 데 말이다.

〈16년간의 의혹, KAL폭파범 김현희의 진실〉

● 최진용 책임 프로듀서 : '김현희는 가짜다.' 지난 11일 200명이 넘는 천주교 신도들이 내놓은 주장입니다. 1987년 대한항공 858기 폭파사건의 범인 김현희가 북한 공작원이 아닐 수도 있다는 이야기입니다. 그들은 또한 이 사건이 당시 국가안전기획부의 조작일 수 있다는 가능성도 제기하고 나섰습니다. 물론 국정

원 측은 가당찮은 추측이라고 펄쩍 뜁니다마는 사건 발생 후 16년이 지나도 풀리지 않는 의혹들, 조준묵, 이동희 PD가 짚어봤습니다.

○ 내레이션 : (KAL 858기 진상규명 촉구 기자회견 장면, 2003년 11월 11일) 용의자 스스로 범행을 시인했던 이 사건. 그러나 의혹은 가라앉지 않았습니다. 급기야 천주교 신부 202명이 포함된 진상규명대책위원회가 '김현희는 가짜' 라는 선언을 하기에 이르렀습니다.

● 전종훈 신부(천주교인권위원회) : 아무것도 없는데 그저 김현희의 증거, 김현희가 한 말 있잖아요. 뭐 '김정일의 친필서명을 받고 지령을 받아서 폭파시켰다.' 이거만 듣고 '폭파당했다, 비행기가 없어졌다.' 어떻게 믿느냐 말입니다.

○ 심재환 변호사(KAL 858기 진상규명대책위원회) : 김현희는 완전히 가짜다. 그렇게 딱 정리를 합니다. 이건 어디서 데려왔는지 모르지만 절대로 북한 공작원, 북한에서 파견한 공작원이 아니라고 우리는 단정을 짓습니다.

○ 심재환 변호사(KAL858기 진상규명대책위원회) : 그 수사결과 자체의 본질, 핵심, 근본을 흔드는 정도의 오류라는 겁니다. 처음부터 끝까지 잘못되어 있으니까.

노무현 정권에서 '김현희는 가짜' 라는 대열에 SBS와 KBS도 동참하였다. 2004년 5월 22일, KBS는 〈스페셜 KAL858의 미스터리. 폭파 진실은 무엇인가〉(책임프로듀서 이상요, 프로듀서 류지열) 1, 2편을 연달아 방송했다. 여기서 김현희의 진술과 약 20일 간의 진상 조사만으로 수많은 의혹이 덮여져버렸고, 그 이후 17년 동안 침묵만이 계속되고 있다는 것이다.

○ 내레이션 : 김현희와 김승일의 좌석은 7B, 7D였고 김현희는 좌석 위 선반에 폭탄을 올려두었다고 진술했다. 사고기는 전체 길이 44m로 비교적 작은 비행기였다. 두 사람의 좌석은 일반석 두 번째로 비행기 날개 근처였다. 사고기에는 8개의 구명보트가 있었고 발견된 구명보트는 앞에서 두 번째 위치였다. 구명보트는 기체 중앙에 있었고 폭탄은 구명보트의 왼쪽 약간 아래쪽에 놓았다고 했다. 두 물체 사이의 거리는 불과 7~8미터였다. 앞에서 확인된 C4 컴포지션의 위력이라면 구명보트 6046373번은 흔적도 없이 사라져야 한다. 미국 연방항공국의 폭파실험도 이를 뒷받침하고 있다.

그러나 폭탄 파편이나 불길이 구명보트를 비켜가서 구명보트가 손상을 입지 않을 수도 있다. 그럼에도 취재진에게 의문이 더해진 것은 구명보트 안에 있는 수동펌프였다. 구명보트는 그렇게 파손되지 않았으나 그 속에 있던 수동펌프는 파괴된 것을 어떻게 설명할 수 있을까. 이것이 KAL858기에 탑재된 구명보트와 동일한 것이다. 내장품들은 보트 중앙에 들어 있다. 구명보트 외부 손상은 적은 데 내부에 있던 수동펌프는 파괴된 것이다. 국립과학수사연구소는 구명보트에 날카로운 물체에 찢긴 흔적이 있다고 밝혔다.

- 국과수 관계자(당시 잔해 감정) : 예리한 물체에 찢겼다는 것은 그때 언급을 못했을 거야, 아마. 굳이 지금 와서 생각해보면 조각들, 비행기 동체 날카로운 부분에 걸린 게 아닌가 싶어요.
- 현준희(KAL858기 가족회 간사) : 수동펌프가 폭탄의 파편에 의해서 부서졌다고 하더라도 그 파편이 그 구명보트 안에 있는지, 아니면 이것이 다시 밖으로 튕겨져 나갔다고 하는 경우 구명보트가 여러 겹으로 둘둘 말아져 있기 때문에 수십 군데에 구멍이 나 있어야 됩니다. 과연 그 구명보트 안에 몇 개나 구멍이 나 있는지 한번 확인하고 싶습니다.
- ○ 내레이션 : 구명보트는 펼쳐지지 않은 상태로 보관된다. 전문가들은 보통 파편이 구명보트를 뚫고 들어갔으면 보트 내부에 파편이 있거나, 펌프를 부수고 다시 밖으로 나갔다면 말린 상태의 구명보트는 수십 군데 찢겨져 있어야 한다고 했다. 결국 KAL858기가 폭파됐다는 증거로 제시된 구명보트는 더욱더 전문가의 정밀한 조사를 해야 하는 숙제를 남기고 있다. 김현희는 라디오 폭탄으로 KAL858기를 폭파했다고 자백했다. 그러나 2년 4개월 후에 발견된 기체 잔해에서 국립과학수사연구소는 폭파 흔적이 발견되지 않았다고 감정했다. 이 또한 더욱더 정밀한 조사를 해야 하는 숙제를 남기고 있다.

스페셜은 제2편에서는 김현희와 공범 김승일의 폭파 사건 후 행적이 조작되었다는 것을 입증하는 데 주력하였다. 폭파범으로 지목된 김현희의 생존 과정이 미스터리라는 것이다. 자료 화면에서 김현희는 공작 장비인 액화 청산가리의 실체를 증언을 통해 밝힌다. 김현희가 청산가리를 먹었다면 즉사해야 했는데도 죽지 않고 3일 만에 깨어났다는 것이다.

○ 내레이션 : 폭파범으로 지목된 생존자 김현희는 김정일의 지령을 받고 이 비행기를 폭파했다고 주장했다. 공범으로 지목된 또 한 사람, 김승일은 영원한 침묵의 세계로 갔다. 왜 대법원 판결까지 난 KAL858기 폭파 사건이 17년이 지난 지금까지도 끊임없는 의혹을 낳고 있는가. 김현희와 김승일은 과연 폭파범인가.
● (자료화면) 김현희 : 이 독약 앰플은 청산가리를 액화해서 아주 작은 유리 앰플에 넣은 것으로서 그 끝만 조금만 깨도 금방 그 자리에서 즉사하도록 완벽하게 만들어진 공작 장비입니다.
○ 내레이션 : 깨물기만 해도 즉사할 수 있는 독극물, 그러나 김현희는 살아났다.
● (자료화면) 김현희 : 그러나 어찌된 일인지 저만이 3일 동안의 인사불성 끝에 병원에서 깨어나 되살아났습니다.

KBS 스페셜 취재팀은 사건 현장인 바레인으로 찾아가 당시 김현희를 치료했던 의사를 만났다. 김현희를 치료했던 의사 〈압풀라힘 압둘라〉는 "그녀는 모든 게 정상이었고 아픈 데는 전혀 없었습니다"면서 통제할 수가 없었다고 진술해 주었다. 심지어 KBS는 김현희가 점프를 했다거나 물어뜯으려 했으며 발차기를 했다는 의사의 말을 들어 가짜라는 것을 입증하려고 몸이 달아 있었다.

○ 내레이션 : 음독사건 이틀 후에 신문기사는 극약인 청산가리를 마시고도 커피와 음식을 먹고 있는 김현희의 모습을 보여주고 있다. 12월 1일 공항으로 가서 김현희를 직접 응급 처치했던 알바니아 병원 의사를 만났다.
● 압풀라힘 압둘라 (김현희 치료의사) : 그녀는 모든 게 정상이었고 아픈 데는 전혀 없었습니다. 이 여자를 통제하는 일은 매우 어려웠습니다. 마치 무술을 배운 것처럼 발차기를 대단히 잘했습니다. 그녀를 꼼짝 못하게 하기 위해 달려들어 양손과 양다리를 묶을 수밖에 없었습니다. 그 상태에서도 그녀는 움직이고 점프를 시도했습니다. 손을 물어뜯으려고 했습니다. 침대차에 태우기도 어려웠고 공항에서 병원까지 이송되는 동안 단단히 붙잡혀 있음에도 불구하고 일어나려고 계속 시도했습니다.

KBS 스페셜은 김형태 변호사의 인터뷰로 방송을 마치는데, 사실 김 변호사는 법리적인 측면에서 말할 수밖에 없었을 것이다. 김 변호사의 인터뷰 내용을 보면 지극히 상식적인 것으로 누구나 할 수 있는 정도의 지적이다.

김 변호사는 진상을 공개하는 것이 바람직하다는 것이었을 뿐이지 이 프로그램이 추구하는 목표를 달성하는데 어떤 결정타는 되지 않았다. 그렇다면 굳이 이런 인터뷰를 넣을 필요가 있었나 하는 생각이 들었다.

이 프로그램은 마지막 내레이션에서 "김현희의 실체는 밝혀졌다"고 강조하고 있다. 이것은 그동안 정부가 조사한 것을 전면 부정하는 데서 나온 것이었다. 그런데 마지막 멘트는 "이제 진상은 밝혀져야 한다"는 것이었다. 이것은 정부의 조사 결과를 믿을 수 없다는 말이나 다름없는 것이었다.

- 김형태 변호사 (법무법인 덕수) : 수백 명이 죽었는데 그럼 이건 파장이 엄청난 거거든요. 더군다나 북한과 관련되어 있다고 한다면. 그렇다면 그게 이렇게 비공개로 묻혀 가지고, 본인이 죽였다는 말 정도 있고, 그런 상태로 사회에서 이렇게 묻혀 있다고 한다면, 이건 상식적으로 도저히 납득이 안 가는 그런 사건이고요. 정확하게 정말 진상을 공개해서 유족들도 그렇게 국민들이 다 납득할 수 있도록 그런 진상이 나온다고 한다면 북한도 철저하게 사죄해야 되고, 정부 차원이 아니라 민족 앞에 사죄해야 될 그런 부분이고. 그렇다고 보면 그 진실이라고 주장하는 쪽은 자기들을 위해서라도 꼭 공개해야, 햇볕에 꺼내 가지고 양지에서 말려서 보여줘야 되지 않나, 그런 생각이 들어요.
- 내레이션 : 과연 KAL858기는 폭파되었는가. 김현희와 김승일은 누구인가. 김현희의 진술로 실체는 밝혀졌나.

이처럼 국영방송인 KBS는 물론 공영방송 MBC, 상업방송 SBS는 대한민국을 테러국가로 만들어 국격國格에 흠집을 내고 정작 테러를 감행한 북한의 독재집단에게는 면죄부를 주었다. 아마 지구상에서 자기 조국을 테러국가로 만들고 정작 테러집단에게는 면죄부를 주는 방송은 없을 것이다.

이처럼 방송 3사가 동일한 내용으로 6개월에 걸쳐 네 차례나 내보낸 것은 당시 정권의 개입 없이는 결코 불가능한 것이다. 이제는 대한민국을 테러국가로 몰아가고 북한을 테러국가에서 면제시켜준 자들에게는 응분의 책임을 물어야 할 것이다.

서동구 내정 파문과 좌파이념 전도사 정연주 등장

노무현 정권이 출범한 직후인 2003년 3월 초 박권상 사장이 임기 전 사퇴하자 KBS에는 서동구 씨의 사장 내정설이 파다했다. 박 사장의 조기 사퇴는 정권과의 모종의 거래로 인한 것이며, 박 사장 측근들에 대한 안위보장과 노조 간부 출신의 부사장 선임을 조건으로 노조가 서동구 씨를 사장으로 받아들이기로 했다는 것이었다.

    KBS 사장 선임이 임박했다. 오늘 이 자리에 모인 전국 언론노동조합 KBS본부 대의원 일동은 KBS 이사회가 현 시기의 엄중함을 직시하고 최선의 결과를 도출해 줄 것을 요구한다. (중략)
    특히 우려할만한 점은 박 사장의 사의 표명이 있기 전부터 내정설이 흘러나왔던 인사가 아직도 유력한 사장후보로 거론되고 있다는 것이다. 선거과정에서 대통령의 당선을 위해 뛰었던 인사가 공영방송의 정치적 중립성을 논할 자격이 없다는 것은 분명하다.
    덧붙여 최근에는 해당 인사가 현직 언론인으로 재직시 세간을 떠들썩하게 했던 압구정동 현대 아파트 특혜분양 사건에 연루되었다는 사실마저 밝혀졌다. 이쯤 되면 본인 자신이 먼저 주위에서 추천하는 사람들을 만류하고 겸양지덕을 발휘하는 것이 정도라고 본다. 또한 행여 그가 추천대상에 올랐다 하더라도 이사회는 이 문제에 대해서 명확한 입장을 표명할 필요가 있다. 정치적 중립성과 도덕성에서 치명적인 결함을 가진 인사가 사장 후보로 추천된다는 것 자체가 KBS 구성원들로서는 받아들일 수 없는 모욕이기 때문이다.

3월 20일, KBS 노조는 투명한 선임을 천명하는 원론적인 성명 발표 이외에 별다른 움직임이 없었다. 그러자 PD들이 긴급총회를 소집해 '이사회는 정권의 의중에 따라 제청권을 행사해서는 안 되며, 절차적 투명성과 함께 내용면에서도 정당성을 확보해야 한다'고 "전국언론노조 KBS본부 대의원 일동" 이름의 성명을 낸 것이다.

이 자리에서 KBS 초대 노조위원장 출신 고희일 부장은 "80년대 후반 노조가 처음 결성되고 공정방송 투쟁을 벌일 때는 21세기에는 사장 선임이 투명해질 것이라고 믿었는데 10여 년이 훨씬 지난 지금도 그때와 달라진 게 하나도 없다"면서 개탄했다고 한다.

이 무렵 노 대통령이 비공개 석상에서 "KBS 사장은 이미 마음에 결정해두었다"는 발언이 나돌자 노조와 300여 개 시민단체는 기자회견과 성명 발표 등으로 투명한 사장 선임을 촉구하고 나섰다.

3월 25일, 아니나 다를까 소문대로 서동구 씨가 KBS 사장으로 임명되었다. 노조는 다음날부터 서동구 사장 출근저지 투쟁에 들어갔다.

서동구 씨를 사장으로 임명, 발표하기 이틀 전 지명관 이사장은 김영삼 노조위원장과 통화에서 "참담한 심정이며 현재 이사장직 사퇴까지 고려하고 있다. 노조가 투쟁을 통해 인사를 막으라"며 안타까운 심정을 토로했다는 것이다. 그 전날에도 지 이사장은 "미안하다. 나도 어쩔 수 없다, 이미 늦은 것이 아니냐"며 청와대의 강한 압력이 있었다는 것을 암시했다.

그 무렵 유인태 청와대 정무수석은 언론인과의 사석에서 "노무현 대통령이 서동구 씨에게 KBS 사장을 맡으라고 네 번이나 요청했다"고 폭탄발언을 했다. 하지만 이것은 비 보도를 전제로 한 말이어서 조용히 넘어갔다.

　서동구 사장은 임명 9일째가 되는 4월 4일 자진 사퇴하면서 KBS 사장 선임 파동은 곧바로 진정되었다.

　그런데 서동구 씨가 물러나자 이번에는 한겨레신문 논설주간인 정연주 씨가 KBS 사장으로 들어온 것이다. 정연주 씨는 동아투위 출신의 해직 언론인으로 한겨레신문 재직 시절부터 '조·중·동'을 '조폭언론'이라고 비판하면서 칼럼을 통해 언론개혁에 대한 소신을 강하게 밝힌 인물이었다.

　당시 한나라당 언론대책위는 '정연주 씨는 방송에 대한 비전문성, 친북 편향성, 편향된 언론관, 도덕성 등에서 문제가 있는 사람'으로 자질이 부족한 인사라면서 반발했다.

　정 씨는 1994년 김일성 사망 이후 선별 방북취재 논란이 일었을 때 유일하게 북한을 방문해서 취재를 했으며 '김일성 사망'을 '김일성 서거'로 표현하는 등 친북 편향성이 강한 인물이었다. 그는 자신이 11년 동안 워싱턴 특파원으로 있으면서 '친북 언론인', '공화국 대변인' 등의 호칭이 붙었다면서 이러한 호칭은 우리 외무부가 붙여준 별명이었다고 자랑하기도 했다.

　이를 신호탄으로 노무현 정권 초기 언론사와 언론 유관기관에는 해직 기자 출신들이 대거 입성하게 되었다.

　우선 노조위원장 출신으로는 조영동 국정홍보처장과 안동수 KBS 부사장이 대표적인 사례이다.

　조영동 국정홍보처장은 1987년부터 89년까지 3년 동안 부산일보 노조위원장을 지냈고 88년 7월에는 편집권 독립 문제를 놓고 언론사 최초의 파업을 밀어붙여 편집국장 3인 추천제를 쟁취한 인물이다.

　안동수 KBS 부사장 역시 노조위원장 출신으로 90년 당시 초대 노조위원장으로 서기원 사장 임명을 둘러싸고 일어났던 'KBS 4월 민주화투쟁'을 이끌었다.

안 부사장은 당시 업무방해 혐의로 구속 기소되어 해고되었다가 93년에 복직했다.

김대중 정부 시절부터 언론계 인사로 중용된 이들은 1970~80년대 해직 언론인들이다. 연합뉴스 김종철 전 사장과 김근 전 사장도 각각 동아투위와 1980년 해직언론인 출신이다. 김학천 EBS 사장 역시 동아투위 출신으로 건국대 신문방송학과 교수를 지냈다.

노 정권 들어 해직 언론인들의 주가는 한층 더 높아지게 된다. 대통령직인수위원회가 장관 등에 대한 인터넷 추천을 받을 때부터 해직언론인들의 이름이 언론과 문화 분야에 대거 오르내리게 된다.

서동구 KBS 전 사장과 김근 한국방송공사 사장, 표완수 YTN 사장역시 1980년 해직언론인 출신이다. 서 사장과 표 사장은 80년 경향신문에서 강제 해직되었으며, 김 사장은 같은 해 동아방송에서 해직되었다. 박정삼 국가정보원 제2차장도 1980년 한국일보에서 해직당한 경력이 있었다. 성유보 방송위원도 동아투위를 대표하는 해직 언론인 출신이다. 성 위원은 민주언론운동협의회 창간 주역으로 한겨레신문 초대 편집위원장을 지냈고 동아투위 위원장, 〈언개련〉 공동대표, 〈민언련〉 이사장 등을 역임한 시민언론운동가 출신이다. 미국식 DTV송출방식 반대투쟁에 앞장서기도 했다.

이때 언론 관련 시민단체 대표들과 언론노조 출신들이 대거 제도권에 진입한 것이 노 정권의 언론정책과 좌파 시민단체들과의 연대에 직접적인 영향을 미쳤다.

17년 전의 정신으로… 노조위원장 출신 사장

2004년 11월 23일, 이긍희 사장의 잔여 임기도 석 달 남짓이었을 때 보도국 사내 게시판에는 보도국 노조 전임자 11인의 이름으로 〈17년 전의 정신으로〉라는 다소 모호한 성명이 하나 올랐다. 여기서 '17년 전'이란 MBC노조가 태동한 1987년을 말하는 것이었다. "보도국 노조 전임자 11인"은 80년대 민주화 투쟁에 앞장섰던 기자들이었다. 이들은 자칭 독재 치하에서 너나 할 것 없이 숨죽이고 있던 보도국에서 기자라는 십자가를 마다하지 않고 앞장섰던 사람들이었다. 이들은 자기들이 주도했던 방송 민주화의 성과는 항시 그렇듯 뒤에서 숨죽이고 있던 자들이나 아예 뒷짐 지고 구경하던 자들의 몫이 되어버렸다고 단언했다.

이들은 성명에서 MBC가 보수화로 회귀시키는데 반대하면서 방송을 시장 논리에 던져버린 무개념의 경영층을 비판했다. 더욱이 MBC뉴스를 보수화로 끌고 가는 보도본부장에 대한 비난이 컸다. 그러면 이 시기에 보도국 기자들이 뉴스의 보수회귀와 시장논리에 따라가는 경영진을 비판하는 성명을 왜 내었는지 그 속내를 살펴보기로 한다.

당시는 노 정권 2년차 말기로 이긍희 사장이었다. 1996년 강성구 사장(보도국), 97년 이득렬 사장(보도국), 98년 노성대 사장(보도국) 등 기자 중심으로 MBC 사장의 계보가 이어지고 있었다. 그러다 2001년에 한겨레신문 사장이자 참여연대 출신의 김중배 사장이 낙하산으로 내려왔다. 이때 MBC노조는 방송에 있어서 왕초보라고 할 수 있는 김중배 사장에 대해서 일언반구—言半句 이의를 제기하지 않았다. 그런데 노 정권이 바뀌자마자 김중배 사장은 온다간다 말 한 마디 없이 짐을 싸갖고 나가버렸다. 그 후임으로 시사교양국 PD출신의 이긍희 사장이 들어왔다. 당시 엄기영 앵커가 이긍희 사장과 경쟁을 벌였지만 투표에서 밀렸다. 이긍희 사장은 전임 김중배 사장의 잔여임기를 채우면 끝이었다. 그는 당연히 연임에 욕심을 낼 수밖에 없었다. 이때 〈17년 전의 정신으로〉라는 괴문서가 나돈 것이다.

이 성명은 이긍희 사장의 연임을 저지하려는 목적에서 나온 것이었다. 이건 하극상下剋上을 노출한 것이다. 감히 이 성명은 현직 사장과 보도본부장을 밀어내려는 불순한 시도였다. 한동안 MBC는 이에 대한 사측의 대응을 살펴보면서 술렁거렸다.

이들은 성명에서 MBC의 위상 추락의 원인을 사원들의 책임의식 결여와 그에 따른 부문별·장르별 경쟁력 저하, 그리고 경영진의 무능과 전망 부재, 통합·조정능력의 상실이 가장 큰 이유라고 하였다. 이 내용은 사장에 대한 전면전을 선포한 것이어서 경영진은 상당히 당황하였다.

이들은 또 MBC뉴스는 시대 역행적인 보수화와 냉전 지향적이고 반개혁적인 기득권 옹호의 편향성을 보이고 있다면서 민주 지향적 개혁성을 홀대하고 있다고 썼다. 시대가 바뀌고, 시청자들이 변하고, 정치상황이 달라졌는데도 MBC뉴스는 과거에 머물러 있다는 것이다. 이들은 더욱이 상명하달식 작위적 보도가 난무한다고 개탄하였다. MBC뉴스가 이렇게 된 것을 보도책임자들의 철학부재로 돌려버렸다. 민주화와 개혁에 대한 확고한 신념 없이 항상 아랫목과 양지만을 지향해 온 인사들이 보도의 방향과 인사를 좌지우지한 결과라는 것이다.

이들은 MBC뉴스를 살리는 대안으로 1987년 방송민주화 추진위원회 활동과 노조 창립 당시의 정신으로 되돌아가자고 호소하였다. 이에 대해 처음에는 단호하게 대응할 것 같았던 경영진은 노조 눈치 보기에 바빴다. 이 와중에 2005년 벽두에 차기 사장 후보로 보도국 이 모 기자가 나설 것이라는 루머가 돌았다.

이쯤에서 눈치 빠른 사원들은 차기 사장에 노조 집행부 출신 기자가 될 것으로 알아들었다. 아니나 다를까 2월 중순, 사장 공모가 시작되자 최문순 차장이 사표를 내고 사장에 출마하였다. 결국 〈17년 전의 정신으로〉는 이긍희 사장의 연임을 막고 보도국 출신의 진보성향의 노조집행부 출신을 사장으로 세우려는 치밀한 시나리오의 일부였다는 것이 밝혀지게 되었다.

〈17년 전의 정신으로…〉 (전문)

　　다음달 2일이면 문화방송이 창사 43주년을, 8일이면 문화방송 노동조합이 창립 17돌을 맞습니다. 그동안 문화방송은 눈부신 성장과 안정을 이룩했습니다. 모질고 험했던 군사독재 시절의 가위눌림과 민주화 과정에서의 괴로움과 쓰라림을 떠올리면 이 만큼의 성장과 안정이 다행스럽게 여겨지기도 합니다.

　　하지만 우리의 목표가 이 정도 현실에 안주하는 게 아니라는 점에서 안타까운 심정 또한 금할 수 없습니다. 더욱이 우리의 소임이 나라의 공영방송으로서, 그리고 최고 언론사로서 위상을 굳건히 하고 나아가 21세기 방송문화를 선도하는 데 있음을 상기하면 자괴심마저 듭니다.

　　작금의 우리 현실을 되돌아봅시다. 방송민주화 투쟁과정에서 우리보다 어려운 동지로 보고 동조파업까지 하며 지원했던 KBS는 그 영향력이나 공영성, 개혁성에서 우리를 한참 앞질러 가고 있습니다.

　　게다가 경쟁상대로도 생각하지 않았던 후발 민영 상업방송사가 우리의 도덕적 자존심을 건드리며 도전하고 있습니다. 이와 같은 추세라면 이미 우리 곁을 떠나기 시작한 냉정한 시청자들의 이탈은 계속될 전망이고, 우리의 위상이 시중 방송사의 하나로 전락하는 것도 시간문제가 되었습니다.

　　사정이 이러한데도 어느 누구도 문제의 심각성을 말하려 하지 않습니다. 모두 다 '좋은 게 좋다'는 가족주의적이고 온정주의적 풍토에 매몰돼 있습니다. 당장의 평온을 깨뜨리기가 성가시고 불필요한 오해의 시선이 두렵기 때문이기도 합니다. 그러나 그래서는 안 됩니다.

　　누군가는 말해야 합니다. 침묵의 시간이 길어지면 길어질수록 우리의 위상추락 또한 가속화될 터이기 때문입니다.

　　이런 이유 때문에 보도국 기자로서 노동조합 전임자였던 우리는 망설이고 망설인 끝에, 그리고 참으로 조심스럽게 이야기를 꺼냅니다.

우리 회사의 위상추락의 원인이야 보는 눈에 따라 여러 가지일 것입니다. 그러나 무엇보다 사원들의 책임의식 결여와 그에 따른 부문별·장르별 경쟁력 저하, 그리고 경영진의 무능과 전망 부재, 통합·조정능력의 상실이 가장 큰 이유라는 데는 크게 이견이 없습니다.

우리는 이 가운데서도 MBC 뉴스와 관련해 보도부문의 문제만을 제한적으로 언급하고자 합니다.

주지하다시피 MBC뉴스는 시대역행적인 보수화와. 냉전지향적이고 반개혁적인 기득권 옹호의 편향성을 노정露呈하고 있습니다. 미미하나마 군사독재시절에도 추구하고 보여주었던, 그래서 MBC뉴스의 정체성으로 인식되었던 민주지향적 개혁성을 홀대한 지 오랩니다.

그러다 보니 시대가 바뀌고, 시청자들이 변하고, 정치상황이 달라졌는데도 우리 뉴스는 과거에 머물러 있습니다. 그리고 상명하달식식 작위적 보도가 난무합니다. 기자들은 일등의식을 잃어가고 있습니다. 당연히 사회적 영향력 또한 현격히 떨어졌습니다. 이런 차제에 국가적이고 사회적인 의제설정 기능을 기대하기는 난망難望합니다.

왜 이 같은 일이 일어나게 되었습니까.

가장 큰 원인은 보도책임자들의 철학부재입니다. 민주화와 개혁에 대한 확고한 신념 없이 항상 아랫목과 양지만을 지향해 온 인사들이 보도의 방향과 인사를 좌지우지한 결과에 다름 아닙니다. 그 결과 편집회의에서의 내부 비판은 물론 최소한의 토론도 발붙일 자리가 없어졌습니다. 아래로부터 추동推動되는 청신한 기풍을 기대하는 것은 더더욱 무리입니다.

우리는 이같은 현실과 원인을 정확히 바라보고 겸허히 반성해야 합니다. 그리하여 억압받지 않는 양심과 토론을 통한 균형, 조직 내부에서의 언론자유를 통한 민주화라는 언론의 보편적 가치를 먼저 실현해야 합니다.

그러기 위해 우리는 지난 87년 방송민주화 추진위원회 활동과 노동조합 창립 당시의 정신으로 되돌아 갈 것을 제안합니다. 그리고 우리의 제안이 MBC뉴스의 부활을 위해 가감 없이 받아들여지기를 진심으로 바랍니다.

2004년 11월 23일
81년부터 87년 사이 입사한 보도부문 노동조합 전임자 11인 일동

MBC의 경우 사장 인사에서 친노성향 인사를 뽑는 깜짝쇼가 연출되었다. 이제부터 1995년 MBC노조 위원장 출신으로 1996년 방송 파업을 주도하고 2000년 산별노조로 전환한 언론노조 초대 위원장이 공영방송 MBC 사장이 되기까지의 배경을 더듬어보기로 하자.

최문순 씨는 1984년 MBC에 기자로 입사해 사회부, 기동취재부를 거쳐 인터넷뉴스센터, 취재에디터, 인터넷뉴스부장, 보도제작2CP(시사매거진 2580) 등의 자리에 있었다. 그는 1995년 노조위원장이 되어 이듬해 MBC 파업 사태를 주도하다가 해직되었지만 곧 복직하여 〈언노련〉 위원장이 되었다.

방송사 최고 책임자 자리를 경영 경험이 전혀 없는 노동운동가 출신이 차지한 것은 가히 혁명이었다. 하루아침에 5단계를 단숨에 뛰어 올라 사장자리를 차지했다.

당시 50대 이상 간부들 사이에서는 파격적인 인사에 대해 당황하고 있었으며 한 부국장급 간부는 '워낙 강성으로 알려진 인물'이 사장 자리에 오게 되어 '개혁의 정도를 가늠할 수 없는 상황'이라며 걱정했다고 한다.

그는 취임하자마자 예측대로 노조 출신 간부들을 중요 보직에 전진 배치하는 등 널뛰기식 인사를 단행하기 시작했다.

국장급 발탁 인사에서 개혁의지가 강하게 드러났다. 대표적인 사례로 예능국 김영희 차장을 부장 대우로 승진시킨 뒤 10여일 만에 예능국장으로 발령을 냈으며, 아나운서국장에는 〈100분 토론〉과 라디오 〈손석희의 시선집중〉을 진행하고 있던 손석희 씨를 발령냈다.

또 해병대, 고려대, 호남 출신의 보기 드문 3박자를 갖춘 정일윤 씨를 보도국장으로 발령냈고, 최진용 시사교양국장, 정길화 홍보심의국장, 정찬형 라디오본부장 등 상당수가 노조 집행부나 PD협회 회장을 거친

친노성향의 인물들을 발탁해서 자리를 맡겼다.

이 가운데 정길화 씨는 2001년 민화협(민족화해협력범국민협의회) 정책위원, 1998년 9월부터 1년간 언론개혁시민연대 공동대표를 지냈다. 1993년 노조 선전홍보부장, 2000년부터 4년 동안 〈이제는 말할 수 있다〉를 제작한 인물이다.

이어서 지방MBC 사장에 대해서도 대대적인 숙청 인사를 단행했다. 아직 임기가 남아 있는 사장들을 무차별 해임하고 친노성향이 강한 노조 집행부들을 그 자리에다가 심었다.

마산MBC의 경우 노조 수석부위원장 출신인 박진해 씨가 사장이 되었다. 이처럼 노조 출신의 국장들이 줄줄이 승진을 하자 MBC에서는 '코드인사'라는 비판의 소리가 나오고 심지어 노조에서조차 이런 인사가 '연공서열의 파괴와 과감한 발탁이 내부 갈등으로 이어질 수 있다'는 성명을 내었다.

이처럼 노조 출신 우대 인사를 보면서 많은 사원들이 출세를 담보 받으려고 노조활동에 적극적으로 가담하게 되는 계기를 만들었으며, 훗날 미디어법 반대, 김재철 사장 반대 등의 파업에 힘이 실리게 되었다.

이제는 노조 활동에 목숨을 걸지 않으면 MBC에서는 국물도 없다는 위기감이 작동하게 되었다. 이런 위기감에서 벗어나는 길은 오로지 노조 활동에 목을 거는 것뿐이었다.

이런 가운데 지방MBC 사장들은 마른하늘 날벼락 같은 교체에 대해 '특별한 문제와 하자가 없는 사장마저 보장된 임기를 개혁이라는 이름으로 자른다면 지방사 사장은 오로지 본사 사장을 향한 해바라기 형태를 강화할 뿐이다'고 반발했지만 무시되었다.

이처럼 한국에서 가장 영향력이 큰 2대 공중파 공영방송이 코드인사로 무장하고 대대적으로 이념 프로그램을 만들어 방송하면서 노 정권과 보조를 맞춰 나가게 되었다.

2005년 3월 MBC노조는 "사장이 취임사에서 밝힌 고강도 개혁을 주목하고 있다."면서 능청을 떨었다. 이미 짜고 치는 고스톱이라는 것은 삼척동자도 다 아는데도 말이다. 당시 김상훈 노조위원장은 오마이뉴스와 인터뷰에서 "MBC가 젊고 개혁적인 사장을 맞이한 것은 비록 방문진이 선택했지만 개혁을 열망하는 우리들이기 때문에 개혁의 코드를 가진 사장을 필연적으로 받아들인 것인지도 모른다"고 입을 맞추었다.

이때 MBC노조는 최 사장을 선임한 것이 "비록 방문진이 선택했지만…"이라는 단서를 달았다. 이건 새빨간 거짓말이었다. 김형태 방문진 이사는 2012년 5월, 한겨레신문 기고문에서 "아는 기자들이 찾아와서 노조위원장을 사장으로 밀어달라고 청탁하고 청와대에서 전화가 왔다"고 스스로 밝혔다.

MBC를 움직이는 실세는 방문진도 사장도 아니고 노조와 보도국이라는 것은 다 아는 사실이다. MBC를 노영勞營방송이라고 하는 것이나 MBC를 보도주식회사라고 하는 것은 다 일맥상통하는 말이다.

노 대통령, 앞으로 방송사에 전화 않을 것…

〈PD수첩〉이 황우석 교수의 줄기세포가 가짜라고 보도할 당시에 방문진 이사였던 김형태 변호사는 2012년 11월 23일 "한겨레신문 [토요판] 김형태 변호사의 비망록 〈24〉 황우석 교수 사건"에서 5월 13일에 이어 MBC 노조위원장이 사장이 된 배경을 털어놓았다.

〈김형태 전 방문진 이사의 한겨레신문 기고문 비교〉

2012년 5월 13일	2012년 11월 23일
2003년부터 3년간 문화방송 대주주인 방송문화진흥회 이사를 한 적이 있다. 본사와 지방, 계열사 사장들을 선임하는 힘 있는 자리였다. (중략) 노조에서 이사 추천을 했는데 나는 '당신들이 원하는 대로 하지 않을 자유를 주면 하겠노라'고 단서를 달았다. 이 말이 씨가 되었을까. 본사 사장을 뽑는데, 친하게 지내던 기자들이 찾아와서 전 노조위원장을 사장으로 밀어 달라고 했다. 그분은 좋은 분이고 나와 잘 아는 사이였다. 하지만 노조는 노조고 경영진은 경영진이니 노조위원장 출신이 사장이 되면 노사 모두에 안 좋을 것 같다며 다른 뜻을 밝혔다. 당연히 도와줄 걸로 알았던 이들에게는 아주 미안했다. 하지만 어쩌리. 나중에는 노무현 정부와 관계있는 사람들까지 나서서 나를 설득하려 했다. 어느 보수 언론은 내 성향을 근거로, 당연히 내가 노 정권의 사주를 받아 전임 노조위원장을 사장으로 추천하는 데 총대를 멘 양 잘못된 추측성 기사를 썼다. 반면에 조선일보 반대운동을 하던 이는 나를 찾아와 어찌 민진영을 배신하느냐며 가만두지 않겠다고 으르딱딱거렸다. 아, 이 골치 아픈 편 가르기여. 문화방송 노조의 배신자로 찍히다.	당시 나는 문화방송 대주주인 방송문화진흥회 이사직을 맡고 있었다. (중략) 어느 날 MBC 노조위원장이 찾아왔다. (중략) "변호사님, 방문진 이사 중 노조 추천 몫이 있는데 한번 맡아 주실랍니까?" 나는 노동조합이 시키는 대로 하지 않을 자유를 주면 한 번 해보겠노라 했다. "물론이죠." 시원스런 그의 답을 듣고 그 끗발 좋은 방문진 이사가 되었다. (중략) MBC 본사 사장을 새로 뽑는데 최문순 기자가 나섰다. 그는 전부터 나와 잘 아는 사이였고 사람 좋은 이였다. 전에 노조위원장도 지냈고. 그를 미는 주변 기자들이 나를 제일 먼저 찾아왔다. 내가 노조 추천 이사인데다가 최 기자나 노조 쪽 사람들과 아주 가까운 사이였으니 당연히 내가 최대 원군이 될 거라 여겼을 테고 나도 처음엔 그렇게 생각했다. 하지만 나 나름대로 곰곰 생각하니 노조위원장 출신이 사장이 되면 노조를 위해서나 회사를 위해서 안 좋을 거 같아 그들의 지원 요청을 어렵게 어렵게 거절했다. (중략) 그러자 어느 날 행정 부처 고위 관료가 보자고 했다. 개인 생각이라면서 "아니, 변호사님이 그러시면 됩니까." 나는 정부가 언론에 간섭하는 건 좀 아니라고 한마디 했다. (이하 생략)

김 변호사는 두 번의 비망록에서 '앞으로 방송사에 전화하는 일이 없도록 하겠다'는 노 대통령의 발언이 거짓이었다는 것을 밝혀주는 의미 있는 글을 남겼다.

나 나름대로 곰곰 생각하니 노조위원장 출신이 사장이 되면 노조를 위해서나 회사를 위해서 안 좋을 거 같아 그들의 지원 요청을 어렵게 어렵게 거절했다.

이런 발언은 5월의 그것과 일치하는 것이다. 노조가 최문순 씨를 사장으로 지지해 달라는 부탁을 하자 노조위원장 출신이 사장을 하는 것은 좋아 보이지 않는다면서 반대 의사를 밝혔다고 썼다.

어느 날 행정부처 고위 관료가 보자고 했다. 개인 생각이라면서 "아니, 변호사님이 그러시면 됩니까." 나는 정부가 언론에 간섭하는 건 좀 아니라고 한마디 했다.

김 변호사가 노조위원장을 사장으로 시키는 데 반대하자 행정부처 고위관료가 그를 사장으로 밀어달라고 청탁을 했다는 것이다. 그 후 노조위원장이 사장에 오른 배경은 상당 부분이 알려진 사실이었다. 김 변호사의 비망록으로 당시 그런 루머가 사실이었다는 것이 밝혀진 것이다.

이것으로 취임 초기 노 대통령은 "방송사에 전화하지 않겠다"는 발언이 거짓이었다는 것이 드러났다. 그러면 여기서 김 변호사에게 노조위원장을 사장으로 올리는 데 협조해 달라고 전화를 건 '행정부 고위관료'란 누구일까? 당시 방송 업무 주무부처를 대상으로 추론해보고자 한다. 아마 방송과 전혀 무관한 부서의 고위관료가 김 변호사에게 전화했을 가능성은 그리 높아 보이지 않는다.

노 정권에서는 방송정책을 담당하는 부서는 방송위원회였다. 그때 방송위원회 위원장은 1980년 광주 출신의 해직언론인이었던 노성대 전 MBC 사장이었다. 그는 김대중 정부에서 1999년 3월부터 2년 동안 사장을 지냈으며, 노 정권에서는 방송위원회 위원장을 맡았다. 노조위원장을 사장으로 올리는 데 협조를 요청한 고위관리라면 노성대 방송위원회 위원장일 수 있다.

그때 방송위원회에는 MBC기자를 거쳐 〈민언련〉 이사를 지낸 이효성 위원이 부위원장으로 있었다. 이처럼 제3기 방송위원회 역시 MBC와 〈민언련〉 출신이 이끌고 있었다. MBC와 〈민언련〉 그리고 〈민언련〉과 밀접한 관련이 있는 참여연대 등이 방송위원회의 핵심 세력으로 등장한 것이다. 2006년 7월 14일, 장관급 4대 방송위원장에는 MBC 대주주인 방송문화진흥회의 이사장에서 물러난 이상희 씨가 임명되었다.

이처럼 노 정권은 방송정책을 담당하는 부서의 고위직에 MBC 사장 → 방송위원회 위원장, 방문진 이사장 → 방송위원회 위원장, 노조위원장 → MBC사장 등으로 회전문 인사를 하면서 방송을 장악해 나갔다. 그리하여 노조가 주인인 노영방송 MBC를 노조위원장이 지배하여 좌경화시키는 데 지대한 역할을 하게 되었다.

이렇게 정치색을 노골적으로 드러내는 가운데 MBC 출신들 – 주로 기자들이지만 – 여러 명의 MBC맨들이 정치권으로 옮겨갔다.

내 편이 하면 정상, 반대편이 하면 낙하산

위장민주언론 세력들은 '내가 하면 합법이고 네가 하면 낙하산' 이라는 적반하장賊反荷杖의 논리를 줄기차게 펴왔다.

2012년 1월 30일, 〈언노련〉 MBC본부는 김재철 사장은 MB정부가 임명한 낙하산 사장이니까 물러가라면서 파업을 시작해서 170일 이상을 끌었다. 그 후 3월 6일에는 KBS본부노조도 역시 낙하산 운운하면서 파업에 들어갔다. KBS본부 노조는 역시 김인규 사장은 대선 캠프에서 언론특보를 지낸 인물이기 때문에 낙하산 사장이고 그러니까 물러나야 한다고 주장했다.

이명박 정권 들어서 툭하면 불법 파업을 자행한 방송노조는 낙하산 사장에서 결코 자유로울 수가 없는 조직이다. 이들 노조가 '실세 사장'을 영입하려고 작업을 했다는 음모가 YTN에서 불거져 나왔다. YTN측이 노조의 '로비일지'를 폭로하며 파업의 허구성을 정면으로 비판하고 나서면서 알려졌다.

2012년 4월 19일, 빅뉴스는 파업 중인 YTN노조가 노무현 정권 당시 '실세 사장'을 영입하려고 적극적으로 정치에 개입했다는 의혹을 제기했다고 보도했다. YTN측은 구체적 증거를 제시하며 노조 측의 해명을 재차 압박하고 나섰다. 여기서 YTN의 음모를 거론하는 것은 방송 3사와 YTN노조가 서로 긴밀하게 뭉쳐서 연대파업을 했기 때문이다.

YTN 사측은 공개 자료에서 노조가 '실세 사장'을 영입하려고 적극적으로 정치에 개입한 대표적 음모는 2003년 노 대통령 취임 직후와 2008년 이명박 대통령 취임 직후에 벌인 일련의 활동이었다. 이를 근거로 사측은 '낙하산 사장 퇴진'을 요구하는 노조의 파업은 명분이 없다고 반박했다. 즉, 노조가 노 정권에 이어 이명박 정권에서도 자신들의 입맛에 맞는 인물을 사장으로 앉히려고 정치활동을 벌여왔다는 것이다. 배석규 사장 퇴임 요구도 정권의 '낙하산 인물'이기 때문이 아니라 단지 현 사장이 노조의 입맛에 맞는 인물이 아니기 때문이었다는 것이다.

YTN측이 YTN노조 게시판에 올라온 글들을 노조의 정치 개입 증거자료로 제시한 것이다. 현 사장을 내쫓고 노조의 입맛에 맞는 사장을 만드는 과정이 드라마처럼 그려져 있다. 여기에는 청와대 실세가 깊숙이 관여한 것이 드러나 있다.

　　YTN노조는 정권 교체기 때마다 사장을 직접 영입하기 위해 나섰습니다. 한 번은 2003년 노무현 대통령 취임 직후이고 또 한 번은 2008년 이명박 대통령 취임 직후입니다.

　　[노조일지 부분 발췌 1]
　　2월 25일 노무현 대통령이 취임하면서 우리 회사 사장 문제도 수면위로 떠오르기 시작했다. 백인호 사장의 임기가 2년 이상이 남아 있지만 조합원들은 새로운 사장을 원하고 있었다. 조합원들은 새 정부에서 어차피 낙하산으로 사장 인선이 이루어지면 권력의 실세나 장관급 이상의 유력 인사가 사장으로 오길 원했다.

노 대통령 취임 1주일 만인 3월 4일, 노조 위원장이 대통령 측근을 만나 '실세 사장'을 보내달라고 요청하면서 임기가 남아 있는 사장 문제는 노조가 해결하겠다고 약속합니다.

[노조일지 부분 발췌 2]
조승호 공추위원장 등과 의논해 먼저 참여정부의 실세를 만나보기로 했다. 3월 3일 ○○사 노조위원장의 소개로 ○씨를 만났다. 세종문화회관 커피숍에 ○씨는 노 대통령이 쓴 책을 한 권 갖고 나왔다. YTN 노조는 지난해 60억 적자를 기록한 회사경영을 살릴 수 있는 사장을 원한다고 말했다. ○씨는 참여정부는 YTN을 위해 좋은 사장을 보내겠다고 응답했다. 임기가 남아 있는 현 사장은 어떻게 되느냐고 물었다. ○씨는 노조가 현 사장 문제를 해결해 주면 YTN에 좋은 사장이 갈 수 있도록 노력하겠다고 말했다.

이어 노조 위원장이 임기가 2년 이상 남아 있는 당시 사장을 찾아가서 사퇴를 종용하고 이에 따라 당시 사장이 사퇴하게 됩니다.

[노조일지 부분 발췌 3]
이튿날 3월 4일 사장실로 내려갔다. 백인호 사장은 위원장이 왜 왔는지 마치 아는 듯해 보였다. 정부가 바뀌었다 하더라도 경영을 잘했더라면 조합원들은 백 사장의 사퇴를 원하지 않았을 것이다. 노조는 백 사장이 30여 년의 언론인 생활을 명예롭게 마무리하길 원한다는 뜻을 밝혔다. 백 사장은 자신은 국민의정부 사람이라며 정부가 바뀌었으니 사장 자리에서 물러날 용의가 있음을 내비쳤다.

곧 이어 노조집행부는 자기들 입맛에 맞는 인사들을 사장 후보로 내세우기 위한 작업에 들어갑니다.

[노조일지 부분 발췌 4]
노조 전임자 2명과 기술인협회, 기자협회, 촬영 기자협회 대표 등 사원 대표가

사장 후보 추천과 관련해 모임을 가졌다. 우선 본인의 의사를 타진하기에 앞서 김중배, 성유보, 황규환 등 언론계 유력인사가 사원추천위를 통한 후임 사장 후보로 거론됐다. 또 백인호, 이동근, 표철수, 윤 모 씨 등 YTN 사장과 관련해 안팎에서 그동안 거론돼 온 분들은 사원들의 정서 등을 살펴봤을 때 적절하지 않다는 데 의견을 모았다.

어느 정도 사장 영입에 대한 자신을 얻은 노조위원장은 청와대 홍보수석을 접촉하려고 했지만 여의치 않자 청와대 홍보비서관을 직접 만나서 자신들이 추천한 후보 명단을 전달합니다.

[노조일지 부분 발췌 5]
홍보수석에게 전화를 했지만 통화가 안 됐다. 춘추관장에게 공식적으로 홍보수석의 면담 등을 요구했지만 아무런 응답이 없었다. 홍보수석 등이 사내 다른 루트를 통해 노조의 뜻을 알고 고의로 피하고 있다는 느낌을 받았다. 다행히 ㄱ선배의 주선으로 청와대 언론분야 ㅈ비서관을 만났다. ㅈ비서관에게 한전KDN 이계순 사장에게 전달했던 명단을 전달했다.

그 후 정식으로 이사회 차원에서 사장추천위원회가 구성되자 노조 집행부는 노조가 영입하려는 후보들을 직접 찾아다니는 등 적극적인 사장 영입활동에 나섭니다.

빅뉴스가 보도한 내용을 보면 노 정권은 자기들 입맛에 맞는 사장을 모셔오는 데 조직적으로 개입하였다.

지금 YTN노조의 논리라면 청와대와 노조가 만들어낸 당시 YTN 사장은 낙하산이 되는 셈이다. 하지만 이렇게 분명한 증거물이 있어도 YTN 노조는 이를 인정하지 않고 있다. 좌파언론의 나팔수인 〈미디어오늘〉에 보도된 내용을 한번 살펴보면 과연 저들이 얼마나 억지를 부리고 있는지 대번에 알 수 있다.

4월 19일 오후 5시 조금 넘어 올린 기사 제목이 "참여정부 때 YTN 노조가 사장 선임 개입했다고?"로 되어 있다. 이것은 〈미디어오늘〉이 YTN노조를 편들어 주는 것이었다. 그러면서 사측 노조일지 공개에 노조의 "낙하산 사장 반대투쟁 왜곡 마라"고 부제를 달았다.

YTN지부는 "이 기록은 참여정부 낙하산 사장에 반대하며 맞서 승리한 내용"이라며 "사측도 이를 인정한 바 있는데 이제 와서 왜곡하고 있다"고 반박했다.

이들의 문건에 따르면, 노조의 사장 선임 개입이 낙하산 사장을 반대하는 의로운 투쟁으로 둔갑된 것이다. 오히려 자기들 노조가 낙하산 사장을 막으려고 나서서 승리한 것이라고 강변하고 있다. 〈미디어오늘〉은 이를 YTN노조의 대변지라도 되는 것처럼 충실하게 보도해주었다.

좌편향 방송의 포문을 연 방송 3사

2005년 6월 정연주 씨는 사장에 취임하자마자 당초 5월 12일로 예정되어 있던 봄철 프로그램 개편을 일단 유보시켰다. 당시 KBS에서는 정 사장이 평소 대미관계, 대북문제, 언론개혁 등에서 뚜렷한 주관을 갖고 있었기 때문에 이러한 성향이 KBS의 보도 논조와 프로그램 내용에 상당한 변화가 있을 것으로 예상하면서 몸을 사리고 있었다.

아니나 다를까 정 사장은 취임 이후 프로그램 개편을 통해 매체비평 프로그램과 소위 개혁 프로그램으로 포장한 이념 성향이 강한 프로그램들을 대거 신설하거나 보강했다. 이때 등장한 프로그램이 〈미디어포커스〉와 〈인물현대사〉, 한국 사회의 모순 덩어리를 파헤친다는 기치를 내건 〈한국 사회를 말한다〉 등이었다. 〈일요스페셜〉 등 기존 프로그램은 내용을 대폭 수정하여 이념성을 한층더 강화했다.

KBS는 이념 성향이 가장 강하게 두드러진 〈인물현대사〉에서 스스로를 "일반에게 잘 알려지지 않은 우리의 현대사를 동 시대를 살았던 한 인간의 삶이라는 프리즘을 통해 조명해보고자 하는 프로그램"이라고 정의했다. 또 이 프로그램은 "현대사는 교과서에서도 소외되어 왔던 부분입니다. 많은 부분이 알려지지 않았거나 왜곡되어 왔던 것이 사실입니다."라는 전제에서 시작했다. 여기서 "소외"나 "왜곡"이라는 단어에서 이 프로그램의 성격을 엿볼 수 있다.

더구나 〈노무현을 사랑하는 모임(노사모)〉를 이끄는 골수멤버인 문성근 씨가 진행을 맡으면서 많은 우려의 목소리들이 나왔다. 〈인물현대사〉에는 2003년 6월 27일 "어머니의 이름으로 – 배은심"편으로 출발하여, 2005년 4월 15일 "씨알의 소리 – 함석헌"편까지 79명의 인물들이 등장했다. 여기에 등장한 인물들 가운데는 윤이상, 리영희, 문익환, 박현채, 조봉암처럼 대한민국 체제에 비판적이었던 이들이 상당수 들어 있었다. KBS 〈인물현대사〉와 MBC 〈이제는 말할 수가 있다〉가 좌편향성 프로그램으로 쌍벽을 이루게 되었다.

〈인물현대사〉는 2005년 광복 60주년 특집으로 '좌우를 넘어 민족을 하나로' 라는 부제로 제67회 여운형, 68회 조소앙, 69회 김규식 편을 준비했다.

이들은 해방 후 좌파적 성향에서 국가를 세우려 했거나 남한만의 단독 정부 수립을 반대했던 인물들이다.

개편으로 신설된 〈미디어포커스〉는 첫 회부터 또 다시 자기 반성적인 고백을 털어놓았다. 1998년에는 〈이제는 말한다〉를 통해 'KBS 오욕과 굴종의 역사'를 방송하려다 내부 반발에 밀렸다. 그러자 다른 프로그램에 끼워서 방송하는 촌극寸劇을 빚기도 했다.

이처럼 정권이 바뀔 때마다 KBS에서 매번 되풀이되는 자기반성 프로그램을 본 국민들은 과연 그들이 제작하는 프로그램을 전적으로 신뢰할 수 있을 것인지 생각해 볼 일이다.

5년 후면 또 다시 고백하면 될 일이기 때문에 눅눅한 악습惡習은 되풀이 되게 마련이었다.

노사모 대표 문성근이 KBS에 모습을 다시 드러내 세간의 관심을 끌었던 프로그램이 〈다큐멘터리 인물현대사〉다.

첫 프로그램에서 배은심 씨(고 이한열 씨 모친)를 시작으로 전태일, 윤상원(광주민주화운동 당시 마지막 시민군) 등 근현대사 인물 100명을 재조명한 프로그램은 정연주 사장의 야심작이었다.

2003년 5월, 〈KBS 일요스페셜〉은 '송두율의 경계도시' 편을 내보냈다. 송 씨는 "북한이 주장하는 논리에서 북한을 바라보자"고 주장하는 인사 중의 하나인데, 이것은 북한의 선전 논리를 북한을 보는 기준으로 삼자는 말과 같은 것이다. 이러한 내재적 관점에서 북한을 보자는 것은 김정일의 통치행위에 대한지지, 북한 인민의 인권유린에 대한 외면, 탈북자 무시, 북한의 핵무기 개발을 자위수단으로 인정하는 등의 모순을 안고 있었다. 종북주의자들이 이러한 관점에서 북한을 바라보고 있기 때문에 내부문제에 대해 무관심하고 오히려 김정일의 주장-주한미군 철수, 국가보안법 폐지 등을 주장하고 있는 것이다.

송두율의 주장은 인식론적 관점을 표현한 것일 뿐인데 일부 좌파들은 그게 북한을 바라보는 새로운 방법론인 것처럼 열광했다. 이 프로그램은 친북인사로 알려져 30년 동안 대한민국 입국이 금지된 재독在獨사학자 송두율 교수의 귀국 문제와 그의 통일 철학을 다룬 독립영화를 60분으로 편집해 방송한 것이었다.

송 교수의 귀국 문제는 지난 2000년 MBC 밀레니엄 특집 생방송에서도 나간 적이 있지만 1시간짜리 별도 프로그램으로 나간 것은 이것이 처음이었다. 당시 이 프로그램이 방송되자 이례적으로 MBC에서는 아침 뉴스 시간에 송두율 교수를 다룬 KBS의 〈일요스페셜〉을 높이 평가하는 뉴스를 내보내 양사가 공조하여 송두율 교수의 귀국문제를 지원하였다.

이후 우리 사회는 송 교수를 둘러싼 전대미문前代未聞의 파장이 일었다. 전 북한 노동당 비서였던 황장엽 씨가 남한으로 망명한 후 펴낸 저서 〈북한의 진실과 허위〉에서 송 교수가 북한 노동당 정치국 후보위원인 '김철수'로 알려진 것이다. 송두율 씨는 김철수란 가명으로 북한을 드나들었던 것이다. 이런 가운데 KBS와 MBC는 송 교수를 다룬 프로그램을 서로 앞 다투어 경쟁적으로 방송하여 그를 영웅으로 띄우는 일에 나서게 된다.

MBC는 2003년 9월 21일, 〈시사매거진 2580〉 '37년 만의 귀향'에서 송두율이 살고 있는 독일에까지 찾아가서 일방적으로 귀국하는 송 교수의 생각과 표정을 개선장군처럼 소개하였다.

KBS는 9월 27일, 〈한국사회를 말한다〉 '귀향, 돌아온 망명객'에서 송두율의 귀국 사실을 집중적으로 방송하게 된다. 이때 민주화기념사업회는 반체제 인사로 규정되어 그동안 귀국이 허용되지 않았던 해외 민주 인사들의 귀국을 추진하면서 34명의 인사들을 초청했다. 하지만 송두율은 여기에 포함되지 않았는데도 시류에 편승하여 귀국길에 오른 것이다. 이런 기회를 틈타 몸값을 잔뜩 높여 보려는 술수이었다. 또 대한민국에 송두율을 지지하는 종북주의자들이 음지에서 양지로 나와 발호하여 세를 보이고 있었기 때문이었다.

KBS도 '무조건 귀국'하는 송 교수를 베를린까지 쫓아가서 7일 동안이나 머물면서 그의 귀국 결정 과정과 귀국 길에 같은 비행기에 동승해 밀착 취재까지 하였다.

그는 1972년부터 독일에서 '민주사회건설협의회'를 발족시켜 반체제 활동을 하는 바람에 그동안 한국 입국이 금지되었다.

그는 '분단된 조국 남과 북을 모두 안을 것이며 어느 한쪽만을 택하는 선택은 하지 않겠다' 라며 '학자로서의 통일운동을 해왔다' 고 주장했다. 그는 국정원의 체포 영장 발부에도 불구하고 귀국하겠다는 의지를 밝히며 입국을 강행해 37년 만에 한국 땅을 밟았다.

그가 귀국하기 전인 9월 18일 법원은 국가정보원이 청구한 체포영장을 발부했다. 9월 22일 독일을 방문한 나병식 민주화기념사업회 이사, 박호성 민주화기념사업회 소곡연구소장(서강대 교수), 김형태 변호사와 함께 귀국했다.

이후 그는 국정원에서 오랫동안 조사를 받았으며 10월 1일 국정원은 국회 정보위 국정감사에서 '송 교수는 북한 정치국 후보위원'이라고 공표하고 그를 기소의견으로 검찰에 송치했다.

검찰은 송 교수와의 긴 씨름 끝에 11월 19일 반국가단체 구성 등, 잠입 탈출 회합 통신 등의 국가보안법 위반과 사기 미수로 구속기소하려고 했지만, 그때 천정배 법무장관은 초유의 검찰총장 지휘권을 발동해서 불구속 수사하라고 지시했다. 이러자 김종빈 검찰총장은 즉각 사표를 제출했다.

송 교수 사건은 이로부터 사법적인 판단뿐만 아니라 정치, 사회적으로 길고도 지루한 논쟁과 갈등을 불러일으키며 우리 사회에 또 다시 이념문제에 불을 지피는 기폭제가 되었다.

송 교수 사건은 법정 공방기간을 거치면서 그의 실체가 조금씩 드러났다. 2004년 7월 21일, 서울고법 제6형사부 판결문을 보면 "피고는 1991년부터 94년까지 5회에 걸쳐 북한에 밀입북하여 주체사상을 교양 학습하고 대남담당 고위 당국자들과 접촉한 부분 등과 지난 98년 중앙지법에 황 씨(황장엽)를 상대로 허위사실을 들어 1억 원의 위자료 청구소송을 제기해 금원金員을 편취하려다가 패소 판결을 받아 미수에 그친 점 등은 유죄로 인정된다"고 밝혔다.

이어서 "피고인이 최근까지 조선노동당 가입 사실과 친북 활동사실을 철저히 숨기고 자신을 남과 북 어디에도 속하지 않는 '경계인'이라며 마치 중립적인 입장의 평화적 통일을 지향하는 것처럼 행동하는 것은 학자로서의 양심을 저버린 행동"이라고 준엄하게 꾸짖었다. 그럼에도 불구하고 동포애를 고려하여 징역 3년에 집행유예 5년을 선고했다. 검찰은 이에 불복하여 대법원에 상고했다.

대법원은 국가보안법을 엄격히 적용해 국가보안법상 탈출죄는 대한민국 국적을 갖고 북한에 들어가야만 성립된다며 항소심을 깨고 사건을 서울고법으로 돌려보냈다. 송 교수는 독일 국적을 갖고 있었다. 서울고법은 2008년 7월 25일 마침내 대법원의 파기환송 취지에 따라 송 교수에 대해 다섯 차례의 방북 가운데 독일 국적을 취득한 뒤 이뤄진 한 번은 무죄로 판단하고 징역 3년에 집행유예 5년을 선고한 원심을 감경해 징역 2년 6개월에 집행유예 5년을 선고했다.

재판부는 북한이 대한민국의 민주주의를 전복시키려는 상황에서 장기간 친북활동을 해 엄벌해야지만 송 교수가 현재는 적극적으로 활동하지 않는 점을 양형量刑 결정에 참작했다고 밝혔다.

우리 사회에 이처럼 좌우갈등을 조장하며 심각한 파장을 던져준 송 교수 사건은 유죄판결로 마무리 되었지만, 이 사건의 중심에서 송두율을 애국투사처럼 미화시켜주고 찬양하는 데 앞장섰던 방송인들은 그 후 아무런 사과나 해명도 하지 않았다.

이처럼 좌편향 프로그램이 계속 늘어나고 있는 가운데 2003년 9월 2일, 〈PD수첩〉은 보수 우익단체를 비판하는 '우익 총궐기'를 내보냈다. 이 프로그램은 그동안 좌파정권에서 숨을 죽이고 있던 보수단체들이 점차 조직화되어 시위, 기자회견 등 집단행동을 보이자 인터넷 매체와 좌파시민단체 등에서 보수의 실체에 대한 논란이 뜨거워지는 가운데 방송을 타게 되어 좌파 지원의 편향성이 드러나게 되었다.

시사교양국 이우환, 유해진 PD는 〈PD저널〉과의 인터뷰에서 이 프로그램을 제작하게 된 이유에 대해 "지난해 광화문 촛불시위로 조직화되고 세력화된 보수가 등장하기 시작했다. 과격한 행동까지 서슴지 않는 그들이 우리 사회에 필요한 보수인가에 대한 본격적인 문제 제기가 필요하다는 생각으로 아이템을 선정했다"고 밝혔다.

또 최근 등장한 극우적 내용의 보수에 대해 보수 내에서도 비판의 목소리가 있다는 사실이 놀라웠다. 보수진영 내부에서도 이들의 극단적 흐름에 대해 우리 사회의 건강한 발전에 좋지 않은 영향을 끼칠 것이라며 우려하고 있다.

특이한 사실은 새롭게 등장한 젊은 보수주의자들은 나이든 보수주의자들이 목적의식적으로 키워냈다는 것과, 스스로가 말하듯 대부분의 보수주의자들은 특별한 이념적 지향이나 논리가 없다는 것을 알 수 있었다. 최근 등장한 보수 단체에 조·중·동이 신문 광고비를 할인해 주는 등 지원을 하고 있다는 사실이다.

또한 언론에서 매섭게 몰아 붙였던 북한 기자의 폭행 건은 알려진 바와 다르게 우익단체의 한 회원이 가슴에 달려 있던 인공기를 강탈해 북한 기자가 광분했던 것이다. 일부 언론이 진실을 왜곡하고 여론을 호도하고 있어 남북의 갈등을 더 부추기고 있다는 생각이 든다.

우리 사회의 보수를 있는 그대로 담으려고 노력했다. 그리고 건강한 보수를 고민하며 보수주의가 과격하고 극단적인 극우적 논리보다는 상대방을 인정하고 대화하는 화해의 논리가 필요하다는 목소리를 담았을 뿐이다.

이 프로그램에는 보수의 조직화, 세력화를 사전에 차단하려는 의도가 숨어 있는 것으로 인식될 정도로 우익단체의 과격한 모습만 부각시키거나 남북 화해에 걸림돌이 되는 면만을 집중적으로 다루어 편향적이라는 비판이 제기되었다. 이에 대해 9월 3일 〈민언련〉은 "'밝힐 것은 밝히고 가자'라는 성명에서 조선일보를 비롯한 일부 언론이 수구단체의 '북한 기자 테러만행규탄대회를 지원했다'는 의혹을 제기했다. 여기서 우익 총궐기대회에 조선일보가 광고단가 낮춰주기, 오디오 장비 지원을 해줬다"고 주장했다.

이와 비슷한 시기에 KBS의 오락프로그램인 〈자유선언 토요대작전〉에서는 김일성 시계를 의도적으로 클로즈업한 장면을 우리 안방으로 비춰주어 말썽이 되었다.

이 프로그램 매직스쿨 코너에 출연한 조총련계 마술사 '야스다 유지' 씨가 1984년 북한 공연 시 김일성에게서 받은 공훈시계를 차고 있었는데 방송에서 이 시계를 큰 화면으로 잡고 출연자들은 이 시계를 '훈장' 과도 같다면서 찬양한 것이었다. 조선일보, 동아일보 등이 이를 문제삼자 KBS PD협회는 즉각 성명을 발표하여 공세攻勢로 전환하였다.

2003년 10월 7일 동아일보는 "KBS 청소년프로 김일성 시계 미화 물의"라는 기사에서 "〈자유선언 토요대작전〉이 북한 김일성 주석의 사인이 새겨진 손목시계를 클로즈업하며 "훈장과 같은 것"이라고 치켜세워 물의를 빚고 있다."고 보도했다. 이 프로그램은 "'1985년 김일성 앞에서도 공연', '(평양에서)공연한 후 특별한 시계를 선물 받았다', '김일성에게서 직접 받은 손목시계' 등의 자막을 잇달아 내보내면서 김 주석에게서 받았다는 롤렉스 손목시계를 부각시켰다. 이어 시계판의 가운데에 '김일성' 이라는 사인 부분을 클로즈업한 뒤 다시 빨간 선으로 둥근 테두리를 하여 시각적으로 돋보이게 처리했다."고 밝혔다. 이 롤렉스 공훈시계는 김일성이 북한 인민들의 고혈을 착취하여 수입한 것이었다는 사실이다.

이 프로그램은 청소년들이 즐겨보는 주말 저녁시간에 방송되기 때문에 김일성을 미화하는 것은 적절치 못하다는 것이었다. 그러면서 숙명여대 언론정보학부 박천일 교수의 의견을 달았다.

공영방송인 KBS가 아직 가치관이 정립되지 않은 청소년이 많이 보는 오락프로그램에까지 북한을 간접적으로 미화하는 내용을 내보낸 것은 부적절했다. 재독 학자 송두율 씨 프로그램으로 인해 KBS의 편향성이 지적받는 상황에서 북한을 이용한 새로운 형태의 선정성 논란을 불러일으킬 수 있다.

이에 대해 KBS PD협회는 "김일성 시계(김일성도 아닌 김일성 시계!)를 미화하는 게 아니라 오히려 희화화하는 것이었다"고 반격했다. 그러면서 "만약 북한과 우리가 외교관계를 맺은 상태라면 외교경로를 통해 정식 항의가 들어올 수도 있는 내용이었던 것이다."라고 생떼를 부렸다. 이건 정말 자던 소가 웃고도 남을 일이었다.

적반하장도 유분수지, 이건 궤변 중의 궤변이었다. '김일성' 친필사인을 대한민국 안방에 보여주고 그것을 두고 북한의 공식 항의 운운하는 것은 치졸한 망언에 불과한 것이었다. 김일성이 수백만 명의 백성들이 굶주림으로 죽어가고 있는데도 값비싼 스위스 시계를 밀수 해다가 선물하는 것은 바로 이런데 차고 나가 선전도구로 주체사상을 홍보하라는 것이었다.

이 성명은 나아가 "그 특정한 목적이 송두율 교수 사건으로 인해 한국사회에 몰아친 메카시즘적 광풍 속에서 공영방송인 KBS죽이기임을 직시하지 않을 수 없다."고 반박하였다.

〈'KBS 청소년 프로그램 김일성 시계 미화 물의' 기사에 대한 KBS PD협회의 입장〉
동아일보의 이승재 기자는 KBS "자유선언 토요대작전"에서 김일성시계가 강조되었고 또한 마술 실력에 대한 공인 방식으로 김 주석을 여러 차례 강조해 "북한을 미화했다"는 지적을 받고 있다고 기사를 썼다. 또한 숙명여대 언론정보학부 박천일 교수의 말을 인용, "자유선언 토요대작전"이란 프로그램이 북한을 간접적으로 미화하는 프로그램이라고 주장했다. (중략)
그런데 과연 동아일보는 지금 어디에 있는가? 외세의 간섭을 물리치고 우리의 손으로 분단의 철책을 들어내고 있는 이 시점에 민족지라고 자칭하며 민족통일을 염원한다고 외치는 동아일보는 지금 어디로 가고 있는가? 과연 사실 확인조차 안 되고 비상식적인 논리 전개를 가진 엉터리 기사를 쓰면서 메카시즘적 광풍에 편승하여 보·혁 대결을 일으키는 동아일보는 어디로 가고자 하는가?

이제 우리는 동아일보에게 고하고자 한다. 메카시즘적 광풍을 벗어나 제자리를 찾아가라고….
2003년 10월 7일 KBS PD 일동

이런 분위기 속에서 또 매체 비평프로그램인 〈미디어포커스〉에서 북한 혁명가인 '적기가赤旗歌'를 방송하여 국가보안법 위반 여부를 놓고 파문이 일었다.

〈미디어포커스〉는 8월 14일 이라크 파병과 관련한 정부의 엠바고 요청에 대한 문제점을 풍자한 '시사플래시' 애니메이션 도입부에 배경음악으로 군가 멜로디를 40초가량 브릿지 음악(BG)으로 썼다. 이 음악은 이미 영화 '실미도'에 사용되어 논란을 빚었던 북한의 붉은 혁명을 찬양하는 '적기가'였다.

방송이 나가고 시청자들의 항의가 잇따르자 KBS는 8월 17일 '적기가'를 배경음악으로 삽입한 음악담당자를 교체하고 〈미디어포커스〉 제작진에게 엄중경고를 내렸다. 〈미디어포커스〉는 얼마 후 사과방송을 내보냈다. 아마 음악담당자는 직원이 아닌 프리랜서였을 것으로 추정된다. 그 책임을 음악 담당자에게 떠넘기고 정작 책임을 져야 할 PD들은 솜방망이 처벌로 빠져나갔다는 소문이 돌았다.

8월 26일, 방송위원회 보도교양심의위는 '적기가'를 방송해 물의를 빚은 KBS 〈미디어포커스〉에 대해 재발 방지를 당부하는 '일반권고' 조치를 내릴 것을 전체 회의에 건의했다. 이 결정은 '방송사의 심의규정 준수를 위해 필요한 경우 일반권고를 내릴 수 있다'고 명시한 심의규정 제65조에 따른 것이었다. 이는 시청자에 대한 사과, 프로그램 관계자 징계 등과 같은 법정 제재가 아닌 가벼운 처벌이었다.

적기가는 4분의 4박자의 행진곡풍의 투쟁가인데 북한에서 창작된 가요가 아니다. '적기가'는 독일 민요와 영국의 노동가요에서 출발해서 일본을 거쳐서 1930년대에 우리나라에 들어왔다. 현재는 북한에서 혁명가요로 불리고 있는 좌익노래가 되었다. 독일의 민요인 탄넨바움Der Tannenbaum에 기원을 두고 있다. 탄넨바움이란 '전나무'를 말하며 이 노래는 전나무를 찬양한 것이다.

적기가에는 "시체, 혈조, 원쑤, 혈전, 단두대, 감옥" 같은 혐오스럽고 살벌한 단어들이 줄줄이 등장한다. 그 중에서 '시체, 혈전, 단두대' 같은 말을 들으면 머리끝이 곤두서게 된다. 단두대는 프랑스 시민혁명에서 루이 16세와 그의 부인인 마리 앙트와네트를 죽인 끔찍한 사형도구이다.

〈적기가赤旗歌〉
민중의 기 붉은 기는 전사의 시체를 싼다.
시체가 식어 굳기 전에 혈조血潮는 깃발을 물들인다.
높이 들어라 붉은 깃발을 그 밑에서 굳게 맹세해
비겁한 자야 갈라면 가라 우리들은 붉은 기를 지키리라.

원쑤와의 혈전에서 붉은 기를 버린 놈이 누구냐.
돈과 직위에 꼬임을 받은 더럽고도 비겁한 그놈들이다.
높이 들어라 붉은 깃발을 그 밑에서 굳게 맹세해
비겁한 자야 갈라면 가라 우리들은 붉은 기를 지키리라.

붉은 기를 높이 들고 우리는 나가길 맹세해
오너라 감옥아 단두대야 이것이 고별의 노래란다.
높이 들어라 붉은 깃발을 그 밑에서 굳게 맹세해
비겁한 자야 갈라면 가라 우리들은 붉은 기를 지키리라.

'적기가' 가 방송으로 나가기 1년 전인 2003년 8월 13일 〈KBS 수요기획〉 '140년의 유랑流浪, 고려인' 편에서 김일성을 찬양할 때 부르는 '김일성 장군의 노래' 가 방송되는 사건이 있었다.

이것은 얼핏 보면 사소한 문제 같지만 당시의 방송 분위기와 정권, 공영방송 PD들의 종북의식의 한 단면을 볼 수 있는 사례라고 할 수 있다. 이 노래는 우즈베키스탄 고려인 노 부부가 '한국 노래를 알면 불러 보라' 는 연출자의 요청에 따라 "장백산 줄기줄기 피어린 자욱, 압록강 굽이굽이 피어린 자욱"이라고 노래를 부르는 장면에서 방영됐다.

나레이터는 "할머니의 노래는 연해주 벌판에서 울려 퍼지던 독립운동가"라고 소개했다. '김일성 장군의 노래' 가사는 김일성 수령의 가짜 치적을 맹목적으로 찬양하는 내용으로 되어 있다.

이는 북한이 1946년 북한 시인 리찬이 발표한 자작시에 이후 북한 애국가 작곡가인 김원균이 곡을 붙였다고 공식 발표한 것이다.

국가보안법상 반국가단체에 해당하는 북한의 국가에 준하는 '김일성 장군의 노래' 가 공영방송인 KBS를 통해 우리 안방으로 전달된 것은 법적으로 문제가 되었다. 이에 대해 담당자들은 몰랐기 때문에 어쩔 수 없다는 식으로 변명하였다.

〈김일성 장군의 노래〉
장백산 줄기줄기 피어린 자욱 압록강
굽이굽이 피어린 자욱 오늘도
자유조선 꽃다발 우에
력력히 비쳐주신 거룩한 자욱
후렴 아- 그 이름도 그리운 우리의 장군 아-
그 이름도 빛나는 김일성 장군
만주벌 눈바람아 이야기하라
밀림의 긴긴 밤아 이야기하라

만고의 빨치산이 누구인가를
절세의 애국자가 누구인가를
로동자 대중에겐 해방의 은인
민주의 새 조선엔 위대한 태양
이십 개 정강 우에 모두 다 뭉쳐
북조선 방방곡곡 새봄이 오다

이처럼 불과 1년 사이에 '김일성 장군의 노래'와 '적기가'가 국영방송 KBS에서 방송되었다는 것은 몰라서 빚어진 실수라기보다는 의도적으로 집어넣은 것일 가능성이 높다는 것이다.

8월 20일, 〈민언련〉은 이례적으로 KBS 〈미디어포커스〉의 '적기가 방송 파문'에 대한 "철저한 자기반성을 요구한다"라는 논평을 냈다. 그런데 논평 내용을 읽어보면 적기가를 방송한 것에 대해 반성하는 척하면서 수구세력의 색깔론을 걸고 넘어졌다. 이건 정말 후안무치厚顏無恥한 행동이었다. 자기 실수를 인정하고 사과하면 되었지 엉뚱하게 색깔론을 들먹인 것은 자가당착自家撞着이었다.

논평은 "시청자들의 오해를 불러 일으켰고, 수구세력들의 '색깔공세'의 빌미를 제공했다는 점에서 결코 가볍게 넘길 수 없는 일이다."고 오히려 역공을 취하여 보수 세력들의 반발을 막았다.

김일성의 '적기가'는 자이툰 부대의 파병 장면에 들어간 삽입곡이었다. 우리 국군이 외국으로 파견 가는 장면에 김일성의 '적기가'를 틀어준 것이다. 그런데 논평은 "'적기가'를 모르는 시청자들은 이 노래가 국군의 군가 내지는 행진곡으로 오해할 소지가 충분했다. 또한 '적기가'라는 사실을 알고 있는 사람들에게는 그 장면이 한 편의 '코미디'로 보일만큼 모순된 구성으로 여겨졌을 것이다."고 억지 주장을 폈다.

우리 국군의 파병 장면에 들어간 김일성의 적기가를 듣고 그것을 '코미디'라고 생각하는 것이 정상인지 궁금하다. 억지는 계속 이어진다. "'적기가'라는 노래를 알고 있는 나이든 세대들에게 이 노래는 지난 시절 '이념투쟁'의 떠올리기 싫은 기억을 되새기게 하는 고통을 안길 수도 있었다."

논평이 이쯤 되면 이건 구제 불능의 치매라고 할 수 있다. 이 논평은 '적기가'를 방송한 것에 대해 반성하는 것이 아니라 좌파들이 말하는 소위 "수구골통들"의 준동을 차단하면서 김정일에게 아부하는 종북행태를 생생하게 보여준 것이다.

이에 대해 네티즌 김○○는 "공영방송에서 북한 군가와 우리 군가도 구분 못하는 실수를 해서야 되겠느냐?"고 비판했고, 최○○는 "북한군의 공격 신호로 사용될 수 있는 북한 군가인 '적기가'를 공영방송에서, 그것도 북한과 아무 상관없는 방송에서 들을 거라고는 상상도 못했다"면서 비난했다.

이에 대해 KBS는 "'시사플래시' 배경음악에 북한 군가인 '적기가'를 넣는 실수를 일으켜 시청자 여러분께 정중한 사과의 말씀을 올립니다."면서 머리를 숙였다.

〈KBS의 철저한 자기반성을 요구한다.〉

KBS 매체비평프로그램〈미디어포커스〉가 지난 8월 14일 방송 중 '시사플래시' 코너에서 북한의 혁명가요라고 알려진 '적기가'를 배경음악으로 삽입해 논란이 일고 있다. '적기가'가 자이툰 부대의 파병과 관련한 장면에서 삽입됨으로써 '적기가'를 잘 모르는 시청자들은 이 노래가 국군의 군가 내지는 행진곡으로 오해할 소지가 충분했다. 또한 '적기가'라는 사실을 알고 있는 사람들에게는 그 장면이 한 편의 '코미디'로 보일만큼 모순된 구성으로 여겨졌을 것이다. '적기가'라는 노래를 알고 있는 나이든 세대들에게 이 노래는 지난 시절 '이념투쟁'의 떠올리기 싫은 기억을 되새기게 하는 고통을 안길 수도 있었다.

2004년 8월 20일 ㈔민주언론운동시민연합

KBS 내부에서 국영방송의 좌편향 실태가 좌충우돌하고 있는 데도 정연주 사장의 좌편향성 의식이 문제가 된 적이 한 번도 없었다.

2004년 12월, KBS노조는 진종철 씨를 새 노조위원장으로 선출했다. 진 위원장 당선자는 한겨레신문과의 인터뷰에서 '정연주 사장 취임 뒤 KBS가 좌편향 성향을 보이고 정 사장의 개혁노선이 너무 급진적이라는 점 등은 노조 차원에서 반드시 견제해야 할 부분'이라고 말했다.

이 기사가 나가자 진 노조위원장 당선자 측과 사내 게시판에는 사실확인 요구가 잇따랐고, 당선자 측에서는 부랴부랴 같은 날 게시판에 취재기자의 오류라는 성명을 내었다. 이처럼 사실을 직시하여 바른 말을 한 노조위원장이 비난에 시달리다가 사과를 할 정도로 KBS의 좌편향성은 도를 넘고 있었다.

인터뷰 기사를 작성한 한겨레 여론매체부 김영인 기자는 한 인터뷰에서 당선자에게 〈시사 투나잇〉 같은 프로그램이 좌편향 성향을 보인다는 얘기가 있는데 어떻게 생각하느냐고 묻자, 그는 '공영방송이 공정해야 하는 것 아니냐'는 등 장황하게 얘기해서 마지막 확인을 위해 '왼쪽에 치우친 것을 오른쪽으로 끌고 가겠다는 말이냐'고 물었고, 진 당선자가 '그렇다'고 답변해 그렇게 썼다고 밝혔다.

좌익세력 미화에 국민 시청료 "펑펑"

KBS는 2006년 새해부터 한국 근현대사를 배경으로 삼은 드라마 〈서울 1945〉를 방영하여 좌편향성의 극대화를 노렸다.

이 드라마 한 편을 제작하는 데 들어간 제작비는 물경 170억 원이나 되는 거금이었다.

이 드라마는 북한 외무성 초대 부상 이강국과 여간첩 김수임을 모티브로 해방공간의 이념문제를 대칭적으로 그렸다는 비판을 받았다.

이들 좌익 주인공들을 통해 민족해방과 통일조국 건설에 대한 열정을 미화시킨 이 드라마가 전파를 타자 정치권은 물론 보수시민단체, 인터넷과 신문 등에서는 연일 뜨거운 논쟁이 벌어졌으며 우리나라는 한순간에 1945년 해방정국에 준하는 이념 갈등의 수렁으로 빠져들었다.

이 드라마를 연출한 윤창범 PD는 '좌익 계열 정치인의 복원 등을 시도한 이 드라마의 시각에 거부감을 갖는 사람들이 색깔론으로 비판하는 것'이라고 일축—蹴해 버렸다.

그는 PD연합회 시상식장에서 "부모 세대의 명예를 지키고 싶은 건 당연하고 싫은 것을 드러내고 싶지 않은 마음도 이해할 수 있다. 그러나 그 분들은 '절대 공인'이고, 또 〈서울 1945〉가 기존의 사회 인식을 흔들 만큼 새로운 내용을 조명한 것도 아니다. 〈서울 1945〉를 만들 때 역사적 사건의 원인과 전개 과정, 결과에 대해서는 주류 학설을 정확하게 가져왔다"고 반박했다.

이처럼 숱한 논쟁과 법정소송으로까지 간 〈서울 1945〉는 노무현 시대의 대표적인 이념 표출 프로그램으로 자리매김하였다.

해방공간의 '반역 좌익'의 미화

1950년 6·25 전쟁 발발 당시 우리나라는 북한의 군사력에 비해 절대적으로 열세였다는 것은 새삼스런 얘기가 아니다. 당시 자료를 보면 우리 국군의 병력은 9만여 명이었지만 북한의 병력은 최소한 13만여 명 이상이었다. 특히 북한군 가운데는 2차 대전 때 소련군에 가담하여 전술에 능한 지휘관도 다수 있었으며 중국군 출신도 다수가 있었다고 한다.

우리 국군은 전차 한 대도 갖고 있지 않았는데 북한군은 그 유명한 소련제 T-34 전차를 150대나 보유하고 있었다는 것이다. 북한군은 소련제 전차를 앞세워 파죽지세로 내려와 사흘 만에 서울을 점령한 것이다. 바로 이 T-34란 전차가 위력을 떨쳤기 때문이었다.

그런데 드라마 〈서울 1945〉에서는 희한한 장면이 벌어진다. 당시 수도 서울을 유린한 소련제 T-34 전차를 미제 M-48 전차로 대신한 것이다. 당시 우리 국군은 전차 한 대도 없어 북괴군 전차인 T-34가 서울 대로를 종횡무진 누비는 것을 공포에 질려 바라볼 수밖에 없었던 것이다. 우리는 이런 아픔을 갖고 있는데도 KBS는 미제 전차를 소련제 전차로 둔갑시킨 것이다. 이건 누가 봐도 금방 알 수 있는 것이었다. 드라마가 아무리 허구라고 해도 그 소품은 허구가 될 수 없는 것이다.

이처럼 드라마 〈서울 1945〉는 우리 국군에서 '현역'으로 활동하고 있는 전차를 친좌익 성향의 드라마에서 인공기와 함께 북괴군 전차로 둔갑遁甲시켰다. 저들이 그렇게 싫어하고 증오하는 미제 전차를 소련제 전차로 바꿔치기한 것이다.

KBS는 미제 전차에 인공기를 사방에 달고서 서울을 점령하는 장면을 찍은 것이다. 드라마는 그 시대에 맞는 고증考證이 필요한 것이고 그 고증에 따라야 리얼리티가 사는 것이다. 미제 전차를 북한군 전차 T-34로 둔갑한 것은 기만欺瞞이며 청취자에 대한 사기라고 할 수 있다. 〈서울 1945〉에서 소품으로 사용한 미제 M-48 전차는 지금도 우리 국군이 활용하고 있는 주요 화력火力의 하나이다. 만약 KBS가 미제 M-48 전차를 소련제 T-34로 둔갑시키는데 우리 국군의 장비가 동원되었다면 더 큰 문제가 되는 것이다. 아무리 드라마가 허구를 기반으로 만들어진다고 해도 진실은 바뀔 수 없는 것이다. 국군의 모자가 인민군의 모자가 될 수는 없는 것이다. 만화에서도 이런 짓은 하지 않는다. 하물며 국영방송인 KBS가 드라마를 제작하려고 우리 국군의 전차를 빌려 북한군이 몰고 내려온 소련제 전차로 둔갑시킨 것은 범죄행위이다. 이런 파렴치한 사건이 만약 미국의 ABC나 CNN, 영국의 BBC, 일본 NHK 드라마에서 일어났다면 그 파장은 이루 헤아릴 수가 없을 것이다.

이 드라마에 북한의 국기인 인공기가 수시로 등장해서 마치 북한제 드라마를 보는 것 같은 착각이 들 정도였다. 북한 기관 건물부터 회의실, 복도 등에 대형 인공기가 붙어 있었다. 인민군 탱크나 모터사이클에 인공기가 대한민국 안방으로 비춰졌다. 아마 이 드라마를 시청한 국민들은 북한 인공기에 대해 친밀감을 느꼈을 수도 있을 것이다. 국민의 세금과 시청료로 운영되는 KBS는 전 국민에게 인공기를 보여주어 세뇌洗腦시키는 김일성 2중대 노릇을 한 것이다. KBS는 시간이 더 가기 전에 이에 대한 뼈를 깎는 자기반성과 통회痛悔를 국민에게 해야 할 것이다

연출자는 "우리는 이념 그런 것들은 잘 모른다. 멜로드라마일 뿐"이라고 둘러댔다. 그런데 이 드라마의 기획 의도를 꼼꼼히 챙겨보면 과연 단순한 멜로드라마일까 하는 의구심이 들게 마련이다.

난마亂麻처럼 뒤엉킨 현대사의 출발을 뚜렷한 이미지로 형상화한다. 해방공간과 한국전쟁, 그동안 여러 매체를 통해 주마간산 식으로 다루어진 우리 현대사의 출발은 실은 그 누구도 잘 알지 못하면서 누구나 다 잘 알고 있는 것 같은 오류를 만들어 낸 시기이다.

이처럼 기획의도를 보면 결코 단순한 남녀 간의 치정癡情을 다루는 멜로드라마가 아니라는 것쯤은 중학생도 짐작할 수 있다. PD는 좌익드라마를 만든다는 시선을 돌리려고 꼼수를 부린 것이다.

해경, 운혁, 동우, 석경이라는 대표성을 지닌 네 인물을 통해 난마처럼 얽힌 그 시대를 구체화함으로써 기성세대에게는 편견과 오류를 바로잡고 지난 역사를 정확히 바라보게 하는 계기를 주고, 신세대에게는 올바르게 그 시대를 바라보고 평가해서 새로운 세기의 교훈으로 삼도록 한다.

여기서 PD가 말하는 '편견과 오류'는 좌파들이 주장하는 냉전적 사고와 미군에 대한지지, 반공사상 등을 꼬집는 것이었다.

〈서울 1945〉는 좌익사상을 우리 안방에 심어주기 위해서 작심하고 기획한 드라마였다. 이 중에서 가장 무서운 대목은 "신세대에게는 올바르게 그 시대를 바라보고 평가해서 새로운 세기의 교훈으로 삼도록 한다"는 것이다. 여기서 '올바르게'란 기성세대의 편견과 오류를 넘어서는 뭔가를 의미하는 것이다. 근현대사 교육을 제대로 받지 못한 신세대들은 드라마에서 보여주는 역사를 진실로 받아들일 수 있다. 이 드라마는 바로 이러한 맹점을 비집고 들어가는 틈새전략의 산물이었다.

여기서 작가의 말을 들어보면 〈서울 1945〉의 기획의도를 정확하게 알 수 있다. 이 드라마가 시작되기 전 작가는 "식민지적 상황과 해방공간, 그리고 한국전쟁이 어떤 의미이며 우리의 삶과 역사에 어떠한 영향을 미쳤는지 농밀濃密하게 그려 나가겠다"고 밝혔다. PD는 논쟁을 피하려고 멜로드라마일 뿐이라고 에둘러 말했지만 작가는 이 드라마의 본질을 정확하게 밝혀주었다.

이 드라마를 보면서 시청자들은 이런 착각을 하게 되었을 수도 있었을 것이다. 좌파이념드라마에 애잔하고 아름다운 사랑이 녹아있었다.

> 아… 좌익들은 사랑도 저렇게 아리고 서럽게 하는구나. 또 한 번뿐인 인생도 사랑도 혁명의 도구가 되는구나. 정말 멋진 인생을 살다 가는구나. 좌익들의 삶은 사랑도 미움도 모두가 다 이념의 수단이 되는구나. 이 얼마나 멋진 로맨스인가.

드라마 〈서울 1945〉 마지막 회에서 해경은 간첩 혐의로 잡혀 형장의 이슬로 사라질 절체절명의 위기에서 일본으로 밀항한다. 시간이 흘러 해경이 바닷가에서 종이배를 바다에 띄우는 장면이 방송되었다. 이 드라마 장면 하나하나가 이처럼 애절하게 그려졌다. 이 드라마는 북한을 잘 모르는 전후 세대들에게 북한에 대한 막연한 동경심을 불어넣어 주기에 충분했다.

당시 이 드라마를 보면서 지식인들은 'KBS는 대한민국의 국가방송인가, 아니면 평양방송 서울지국인가.' 과연 상업방송도 아닌 국가방송이 이런 드라마를 어떻게 하여 만들어 방송할 수 있단 말인가 하면서 울분을 토했다고 한다.

이 드라마에서 김일성, 이강국 등 북한 정권의 핵심 요인들, 북괴군 장교와 병사들은 민족해방의 임무를 완수하는 인물로 그려졌다. 좌익들의 뒤를 쫓는 특무대장 박창주는 피도 눈물도 없는 매정한 인간이었다. 이것은 공산주의를 미화한 것을 뛰어넘어 우상화, 신격화한 것이었다.

여기서 박창주는 미천한 집안에서 태어나 일제 강점기에는 독립운동가로 활동하다가 해방 후에는 좌익들을 때려잡는 권력의 앞잡이가 되었다. 이처럼 우파 인사들은 일제나 미군에 매달려 개인 욕망이나 채우는 사기꾼, 반역자, 폭력배들로 그려졌다. 반면에 좌익 지식인과 빨치산들은 민족사랑에 인생을 거는 로맨티스트이자 애국주의자였다. 이것은 이미 조정래의 소설 〈태백산맥〉에서 드러난 것이다. 이런 식의 인물 묘사가 명색이 공영방송, 국영방송이라는 KBS가 저지른 좌파사상 교육이었다.

이에 대해 이승만 전 대통령의 아들 이인수 씨는 〈서울 1945〉를 현 권력자를 만족시키기 위한 드라마라고 규정했다. 이 씨는 〈서울 1945〉가 역사를 왜곡하고 있다며 KBS 임원진과 드라마 제작진을 검찰에 고발하였다.

그는 KBS가 노 대통령의 의중을 헤아리는 드라마를 만들다 보니 허위 날조를 일삼을 수밖에 없다는 것이었다고 말했다. 또 그 정권을 향해 "역사를 자기 마음대로 재단해서는 안 된다"며 "역사를 임의대로 곡해

한 스탈린 같은 독재와 공산주의의 망령에서 벗어나라"고 외쳤다.

이승만 전 대통령과 장택상 전 국무총리의 후손들은 기자회견에서 "〈서울 1945〉가 허위 날조된 사실로 대한민국 건국의 원훈들을 중상 모함하고 있다"며 KBS 정연주 사장에게 드라마 방영을 즉각 중단하고 사퇴하라고 압박했다.

이에 대해 KBS 제작진은 "드라마가 다큐멘터리도 아닌데 지엽적인 것에 민감하게 반응하는 것 같다. 〈서울 1945〉는 이념 드라마가 아닌 멜로드라마다"며 판에 박힌 말로 무시해버렸다.

2006년 6월 8일, 대한민국을 사랑하는 애국단체 모임은 〈역사 왜곡 드라마 서울 1945 규탄〉 성명을 발표했다. 이들은 성명에서 "〈서울 1945〉가 대한민국 건국 대통령 이승만 박사와 장택상 선생에 대하여 날조된 허위사실로 묘사함으로써 중상 모해하는 데 분노하지 않을 수 없다."고 주장했다.

이들은 또 "KBS는 대하드라마를 빙자하여 당시에 폐간되어 있지도 않은 〈인민일보〉와 가공인물을 내세워 마치 여운형의 암살 배후에 이승만 대통령과 장택상 선생을 연루시킨 이유가 무엇인가."라고 따져 물었다.

이 드라마에서 "정판사 위폐사건"을 놓고 "이승만은 친일파 재산을 마음대로 먹는데 우리가 위조지폐 만든 것이 무엇이 죄냐"는 장면이 나왔다. 이는 김일성의 위조지폐를 만든 행위를 비호한 것이었다고 한다.

이 드라마에서 가수 윤도현과 이소라가 각각 삽입곡을 불렀다. 윤도현이 부른 곡은 "끝이 아니길"로 그 가사는 동우와 해경의 애절한 사랑을 묘사한 것이다. 이 노래가 청소년층들을 이 드라마로 끌어들이는 데 어느 정도 흡인력으로 작용했을 것이다.

내게로 오는 길을 몰라서

그대의 눈이 잠시 멀어서
그래서 조금 늦게 닿는 거라고
내 맘은 믿고 기다립니다.

세상에 태어나 한 번도 내 가슴은
그대 아닌 누굴 담은 적 없고
그 모진 시련도 그대 있었기에
힘들어도 살아왔었는데

보여요 그대 날 떠나려는 게
눈물을 참는 그대 슬픈 뒷모습이
마지막 내 전부는 그대뿐인데
그대를 사랑했단 말도 못했네요

아무리 밀어내고 아무리 상처 줘도
내 가슴은 아픈 줄도 모르고
눈물로 남겨진 생을 산다 해도
돌아올 그 날만 난 기다립니다.

보여요 그대 날 떠나려는 게
눈물을 참는 그대 슬픈 뒷모습이
마지막 내 전부는 그대뿐인데
그대를 사랑했단 말도 못했네요
추억들이 밟혀서 잊어낼 수 있나요
말을 해 봐요.
마지막 내 전부는 그대뿐인데
그대를 사랑했단 말도 못했죠.

이소라 씨는 또 〈서울 1945〉의 극중 한은정의 테마인 '개희의 노래'

를 불러서 시청자의 관심을 끌었다. 이처럼 〈서울 1945〉는 해방공간이라는 자칫하면 지루하게 느껴질 수 있는 드라마를 인기가수를 끌어들여 삽입곡을 부르게 하여 "신세대 청취층"을 끌어들인 것이다. 이 노래에는 '까마득히 먼길', '달보다 힘없는 태양' 등 서정적인 듯하면서 뭔가 의미가 잔뜩 담긴 가사가 등장했다.

> 힘든 오늘 하루도 그대 생각에
> 아무렇지 않은 듯 보냈네요
> 고단한 내 얼굴이 서러워 보이네요
> 사랑도 기울어 가요
> 처음부터 모자란 나 그대 때문에
> 까마득히 먼 길을 따라 떠나요
>
> 하늘엔 달보다 힘없는 태양
> 그대는 한 걸음 또 멀어지네요
> 오- 나는 변치 않을 거예요
> 그대도 잊지 말아요
> 다시 만난 날 후에는
> 헤어짐도 없다는 걸
>
> 초라한 단잠 속에 쉬어가지만
> 눈을 뜨면 어제 그대로네요
> 얼마나 버려야 채워질까요
> 가난한 두 손이 서러웁네요
> 그래도 변치 않을 거예요
> 그대도 잊지 말아요
> 기다리고 기다리면 우리 만날 수 있음을
> 눈에 보이네요 그대가
>
> 이제 다신 울지 않을 거에요

그대 날 잊지 말아요
다시 만난 날 그때는
헤어짐도 없다는 걸

이 드라마는 더 나아가 동우의 테마곡에 미국의 팝페라 뮤지션 죠시 그로반(Josh Groban)의 "당신과 함께 걷고 있어요(Gira con Me)"를 삽입해 관심을 끌었다. 여기서 관심이란 곧 시청률을 말하는 것이다. 이 노래는 조쉬 그로반의 미성과 가창력이 돋보이는 발라드 곡이다. 조쉬 그로반은 〈서울 1945〉 OST에 드라마 기획 단계부터 참여한 것으로 알려져 있다. 그는 일제 강점기를 겪은 슬픈 한국의 역사에 공감해서 이 노래를 불렀다고 밝혔다. 이처럼 좌익 드라마를 제작하면서 오리지널 사운드 트랙까지 꼼꼼하게 기획한 것이다. 그런데 이처럼 큰 공과 거액의 제작비를 들였음에도 불구하고 이 드라마의 시청률은 기대만큼 따라주지 않았다.

〈태백산맥〉, 무죄 판결과 〈서울 1945〉

2005년 3월 28일, 방송 3사는 일제히 조정래 씨가 쓴 대하소설 〈태백산맥〉이 무려 11년 만에 국가보안법 위반과 관련해서 무혐의를 받아 이 적성에서 자유로워졌다고 보도했다. 당시 〈뉴스데스크〉 엄기영 앵커는 클로징에서 "제발 무분별한 색깔 논쟁의 시대, 그 마침표이기를 바랍니다"라고 일침을 가했다.

그 해 10월 19일, 조정래 씨는 MBC와 인터뷰에서 "내 원고는 대한민국에서 가장 깨끗하다"며 "한 문장을 세 번씩 생각하고 썼으며 한 글자라도 틀리면 찢어 버렸다"고 말했다. 정말 그럴까? 사법부는 지난 1994

년 이승만 전 대통령의 양자 이인수 씨 등이 조정래 씨를 국가보안법 위반 혐의로 고발한 사건에 대해 결론을 내지 않은 채 11년이란 세월을 질질 끌었다. 그러다 좌파정권의 한가운데서 덜렁 무죄판결을 내린 것이다. 여기서 〈태백산맥〉을 거론하는 이유는 두 가지다.

첫째는 〈태백산맥〉의 무죄판결이 방송을 비롯해 우리 사회에 종북주의를 파급시키는데 지대한 역할을 했다는 것이다.

둘째는 〈태백산맥〉이 표절 시비에 말렸지만 좌파정권 10년 동안 보호를 받으면서 묻혔다는 것이다.

이제부터 조정래 씨와 이승만 전 대통령의 아들 이인수 씨와의 11년에 걸친 송사와 관련해 가려져 있던 진실을 공개하기로 한다. 여기서 〈태백산맥〉의 이면을 짚고 넘어가려는 것은 2005년 검찰이 〈태백산맥〉에 국가보안법 위반 무혐의 결정을 11년 만에 내리고 얼마 지나지 않아 KBS가 〈서울 1945〉를 제작한다는 소식이 들려왔기 때문이었다. 필자는 〈태백산맥〉에 대한 보안법 위반 무혐의 처리가 〈서울 1945〉 제작에 중대한 영향을 미쳤다고 판단하고 있다. 지금부터 〈태백산맥〉의 표절 사실을 공개하고자 한다.

이 사건의 출발은 1994년 〈한국논단〉의 논평으로 거슬러 올라간다. 〈한국논단〉 94년 8월호에는 "사실事實과 사실史實을 왜곡한 〈태백산맥〉"이라는 논평이 실렸다. 당시 한국논단 이희범 편집국장이 쓴 것이었다.

조정래 씨, 〈잠들지 않는 남도〉 표절을 인정

1994년 당시 한국논단 편집인 이희범 씨가 4·3사태 내용 중에 등장하는 박진경 대령의 아들 박익주 씨에게 연락하여 조정래 씨와 만나게 해 주었다. 그날 만난 자리에서 조정래 씨는 〈태백산맥〉 4권 56쪽에서 60쪽에 이르기까지 노민영 씨의 〈잠들지 않는 남도〉의 내용을 보고 베꼈다고 시인했다는 것이다.

　조정래 씨가 소설에서 실명으로 등장시킨 박진경 대령을 잔인무도하게 그려 유족들은 작가를 사자死者 명예를 훼손했다고 비난했다. 박익주 씨가 "이것을 어디서 알고 소설에 썼냐"고 따지니까 조정래 씨는 "노민영 씨가 쓴 〈잠들지 않는 남도〉에서 보고 베꼈다"고 말했다는 것이다. 당시 조정래 씨 부인 김초혜 씨도 함께 와서 이승만 전 대통령 아들 박인수 씨, 김언호 한길사 대표, 이희범 한국논단 편집국장 등이 보는 앞에서 4·3사태 부분을 베꼈다고 실토했다는 것이다. 그때 조정래 씨는 박진경 대령의 아들 박익주 씨에게 다음 판부터 그 내용을 삭제하여 출판하겠다고 약속했다. 하지만 지금까지도 그 약속은 지키지 않고 그대로 출판되고 있다. 이것은 지적재산을 도둑질한 것으로 작가적인 양심과 직결되는 중대 사안에 해당되는 것이다. 아무리 사소한 약속이라도 작가라면 마땅히 지켰어야할 도리인 것이다.

　〈잠들지 않는 남도〉는 1988년 연세대 정외과 재학생 노민영 씨가 '4·3항쟁의 기록' 이라는 부제로 당시까지 알려져 있던 4·3제주도 사건 관련 기존 사료를 전면적으로 부인하는 내용들만을 엮어서 출판한 것이다. 그 후 이 책은 운동권 학생들의 필독 교양서가 되었고 가수 안치환이 부른 "외로운 대지의 깃발 흩날리는 이 녘의 땅. 어둠살 뚫고 피어난 피에 젖은 유채꽃이여…"로 시작되는 4·3가요 "잠들지 않는 남도"는 지금도 운동권 학생들의 애창곡으로 불리고 있다.

미천한 신돈을 개혁세력으로 미화

　드라마 〈신돈〉은 KBS 〈서울 1945〉(2006.01.07.~09.10)의 방영 시기와 일부 겹치는 2005년 9월말부터 이듬해 5월초까지 방영되었다. MBC는 고려말 승려 신돈辛旽의 일대기를 그린 개혁드라마를 들고 나와 미완의 혁명가의 고뇌를 생생하게 표출시켰다. (방송 2005.9.24~2006.5.7, 연출 김진민, 극본 정하연)

　2005년, MBC는 탄핵 후폭풍도 잔잔해지고 노무현 정권의 안정에 접어든 3년차를 맞아 정치 개혁의 당위성을 강조하기 위한 특별기획 주말드라마 〈신돈〉을 준비했다. 드라마 제작진이 밝힌 신돈의 기획의도를 보면 "난세亂世에 영웅이 난다"는 말이 저절로 떠오르게 된다.

> 권력에 대한 집착執着과 권모술수權謀術數, 소위 민중을 등에 업고 권력구조를 밑바닥부터 뒤엎으려는 혁명적 사상, 파란만장波瀾萬丈할 수밖에 없었던 왕조의 패망敗亡을 배경으로 좌충우돌했던 에너지, 종교를 이용해서 권력과 민중을 동시에 장악해간 신돈의 일생을 통해서 영웅이 없는 이 시대를 질타叱咤하고자 한다.

　이 드라마는 혼란스런 시대에 권모술수權謀術數와 민중을 이용해 권력을 쟁취한 민중혁명가가 기득권 세력을 타파하고 개혁정치를 펼쳐가는 과정을 적나라赤裸裸하게 보여주어 오늘날의 시대상황과 대입시켜 개혁을 부각浮刻시키려는 정치적인 목적을 가진 드라마였다.
　이 드라마는 한미寒微한 출신인 승려 신돈의 일생을 통해 당시 지도자의 영웅성을 부각시켜 주었다는 의심을 받았다.
　MBC가 정권의 코드에 맞는 드라마 〈신돈〉을 헌정獻呈한 것은 노조위원장을 사장으로 발탁拔擢해준 것과 결코 무관하지 않은 것이었다. 노 대통령도 대권을 잡기 전까지는 정치 이력으로 내세울 만한 게 별로 없었다. 최문순 사장 역시 차장에서 사장으로 수직 상승하기까지 외부에서 노동운동에 몰입하였다.

〈신돈〉 바로 전에 〈제5공화국〉(방송 2005.4.23.~2005.9.11)을 통해 좌파들이 말하는 수구守舊기득권 세력의 독재와 부정을 고발했다면, 〈신돈〉을 통해서는 개혁의 당위성當爲性을 제시한 것이었다.

이 드라마에서 공민왕恭愍王은 신돈이 '도道를 얻어 욕심이 없으며 또 미천微賤하여 친당親黨이 없으므로 대사를 맡길 만하다' 면서 전격적으로 개혁의 대임大任을 맡긴다.

    드라마 〈신돈〉을 보고, 신돈이란 인물이 과연 거인이었나 아니었나를 따지기보다는, 현 시대를 살아가는 우리 사회에 영웅이 나타나지 못하는 원인은 무엇인가를 〈신돈〉을 통해 생각해 볼 수 있다. 작금의 정치 현실을 잠시 들여다보면, 상대 세력의 권력만을 쟁취하기 위해 서로 헐뜯고 깎아 내려 상대를 권좌에서 끌어내리려고만 한다. 이런 현상은 드라마 〈신돈〉에서도 똑같이 나타난다. 〈신돈〉에서 신돈은 과감한 개혁을 시도하지만, 기득권층의 질시와 왕의 불신으로 결국에는 권좌에서 물러나고 죽임을 당하게 된다. 현 시대의 정치 상황과 꼭 닮아 있다. 현 시대에 영웅이 나타나지 않는 근본적인 이유는 〈신돈〉 속에서 충분히 찾아 볼 수 있다.

제작진은 기획의도에서 "지금의 혼란상(노무현 정권)이 신돈의 시대적 상황과 꼭 닮았다"고 단정 짓고 있다. 결국 신돈은 기득권의 질시와 불신으로 개혁을 달성하지 못했다는 주장이다. 그러면서 우리 시대에 영웅이 나타나지 않는 이유가 드라마 신돈 속에 내재되어 있다고 말했다.

1365년, 신돈은 집권하자마자 기득권 세력의 대표라고 할 수 있는 최영崔瑩, 이인복 등을 숙청肅淸, 인적 청산淸算에 나서게 된다. 최영은 청렴

강직한 군인으로 후대의 추앙推仰을 받고 있지만 당시의 권력구도 아래서는 기득권 세력일 수밖에 없었다.

이듬해 신돈은 전민변정도감田民辨正都監을 설치하여 권문세족權門勢族들이 부당하게 점유한 토지를 농민들에게 분배하고 빚이나 세금 때문에 노비가 된 자들을 해방시켰다.

이렇게 되자 백성들은 '성인聖人이 나타났다'면서 환호성을 지르게 된다.

당시 개혁가인 신돈은 특히 토지문제 해결에 팔을 걷어붙이고 나서는 모습이 크게 닮았다고 할 수 있다. 노사모는 고려 말 신돈의 개혁에 대해 '성인이 나타났다'고 환호하던 백성들과 흡사했다.

권력을 잡은 신돈은 기득권 세력의 해체解體에 나서는 한편, 자신의 개혁을 뒷받침할 새로운 엘리트들을 발굴하여 충원해 나갔다. 1367년 신돈이 국학國學인 성균관成均館을 중건重建한 것은 신진 사류士類들을 개혁세력으로 포섭하려는 전략이었다. 이색李穡, 정몽주鄭夢周, 이존오李存吾, 이숭인李崇仁, 정도전鄭道傳, 권근權近 등 고려 말 조선 초의 인재들이 이때 본격적으로 등장하기 시작했다.

이것 또한 비슷하다. 노무현은 집권 초부터 공무원 사회 내부에 공식 또는 비공식 '혁신 주도세력' 양성을 공언公言하는가 하면, 비명문대지방대 출신 진보 지식인들을 대통령 직속 자문위원회에 대거 영입하더니 공기업 등 각종 공공기관에 자신의 지지세력들을 심고 종전에 노년층 지역 유지들이 중심을 이루었던 민주평통을 운동권 출신 청장년층으로 물갈이했다.

지난 2002년 대선에서 노무현 후보를 지지했던 국민들도 이 드라마를 보면서 신돈을 발탁한 공민왕과 비슷한 생각을 했을 수도 있다. 지역정치구도에 도전한다면서 부득부득 김대중 정당의 공천을 받아 부산에서 낙선을 거듭했던 '노무현', 극빈한 가정에서 태어나 자수성가한 독불장군獨不將軍 스타일의 정치인 노무현에게서 기득권 세력과 철저히 절연絶緣된 개혁가의 모습을 기대했을지도 모를 일이다.

신돈은 자신을 성인으로까지 추앙하는 백성들의 환호성에 취하면서 점차 초심初心을 잃고 교만해져 축첩蓄妾과 축재蓄財에 빠져들고 측근들도 권력형 부정비리를 저지르게 된다. 입으로는 개혁을 부르짖으면서 실제로는 그들 자신이 기득권층으로 편입되어 가고 있었다.

공민왕의 신임이 옅어지는 것을 느낀 신돈은 공민왕과 사별死別한 노국공주魯國公主와 닮은 반야般若라는 비첩婢妾을 공민왕에게 진상進上하여 공민왕의 마음을 붙들어 보려고 몸부림을 쳤다. 이런 사실이 고려사高麗史와 고려사절요高麗史節要에 기록되어 있다.

노 정권 출범 후 계속 터져 나왔던 측근의 비리들이 노 대통령의 장래도 그다지 평탄치 않을 것임을 예고했다. 신돈이 반야라는 여인을 공민왕에게 보낸 것으로 위기를 모면하려고 했다면 노무현은 김정일과의 남북 정상회담과 민족공조, 반미-반일 분위기 조성, 조선일보와 동아일보에 대한 공격과 같은 대내외적 포퓰리즘 정책으로 국민들의 환심을 사려고 했다는 점이 서로 닮았다는 것이다.

신돈 한 사람에 대한 공민왕의 분노와 실패, 부패한 대통령이 되었을 경우 노무현에 대한 국민의 분노 가운데 어느 쪽이 더 크고 무서울 것인가?

이처럼 정권을 미화하는데 역사적 인물까지 차용借用했지만 드라마〈신돈〉제작자나 작가는 역사가 남겨준 교훈을 냉철하게 분석할 줄은 몰랐던 것 같다. 신돈의 개혁이 실패하면서 918년부터 1392년까지 474년간 왕씨王氏가 34대에 걸쳐 집권했던 고려왕조는 패망의 길로 빠져들었다.

신돈이 1367년 개혁을 위해 신진 사류들을 등용한 지 25년 만에 고려는 역사에 흔적만 남기고 사라졌다.

국민들에게서 배척당한 전직 대통령은 검찰의 소환이라는 굴욕을 겪고 끝내는 스스로 목숨을 끊는 비극적 상황으로 마무리되었다.

KBS는 〈서울 1945〉를 통해 우익 건국 민주세력의 도덕성을 질타하고 좌익의 민족애民族愛와 평등사상을 재조명했으며, 보수세력을 수구꼴통 부패집단으로 몰아 개혁의 정당성을 부여하였다.

이들이 정권의 코드에 맞추려고 역사를 비틀면서까지 코드 드라마를 제작하여 바쳤지만 국민의 마음과 상반된 통치는 민심의 이반을 가져오게 되어 신돈과 같은 개혁, 좌익주의자 이강국과 김수임의 로맨스는 한낱 볼거리로 머물다가 잊혀졌다.

드라마 〈신돈〉 역시 170억 원이라는, 당시의 기준으로나 지금의 기준으로나 거액이 투입된 드라마로 이목을 끌었다. 하지만 〈신돈〉은 초반에 한 자릿수 시청률을 오르내렸다. 후반에 10%대를 유지하기는 했지만 제작비나 출연자, 고비사막 현장 로케 등에 비하면 초라한 성적표를 받아든 것이다. 그런데 얄궂게도 그 시간대에 고려를 침입해 국토를 유린한 몽골족의 영웅인 칭기즈칸이 KBS에서 방송되면서 시청률 경쟁에 불이 붙었다. 드라마 〈신돈〉에 나오는 공민왕은 몽골족의 침입으로 국토가 피폐해지고 국민들의 삶은 도탄에 빠져 있는 것을 통탄하고 있었다.

침략자 칭기즈칸을 미화한 드라마 방영

2005년 9월 10일, KBS는 난데없이 중국 CCTV가 우리 돈으로 500억

원 가까이 들여 제작한 〈칭기즈칸〉을 더빙하여 방영하였다. 비록 1,000년이란 긴 세월이 흘렀지만 일제가 우리나라를 40여 년간 강점한 것과 같은 맥락에서 본다면 국영방송 KBS는 우리 땅을 유린한 침략자 칭기즈칸의 일대기를 다룬 드라마로 거의 동 시대의 사실史實을 다루는 〈신돈〉과 같은 시간대에 방영하여 시청률 경쟁에 뛰어 들었다.

〈칭기즈칸〉은 중국에서 1999년부터 5년 동안에 걸쳐서 제작된 드라마였다. 이 드라마는 중국에서도 문제가 있어 방영이 금지되었다. 중국 정부는 이 드라마가 소수민족을 자극할 우려가 있다고 해서 방송을 못하게 막았다는 것이다. 그런데 국가 기간방송인 KBS가 고려를 침략한 칭기즈칸의 일대기를 다룬 드라마를 방영한 것이다. 당시 KBS는 〈칭기즈칸〉 30부작을 성우 더빙까지 포함하여 3억 원이라는 헐값에 방영한다고 자랑했다. KBS는 비용절감 차원에서 〈칭기즈칸〉을 방영한 것이다.

정연주 사장은 그해 11월 16일, 코엑스에서 열린 'BCWW 국제 방송 컨퍼런스'에서 "중국 드라마인 〈칭기즈칸〉이 KBS에서 황금시간대에 방송되고 있는데 이는 동아시아 국민 문화교류를 강화시켜 주었으며 중국, 몽고의 문화를 한국에 소개하고 있다"고 영어로 말했다.

그는 또 "이 작품의 완성도가 높아 '아시아 프로젝트'에 충실하기 위한 결단"이라고 설명했다. 그동안 국내 드라마가 중국과 일본에 수출되면서 그곳의 드라마도 수입해야 하지 않느냐는 현지 국가들의 주장도 참고했다"고도 덧붙였다. 그 전에 감사팀은 재정상황이 어려운데 수백억 원의 제작비가 들어가는 〈불멸의 이순신〉, 〈해신〉 등 대하사극의 제작은 잘못된 것으로 지적했다.

정말 정 사장이 칭기즈칸의 이런 사실을 알면서 이렇게 미화했을까? 아니면 몰라서 이렇게 말한 것인지는 알 수가 없다. 다만 분명한 것은 〈칭기즈칸〉은 중국의 술장사들이 만든 전문적인 피피엘PPL 드라마였다는 것이다. 이런 저급한 중국산 드라마를 KBS는 얼씨구나 받아서 전파에 실어 전 국민을 상대로 술 광고를 한 것이다. 당시 기억으로는 이 드라마 화면이 칙칙한데다가 음향의 질도 형편없었다. 솔직히 말해서 〈칭기즈칸〉은 삼류 싸구려 중국산 드라마였다. 아마 그 당시 KBS는 제정신이 아니었기에 이런 수준 이하의 술 광고 드라마를 방송한 것으로 추정된다.

중국 측이 드라마 〈칭기즈칸〉을 갖고 와서 다른 방송사를 먼저 찾아갔다고 한다. 다른 방송사에서 편성에 난감해하고 있을 때 KBS가 방영하기로 결정했다는 소문이 돌았다. 문제는 이 드라마에는 우리가 쉽게 수용할 수 없는 의도가 숨어 있었다.

그것은 바로 중국산 고량주였다. 이 드라마는 중국이 술을 홍보하려고 의도적으로 만든 드라마였다. 〈칭기즈칸〉은 술을 만드는 '내몽골 칭기즈칸 주업집단' 의 '중국 인문기념주-칭기즈칸' 홍보 차원에서 제작된 것이었다. 여기서 "인문기념주"란 중국내 인명을 사용한 고급술을 뜻하는 것이다. 드라마 〈칭기즈칸〉에 등장하는 술 '텡게리' [하늘]가 바로 '중국 인문기념주-칭기즈칸' 의 최고급 술 브랜드였다. '중국 인문기념주-칭기즈칸' 은 중국에서 유일하게 인문기념주로 선정된 최고급 백주白酒로 최고 부유층이 즐기는 고급주이다. 이 술은 2008년 8월에 베이징 올림픽 특별기념주로 지정되었다. KBS가 중국 술장사들의 상술에 말려든 꼴이 되고 말았다.

2008년 4월, 우리나라 L그룹 재벌 부회장은 회장으로부터 받았다면서 칭기즈칸 비디오를 사원들에게 나누어 주었다는 기사가 떴다. 그 부회장은 회사의 스피드 경영과 칭기즈칸의 리더십이 통한다고 판단했다는 것이다. 그는 또 20년도 안 되는 기간에 10만 명의 병사로 어떻게 1억 명이 넘는 유라시아 전체를 150년이나 통치할 수 있었는지 그의 리더십을 탐구해서 적용하자고 했다. 칭기즈칸이 아무리 불세출不世出의 영웅이라고 하더라도 우리 국토를 점령한 적군이었다. 좀 안 된 얘기지만 이렇게 역사인식이 척박한 기업이 있다는 게 수치스러웠다. 이것은 일본이 영웅시 하는 이토 히로부미를 경영에 접목하는 것과 크게 다를 것이 없다. 이처럼 역사 인식을 망각한 행위들이 곳곳에서 무분별하게 나타나는 것이 바로 드라마가 가져다준 환영幻影때문으로 추정된다. 우리 재벌기업이 고려를 침략하여 조상들의 삶에 지독한 고통을 준 칭기즈칸을 떠받드는 것은 조상들에게 미안한 일이라는 생각이 들었다. 이것은 의도적으로 왜곡시킨 드라마가 우리 삶에 던져준 대표적인 폐해라고 할 수 있다.

방송 3사의 대북 전략물자 제공 의혹

최근 방개혁은 과거 좌파정권에서 방송사들이 북한에 지원한 방송장비에 이중용도(dual-use)의 전략물자가 북한의 핵실험과 미사일 발사를 가능하게 해주었을 수도 있다는 의혹을 제기했다.

국제협약에 따라 테러지원국으로 지정된 국가에는 ① 무기수출 금지 ② 테러에 사용될 수 있는 이중용도 품목에 대한 수출통제 ③ 대외원조 금지 ④ 무역 제재 등의 제재가 따르게 된다.

국제적으로 "이중용도 품목"이란 방송장비에 쓰이는 마이크로프로세서(MPU)처럼 무기에 다양하게 전용될 수 있는 것들을 일컫는다.

최근 북한은 우리나라에 핵무기로 불바다를 만들겠다고 협박하였다. 얼마 전 평양에서는 군인들이 핵배낭을 가슴에 안고 등장하여 관심을 끌었다. 그 안에 무엇이 들어있든지 북한은 핵무기에 대해 어느 정도 자신이 있다는 것을 보여준 것이다. 이런 실정에서 지난 정권 당시 북한으로 건네진 방송장비 속에 포함된 마이크로프로세서가 이중용도 품목으로 무기에 쓰인 게 아닌가 하는 걱정이 든다. 이것은 핵실험, 미사일, 어뢰, 전차, 전투기, 잠수함, 전함 등의 군사장비에 폭넓게 쓰인다.

방송 카메라, VCR 등의 방송장비에는 초고성능의 마이크로프로세서가 들어 있는데 이것은 이중용도로 쓰일 수 있으므로 전략물자수출통제체제인 바세나르 협정 등에 따라서 북한으로의 반출이 엄격하게 금지되어 있다.

지난 1988년 이후 2007년까지 방송 3사는 다양한 명분으로 중계차를 갖고 들어가 생중계를 했으며, 그때 쓸 수 없는 방송장비라면서 북한에 두고 내려왔다는 의혹이 제기되었다. 설령 합법적으로 방송장비를 제공했다고 하더라도 그 안에는 무기로 전용될 수 있는 것들이 많이 있다.

KBS는 2000년 9월 12일 추석에 한국 방송사상 처음으로 남북이 공동으로 제작한 3원 생방송 〈2000년 한민족 특별기획 – 백두에서 한라까지〉를 방송했다. 이 프로그램에는 "통일 대장정, 이제부터 시작"이라는 부제가 붙었다. 이처럼 좌파정권 내내 방송 3사가 제작한 프로그램에는 통일의 그날이 내일 올 것 같은 환상을 심어주었다.

이 프로그램 중계를 위해 수십 명의 제작진과 다섯 대의 중계차와 방송장비가 북한으로 넘어간 것으로 알려졌다. 이들 방송장비는 선박 편으로 실려서 남포항으로 들어갔는데, 당시 이들 방송장비는 물론 운반 차량에 대한 조사가 필요하다는 말들이 제작진 사이에서 돌았다. 그때 "중계차가 고장이 나서 사용할 수 없다"는 이유로 북한에 남겨두고 왔다는 관계자의 증언을 들었다.

KBS는 또 2003년 드라마 "사육신死六臣"을 북한과 공동으로 제작하기 위해 제작비와 방송장비를 지원했다고 한다. 이 드라마는 남북 최초의 드라마 교류로 KBS는 장비와 제작비 등 인프라를 지원했으며, 북한 조선중앙텔레비전이 극본, 배우, 작가, 스태프 등을 담당했다.

한편, MBC는 이명박 정권 출범 이틀 전인 2008년 2월 23일, 뉴욕 필하모닉 오케스트라 공연을 생중계하였다. 이때 북한으로 넘어간 중계차 등 차량 대수가 명확하지 않다는 얘기들이 돌았다. 뉴욕 필하모닉 계획서 161쪽 "운행계획서"에 보면 차량 리스트에 분명히 15대가 북한으로 올라가는 것으로 되어 있다. 그런데 "4항 운행대수"에는 "총 16대?"로 되어 있다. 이것은 단순 오타로 보기에는 미심쩍은 것이다.

내부제보자에 따르면 이때 MBC가 북한에 4천여만 원에 이르는 방송장비를 별도로 제공했다는 것이다. 그 품목을 보면 콘솔(멕끼), 앰프(크라운), 스피커(터보), 마이크 등이었다.

방송장비는 신호가 복잡하고 안정성이 보장되어야 하므로 고성능 부품이 들어간다. 이래서 방송장비는 고가일 수밖에 없으며 수명이 다 해도 부품은 이중용도로 활용할 수 있다는 것이다.

2000년 8월, 방송 3사는 "북한 방송기술 현대화 지원"이라는 협약을 북한과 체결하였다. 이때는 공교롭게도 우리 방송은 아날로그 방송장비들을 디지털장비로 대거 교체에 들어간 시기였다.

사실 북한은 조선중앙방송 하나로 집중이 되어 있어 많은 방송장비가 우리처럼 대량으로 필요하지도 않은데 과도하게 많이 제공했다는 의혹도 있었다.

북한은 이들 방송장비에서 마이크로프로세서 등 이중용도 물품만을 별도로 떼어내 핵실험이나 미사일 발사, 재래식 무기 등의 성능을 개선하는 데 사용했을 가능성이 있을 것으로 추정된다.

2004년 가동에 들어간 개성공단의 경우 지금도 이중용도(dual-use)로 쓰일 수 있는 전략물자의 반입·반출을 통제하는 시스템을 구축하여 운영하고 있다. 그래서 개성공단에 입주한 업체들은 상당한 불편을 겪고 있는 것으로 알려져 있다.

〈개성공단의 전략물자 반출 문제 해소 노력〉
- ○ 정부는 개성공단의 특수성(우리 기업이 최종 사용자, 우리 측에 의한 공단관리, 사용 후 재반입), 다자 수출통제 체제 가입국의 의무, 국내 기업 보호 측면 등을 종합적으로 고려하면서 전략물자 해결을 위해 노력
  - → 국내적으로 「전략물자무역정보센터」 신설 등 범정부적으로 전략물자 반출에 대한 사전·사후 통제체제를 구축·운영
- ○ 미국 측은 기본적으로 개성공단사업의 의의·중요성을 이해한다는 입장으로 통제품목 반출 문제에 관한 갈등 요인은 없음
  - → 개성공단 전략물자 반출 문제는 원칙적으로 우리 정부의 책임 하에 사전·사후 통제 절차에 따라 처리
  - → 다만, EAR(수출관리규정) 관련 수출통제품목 반출에 대해서는 한미 간 긴밀한 협의 지속 추진

지난 3월 13일, 〈방개혁〉은 통일부에 지난 정권 10년 동안 방송 3사가 북한에 제공한 방송장비 및 방북 횟수, 방북 언론인 명단에 대한 정보공개를 요청하였다. 하지만 통일부는 개인정보 유출과 방송사 사업상 비밀에 해당하는 정보들이 있어서 공개할 수 없다고 밝혔다.

통일부 담당자는 "우리는 북한에 합법적으로 방송장비를 제공했으며 2008년 감사원 감사, 국회 국정감사에서도 문제가 되지 않았다"고 답변했다. 〈방개혁〉은 좌파정권에서 방송 3사가 북한에 방송 장비들을 제공했다는 것을 확인할 수 있었다.

〈방개혁〉은 또 방송통신위원회에 북한에 넘겨준 방송장비 및 북한 관련 프로그램 심의 내역에 대한 정보공개를 요청했는데, 방통위는 이에 대해 "정보 부존재 통지서"를 보내왔다.

MBC의 〈사내 북한 접촉 현황〉이라는 문건을 보면 "기술본부는 북한 방송 관련 자체 연구만 하고 있음"으로 되어 있다. 맨 앞의 추진업무에는 "없음"으로 표기되어 있으며 세 번째 담당자 역시 공란으로 비어 있다.

또 비고란에 보면 "정보#1 참조"로 되어 있으며 아래 설명을 보면 북한에서 아시아방송연맹(ABU)을 통해 중국에 방송기술지원 협조 요청을 한 바 있고 KBS가 지원을 자청하였지만 북한에서 남한의 지원을 거부하였다고 되어 있다.

〈방송사 북한 접촉 현황〉

추진업무	추진부서	담당자	내 용	비 고
북한 관련 TV 프로그램 제작	교양제작국	김○○ 부장	1차 방북 : '97.10.25~ 11.1 유○○, 김○○ ·계약사(아자)와 추진 중	
〃	보도국 통일외교부	김○○	교양제작국과 합동제작 준비	
「트로트 가요앨범」 유람선내 공연 녹음 방송	라디오국	박○○ 부국장	남북예술교류단장 안○○	한국정부의 인사 접촉중
차후 관광 관련 사업 대비	총무국 사업부	최○○ 차장	현대그룹 금강기획과 유대관계 유지	정식 접촉 없음
없음	기술본부	○○○	북한 방송 관련 자체 연구만 하고 있음	정보 #1 참조

〈정보#1〉 북한에서 ABU(아시아방송연맹)를 통하여 중국에 방송기술지원 협조 요청한 바 있으며, KBS가 지원을 자청하였으나 북한에서 남한의 지원은 거부하였음

여기서 내용과 비고란에는 업무가 명백하게 기록되어 있는데 "추진업무와 담당자"만 빠져 있다. 표 아래에 "KBS가 북한에 기술지원을 자청하였다"고 하였다.

2008년 10월 국정감사에서 당시 한나라당 한선교 의원이 북한에 방송

장비를 넘겨준 데 대한 문제를 제기했으며, 통일부는 감사원에서 이에 대해 감사를 실시했지만 아무 문제가 없다고 답변했다.

노무현 정부 시절 방송 · 문화 · 언론 · 관광 · 체육 부문의 교류사업비로 207억 원이 투입되었음에도 불구하고 일부 장비시설 지원의 경우 해당 부처에서는 그런 장비가 북한에 지원되었는지조차 알지 못하는 등 사후 관리가 부실하다고 비판했다. 한 의원은 심지어 "북한이 마음만 먹으면 (방송장비를) 얼마든지 팔 수 있고, 어쩌면 벌써 전용했을 가능성도 크다"고 했다.

보도 자료에 따르면, 2005년의 '남북 공동이용을 위한 방송설비 지원' 사업명목으로 17.5억을 투입하여 북측에 SD급 중계차량을 지원하였다는 것이다.

〈남북 공동이용을 위한 방송설비 지원 사업〉

(이전 생략) 방송설비 지원으로 17.5억 투입했으나 장비는 무용지물, 존재조차 확인 안 돼.

노무현 정부 시절 남북 방송·문화·언론·관광·체육부문의 교류사업비로 총 207억 원이 투입되었음에도 불구하고 일부 장비시설 지원의 경우 해당 부처에서는 그런 장비가 북한에 지원되었는지, 존재하는지조차 알지 못하고, 일부 사업들의 경우 지원만 하면 그만이란 식의 철저한 정산이 이루어지지 않는 등 사후 관리가 부실하였다.

방송분야 : 2005년 방송설비지원은 북에 17.5억 그냥 준 꼴

〈남북 방송교류현황, 2003~07년도〉 (단위: 백만 원)

구분	2003	2004	2005	2006	2007	합계
행사수	5	2	6	6	2	21
문체부지원액	1186	163	2041	231.6	445	4,066.6

2003년부터 2007년까지 남북방송교류는 총 21회 이루어졌고, 지원금액은 40.7억에 달한다. 그 중 2005년의 '남북 공동이용을 위한 방송설비 지원'사업 명목으로 17.5억을 투입하여 북측에 SD급 중계차량을 지원하였다.

이는 우리 방송사들이 북측 지역에서 방송프로그램을 제작할 경우 원활한 제작 협력이 이루어지도록 하려는 것이었다. 하지만, 지원 후 사용건수는 한 차례도 없었다.

방송 관계자들은 한 차례도 사용하지 않았던 것이 당연하다는 말을 한다. 즉, 지원할 당시부터 대형 방송사들은 SD급 중계차량보다 더 좋은 중계시설을 이용하기에 사용할 이유가 없었고, 소형 방송사들은 카메라만 들고 입북해서 촬영 후 남측으로 돌아와서 편집하기에 장비를 사용할 필요가 없다는 것이다. 결국 사용하지도 않고 사용할 수도 없는 중계차량을 17.5억을 들여 지원한 셈이다. 지원 후 유지보수도 형편없었다. 방송설비 유지보수는 2006년 이후 한 차례도 없었으며, 관리도 되지 않고 있었고, 주무부처인 방통위는 "이 장비가 북한에 있기는 하냐?"는 질문에 "잘 모르겠다"고 대답하는 등 장비의 소재도 파악하지 못하고 있었다. 북한이 마음만 먹으면 얼마든지 팔 수 있고, 어쩌면 벌써 전용하였을 가능성이 큰 것이다.

어느 탈북자의 증언

박필수(가명, 49세) 씨는 북한에서 무역일꾼으로 있다가 남한으로 내려왔다. 북한에서 1990년대 초부터 김정일은 무역일꾼들에게 전자장비를 이유불문하고 들여보내라는 지령을 수시로 하달했다고 고백했다. 그때 무역일꾼들 사이에서는 갑자기 전자장비가 왜 그렇게 필요하냐면서 말들이 많았다는 것이다. 그런데 90년대 말 들어서면서 어느 날인가부터 그런 지령이 더 이상 내려오지 않더라는 것이다. 그때 친구한테서 남한에서 전자장비가 들어와서 무기 개발과 성능개선에 쓰이고 있다는 얘기를 들었다고 털어놓았다. 2013년 6월초 서울근교 카페에서 그를 만나 얘기를 들어보았다. 여기서는 그와 북한 친구의 이름은 신변보호를 위해 가명으로 썼다.

● 질문 : 김정일이 마이크로프로세서를 갖고 오라는 지시가 있었나요?

○ 박필수(이하 박) : 김정일 정권의 핵과 미사일 개발의 일등공신이 김대중과 노무

현 정권으로 알고 있습니다. 북한 정권은 1995년도부터 경제 파산과 몰락으로 북한 전역의 공장, 기업소들이 가동을 멈추었습니다. 그 당시의 상황은 돈이 없어 식량을 사오지 못해 길거리에 굶어죽은 사람들의 시체가 널려있던 때였습니다. 1998년 김대중 정부가 들여보낸 자금과 식량으로 군수공장 근무자들만 식량배급을 주고 생산라인들이 가동되기 시작했습니다. 결국 김정일은 사람들이 죽어나가는 와중에도 핵무기와 미사일을 완성할 수 있었습니다. 김정일은 무역기관 일꾼들에게 핵무기와 미사일 제조에 필요한 설비, 특히 전자장비들을 무슨 수단과 방법을 쓰더라도 구입하라는 지시를 내렸습니다. 남한에서 들여간 방송장비 설비들도 김대중 정부와 짜고 고스톱을 친 일이라고 저는 생각합니다.

- 질문 : 남한 방송사들이 전자장비를 북한에 제공한다는 얘기를 언제 들었습니까?
- ○ 박 : 2000년 6월경 당 사업을 하는 친구 이철주(가명)에게서 직접 들었습니다.
- 질문 : 남한 방송사가 북한에 방송장비를 제공한다는 소문을 어떻게 듣게 되었죠?
- ○ 박 : 제가 북한에 있을 때 저의 친구 이철주(가명)가 국경 도시 당 기관 책임일꾼으로 일하고 있었습니다. 그 친구가 하는 말이 한국에서 김정일에게 최신식 방송장비를 선물로 가져다 바쳤다는 이야기를 들었습니다.
- 질문 : 혹시 북한의 무역회사들이 마이크로프로세서를 갖고 들어갔습니까?
- ○ 박 : 특정 마이크로프로세서 만이라고 말하기는 어렵구요, 김정일이 다른 분야는 생산을 죽여도 좋으니 군수공업, 무기 생산라인은 절대 세우면 안 된다는 것과 무기 생산에 필요한 전자장비들을 수입하라는 지시가 있었습니다. 아마 마이크로프로세서도 거기 속한다고 보면 됩니다.
- 질문 : 북한에서 이런 마이크로프로세서 공급을 담당하던 부서는 어디입니까?
- ○ 박 : 저는 북한에서 2000년부터 2003년까지 중앙당 선전선동부 산하 무역기관인 '문심무역회사'에서 중국 담당 지사장으로 근무하였습니다. 김정일은 조선중앙텔레비죤방송과 중앙방송사를 비롯한 선전선동기관 운영에 사용한다며 중국을 비롯한 해외 무역기관들에 전자장비들을 수입하라는 지시를 내려 보냈습니다. 그 후 '문심무역회사'는 권력싸움으로 내분이 일어나 2003년 말 해체되었습니다.
- 질문 : 북한에 마이크로프로세서를 제공하면 바세나르협약이나 미사일기술통제

체제(MTCR)에 위배되기 때문에 중국이나 러시아는 감시를 더 강화하였는데 그 사실을 알았나요?

○ 박 : 북한 정권은 그런 이유를 잘 알기 때문에 마이크로프로세서가 들어가 있는 전자장비들을 다른 용도에 쓰는 것으로 위장 수입하였습니다.

● 질문 : 북한의 TV전송방식은 남한과 그것과는 방식이 달라 남한의 방송장비를 가져가봤자 쓸모가 없다는데 사실입니까?

○ 박 : 맞습니다. 한국에서 가지고 들어간 방송장비들은 북한에서 체계가 달라 사용 못합니다. 그들이 남한에 방송장비를 달라고 한 것은 그 장비들에 들어있는 전자부품들을 다른 용도에 사용하려는 목적이었습니다.

● 질문 : 마이크로프로세서는 전략물자의 하나로 "이중용도 물품"이라고 합니다. 이것은 군사무기에 전용될 수 있다는 것을 가리키는데 그것을 아십니까?

○ 박 : 네, 알고 있었습니다.

● 질문 : 남한의 방송사들이 제공한 마이크로프로세서로 핵실험이나 미사일 발사, 어뢰 등의 무기개발과 성능개선에 쓰고 있다는 얘기는 들었습니까?

○ 박 : 군사적인 용도에 쓴다는 말은 들었습니다. 북한에서 군사적인 용도란 핵개발과 미사일을 비롯한 군사무기 개발을 의미합니다.

● 질문 : 북한 어느 부서에서 이런 이중용도 물품을 관리하고 있는지 아십니까?

○ 박 : 북한 정권은 국방공업에 쓰이는 물자는 특정한 부서에서만 수입하거나 관리하지 않는 것으로 알고 있습니다. 그들은 자신들이 국제적인 고립과 제재의 대상임을 너무 잘 알기 때문에 일반무역회사들로 위장하여 민간부문에 쓰는 것처럼 전자장비들을 밀수입하여 국내에 들여와 군사적인 목적에 이용하고 있습니다.

● 질문 : 북한은 지난 10년간 연평도 폭격, 천안함 폭침 등 도발을 여러 차례 감행했는데 여기에 남한 방송사에서 제공한 전략물자가 쓰였을까요?

○ 박 : 마이크로프로세서는 다른 나라들에서 수입하기 어려운 전자 부품입니다. 특히 북한은 핵개발로 인한 국제사회의 강력한 제재로 하여 전자부품을 수입하는데 무진 애를 먹고 있습니다. 그러나 김대중 정부에서 제공한 방송전자 장비들은 북한 정권에 있어 하늘이 도와준 절호의 기회였습니다. 북한 정권은 한국 정부에서 지원한 방송전자장비들에 들어있는 부품을 핵개발과 미사일 발사에 이용하였다는 것은 비밀이 아닙니다.

〈표1〉

통일은 반드시 옵니다!

통 일 부

수신자　　　　귀하 (우135-090 서울 강남구 삼성동 143-3)
(경유)
제목　　정보공개 결정 및 통지

1. 관련근거
　가. 공공기관의정보공개에관한법률 제9조 제1항 7호 및 제11조
　나. 정보공개청구서-1994975호(2013.3.18 접수)

2. 귀하께서 우리부에 요청하신 행정정보공개 청구건에 대해 아래와 같이 결정 사항을 알려드립니다.
　가. 청구단체 :　　(　-*******)
　나. 청구내용 : 1996~2008년 방송3사의 △대북제공 방송장비 목록, △중계차가 군사분계선을 넘어가 북한에서 시행한 행사, △북한측 접촉인사 및 취재차 방북내역
　다. 결정내용 : 비공개
　라. 결정사유 : 상기 공개요청 자료에는 개별 방송사의 사업상 비밀에 해당하는 정보가 포함되어 있어 정보공개법에서 정한 비공개 사유에 해당된다고 판단

붙임. 「정보공개청구서 1994975호」사본 1부. 끝.

통 일 부

| 주무관 | 김래은 | 서기관 | 대결 08/21 전은정 |

협조자
시행 사회문화교류과-212　(2013. 03. 21.)　접수
우 110-787　서울시 종로구 세종로 55 정부중앙청사 3층　/ http://www.unikorea.go.kr
전화 02-2100-5844　전송 02-2100-5849　/ ddosol@unikorea.go.kr　/ 비공개(7)
녹색은 생활이다

<표2>

정보[비공개] 결정통지서

수신자	(135-090) 서울 강남구 삼성동 143-3 삼정빌딩 3층 방송개혁시민연대			
접수일자	2013.03.13		접수번호	1986466
청구 내용	1. 1996~2008년 중 북한에 제공한 우리 프로그램 및 북한 프로그램 방영 실적 2. 상기 기간 중 대 북한 방송 구입 및 공연 등과 관련하여 지불된 금액 3. 상기 기간 중 대북 프로그램 교류와 관련하여 방북한 방송사 및 방송인 명단 4. 상기 기간 중 방송 프로그램에 북한 체제 선전과 관련하여 심의 제재된 내역			
공개 일시	2013.03.22 09 시		공개 장소	
공개 내용				
공개 방법	공개 형태			
	교부 방법			
납부 방법	수수료	우송료	감면액	합계
	0원	0원	0원	0원
수수료 산정내역		수수료 납입계좌 (입금시)	[ ]	
비공개(전부 또는 일부)내용 및 사유	1. 내용 : 대북 프로그램 교류 관련 방북한 방송사 및 방송인 명단 2. 근거 : [공공기관의 정보공개에 관한 법률] 제9조 제1항 제6,7호 3. 사유 : 귀하의 상기 요청자료에는 방송인 개인의 이름과 주민등록번호 등 공개될 경우 사생활 침해 우려가 있는 정보와 개별 방송사 및 단체의 사업상 비밀에 해당하는 정보가 포함되어 있어 정보공개법에서 정한 비공개 사유에 해당			

귀하의 정보공개 청구에 대한 결정 내용을 「공공기관의 정보공개에 관한 법률」 제13조제1항 및 제4항에 따라 위와 같이 결정통지합니다.

2013년 03월 22일

통일부 장관

기안자	김래은	직위/직급	행정주사
검토자		직위/직급	
협조자		직위/직급	
결재권자	권은정	직위/직급	서기관
시행	사회문화교류과-211(2013.03.21)		
주소	(110-760) 서울 종로구 세종로 정부중앙청사 406호		
전화	02-2100-5866 (팩스:)	전자우편	ddosol@unikorea.go.kr

〈표3〉

| 보도자료 NEWS DATA |

■ 의정활동 및 지역활동과 관련된 각종 자료를 공개합니다.

TITLE : [2008국정감사]남북방송문화체육 교류사업비, 일부 광우병촛불집회 단체에 지원되기도
NAME : 한선교의원실(newkp)   DATE : 2008.10.09   HIT : 262
FILE : 남북 방송문화체육 교류사업비.hwp (55810 bytes)

노무현 정부 5년, 남북 방송, 문화/언론/관광, 체육부문의
교류사업비 총 207억

광우병 촛불집회 참가 독려해온 (사)민족문학작가협회에
단일단체 최고 지원액인 8.57억원 지원

방송설비 지원으로 17.5억 투입했으나
장비는 무용지물, 존재조차 확인안돼

노무현 정부 시절 남북 방송, 문화/언론/관광, 체육부문의 교류사업비로 총 207억원이 투입되었음에도 불구하고 일부 장비시설 지원의 경우 해당 부처에서는 그런 장비가 북한에 지원되었는지 존재하는지조차 알지 못하고, 일부 사업들의 경우 지원만 하면 그만이란 식의 철저한 정산이 이루어지지 않는 등 사후 관리가 부실하였다.

1. 방송분야 ; '05년 방송설비 지원은 북측에 17.5억 그냥 준 꼴

〈남북 방송교류현황, '03~'07년도〉

구분 '03 '04 '05 '06 '07 합계
행사수 5 2 6 6 2 21
문체부 지원액 118.6 16.3 2041 231.6 44.5 4,066.6
총사업비 118.6 16.3 2041 231.6 44.5 4,066.6
(단위 : 백만원)

남북방송교류는 '03년부터 '07년까지 총 21회 이루어졌고 지원금액은 40.7억에 달한다. 그 중 '05년의 남북 공동이용을 위한 방송설비 지원' 사업명목으로 17.5억을 투입하여 북측에 SD급 중계차량을 지원하였다. 이는 우리 방송사들이 북측 지역에서 방송프로그램을 제작할 경우 원활한 제작협력이 이루어지도록 하는 것이었다. 하지만, 지원후 사용건수는 한 차례도 없었다. 방송 관계자들은 한 차례도 사용하지 않았던 것이 당연하다는 말을 한다. 즉, 지원할 당시부터 대형 방송사들은 SD급 중계차량보다 더 좋은 중계시

설을 이용하기에 사용할 이유가 없었고, 소형 방송사들은 카메라만 들고 입북해서 촬영 후 남측으로 돌아와서 편집하기에 장비를 사용할 필요가 없다는 것이다. 결국 사용하지도 않고 사용할 수도 없는 중계차량을 17.5억을 들여 지원한 셈이다. 지원 후 유지보수도 형편없었다. 방송설비 유지보수는 2006년 이후 한 차례도 없었으며, 관리도 되지 않고 있었고, 주무부처인 방통위는 "이 장비가 북한에 있기는 하냐?"는 질문에 "잘 모르겠다"고 대답하는 등 장비의 소재도 파악하지 못하고 있었다. 북한이 마음만 먹으면 얼마든지 팔 수 있고, 어쩌면 벌써 전용하였을 가능성도 큰 것이다.

〈표4〉

16 자동차 운행 계획서

운 행 계 획 서

1. 운행경위
   ○ 뉴욕 필하모닉 오케스트라 평양공연 진행 및 중계, 프로그램 제작

2. 운행일시 : 일시
   ○ 2008. 2. 23 ~ 2008. 2. 27 (15대 : 1번 ~ 15번)

3. 운행구간
   ○ 남측 도라산 임시CIQ ~ 북측 평양

4. 운행대수
   ○ 총 16 대?

5. 운행차량목록
   ○ 뒷장 <표> 참조

순번	자동차 등록번호	차 종	운전자	차 량 명	비 고
1	98나1718	대형특수	박청규	게이세이HDTV중계차	OB VAN #1
2	98나1789	중형특수	박원관	미래이동중계차	OB VAN #6
3	98나1733	대형특수	박영모	신광방송중계차	SD SNG
4	98나1741	대형특수	변봉수	미래이동발전차	SUB P/S #1
5	80모6175	중형화물	정광식	마이티	SUB P/S #2
6	80거8314	중형화물	황진석	마이티	SUB P/S #3
7	98가3036	대형특수	박상규	신광위성방송중계차	HD SNG #1
8	서울6오9099	중형승합	안지환	금양위성송수신차	HD SNG #2
9	서울82노5848	소형화물	이승윤	이스타나(롱6밴)	Lighting Mobile
10	71모1205	대형승합	이인범	유니버스	승합차(38인승)
11	서울71두1115	대형승합	이종수	그랜버드	승합차(43인승)
12	인천85아5108	대형화물	김현구	뉴파워트럭	Agility
13	인천80자9835	대형화물	장성수	현대5톤트럭	Agility
14	경기93자9852	대형화물	강정규	메가트럭	Agility
15	서울83사7590	대형화물	최종철	한국토미4.5톤카고트럭	Agility

제4장 뇌물, 향응으로 얼룩진 방송인 백태

　고인 물은 썩게 마련이고 곪으면 터지는 게 자연의 섭리다. 좌파정권 10년 동안 정권의 비호 아래 권세를 누려온 좌파방송과 방송인들의 비리 非理와 추태醜態가 계속 터졌다. DJ, 노무현 정권 10년 동안 방송계에서는 뇌물, 향응, 부동산 투기 등의 사건들로 하루도 조용한 날이 없었다.

　신강균의 〈뉴스서비스 사실은〉은 2001년부터 4년 동안 존속하면서 SBS와 모기업인 태영그룹을 5차례나 끈질기게 물고 늘어졌다. 그 내용을 보면 SBS에게는 무척 뼈아픈 것들이 대부분이었다. 2002년 11월 22일에 방송된 "SBS, 세습 경영하나?"는 SBS의 가장 민감한 사안을 건드린 것이다. 또 이듬해 3월 7일에 나간 SBS스포츠채널 파업사태 역시 해고된 노조원들의 입장을 지지해준 것이었다.
　신강균 기자는 "SBS, 세습 경영하나?"에서는 SBS 윤세영 회장이 아들 윤성민 씨에게 자신의 주식을 물려주면서 언론족벌의 세습이라는 비난을 받고 있다는 것을 집중적으로 다루었다. 윤성민 씨는 아버지 주식을 물려받아 25%의 최대 주주가 되어 SBS를 실질적으로 지배하게 되었다는 내용이었다. 이렇게 되자 SBS노조, SBS기자회 등 내부는 물론 언노련, 언개련, 민언련 등의 노조와 시민들이 세습을 막겠다고 벌떼처럼 들고 일어났다.
　SBS스포츠채널 파업사태는 SBS 자회사인 〈미디어넷〉의 150일 장기파업을 다룬 것이었다. 이들 해고노동자들은 복직을 요구하면서 SBS본사 앞에서 철야 노숙투쟁을 벌였다.

또 2004년에는 SBS에 3번이나 정조준한 프로그램을 방송하였다. 10월 22일, 〈물 캠페인 사실은〉, 10월 29일, 〈태영 그룹과 SBS〉, 11월 5일, 〈태영 자본의 특혜의혹〉 등을 불과 2주 동안에 집중적으로 내보낸 것이다. 이렇게 당하고만 있던 SBS는 〈8뉴스〉에서 "MBC의 부동산 투기"를 내보내 맞대응을 하였다. 이것은 그 후 신강균 기자의 "구찌백 향응"으로 연결된 것이다.

신강균은 〈물 캠페인 사실은〉에서 SBS가 4년째 역점 사업으로 진행하고 있는 "물은 생명이다"는 연중캠페인을 건드렸다. SBS는 4년에 걸쳐서 물 다큐멘터리만 160여회를 내보냈으며 태영이 왕숙천 살리는데서 돈만 벌었다는 것이다. SBS는 당시 뉴스, 교양, 오락 프로그램까지 총동원되어 "물은 생명이다"를 지원하고 있었다.

〈8뉴스〉는 "물의 소중함을 일깨우고 정부의 근본적인 물 관리 대책을 촉구해나갈 것입니다"고 보도했다. 일반적으로 "근본적인 물관리 대책"이라고 하면 하수종말처리장을 건설하여 오염 물질을 정화시켜 강으로 내보내는 것을 말한다. 이건 막대한 예산과 관리가 필요한 사업이어서 말처럼 쉬운 게 아니다. 수조 원이란 천문학적인 국민 세금이 들어가야 하고 가동 후에도 지속적으로 유지비용과 관리 인력이 투입되어야 한다. 〈뉴스서비스 사실은〉은 〈물은 생명이다〉가 이것을 노린 것이라고 본 것이다.

〈뉴스서비스 사실은〉은 SBS가 이 캠페인으로 의혹을 받게 된 것은 두 가지 이유 때문이었다고 보았다.

먼저, 방송사의 연중 캠페인은 해마다 바뀌는 게 일반적인데 SBS는 4년 째 이 캠페인을 계속하고 있었다. 다음은 SBS의 모기업이 ㈜태영이란 건설업이었으며 당시 하수종말처리장 건설에 우위를 차지하고 있었다는 것이다. 이런 연관성으로 ㈜태영은 구찌백과 금품으로 신강균 기자를 유인하여 입을 막으려다가 덫에 걸리고 만 것이다. 연달아서 10월 29일은 〈태영 그룹과 SBS〉를, 11월 5일에는 〈태영 자본의 특혜의혹〉을 내보냈다.

부동산 투기와 주식투자 vs 하수처리장과 구찌백

2004년 10월 11일, MBC와 SBS는 〈뉴스데스크〉와 〈8뉴스〉에서 서로를 헐뜯으면서 이전투구泥田鬪狗를 펼쳤다. 포문은 수세에 몰렸던 SBS가 먼저 열었다. SBS는 "MBC가 일산과 용인 지역에서 부동산 투기를 하여 1,000억 원에 가까운 이익을 봤다"면서 선전포고를 하였다.

이에 대해 MBC는 "SBS 윤세영 회장 일가가 '대주주 지분이 30%를 넘으면 안 된다'는 방송법을 어기고 우호지분을 포함해 30%가 넘는 지분을 소유하고 있다"고 맞불을 놓았다.

이때 MBC는 일산 드림센터 기공식을 갖고 공사가 한창 진행되고 있었다.

13일, SBS는 'MBC 땅 투기의혹 왜 심사 안했나', 'MBC, SBS 왜곡보도' 등 두 건의 기사를 연달아 내보냈다. 이날 특히 SBS는 "전날 MBC는 SBS가 국감에서 제기된 MBC 부동산 투기 의혹을 보도한 데 대한 감정적 대응으로 보인다"고 주장했다. 이에 MBC도 SBS는 주식으로 돈을 벌었다고 되받아쳤다.

16일, 두 방송사의 헐뜯기 보도가 점점 더 격화되자 SBS기자협회가 들고 일어났다. '팔은 안으로 굽고 가재는 게 편'이라는 말처럼 기자협회는 'MBC 관련 SBS기자협회 결의문'을 발표하여 제 식구를 감싸주었다.

그 결의문은 감정싸움으로 변질된 것을 인정하고 시청자에게 사과한다는 내용이었다. 이어서 동종 업계 감싸기 관행을 벗어나 모든 언론기관에 대한 비판과 감시를 할 것이다. 마지막으로 MBC는 SBS에 대한 감정적인 보도를 중단하라고 요구했다.

〈MBC 관련 SBS기자협회 결의문〉

SBS기자협회는 최근 'MBC 땅 투기의혹'과 관련된 SBS 보도와 MBC의 대응보도에 대해 논의한 뒤 다음과 같이 결의한다.

1. 최근 SBS는 뉴스를 통해 국정감사에서 쟁점으로 부각된 MBC 문화방송의 땅 투기 의혹을 보도하였다. 그러나 MBC의 감정적인 보복성 보도와 SBS의 추가 보도가 이어지면서 언론기관 사이의 건전한 상호 비판과 감시의 차원에서 시작된 보도가 시청자의 권익을 무시한 감정싸움으로 변질된 측면이 있음을 인정하고 시청자에게 사과한다.

2. SBS 기자협회는 언론기관도 감시와 비판의 대상이라는 점에서 이번 보도를 계기로 과거의 동종 업계에 대한 감싸기 관행을 타파하고 MBC는 물론 모든 언론기관에 대한 감시와 비판 활동을 지속적으로 해 나갈 것임을 분명히 밝힌다.

3. SBS 기자협회는 끊임없는 자기반성을 바탕으로 SBS 대주주를 비롯한 자본집단과 정치권력을 비롯한 권력집단에 대한 언론 본연의 감시와 비판 활동을 적극적으로 해 나갈 것임을 천명하며 MBC 문화방송도 SBS에 대한 감정적인 보도를 중단하고 언론 본연의 사명에 충실할 것을 촉구한다.

두 방송사의 진흙탕 싸움은 무승부로 끝났지만 엉뚱한데서 곪았던 사건이 터지게 된다. 이 싸움은 MBC 보도국 시사프로그램인 〈뉴스서비스 사실은〉으로 옮겨져 2라운드가 벌어졌다.

SBS 모기업인 ㈜태영이 MBC 보도국장 등 기자들을 대상으로 향응을 제공했다는 사실이 그날 술자리에 참석했던 한 기자의 양심선언으로 탄로가 난 것이다.

이처럼 두 방송사가 부동산 투기와 주식 투기로 물고 늘어지고 있을 때 태영은 MBC 보도국장, 〈뉴스서비스 사실은〉 진행자 신강균을 대상으로 사건의 무마를 시도한 것이다.

2004년 12월 21일, ㈜태영은 MBC 기자들을 술집으로 불러 수백만 원 상당의 명품 핸드백을 뇌물로 주었다. 당사자는 당시 보도국장 강성주 씨, 매체비평 프로그램인 〈뉴스서비스 사실은〉의 진행자 신강균 씨였기에 파장은 더 클 수밖에 없었다. 이런 사실은 그날 그 자리에 불려나갔던 이상호 기자가 그 사실을 고백하면서 세상에 드러나게 되었다. 〈한겨레신문〉이 이들과 함께 핸드백을 받았다가 돌려준 이 기자의 고백을 보도하고, MBC는 사실 확인 작업을 거쳤다.

이들은 2004년 12월 21일 이상호 기자와 함께 ㈜태영의 변탁 부회장을 만나 구찌 핸드백을 받았다가, 이틀 뒤 신 차장이 직접 변 부회장을 만나 돌려줬다는 것이다. 변 부회장은 강 국장의 중학교 선배였고, 신 차장은 부회장의 고등학교 후배였다. 이들 세 사람은 중학교, 고등학교의 학맥學脈으로 얽혀 있었다.

신강균 기자가 진행한 〈뉴스서비스 사실은〉 팀은 2004년 10월 23일부터 11월까지 두 달 사이에 세 차례에 걸쳐 SBS 〈물은 생명이다〉라는 캠페인과 모기업인 태영의 하수처리장 건설공사 수주가 연계돼 있다는 의혹을 보도했다. 이건 SBS의 모기업인 건설사 태영의 역점 사업이었다. 속담에 '까마귀 날자 배 떨어진다' 고 SBS는 2001년부터 10년 프로젝트로 '물은 생명이다' 캠페인을 환경운동연합, 건설부, 환경부와 공동으로 전개하고 있었다. 또 SBS 환경 대상을 제정해서 해마다 물 보호에 공이 있는 사람을 선정하여 시상도 했다.

〈뉴스서비스 사실은〉은 SBS가 환경캠페인 '물은 생명이다' 를 통해 특정 지역 수질실상을 먼저 제기하면 태영이 그 지역의 하수처리장 공사권을 차례로 따낸다는 의혹을 제기한 것이다.

〈뉴스서비스 사실은〉 보도에 따르면, SBS가 캠페인을 시작할 무렵 태영이 하수종말처리사업을 시작하여 11개 계열사를 거느리게 됐으며, 특히 태영의 계열사들은 왕숙천이 지나는 경기도 구리시, 남양주시 등의 하수종말처리장 공사를 수의계약으로 따냈다고 주장했다. 또한 이 캠페인에 맞추어 태영 계열사가 하수처리장 사업은 물론 샛강정비사업 등 물과 관련한 기반공사도 따내어 구체적인 액수까지 제시하면서 막대한 수익을 올리고 있다고 밝혔다.

이처럼 구찌백 사건이 눈덩이처럼 불어나자 MBC는 1월 7일 밤 예정 됐던 〈뉴스서비스 사실은〉의 방영을 취소하고 BBC 제작 특선 다큐멘터리 〈초대형 해일의 공포-메가 쓰나미〉를 긴급 편성했다. 그 후 인사위원회를 열어 강성주 보도국장 정직 3개월, 신강균 차장은 정직 2개월, 이상호 기자 감봉 3개월 등의 징계처분을 내렸다. 신강균 차장은 인사위원회에서 "강 국장과 자신이 받은 핸드백을 태영 부회장에게 돌려줬다"고 진술했다.

'구찌 핸드백' 파문으로 '정직 2개월'의 징계를 받았던 신 차장은 나중에 '100분 토론팀'에 합류했으며, 뇌물을 전달했던 ㈜태영의 변탁 부회장은 회사를 떠났다. 이 프로그램 담당 책임자인 배귀섭 보도제작국장과 김현주 특임 1CP는 전보 발령되었다. 그 자리에 김재철 보도제작국장과 김학희 보도제작특임 2CP가 프로그램 관리책임자로 들어왔다.

이 사건의 핵심 인물인 변탁 부회장은 사과문에서 'MBC 보도국장 일행과의 저녁식사 및 선물제공 사건과 관련해 심대한 사회적 물의를 야기시킨 데 대해 부끄러움과 함께 죄송함을 떨칠 수 없다'며 '특히 방송사 지배주주회사의 대표이사로서 지탄받을 행동을 한 데 대하여 깊이 반성하면서 이에 책임을 지고 대표이사직을 사임한다'고 밝혔다.

구찌백 사건이 일어났을 당시의 상황을 이상호 기자가 사내 인트라넷에 올린 '기자와 아내'라는 글에 그 당시 상황이 상세하게 그려져 있다.

　회사 선배 A가 모처럼 저녁을 내겠다고 연락이 왔다. 약속 장소는 서울시내 최고급 레스토랑. 그 장소에는 또 다른 회사 선배 B도 미리 나와 있었다. 그런데 웬일인가! 그들과 함께 있는 노신사는 얼마 전까지 내가 고발해온 C사의 D사장이었던 것이다. 문득 A선배가 몇 차례 내게 건네던 말이 생각났다. C사 D사장이 나를 보자는데 함께 나가지 않겠냐는 얘기였다. 나는 그때마다 완곡하지만 단호하게 거부의 사를 밝혔다. 하지만 A선배는 그런 나의 의사와는 상관없이 D사장과 약속을 잡았고 그 장소로 나를 부른 것이었다. (중략)…
　한 잔 두 잔 술이 들어가니 어느새 경직된 나의 자세만큼이나 나의 경계심도 거북하게 느껴졌다. 발렌타인 21년의 맛이 아직도 혀끝으로 전해온다. 그래… 좋은 술은 확실히 부드럽다. 문득, 천박한 고자질쟁이의 허물을 벗어버리고 싶다는 욕망이 틈입한다. (중략)…
　경계가 풀리자 비로소 방안을 둘러봤다. C사의 쇼핑백 3개가 나란히 방구석에 정렬된 채 주인을 기다리고 있다. 갑자기 묘한 흥분감에 휩싸인다. 이 방에서 나가게 될 때쯤 저 쇼핑백 중 하나가 내게 전달될 것이다. 과연 저 안엔 무엇이 들어 있을까. 비릿한 욕정으로 내 몸을 탐닉하는 손, 그 손끝에 쥐어진 돈다발의 출렁거림. 금지된 것이 주는 은밀한 속삭임과 끈적거리는 유혹…
　술자리를 통해 우리는 모두 친구가 되었다. 정말이지 술은 위대했다. 취하지 않겠다는 나의 자의식 너머로 쇼핑백이 출렁거린다. 그래… 적당한 타협은 필요해. 사실, 난 너무 심하잖아? 그래 약간만 타협하자. 너무 전면적으로 싸우게 되면 삶이 너무 피폐해져. (중략)…
　묵직한 가방을 들고 나는 그 만큼 가벼워진 마음으로 집으로 향했다. 이미 자정이 훨씬 넘은 시각 아내는 아직 자지 않고 있었다. 아내에게 쇼핑백을 전했다. 포장을 열자 그 안에는 한 눈에도 고급스러워 보이는 구찌 핸드백이 들어 있었다. (중략)…

　이상호 기자의 '사실은… 명품 백 받았습니다'를 보면, 그 당시 ㈜태영의 임원은 모기업의 공사 수주를 위해 MBC 보도국에 대해 조직적으로 로비를 벌였다. 이 기자의 양심고백으로 MBC의 도덕성은 땅에 떨어졌으며 뉴스의 신뢰도는 바닥을 쳤다.

신 기자는 그 전에도 〈뉴스서비스 사실은〉에서 대형사고를 친 적이 있다. 바로 '영부인 발언' 편집 사건이었다. 2004년 3월 보수단체 집회에서 진행자 겸 가수 송만기 씨의 '권양숙 여사 학력 발언'을 교묘하게 짜깁기 편집해서 내보낸 것이다. 그 집회에서 송 씨는 "비유를 하나 하겠습니다. 내가 만약 방송에서 이렇게 외칩니다"라며 "'여러분, 고등학교도 안 나온 여자가 국모 자격이 있습니까? 앞에 영부인들은 다 이대 나왔어요.'라고 말했다면 권 여사가 어떻게 하겠습니까. 아마 난리 났을 겁니다. 이것도 언어살인言語殺人입니다"라고 말했다.

이 장면에서 신 기자는 "여러분, 고등학교도 안 나온 여자가 국모 자격이 있습니까? 앞에 영부인들은 다 이대 나왔어요"로 편집해서 내보낸 것이다. 송 씨의 발언 가운데 앞 뒤 발언을 떼어낸 것이다. 이에 대해 송 씨는 5억 원의 손해배상 소송을 냈고, 재판부는 송 씨의 손을 들어줬다. 송만기 씨는 2006년 10월 1,000만원 승소 판결을 받아 내었다.

구찌 핸드백 파문이 점점 더 확산되자 강 국장은 7일 편집회의에서 사퇴 의사를 밝혔고, 신 기자도 〈뉴스서비스 사실은〉 앵커에서 물러났다. 〈뉴스서비스 사실은〉은 전격 폐지되었다. 〈뉴스서비스 사실은〉이란 매체 비평프로그램이 진행자 개인의 뇌물 수수로 인해 폐지된 것은 아마 대한민국 방송 사상 초유의 일일 것이다.

이상호 기자는 개인 홈페이지에 올린 양심고백의 글에서 "회사 선배가 저녁을 내겠다고 해서 가보니 자신이 프로그램을 통해 비리를 보도한 회사의 사장이 와 있었고 술자리 후 쇼핑백에 든 선물을 받아왔다가 고가의 구찌 핸드백인 것을 알고 고민 끝에 사흘 뒤 돌려줬다"고 밝혔다.

2005년 1월, MBC 보도국 기자들은 보도국장이 관련된 구찌 핸드백과 향응으로 사과문을 발표했다. 이것을 시작으로 MBC는 2005년 내내 사과문을 발표하다 날이 새는 형국이었다. 1월 13일 〈뉴스데스크〉에서 '시청자 여러분께 드리는 말씀'이라는 사과문을 내보냈다.

> MBC는 최근 물의를 빚은 '고급가방 선물 파문'과 관련해, 당사자들을 오늘 징계함으로써 엄중한 책임을 물었습니다. 저희 MBC는 이번 일을 계기로 앞으로 더욱 엄격한 윤리의식과 자기잣대를 가다듬어 시청자 여러분들께 신뢰와 사랑을 받을 수 있는 공익방송으로 거듭 태어날 것을 굳게 다짐합니다. 이를 위해 빠른 시일 안에 구성원들의 윤리의식을 한층 강화할 수 있는 구체적인 내부 쇄신방안을 마련하겠습니다. 이번 파문에 대해 시청자 여러분들께 다시 한 번 깊이 머리 숙여 사과 드립니다.   2005년 1월 13일 문화방송 사장 이긍희

이런데도 파문이 가라앉지 않자 SBS노조는 모기업인 ㈜태영의 구시대적인 작태를 규탄하는 성명을 발표하였다. 그런데 SBS노조가 발표한 "㈜태영의 구시대적 작태를 규탄한다!!!"라는 성명서 첫머리에 '향응을 제공하고 금품을 건넨 의혹'이라는 표현이 있어 술과 구찌백 말고도 금품이 제공되지 않았을까 하는 의혹이 있었다. MBC에서는 이 사건이 마무리될 때까지 '금품'에 관한 언급은 한 번도 없었다. 보통 명품 백을 금품이라고는 하지 않는다. 명품 백이 수백만 원을 호가하는 고가품이기는 하지만 이것을 '금품'이라고 하지는 않는다.

또 이상호 기자가 쓴 "비릿한 욕정으로 내 몸을 탐색하는 손, 그 손끝에 쥐어진 돈다발의 출렁거림, 금지된 것이 주는 은밀한 속삭임과 끈적거리는 유혹… 술자리를 통해 우리는 모두 친구가 되었다."는 글에도 '돈다발'이라는 말이 등장한다. 이것으로 봐도 쇼핑백에는 구찌백 말고도 뭔가 다른 게 있었지 않을까 하는 의구심이 드는 것이다. 앞서 밝힌 대로 SBS노조의 성명에도 "금품을 건넨 의혹"이 있다. MBC와 ㈜태영, 그리고 SBS의 커넥션에는 말 못할 뭔가를 숨기기로 합의한 게 있는게 아닐까 여겨진다.

SBS의 대주주인 ㈜태영의 최고위급 인사가 지난해 ㈜태영에 대해 비판 보도한 바 있는 모 방송사의 보도부문 간부와 일선 기자 등을 만나 향응을 제공하고 금품을 건넨 의혹이 제기됐다. 이런 내용은 일선 기자가 자신의 홈페이지에 올린 글로 세상에 드러났으며, 언론 매체들이 이를 인용 보도하면서 일파만파로 파장이 커지고 있다.

㈜태영은 공익성을 담보해야 할 민영방송 SBS의 대주주다. SBS는 현재 철저한 자기반성 아래 사회적 공기인 민영방송의 참되고 새로운 모습을 갖춰나가려 노력하고 있다. '언론 개혁'이라는 시대적 흐름에 동참하고, 진정한 시청자를 위한 방송으로 거듭나려는 SBS구성원들의 눈물겨운 노력이 진행되고 있다. 이를 지원하지는 못할망정, 우리의 개혁 열기에 찬물을 끼얹는 ㈜태영의 시대착오적인 작태를 규탄하지 않을 수 없다. 정확한 진상은 추후 밝혀질 것이지만, 언론사와 관계된 기업의 고위 임원이 자사를 비판해 온 언론사의 담당기자와 간부를 만나려고 시도한 것만으로도 '자본'으로 사실과 진실을 막으려는 불순한 의도가 있다고 우리는 판단한다.

또 우리는 지난해 재허가 과정에서 자본과 권력으로부터 독립하기로 결의하고 올 한 해를 공정방송 쟁취 투쟁의 원년으로 삼고 있는 상황에서 지배주주사가 보여준 그릇된 행태에 참을 수 없는 분노와 실망을 느낀다. SBS 노동조합은 이번 사태에 관계된 ㈜태영 인사가 철저한 자기 고백과 함께 응분의 책임을 스스로 질 것을 요구한다. 그리고 이번 사태의 진상을 철저하게 규명하는 것과 함께 ㈜태영의 뼈를 깎는 반성을 촉구한다. SBS노동조합은 이번 사태를 '권력과 자본으로부터의 독립'을 완성하기 위한 또 하나의 계기로 인식하고 가열 찬 투쟁에 박차를 가할 것이다.

2005년 1월 7일 SBS노동조합

MBC와 ㈜태영의 하수종말처리장 공사 수주 관련 커넥션 추문이 누그러들지 않자 2005년 1월 7일, MBC기자회도 "진심으로 사과드립니다"라는 성명을 발표하였다.

그 성명에서 MBC기자회는 "변명하려들지 않겠습니다. 오히려 더 부끄러워질 뿐입니다. 문화방송의 윤리강령은 취재원으로부터 사회 상규에 어긋나는 대접과 선물을 받아서는 안 된다고 분명히 규정하고 있습니다. 굳이 윤리강령을 말하지 않더라도 그것은 너무나 부적절한 술자리였습니다"라면서 석고대죄席藁待罪하겠다고 선언했다. 석고대죄란 지은 죄를 용서받을 때까지 잘못을 빌며 기다리는 것이다.

기자회는 성명서에서 책임을 통감한다고 하면서도 "책임져야 할 사람들은 그들만이 아니라는 사실을 저희는 또한 통감합니다. 혈연, 지연, 학연으로 뒤엉켜 있는 우리 사회에서 권력과 자본을 감시해야 하는 우리 기자들마저 어느새 둔감해져 있는 것은 아닌지 통렬한 심정으로 되돌아보겠습니다."면서 우리만 그런 게 아니라 사회 전체가 다 썩었다는 식으로 물타기를 시도하였다.

참담함에 고개를 들 수 없습니다. 저희 문화방송의 보도국장과 매체비평 프로그램의 진행자 그리고 취재기자가 해당 방송을 통해 고발했던 업체 관계자와 술자리를 갖고 고가의 선물까지 받았다는 뒤늦은 고백은 저희를 엄청난 충격에 빠뜨렸습니다.

변명하려들지 않겠습니다. 오히려 더 부끄러워질 뿐입니다. 문화방송의 윤리강령은 취재원으로부터 사회상규에 어긋나는 대접과 선물을 받아서는 안 된다고 분명히 규정하고 있습니다. 굳이 윤리강령을 말하지 않더라도 그것은 너무나 부적절한 술자리였습니다. 저희 문화방송 기자들은 오늘 석고대죄 하는 심정으로 시청자 여러분들께 머리 숙여 사죄드립니다. 아울러 모든 MBC구성원들께도 용서를 구합니다. (중략)…

무엇보다도 관련 당사자들은 문화방송 보도 일선 책임자였고 또 냉정한 자기감시가 생명인 매체비평 프로그램의 진행자였습니다. 적절치 않은 술자리와 관련된 기자들에 대해 회사는 진상조사를 실시하고 있으며 앞으로 필요한 절차를 밟아 나갈 것입니다. 그러나 책임져야 할 사람들은 그들만이 아니라는 사실을 저희는 또한 통감합니다. 혈연, 지연, 학연으로 뒤엉켜 있는 우리 사회에서 권력과 자본을 감시해야 하는 우리 기자들마저 어느새 둔감해져 있는 것은 아닌지 통렬한 심정으로 되돌아보겠습니다.   2005. 1. 7 문화방송 기자회

시간은 흘러 2012년 6월 5일, 이상호 기자는 과거 '명품 구찌 백 로비

사건'의 배후에 김재철 사장이 있었다고 양심고백을 하여 충격을 던졌다. 그는 TVN 토크쇼 '백지연의 피플 인사이드'에 출연하여 과거 '명품 백 로비사건'의 배후설을 폭로했다.

그는 "첫 단추부터 잘못 되었다. 그 사건이 구찌 백 사건이라고 알려져 있는데, 그건 샤넬 백이었다. G가 두 개 있기에 구찌 백인 줄 알았다. 그런데 알고 보니 구찌는 100만 원대, 샤넬은 500만 원대로 엄청난 차이가 있었다."고 말했다. 이때는 MBC노조가 김재철 사장의 퇴진을 빌미로 파업을 하고 있을 때였다.

또 "나중에는 허위증언을 하라는 압력까지 있었다. 자리를 마련했던 앵커는 더 이상의 보도를 막기 위해 국장을 이용하기도 했다. 이후에 샤넬 백이라는 사실을 알고 다시 사실을 밝혀 달라고 문제 제기를 했지만 묵살되었다. 그 과정의 모든 책임자가 현 김재철 사장님이었다."고 밝혔다. 그런데 이 기자는 끝내 "그 손끝에 쥐어진 돈다발의 출렁거림"에 대해서는 입을 닫았다.

미국 워터게이트 사건에서 닉슨 대통령은 탄핵의 위기에 몰리자 사임했다. 이것은 사건 자체보다 진실을 은폐하였기 때문에 탄핵의 위기까지 간 것이다. 한 번의 거짓말을 덮으려면 더 큰 거짓말이 필요하다는 말이 여기서 나온 것이다.

이들은 자신들의 잘못을 줄여보려고 최고가 샤넬 백을 받고도 가격이 낮은 구찌 백을 받은 것처럼 하자고 입을 맞춘 것이다. 거듭 말하지만, SBS노조가 성명서에서 밝힌 '금품'이란 명품 백을 말하는 것인지 아니면 돈을 말하는 것인지도 밝혀져야 할 것이다.

준비 안 된 선장, 사고 누더기 방송

〈언노련〉 노조위원장 출신 사원이 대한민국 2대 공영방송 MBC를 이끌면서 바람 잘 날이 없었다. 금품수수에다 허위보도, 로비, 향응, 표절, 압사 사고, 성기 노출 등 대형 악재들이 줄줄이 터졌다. 방송에서 일어날 수 있는 사고란 사고는 다 일어나 만신창이가 되었다. 이런데도 MBC에서는 위기관리시스템은 잠자고 있었다. 뒷수습조차도 안 되어 경영센터 앞에서는 피해자들이 천막을 치고 농성을 벌이는 진풍경까지 벌어졌다.

2005년 8월 15일, 〈뉴스데스크〉는 옛 일본군 731부대의 악명 높은 생체실험 영상화면을 찾아냈다면서 보도하게 된다.

그런데 일본군의 생체실험 영상자료가 사실은 영화의 한 장면으로 밝혀져 오보로 드러난 것이다. 이날 방송이 나간 영상자료는 어느 프리랜서가 러시아의 필름보관소에서 필름작업을 하다가 대가없이 전달받은 영상자료였다는 것이다.

〈뉴스데스크〉는 '일본군 731부대에서 자행됐던 생체실험 장면을 단독 입수됐다' 며 살아있는 인체에 대한 동상 실험과 장기 적출 장면을 담은 영상자료를 방송했다. 그러나 곧바로 이 자료 중 일부 영상이 1988년 중국에서 제작된 영화의 한 장면이었다. 〈뉴스데스크〉는 "731부대 관련 사과문"을 내보내지 않을 수 없었다.

> 8월 15일(월) 밤, 뉴스데스크는 옛 일본군 731부대의 악명 높은 생체실험 장면을 발굴 영상인 것처럼 보도했습니다. 그러나 일부 화면은 1988년 중국에서 제작된 영화 '흑태양 731'과 같은 것으로 확인됐습니다. MBC는 러시아에서 문제의 화면을 입수했으나 진위 여부가 확인되지 않은 상태에서 보도한 점 시청자 여러분께 사과드립니다.

2005년 10월, 경북 상주시에서는 끔찍한 참사가 일어났다. MBC〈가요콘서트〉 행사장에서 상주 시민들이 압사하여 목숨을 잃는 사고가 일어난 것이다. 3일 오후 5시40분 쯤 계산동 상주 시민운동장〈가요콘서트〉 녹화 현장에서 시민들이 서로 좋은 자리를 차지하려고 달려가다 11명이 무참하게 깔려죽고 90여 명이 다쳤다.

2006년 2월 17일, 대구지방법원 상주지원은 김근수 당시 상주시장에게 지휘감독을 소홀히 한 혐의를 물어 금고 1년 6월, 집행유예 2년을 선고했다. 또한 국제문화진흥협회 김완기 회장에게는 징역 1년, 동 협회 실무부회장 황금복에게는 징역 2년 6월, 경호업체 대표 이창근에게는 징역 2년을 각각 선고했다.

또 상주시 행정지원국 박동석 국장에게는 금고 1년에 집행유예 2년, 새마을과 김영희 과장에게는 금고 1년에 집행유예 2년, 새마을과 6급 정욱진에게는 징역 10월에 집행유예 2년, 〈가요콘서트〉 담당 김엽 PD와 민족문화교류협회 박춘희 부장 등 두 사람에게는 금고 10월에 집행유예 2년이 선고되었다.

10월 26일, 대법원은 불구속 기소된 상태였던 김근수 당시 상주시장에게 금고 1년 6월, 집행유예 2년을 선고한 원심을 확정했다. 이밖에 국제문화진흥협회 김완기 회장은 징역 8월에 집행유예 3년, MBC 김엽 PD는 금고 10월과 집행유예 2년을 선고한 원심이 확정되었다.

2007년 8월, 김엽 〈가요콘서트〉 담당 PD에게는 1년 정직의 징계를 내렸다가, 6개월 감봉으로 경감해주었다.

그해 10월 3일 〈뉴스데스크〉에서 엄기영 앵커의 멘트로 '문화방송은 오늘 사고의 사상자와 그 가족들에게 심심한 사과와 애도의 뜻을 표합니다. MBC는 상주시와 긴밀히 협조해서 정확한 사고 원인을 규명하고 수습 방안을 마련하겠습니다' 고 사과했다. 그 후 유족들은 여의도 경영센터 앞에서 무관심에 항의하면서 천막을 치고 농성을 벌였다.

MBC는 전에도 이와 유사한 사고를 몇 차례 더 저질렀다. 1996년 12월 16일 대구 우방타워 잔디 광장에서 열린 라디오 '별이 빛나는 밤에' 공개방송에서 관객들이 앞쪽 관중들을 밟아 1명이 사망하고 5명이 중경상을 입었다. 같은 날 대구 MBC 공개홀에서 H.O.T가 공연하는 중 팬들이 무대 쪽으로 몰리면서 2명이 부상을 입었다.

이런 사고와 관련해서 '하인리히의 법칙'이란 것이 있다. 대형 사고가 발생하기 전에 그와 관련된 많은 가벼운 사고와 징후들이 반드시 일어난다는 것이다. 이것을 조금만 염두에 두고 리스크를 관리했더라면 끔찍한 비극은 내리막을 수 있었을 것이다.

이처럼 사고가 계속 이어지자 MBC에서는 고사告祀라도 지내야 되는 것 아니냐는 조소嘲笑들이 흘러 나왔다. 그때 관리능력이 떨어지는 사장과 막강한 노조 천하의 계엄 같은 실정에서 이것을 감히 아무도 입 밖에 낼 수가 없었다. 이때 정규 방송보다 사과방송이 더 많다는 탄식까지도 나왔다.

2005년 12월 4일, 창사기념일 이틀 후에는 〈PD수첩〉 취재 방식과 관련해 〈뉴스데스크〉에서 또 '국민 여러분께 정중히 사과드린다'는 방송을 했다. 〈PD수첩〉 PD가 황우석 교수의 배아줄기세포를 취재하는 과정에서 취재윤리를 위반한 사실이 드러났다.

MBC는 '제작진이 취재원들에게 검찰 수사를 운운하면서 강압으로 느낄 언행을 한 것은 취재윤리와 자사 방송 강령을 위반한 것이며 분명한 책임을 묻겠다'고 밝혔다. 이에 대해 당사자인 한학수 PD는 12월 7일, 사내 인트라넷에 올린 글에서 "사죄드립니다. 그러나 진실이 묻혀서는 안 됩니다. 취재 과정상의 잘못이 진실을 막을 수 없다"면서 사측의 결정에 항변했다. 한 PD는 취재과정에서 협박이나 신변의 위협을 느낄 분위기에서 취재한 내용은 그것이 아무리 진실이라고 해도 통념상 인정을 받지 못한다는 것을 간과한 것이다. 필자도 MBC라디오 〈마이크 출동〉을 취재하면서 그런 유혹을 숱하게 느꼈지만 한 번도 그것을 실행에 옮기지는 못했다. 법이 무서워서가 아니라 부당하게 취재한 내용은 방송에서 효력을 발휘할 수 없기 때문이었다.

　　황우석 교수의 2005년 논문의 진실성을 취재하는 과정에서 취재윤리를 어겼습니다. 지난 10월 20일 미국 피츠버그에서 김선종 연구원을 만나 취재하는 과정에서 '2005년 논문이 가짜로 판명될 것이고, 황우석 교수는 구속될 것'이라고 말했습니다. 이것은 취재윤리를 위반한 것이라고 생각됩니다. (중략)… 그러나 취재 과정상의 잘못이 진실을 막을 수는 없습니다. 어떠한 논리로도 진실 보도라는 언론사의 기본 정신을 훼손할 수는 없습니다. 저희가 취재한 내용은 '이 정도에서 대충 묻혀도 좋은 사안'이 아닙니다.

　한 PD는 반성은커녕 "취재 과정상의 잘못이 진실을 막을 수는 없습니다. 어떠한 논리로도 진실 보도라는 언론사의 기본 정신을 훼손할 수는 없습니다. 저희가 취재한 내용은 '이 정도에서 대충 묻혀도 좋은 사안'이 아닙니다"라며 끝까지 자기 입장을 합리화했다.

　그가 진정으로 취재윤리를 어긴 것을 인정했다면 군더더기 말이 필요 없다. 단 한 마디 '잘못했습니다. 다시는 이런 일을 하지 않겠습니다'라고 말하면 그뿐인데 구구절절 변명을 늘어놓았다.

　사측이 〈PD수첩〉 취재진의 취재윤리 위반을 인정하고 사과문을 발표했는데도 시민들의 비난이 빗발쳤다. 대다수 시민들은 사장을 비롯하여 최고 경영진의 총사퇴를 요구했다. 사과문을 본 시민들은 사과방송만으로는 부족하다는 반응이었다.

　네티즌들은 시청자 게시판에서 〈PD수첩〉, 이들의 보도에 가슴이 아팠고 지금은 울분과 분노로 치가 떨린다며 검찰 조사가 필요하다'고 주장하기도 했다. 또 다른 네티즌은 'MBC는 대대적인 인적 쇄신이 필요하다며 사과는 절대 못 받는다. 방송국 폐쇄만이 진정한 사과' 라면서 격앙된 반응을 보였다.

노 대통령, 〈PD수첩〉을 감싸는 글로 방송 개입

〈PD수첩〉은 2005년 11월 22일 〈황우석 신화의 난자 의혹〉 편에서 황우석 교수의 줄기세포 연구가 허위라고 보도했으며 계속해서 네 번을 더 다루었다. 〈PD수첩〉의 이런 보도가 우리 사회에 미친 충격은 이루 말로 표현할 수 없을 정도로 컸다.

황우석 줄기세포를 놓고 찬반 격론이 벌어지고 있을 때 엉뚱한 데서 문제가 불거지게 된다. 방송이 나가고 불과 이틀 만에 현직 대통령이 〈PD수첩〉을 옹호하는 글을 공개적으로 올려 방송에 개입하는 사태가 벌어졌다.

대통령이 일개 프로그램에 대해 왈가불가하는 것 자체가 공정방송을 해치는 중대한 사건이었다. 그것도 공개적으로 인터넷에 글을 올린다는 것은 명백한 방송에 대한 정치개입으로 볼 수 있었다.

그런데도 당시에는 대통령의 방송 개입에 대한 비판은 하나도 나오지 않고 침묵 속에 넘어갔다.

여기에는 황우석 죽이기 음모론이 가세하고, 취재하는 과정에서 취재 윤리를 위반하면서 일진일퇴의 공방전이 이어졌다. 〈PD수첩〉이 '황우석 줄기세포'를 방송하자 바로 난자 제공문제로 그 불똥이 비화되었다. 더욱이 황우석 교수를 지지하는 네티즌들의 압력으로 〈PD수첩〉에 광고를 내던 12개 기업 가운데 11개 기업이 광고를 중단했다. 그때 MBC 사원들은 밖에 나가 두려워 명함도 못 내밀었으며 얼굴을 들 수가 없었다.

또 MBC 취재차량에 돌이 날아왔다는 말도 들렸다. 이처럼 황우석 줄기세포 보도로 국민들의 MBC에 대한 불만이 극에 이르고 있었다.

그런데 11월 27일, 노무현 대통령이 난데없이 〈PD수첩〉을 감싸는 글을 올리자 불난 집에 기름을 끼얹은 형국으로 변했다. 특정 프로그램을 지지하는 "대통령의 기고, 줄기세포 관련 언론보도에 대한 여론을 보며"는 방송의 공정성 시비를 불러 일으켰다. 당시 청와대 박기영 과학기술보좌관이 줄기세포 논문에 황우석 교수와 공저자共著者로 되어 있었기 때문에도 충분히 오해를 살 수 있었다.

노 대통령은 "줄기세포 관련 언론보도에 대한 여론을 보며"라는 글에서 취재 PD들의 연구원에 대한 협박으로 취재윤리 위반, 노성일 원장과 황 교수의 기자회견 등에 대해 언급하였다. 대통령은 다음날 일어나보니 사건이 엉뚱한 방향으로 흘러가고 있었다고 썼다. 여기서부터 노 대통령은 드러내놓고 〈PD수첩〉을 감싸기 시작했다.

> MBC 〈PD수첩〉이 몰매를 맞는다는 것이다. 그저 몰매를 맞는 수준이 아니라 12개 광고주 가운데 11개 광고주가 광고계약을 취소했다는 것이다. 심했다는 생각이 든다. 나도 MBC의 이 기사가 짜증스럽다.

이 정도면 노 대통령이 〈PD수첩〉의 왕PD 역할을 한 것이다.

대통령은 〈PD수첩〉에 광고를 취소한 기업들에 대해 너무 했다는 식으로 은연중에 압력을 넣었다. 이것은 광고를 중단하지 말라는 대통령의 간섭으로 비칠 수도 있었다. 당시 MBC는 대통령이 관심을 보이자 '떨어져 나간 광고주들이 다시 돌아오겠구나' 하고 생각했다.

취재의 계기나 방법에 관하여도 이런 저런 의심을 하는 이야기를 듣기도 했다. 그리고 연구과정의 윤리에 관하여 경각심을 환기시키는 방법이 꼭 이렇게 가혹해야 할 필요까지 있을까 하는 생각도 있다.

처음에는 노 대통령은 황 교수의 줄기세포를 보도한 MBC를 질책하는 듯한 모습을 보였다. 다시 말해 '이렇게 가혹할 필요가 있을까' 라면서 황우석 교수를 지지하는 것 같았다. 〈PD수첩〉에 대한 노골적인 불만의 표시로 비춰졌다. 하지만 글을 계속해서 읽다보면 속내는 〈PD수첩〉에 힘을 실어준 것이었다.

　막상 MBC의 이 보도가 뭇매를 맞는 모습을 보니 또 다른 걱정으로 가슴이 답답해진다. 관용을 모르는 우리 사회의 모습이 걱정스럽다. 비판을 용납하지 않는 획일주의가 압도할 때 인간은 언제나 부끄러운 역사를 남겼다.

　이것은 분명히 대통령이 부적절하게 방송에 개입한 행위였다. 아마 지금 이런 일이 일어났다면 좌파들은 촛불을 들고 떼를 지어 정권 퇴진 운동까지 벌였을 만한 사안이다. 도를 넘은 노 대통령의 〈PD수첩〉 편들기는 계속 이어졌다.

　항의의 글, 전화쯤이야 있을 수도 있는 일일 것이다. 그 정도는 기자와 언론사의 양심과 용기로 버틸 일이다. 그러나 광고가 취소되는 지경에 이르면 이것은 이미 도를 넘은 것이다. 저항을 용서하지 않는 사회적 공포가 형성된 것이다. 이 공포는 이후에도 많은 기자들로 하여금 취재와 보도에 주눅 들게 하는 금기로 작용할지 모른다.

　노 대통령은 광고가 취소되는 것은 도를 넘은 것이라고 판단하고 "저항을 용서하지 않는 사회적 공포"가 형성되었다고 스스로 진단을 내렸다. 이 글에서 대통령은 '일그러진 애국주의가 번진다'는 2006년 11월 25일자 한겨레신문 기사까지 첨부해 주었다. 이것 역시 특정 신문의 논지를 대통령이 국민에게 보라고 강요한 것이다.

　'일그러진 애국주의가 번진다'는 한겨레신문 기사다. "아! 그래도 우리사회에 비판적 지성이 살아 있구나." 물론 한겨레도 좋을 때보다 불만스러울 때가 훨씬 많다. 신문이니까. 그래도 나는 이런 기사에서 미래를 본다. 반가운 김에 한겨레 기사 전문을 소개한다.

　이처럼 노 대통령은 친절하게도 특정 신문기사까지 첨부해 주면서 특정 프로그램 편을 들어 주었다. 한겨레는 그 기사에서 "일부 누리꾼들은 22일 황 교수팀의 난자 채취 문제 등을 보도했던 〈PD수첩〉에 대해 마녀사냥식 공격을 가하고 나섰다. 또 황 교수팀에 대해 문제를 제기한 것을 '매국' 행위로 몰아가는 흐름이 형성되고 있다."면서 의혹을 제기하는 네티즌들을 질타叱咤했다.

누리꾼들은 또 인터넷에 이 프로그램 담당인 ㅎ아무개 프로듀서의 가족사진을 공개하고 "가족들을 다 죽여라"는 글들을 올렸다. 이로 인해 ㅎ프로듀서 가족들은 바깥출입도 하지 못하고 있다. 황 교수와 관련해 윤리문제를 제기했던 민주노동당 게시판에도 그날 오후에 200건 이상의 비난 글이 올랐다고 한다. 노 대통령의 글 가운데 앞에서 인용한 부분은 생략했다.

황우석 교수 줄기세포에 관하여 MBC 〈PD수첩〉에서 취재한다는 보고가 있었다. 처음 취재방향은 연구자체가 허위라는 것이었다. 그리고 그 일로 황 교수가 매우 힘들어 한다는 것이었다. 참으로 황당한 일이었다. 수십 명의 교수, 박사들이 황 교수와 짜고 사기극을 벌이고 있고, 세계가 그 사기극에 놀아나고 있었다는 말인가? 도저히 납득이 가지 않는 일이었다. 그렇다고 대통령이 나서서 뭐라고 할 수 있는 일도 아니었다. 안타깝고 답답한 일이지만 경과를 지켜보는 수밖에 없었다.

얼마 후부터는 난자 기증을 둘러싼 문제가 보도되기 시작했다. 그러고 며칠 후, 과학기술 보좌관이 MBC 〈PD수첩〉에서 난자 기증문제를 취재하는데, 그 과정에서 기자들의 태도가 위압적이고 협박까지 하는 경우가 있어서 연구원들이 고통과 불안으로 일이 손에 잡히지 않는다는 보고를 하면서 무슨 대책을 의논해 왔다.

이 자리에서는 취재의 동기와 방법에 관하여도 여러 가지 이야기가 있었다. 물론 호의적인 이야기는 아니었다. 그리고 그 이후 노성일 원장의 기자회견, MBC의 보도가 있었고, 그에 이어 황우석 박사의 기자회견에서 진지한 해명과 공직사퇴 선언이 있었다. 대체로 양해가 이루어지는 듯한 여론의 반응을 보면서 이 과정이 고통스럽고 힘들기는 하지만, 이를 계기로 우리 사회가 윤리기준을 정비하고 다시는 이런 혼란을 겪지 않게 된다면 그만한 대가를 치른 보람이 있을 것이라는 생각이 들었다. 그리고 연구에 대하여는, 잘하면 전화위복이 될 수도 있겠구나 하는 생각도 들었다. 국민들의 지지가 뜨거웠다. 모두가 이렇게 힘을 모아주면 국제적인 신뢰회복의 문제도 극복이 가능할 듯싶었다. 이런 정도의 과정으로 사태가 수습되는 것이 적절하다고 생각했다.

그런데 다음날 아침에 일어나 보니 사태는 엉뚱한 방향으로 흘러가고 있었다. (중략)…

각자에게 자기의 몫이 있다. 기자들은 기자들이 할 일이 있다. 그것을 인정하고 존중할 줄 아는 사회가 민주주의 사회이다. 서로 다른 생각이 용납되고 견제와 균형을 이룰 때 상식이 통하는 사회가 만들어진다. 이런 걱정이 되던 차에 반가운 기사 하나를 발견하고 다소 마음이 놓인다. (중략)…

2005년 11월27일 대통령 노무현

1박 2일 촬영, 2박 3일 잠 안 잔 걸로

2005년에만 이런저런 비리 의혹과 사건, 사고로 시청자에게 〈뉴스데스크〉에서만 사과문을 발표하는 것만 일곱 번째였다.

6월에는 방송조작 사건이 엉뚱한 데에서 터졌다. 파일럿 프로그램 〈파워TV〉 '극기지왕克己之王'은 1박 2일간 촬영한 화면을 2박 3일간 촬영한 것처럼 교묘하게 조작했다가 망신을 당했다. 예비스타 30명을 합숙시켜 놓고 이들의 수면을 유도하고 잠시 잠이 든 출연자에게 구구단 문제 등을 내어 최종 승자 1인을 결정하는 게임이었다. 방송에서는 이들이 2박 3일간 잠자지 않기에 도전한다면서 방송 중에 '합숙 40시간째' 등의 자막을 내보냈다. 이런 조작방송이 선진국에서 일어났다면 담당자는 영구 추방되고도 남았을 것이다.

얼마 안 되어 〈검-경-언〉 로비 의혹사건에 사원이 연루된 사건으로 연이어 사과방송을 내보냈다. 사과방송도 어쩌다 한 번이지 자꾸 반복되면 양치기 소년이 되게 마련이다. 사과방송이 잦으면 신뢰성에 의심을 받게 된다. 8월 21일에 또 사과방송이 나갔다.

> 시청자 여러분께 사죄드립니다. 언론사, 그것도 공영방송에 종사하는 사람이 브로커와 어울리며 접대와 금품을 받았다는 것이 너무나도 부끄럽습니다. 그 중에는 당시 보도프로그램을 책임지고 있던 간부사원도 포함돼 있습니다. 그래서 더더욱 곤혹스럽습니다. 변명하려 들지 않겠습니다. 액수의 많고 적음이 중요하지 않습니다. 브로커와 어울려 접대를 받고 금품을 수수했다는 것만으로도 책임을 피할 수 없습니다. 언론 종사자들은 법률적인 문제를 떠나 그 누구보다도 높은 윤리의식과 도덕적 책무를 사회로부터 요구받고 있기 때문입니다.

2005년 8월 21일 MBC노조도 이례적으로 〈검-경-언〉 로비사건이 터지자 '치열한 반성의 길에 나서며'라는 성명을 발표하고 사과의 대열에 동참하게 된다.

> 한 브로커의 전방위 로비에 본사 직원이 다수 연루된 사실이 밝혀졌습니다. 올 초 구찌 핸드백 사건에 이어 또다시 발생한 비리사건은 그동안 공영방송 MBC를 사랑해 주신 시청자 여러분에 대한 배신행위라 하지 않을 수 없습니다. 더구나 알몸 노출 사건과 731부대 관련 오보 등 일련의 사태에 이은 사건이라는 점에서 더욱 책임감을 느끼지 않을 수 없습니다.
>
> 이번 사건이 무엇보다도 투명하고 공명정대해야 할 시사프로그램 보도와 관련되었다는 점은 부끄럽기 짝이 없는 일로 변명의 여지가 없다고 생각합니다. 어떤 이유로든 향응과 금품 수수는 명백히 공영방송인으로서의 본분을 저버린 행위입니다. 언론사는 사회의 그 어떤 부분보다 엄격한 직업윤리가 요구되는 곳입니다. 사회로부터 위임받은 권한이 큰 만큼 그에 따른 책임 또한 막중하기 때문입니다.
>
> 2005년 8월 21일 전국언론노동조합 문화방송본부

이런저런 방송 사고로 〈뉴스데스크〉에서 사과문을 수시로 내보내면서 "MBC는 사과방송 전문채널"이라는 오명汚名을 얻게 되었다. 이런 가운데 또 드라마 '달콤한 스파이'에서 음부 노출 파문이 일어나자 인

터넷 홈페이지에서 사과했다.

2005년 11월 14일 방영된 MBC 미니시리즈 〈달콤한 스파이〉에서 출연자의 음부가 노출되었다는 논란에 휩싸였다. 목욕탕 신에서 남탕을 지나가던 한 연기자의 음부가 잠깐 노출되었다고 주장하는 글이 시청자 게시판에 올라왔다. 극중에서 범구파인 최범구와 왕사발, 가오리가 목욕하는 장면에서 등장한 주변 엑스트라의 음모가 노출됐다는 것이다.

비록 뒷모습이긴 했지만 남자들의 전신이 그대로 비쳐졌고 범구파 일당이 나란히 앉아서 등을 밀어주는 장면에서는 뒤에 있던 엑스트라의 나체가 희미하게 들어왔다. 이 장면에서 음모가 노출되었으며 남성의 중요한 부위도 보인 것 같다는 지적이 있었다.

이에 대해 시청자들은 또 '제2의 음악캠프 사건이냐', '무서워 가족과 함께 못 보겠다'는 반응을 보였다. 어떤 시청자는 "음악캠프 알몸노출 사건이 터진 지 얼마 되지도 않았는데 또 이런 일이 있을 수가 있느냐"면서 격한 반응을 보였다.

음부 노출 파장이 점점 확산되자 제작진은 "불순한 의도를 가지고 그러한 문제의 장면을 연출하지 않았다는 점을 이해해 주셨으면 한다"고 글을 올렸다. 이어 "드라마가 방송이 되기까지에는 여러 가지 단계를 거쳐 완제품이 만들어져 방송이 된다. 먼저 촬영을 하고, 편집을 하고, 음악체크와 오디오 믹싱과 효과 더빙, 그리고 비디오 클린작업, 마지막으로 종합 편집실에서 음악 믹싱과 자막을 입혀서 나가게 된다. 이러한 일련의 과정에서 그러한 문제 장면을 체크하지 못했다는 점에 대해 드릴 말씀이 없다"고 밝혔다.

또 "짧은 제작 시간동안 최대한의 완성도 있는 드라마를 만들기 위해 불철주야 노력하고 있다는 점으로 이번 저희들의 실수를 너그럽게 용서해 주신다면 앞으로 더욱 더 꼼꼼하고 세밀하게 작업을 해서 다시는 그런 실수를 반복하지 않겠다"고 사과했다.

방송위는 〈달콤한 스파이〉의 음부 노출 사건과 관련해 해당 프로그램의 방송 관계자들의 의견 진술을 받는 등 정확한 사태 조사에 들어갔다. 문제가 됐던 장면을 본 심의 위원들은 "현재로서는 당장 결론을 내리기에 불충분하다"며 방송 관계자들을 출석 시켜 프로그램 제작 의도와 사전 심의 여부 등을 들어본 뒤 종합적인 판단을 내리겠다고 밝혔다.

그 후 방송위원회는 〈달콤한 스파이〉 3회 목욕탕 장면과 관련해 연예오락심의 위원회가 건의한 '권고조치'를 내렸다. 드라마에서 목욕탕 장면이 나갈 경우 신중하게 편집해야 했는데 〈달콤한 스파이〉 제작진의 경우 부주의한 면이 있다고 밝혔다.

이처럼 MBC가 사건 사고로 다른 매체의 취재 대상으로 전락한 것은 기강해이 때문이었다. 특히 노조라는 울타리 안에서 보호받는 풍토가 기자와 PD들의 기강해이를 가져온 것이었다. 2006년으로 넘어가면서 MBC에는 또 다시 금품을 받은 도덕적 일탈행위가 터졌다.

〈시사매거진 2580〉의 장뇌삼 뇌물 파동

한때 별일이 없어 조용한 듯 싶던 MBC에 장뇌삼 사건이 터져 호떡집 불난 것처럼 취재기자들이 모여들었다. 취재의 주체인 MBC가 취재원이 되는 해괴한 사태가 벌어진 것이다. 강성주 보도국장은 '구찌 백 사건'으로 정직 3개월의 징계를 받았던 인물이다. 강 국장은 구찌 백 사건이 일어났던 그해 9월 브로커 홍씨 사건에 개입된 사실이 드러나면서 해고됐다. MBC 보도국장이 해고라는 극형을 받은 것은 아주 이례적인 일이었다. 그가 해고되자 일부에서는 '다른 사람들은 잘 넘어가는데 억

세게 운이 없다'는 동정론도 있었다. 그는 검찰로부터 홍 씨 사건에 무혐의 처분을 받고 MBC를 상대로 정직 해고무효 소송을 제기했다. 강 국장은 MBC가 항소를 포기하는 바람에 복직하게 된다.

당시 '네팔 인력 송출사 비리'를 보도하면서 문제가 된 〈시사매거진 2580〉의 당시 팀장은 최문순 씨였다. 최 사장은 2005년 사건이 표면화된 당시엔 사장이었다. 그래서 사장이 소환되는 최악의 사태를 막으려고 국장을 해고했다는 말도 있었다. 그는 "감사 보고서가 정치적 의도에 따라 작성됐다"는 강 국장의 주장에 대해 "말이 안 되는 것"이라며 "감사는 당연히 사장과 독립되어 있고 문제가 됐던 사건도 나와 상관없는 것이었다"고 주장했다. 당시 같은 자리에 있었던 사원의 진술을 정리해서 옮겨본다.

당시 장뇌삼 사건의 핵심은, 고발프로인 〈시사매거진 2580〉이 제작비 지원을 받으면 되느냐는 것이었다. 네팔 취재 시 지원을 받은 것은 사실이다. 이 모든 것을 고 정○○ 기자에게 책임을 돌렸다. 세상을 떠난 정○○ 기자만 안다고 하는 식이었다. 사실 취재 지원도 받고 작가를 비롯한 전 팀원이 모 식당에서 업자 홍○○과 식사를 하고 장뇌삼도 작가까지 모두 받았으며 별도로 최문순도 같이 식사를 한 것으로 알고 있다.
심지어 사장이 되어 여론 플레이까지 하고 사원을 보호하기는커녕 홍보까지 해서 우리를 죽이려 했다는 것이다. 당시 피해자들은 '우리가 힘이 없어서 당했다. 꺼리도 안 되는 사건으로 정치적 보복을 당한 것이다.'고 억울함을 토로했다. 당시 업자 홍○○이 최문순과 식사 했다는 확인서를 우리한테 줘서 그걸 갖고 최문순에게 타격을 입히려고 했는데 막판에 홍○○가 발뺌(말을 바꾸는 바람에)을 하는 바람에 수포로 돌아갔다.

2004년 당시 〈시사매거진 2580〉 부장은 브로커 홍○○ 씨와 함께 중식당에서 식사를 했으며, 2차로 블루진에서 술을 접대했다는 진술서를 써주었다. 그런데 홍○○가 법정에서 그런 사실이 없다고 말을 바꾸었다는 것이다.

　MBC를 동네방네 망신시킨 장뇌삼 사건은 약자만 피해를 보고 몸통은 빠져나가고 흐지부지 끝나버렸다. 그 후 보도국 기자들은 명예를 회복하여 승승장구 잘나갔다. 당시 보도국장 강성주 씨는 복권이 되어 포항 MBC 사장을 지냈으며 〈뉴스서비스 사실은〉이 전격 폐지되는 빌미를 주었던 구찌백 사건의 장본인 신강균 기자는 베이징 특파원으로 나갔다.

　방송사고는 계속 이어진다. 2007년 5월, MBC 〈일요일 일요일 밤에〉의 '경제야 놀자'는 개그우먼 이영자가 이소라(모델)에게 돈을 빌려주고 고마움의 표시로 받은 다이아몬드 반지가 감정 결과 가짜 다이아몬드로 확인되는 내용이 나갔다. 이건 이영자의 거짓말이었다. 또 '몰래카메라'에서는 11월 4일 그룹 신화의 이민우와 신혜성의 휴대전화 번호가 편집 실수로 그대로 화면에 비쳤다. 보호받아야 할 개인의 신상정보가 드러난 것이다.

　또 9월 〈무한도전〉의 정준하가 운영하는 술집에서 접대부를 고용했으며 탈세 혐의까지 있다고 보도했다. 이런데도 MBC는 정준하를 계속 출연시켰으며 그해 연말 방송 연예대상에서 방송대상까지 주었다. 오직 시청률 하나 때문이었다.

　기자와 PD는 고액 연봉자들로 사회적 지위와 경제적 안정이 보장된 직업이다. 더구나 국민의 여론을 움직일 수 있는 정보의 1차 생산자이다. 그러나 자정능력을 상실한 개인적 도덕성의 결함과 갈라파고스 섬처럼 되어버린 방송의 권위는 그들로 하여금 수많은 외부의 유혹에 쉽게 넘어가게 만들었다.

　잊혀질만하면 터지곤 하는 기자, PD들의 비리는 거대 공영방송사 부사장에서부터 국장급, 부장급, 평PD에 이르기까지 위아래 구분 없이 만연해 있다.

그들은 방송 출연을 미끼로 뇌물을 받거나 연예기획사로부터 금품, 주식을 상납 받아 챙김으로써 지탄의 대상이 되었다.

2008년 8월 구속영장이 청구된 MBC 고 모 CP(책임 프로듀서)의 경우 〈MBC 음악캠프〉, 〈10대 가수 가요제〉를 연출했고 오락프로그램 〈일요일 일요일 밤에〉를 연출한 예능국의 간판 PD였다.

고 모 씨는 기획사에서 각각 3만 주의 주식을 헐값에 제공받은 뒤 매각해서 2억 700만 원의 시체차익을 본 혐의를 받았다. 연예기획사 4군데서 연예인 출연 등을 도와주는 대가로 현금 수천만 원을 받고 연예기획사 매니저들과 마카오와 국내 고급 룸살롱 등을 드나들면서 도박을 한 혐의도 받았다.

이 로비사건에서는 일부 작가들이 중간에서 로비자금 창구 역할을 한 것으로 알려졌을 때 20대 초반의 보조작가가 투신자살 했다.

SBS프로덕션 소속의 여성작가 김모 씨(23세)는 〈긴급출동 SOS〉의 보조작가로 SBS 본사 23층 옥상에서 투신하여 안타까움을 더했다. 보조작가는 1회 집필만으로 수백만 원을 받는 대형작가를 꿈꾸며 작가의 길에 들어섰지만 현실은 이른바 '노가다'와 다름없는 산더미 같은 일거리에 치여 낮과 밤도 없이 일하면서 한 달 내내 겨우 60~80만 원을 받는 고달픈 인생살이다.

사법 처리된 PD들 가운데는 각 방송사 간판 예능프로그램의 CP들을 비롯해서 전 제작본부장도 포함되어 있다.

지난 95년 초 방송가를 강타한 드라마 PD들의 뇌물수수 파동을 비롯해서 연예비리 사건들이 꼬리를 물고 있어 방송가의 고질적인 병폐로 정착되었다.

연예기획사로부터 뇌물을 받은 혐의로 기소된 한 '스타PD'가 법정에서 눈물을 흘린 사실이 방송인들에게 경종을 주었다.

2005년까지 KBS〈스타 골든벨〉,〈윤도현의 러브레터〉등 간판 예능 프로그램을 제작한 스타 PD로 한 때 방송가를 주름잡던 이 모 전 KBS PD, 이 씨는 연예인의 방송 출연 대가로 연예기획사에서 2억여 원의 금품을 받은 혐의로 2008년 8월 구속 기소됐다. 검찰에 따르면, 이씨는 2003년부터 강원랜드 카지노를 드나들며 17억 원을 날렸고 해외 원정 도박을 떠나기도 했다는 것이다.

이 PD는 서울중앙지법 형사 25부 심리로 열린 2차 공판에서 "도박 빚을 갚지 못해 신용불량자가 됐고, 아내도 보험 외판원으로 일하고 있다"며 재판 내내 뉘우쳤지만 때는 늦었다.

이처럼 PD는 뇌물의 유혹에 취약한 직종이다. 사회의 비리를 찾아내 질타하는 직업 윤리상 어떤 직업보다도 절대적인 도덕성이 요구된다.

PD는 프로그램 기획, 제작은 물론 연예인 섭외까지 담당하는 제왕적 위치에 있다. 인기가수가 예능프로에 출연해서 신곡을 부르도록 해 주고, 출연 시간을 앞쪽으로 해달라는 기획사 측의 부탁과 함께 금품을 받는 수법 등 뇌물수수 방법은 다양하다.

돈거래 창구인 계좌도 종속관계에 있는 작가의 계좌 등을 통해서 현금으로 인출하는 등 돈세탁을 한다는 것이다.

어떤 PD들은 또 강원랜드에서 카지노 칩을 제공받아 공짜 카지노를 즐기고 남은 돈은 챙기는 수법과 업체 측과 해외여행을 함께 하면서 현지에서 도박을 하고 뇌물과 향응을 접대 받는 수법이 새롭게 등장하고 있다는 게 수사과정에서 드러났다.

드라마의 경우 유명작가들은 '작가군단'을 거느리며 배우 캐스팅에 있어 PD들보다 더 강한 파워를 내세우고 있다고 한다. 그러나 자신들의 입김이 약한 예능, 오락 분야의 작가들은 계속해서 영향력을 유지하기 위해 거물급 PD들에게 금품을 상납하고 돈 심부름까지 했을 가능성이 있다고 수사 관계자들은 보고 있다.

그래서 PD들의 로비사건에 작가들의 이름이 종종 등장하고 있음을 알 수 있다. 2002년에는 SBS 이 모 PD가 연예기획사로부터 금품을 받은 혐의로 검찰의 수사를 받았다. 검찰에 따르면 이 모 PD는 가요 순위 프로그램을 맡으면서 기획사 대표로부터 소속 가수들과 음반홍보를 도와달라는 청탁과 함께 2천만 원을 수수했다는 것이다.

2002년 10월 기획사와 신문·방송사와의 유착관계가 포착돼 검찰이 PR비(홍보비) 수사에 대한 최종수사 결과를 발표하기도 하였다. 검찰은 39명을 적발해 16명을 구속기소하고 12명을 불구속기소, 11명을 기소중지했다.

일부 PD는 기획사로부터 홍보비(PR비)와 승용차를 뇌물로 받은 혐의를 받았으며, MBC 황 모 PD는 한 신인가수 출연을 대가로 가수의 아버지로부터 항공료와 호텔비 명목으로 1,700여만 원을 받은 것을 비롯해 추가로 5천만 원을 받은 혐의가 드러나 해고되었다.

MBC는 타율적인 감시 기능이 없어 유난히 비리와 부패에 취약한 조직이라는 지적이 많다.

2002년에는 수지 김 살인사건 용의자인 윤태식 씨의 로비 의혹 수사과정에서 언론인 20여 명이 윤 씨 회사인 패스 21의 주식을 보유하고 있다는 것이 알려졌다. 수사가 진행되자 패스 21 주식을 보유하고 있는 SBS 교양국의 A모 PD는 사표를 던지고 그만두었다.

이 때 윤태식 씨 로비 의혹사건의 리스트에 올랐던 방송사 전 현직 방송인은 KBS 3명, MBC 1명, 지역 MBC 2명, SBS 4명 등으로 특이하게 방송사 직원들이 많았다.

연예 비리 관련자 가운데는 "내가 잡혀갈 줄은 전혀 예상치 못했다"고 말을 하는가 하면, 자신은 결백하다는 '무죄파', 매니저 등 평소 감정이 있던 사람이 꾸민 짓이라는 '음모파', 술자리 향응을 받긴 했지만 몇 배 부풀려졌다는 '바가지파', 그런 게 죄가 될 줄 몰랐다는 '무지파', 남자들은 다 술집에서 만나는 데 이런 관행을 법의 잣대로 잰다면 아무 일도 못한다고 항변하는 '필요악파'로 나누어졌다.

우울한 그림자, 방송사고는 노이즈 마케팅?

1997년 6월 탤런트 홍리나가 MBC 드라마 〈산〉을 촬영하다가 북한산 인수봉에서 추락해 2년 동안 재활치료를 받았다.

1997년에는 KBS 〈6시 내고향〉의 농수산물 장터 소개 코너에 브로커가 개입해 농어민과 농수산물 판매업자들로부터 거액의 돈을 받아 챙긴 혐의가 제기되어 물의를 빚기도 했다.

브로커인 강 모 씨가 농수산물 판매업자들에게 돈을 받으면서 "〈6시 내고향〉의 담당부장과 PD들에게 내가 말하면 반드시 들어준다"고 장담해 왔다는 사실이 알려져 제작진과 강 씨의 유착 의혹이 제기되어 KBS가 특별감사에 나서는 등 파문이 증폭되기도 했다. 이후 KBS는 말썽 많은 이 코너를 전격 폐지했다.

1999년 6월, 미스코리아 손혜임이 SBS 〈기쁜 우리 젊은 날〉에서 패러글라이딩을 탔다가 물 위에 잘못 떨어져 목뼈에 상처를 입고 입원치료를 받았다.

1999년 11월 탤런트 김성찬이 KBS 오지탐험 프로그램 〈도전 지구탐험대〉를 촬영하러 라오스에 갔다가 뇌성 말라리아에 걸려 45세 젊은 나이에 아깝게 세상을 떠났다.

2002년 7월에는 MBC 드라마국의 장 모 PD가 공금횡령 혐의로 구속된 계몽사 홍모 회장으로부터 돈을 받아 물의를 빚었다가 사표를 수리하는 것으로 끝냈다.

해당 PD는 드라마를 계기로 홍 회장과 가까워졌고 계몽사가 종합 엔터테인먼트 그룹으로 전환하는 것과 관련해 기획안 등을 만들어주고 사례비를 받은 것으로 알려졌다.

2004년 10월에는 정말 어이없는 인명사고가 일어났다. KBS 15기 성우이자 한국성우협회 회장까지 지낸 전도유망한 장정진 씨가 떡을 빨리 많이 먹는 게임을 하다가 목에 걸려 숨졌다. 장씨는 9월 13일 88체육관에서 KBS 2TV 〈일요일은 101%〉의 '골목의 제왕'에서 '떡 많이 먹기 게임'을 하다가 기도가 막혀 호흡곤란에 의한 산소부족으로 뇌손상을 입었다.

2007년, SBS 〈놀라운 대회 스타킹〉에 출연했던 사람이 자살하는 사고가 있었다. 그해 4월 28일 방송에서 3개월 만에 몸무게 87킬로그램을 47킬로그램으로 줄였다고 밝힌 대전 모 여고 1학년 이 모 양이 목매 자살했다. 이것은 출연자의 외모 지상주의를 우선하는 제작자들의 오판이 빚어낸 것이었다. 불과 서너 달 만에 수십 킬로미터의 몸무게를 줄인다는 것은 불가능한데도 마치 사실인 것처럼 내보냈다.

6월에는 5, 6세 여자 어린이들에게 선정적인 춤과 표정을 짓게 하였으며 연예인들이 아이들에게 유혹 포즈를 취해 보라고 선동했다. 이것으로 주의 조치를 받았다. 이로부터 불과 두 달 만인 8월에는 면도칼, 못, 철사 등을 먹는 '철 먹는 사나이'의 모습을 그대로 내보냈다가 경고를 받았다. 이것은 아이들이 따라 하게 되면 목숨을 잃을 수도 있는 위험한 트릭이었다. SBS는 연달아 경고를 받았지만 위험하고 선정적인 장면으로 시청률을 올리려는 시도는 멈출 줄을 몰랐다.

SBS 〈작렬! 정신통일〉은 후지TV와 포맷 계약을 맺고 수입한 '두뇌의 벽'에서 부상자들이 연달아 발생해 빈축을 샀다. 6월 13일 신정환은 물기에 미끄러져 뒷머리가 바닥에 부딪혀 찢어졌다. 7월 플라이 투 더 스카이의 환희는 수영장 부표 게임을 하다가 팔이 탈골되어 치료를 받았다.

이런 가운데 뉴스까지 선정적인 장면으로 시청률 경쟁에 가담하는 사례가 늘어나고 있었다. 방송에서 나가서는 안 되는 끔직한 장면들이 버젓이 전파를 탄 것이다. 인천의 형제 각목 살인사건이나 교통사고 등에서 핏자국이나 피묻은 각목이 시청자 안방까지 그대로 전달되었다.

8월 27일 SBS 〈8뉴스〉에서는 인도를 향해 돌진한 승용차에 부딪힌 행인들이 튕겨져 나가는 모습을 방송했다가 시청자들의 항의를 받았다. 이 화면은 CCTV에 찍힌 것으로 알려졌다. 이것은 점점 치열해지는 시청률 경쟁에서 이겨야 한다는 압박감 때문에 빚어졌다.

SBS 〈라인업〉은 막말을 그대로 내보내 눈살을 찌푸리게 했다. 10월 13일, 김구라는 개그맨 김경민에게 "나이 처먹고 뭐하는 거야! 정신차려 이 X새끼야!"라고 말했다. 막말을 하는 장면에 경고음을 깔았지만 욕에 나온 '개' 그림을 자막으로 넣어 시청자의 오감을 자극했다.

제5장 노무현 지키기 - 탄핵규탄 특별방송

방송 3사, 노무현 대통령 지키기에 총동원

2004년 3월 12일 이날은 우리 방송사에 길이 남을 기록이 많은 날이다. 이 날은 우리 헌정 사상 초유로 대통령을 탄핵한 날이고, 대통령의 탄핵을 규탄하는 특별생방송이 온종일 계속된 날이기도 하다.

하루 종일 방송 3사는 약속이라도 한 것처럼 "노무현 지키기"에 올인했다. 시청자의 볼 권리는 아예 깡그리 무시되었다.

당일 국회에서 노무현 대통령의 탄핵이 가결되자 KBS, MBC, SBS 등 방송 3사는 대통령 탄핵안 가결실황부터 생중계에 들어가는 등 긴박하게 움직여 주었다.

방송 3사는 대통령 탄핵사태라는 중대 국면을 맞아 14일까지 긴급 편성으로 일부 정규방송을 중단하고 뉴스, 시민 인터뷰, 전문가 토론 등 탄핵 정국 관련 프로그램들을 전진 배치하여 집중적으로 쏟아내었다.

KBS는 재난방송에 준하는 긴급편성을 단행했는데 1TV는 정규방송을 중단한 채 방송 역량을 총동원하여 탄핵방송에 할애하였다.

12일 정오 무렵 KBS 편성본부장과 보도본부장, 제작본부장은 긴급회의를 열고 재난방송에 준하는 긴급편성을 하기로 결정했다.

이에 따라 당일 KBS 1TV는 밤 12시 전까지 정규방송을 중단하고 보도본부가 중심이 되어 탄핵 관련 속보를 실시간으로 내보내는 등 모든 역량을 동원하였다.

다음날에도 KBS 1TV는 오전 8시 30분부터 밤 1시 30분까지 장장 17시간 동안 6시간을 빼고는 정규방송을 중단하고 특별 편성으로 채웠다. 특히 보도본부는 물론이고 제작본부 기획제작국의 모든 인력이 주말 특집 편성에 투입되었다.

13일 오전과 오후 2시간씩 잡혀 있는 탄핵 특집방송 준비는 주말에 방송이 없는 〈인물 현대사〉와 〈시사투나잇〉 제작팀이 맡았다. 오전 10시부터 2시간 동안 방송된 〈대통령 탄핵, 국민은 말한다〉는 탄핵을 규탄하는 흥분된 시민의 목소리와 탄핵의 의미, 앞으로의 전망을, 그리고 저녁 5시 20분부터 2시간 40분 동안 방송된 〈탄핵 대한민국 어디로 가나〉는 광화문 촛불시위 현장과 전문가들의 스튜디오 대담으로 구성했다.

또한 KBS는 주말 저녁 8시 프라임 타임에 정규 편성된 〈한국사회를 말한다〉와 〈일요스페셜〉 시간에 기존 방송 예정 프로그램을 뒤로 미루고 탄핵 관련 다큐멘터리 2편이 긴급히 대체 투입되었다.

일요일 저녁 8시에 나간 '노 대통령 국회 충돌 1년'은 노 대통령 취임 이후 1년 동안 국회와 빚은 갈등과 그로 인한 정국 파행을 집중 조명하였는데 한나라당 비판에 초점이 맞추어졌다.

또 9시 50분에 나간 〈취재파일 4321〉에서는 미국의 탄핵 사례를 편집하여 내보냈고, 11시 20분 〈경제전망대〉에서는 탄핵 정국이 우리 경제에 미칠 영향을 짚어 보았다.

MBC도 당일 정규 프로그램을 모두 취소하고 특집 편성으로 탄핵 방송에 집중하면서 발 빠르게 대처해 나갔다.

탄핵안이 통과되자 MBC는 오전 9시50분부터 뉴스특보를 긴급 편성해 현장 생방송으로 낮 시간대에 다양한 구성으로 탄핵방송을 내보냈다. 오후 2시 30분부터 가진 보도국 긴급회의에서는 탄핵 특집 프로그램을 편성에 반영하기로 결정되었다. 저녁 5시 이후에는 5개의 정규 프로그램을 모두 취소하고 토론 프로그램인 〈긴급토론 대통령 탄핵, 향후 정국은〉을 특집 편성하였다.

이처럼 MBC는 긴급 편성으로 대통령 탄핵과 관련해 집중 방송을 했는데도 불구하고 당시 노조위원장은 노조 사무실을 찾은 경영진에게 '대통령 탄핵 정국이라는 헌정 사상 초유의 사태에 MBC가 적절히 방송하지 못하고 있다'고 항의했다는 것이다.

SBS는 탄핵이 있던 당일은 속보와 특집뉴스에 치중한 편이었다. 탄핵안이 국회 표결에 들어간 오전 11시부터 정규 방송을 전면 중단하고 뉴스특보를 긴급 편성했고 뉴스도 90분 특집으로 내보냈다. 하지만 13, 14일 주말에는 각각 네 차례와 두 차례의 특집 뉴스만을 방송하는 데 그쳐 KBS와 MBC에 비해 비교적 차분하게 대처했다.

탄핵안 통과한 당일인 12일 하루 동안에 KBS 〈뉴스9〉은 76개 아이템을 내보냈으며 〈뉴스데스크〉는 74개 아이템을, 〈8뉴스〉는 42개 아이템을 각각 다루었다. 평소 이 시간대 뉴스에서 평균 25개 안팎의 아이템을 다루고 있다. 이날 방송 3사는 평소보다 3배나 많은 뉴스 아이템을 내보낸 것이다. 그 내용을 보면 지방연결, 촛불 현장 리포트, 국회 본관 앞 군중 모습 등으로 선동적인 아이템들이 대부분을 차지하고 있었다. 특히 MBC는 〈뉴스데스크〉에서 촛불집회 모습을 주로 다루면서 흥분한 지지자들의 육성을 전달하는데 치중했다. 촛불집회를 보면 4개 아이템 이후 광주 충장로 탄핵반대 촛불집회를 시작으로 부산 서면, 대전역, 김해 봉화마을, 삭발 촛불집회를 생중계로 보여주었다. 이후 8개 아이템을 소화한 후 다시 촛불집회 현장으로 카메라를 가져갔다. 또 다시 부산 서면 촛불집회를 시작으로 광주 충장로, 대구 동성로, 대전역, 김해 봉화마을로 한 바퀴 돌렸다. 촛불집회 생중계가 이렇게 끝나는 가 싶더니 국회 앞 촛불집회, 국회 앞 탄핵 찬반 집회 격렬, 국회 앞 탄핵 항의

차량 돌진 등 자극적이고 선동적인 아이템으로 후반부를 마무리해주었다. 이처럼 MBC는 탄핵 반대 촛불집회 현장을 11번이나 생중계로 연결해 마치 전국민이 노 대통령 탄핵을 규탄하는 것처럼 보이게 만들었다. 이제 보니 탄핵 규탄 촛불집회가 4년 후 광우병 쇠고기 수입반대 촛불시위의 예행연습이 아니었나 생각되는 것이다.

　탄핵 방송에서는 TV의 그늘에 묻혀 있던 라디오 방송의 활약이 두드러졌다.

　MBC 라디오〈손석희의 시선집중〉은 발군의 활약상을 보였다.〈시선집중〉은 탄핵안 가결 당일 새벽부터 현장을 연결해 상황을 시시각각 보도하고 15일부터는 '민주당, 탄핵안 가결 이후 내분 조짐-민주당 설훈 의원' 등의 인터뷰로 끈질기고 직설적인 질문을 던졌다.

　KBS 라디오 13일,〈안녕하십니까? 강지원입니다〉는 '대통령 탄핵안 가결, 경제에 어떤 영향을 미치나', 17일 '탄핵 정국 이후 위축된 부동산 시장' 등 탄핵과 관련하여 경제 뉴스를 집중 보도해 국민감정에 민감한 경제와 탄핵을 연결시켰다.

　SBS 라디오 시사프로그램〈정진홍의 SBS전망대〉는 탄핵안 가결 직전 국회 현장에 시사칼럼니스트 김용민, 시사평론가 유창선 등 전문가 리포터 등을 파견해 현장소식을 전했고 12일, 13일 이틀 동안에는 탄핵 정국 특집 프로그램을 집중적으로 방송했다.

　탄핵 방송에서 라디오는 이처럼 기동성을 유감없이 발휘해 속보경쟁에서 우위를 차지하면서 여론몰이에 기여하게 되었다.

　탄핵 방송을 현장에서 진두지휘한 기자, PD들의 생각을 들어보면 그때 탄핵 방송의 성향이 어떠했는지를 가늠해 볼 수 있다. 당시 탄핵 방송에 참여한 MBC 시사교양국 PD들은 '믿기 어렵다'면서 망연자실茫然自失했다는 것이다.

이들 중 한 PD는 심지어 '나라가 이 모양인데 프로그램을 만들어 무엇 하냐'며 허탈감과 울분을 토해냈다는 것이다. 또 어떤 PD는 '이번 대통령 탄핵 사태는 한국 사회에 보혁 갈등이 아니라 70, 80년대와 같이 민주 대 반민주라는 대립 상황이 재현된 역사의 회귀回歸'라고 강하게 비판하면서 대성통곡했다고 한다.

KBS의 몇몇 PD들은 이번 탄핵사태를 주도한 것으로 알려진 일부 정치인들을 '갑신오적甲申五賊'이라고 부르며 성토하였다는 것이다.

이처럼 대통령 탄핵사태에 대해 다수의 PD들은 압도적으로 잘못된 일이라고 평가한 것으로 드러났다.

이는 PD연합회가 국회에서 노 대통령 탄핵안 의결이 이뤄진 하루 뒤인 13일 여론조사기관인 한길리서치에 의뢰해 실시한 〈방송 PD 대상 긴급 설문조사〉에서 드러났다.

'한나라당과 민주당이 노 대통령에 대한 탄핵소추안을 의결한 데 대해 어떻게 생각하느냐?'는 질문에서 응답자 10명 중 9명에 해당하는 90.5%가 '잘못된 일(매우 잘못된 결정 + 다소 잘못된 결정)'이라고 답했다.

특히 부정적 평가 가운데 '매우 잘못된 결정'이란 의견이 80.1%에 달해 PD들이 탄핵 결정에 대해 노 대통령을 어느 정도 지지하고 있는지를 짐작하게 해주었다. 국회의 탄핵 의결에 대해 '잘된 일(다소 잘된 일 + 매우 잘된 결정)'이란 의견은 겨우 7.3%에 불과했다.

이어 '이번 총선에서 어느 당 후보를 지지할 것이냐?'는 물음에 대해서는 응답자의 28.1%가 '후보를 보고 판단하겠다'며 유보적 태도를 보인 가운데 절반가량인 53.9%가 열린우리당을 선택했다. 그 다음은 민주노동당(11.7%)이었으며 한나라당은 2.0%에 그쳤다. 민주당은 소수점 아래인 0.6%를 보였다.

이 설문조사는 PD연합회 회원 방송사 PD 317명을 대상으로 이뤄졌으며 95%의 신뢰수준에 표본오차는 ±5.5%이었다.

이 조사에서도 밝혀졌듯이, 탄핵 방송을 통해 노 정권과 방송노조, 특히 PD연합회와의 허니문 관계가 얼마나 돈독한지가 극명하게 드러나게 되었다.

탄핵 사태에서 노무현 구하기에 앞장선 양대 공영방송과 상업방송 PD들은 '비 온 뒤 땅이 굳는다' 는 말처럼 그 후 노 정권과의 관계를 더욱 더 끈끈한 관계를 맺었다.

탄핵 방송의 태풍이 온 나라를 휩쓸고 지나간 뒤 KBS, MBC 양대 공영방송의 공정성 문제가 도마 위에 올랐다. 이로써 다시 관련 학계와 정국에 소용돌이가 몰아쳤다.

숱한 논란 속에서 프로그램 심의결정 기관인 방송위가 KBS와 MBC의 '탄핵 관련 방송'에 공정성 결여 등의 문제가 있다는 결정을 내렸다.

방송위 보도교양 제1심의위원회(위원장 남승자)는 '헌법재판소의 탄핵심리 결과에 영향을 미칠 우려가 있는 내용을 방송할 때는 신중을 기하고 방송의 모든 면에서 공정성과 객관성이 유지될 수 있도록 하라' 고 KBS, MBC, SBS 지상파 방송 3사에 '권고' 조치를 내리기로 의결했다.

특히 보도교양 제1심의위는 12일 대통령 탄핵 소추안이 가결된 이후 15일까지 방송 3사가 내보낸 '탄핵 관련 방송'을 검토한 뒤 KBS 1TV가 15일에 내보낸 〈뉴스9〉의 여론조사 보도 등 4개 프로그램에 문제가 있다고 지적했다.

또한 함께 지적을 받은 프로그램은 KBS 2TV 〈생방송 세상의 아침〉의 한 코너인 '배칠수의 세상만사—국회의원의 왕국, 의사당 싸움 편' (3월 15일 방송), 〈뉴스데스크〉의 '행정수도 차질' (12일), '탄핵 잘못 77%' (15일) 등이었다.

KBS 1TV 〈뉴스9〉는 15일 여론조사 결과를 보도하면서 '탄핵 소추 안이 헌재에서 기각될 것이라는 전망이 압도적이었다'고 예측 보도를 했다. KBS2 '배칠수의 세상만사' 코너는 탄핵안을 둘러싼 의원들 간의 몸싸움을 맹수의 싸움으로 묘사해 지탄을 받았다.

〈뉴스데스크〉는 12일 '행정수도 차질'이란 부제로 '탄핵 사태로 노 대통령이 가장 역점을 두고 추진해온 신행정수도 건설계획에 차질이 불가피해졌다'고 보도했다. 또 15일 '야당이 제시한 대통령의 선거법 위반이나 측근 비리 등은 탄핵 사유가 안 된다는 의견이 66.5%다', '헌재의 결정 시점은 총선 이전에 해야 한다가 60.8%다'라는 등 헌재 결정에 영향을 미칠 수 있는 사안만을 중점 보도했다.

방송사들과 일부 시민단체들이 방송위의 결정에 대해 강하게 반발하자 방송위는 지상파 방송 3사의 '탄핵 방송' 편파 논란에 대해 한국언론학회(회장 박명진)에 분석을 의뢰하여 15일 이후 나간 개별 프로그램에 대해 정기적으로 심의를 계속해 나가겠다고 밝혔다.

한국언론학회가 21일 한국프레스센터에서 개최한 '전환기의 한국 언론 : 한국 방송의 공정성'이란 세미나에서 이 학회 소속 교수들 사이에 6월 10일 발표한 지상파 방송 3사의 탄핵방송 보고서를 둘러싸고 난타전이 벌어졌다.

이 세미나에는 이 보고서를 작성한 책임연구원 이민웅 교수(한양대), 윤영철 교수(연세대)와 함께 연구를 수행했던 윤태진, 최영재, 김경모, 이준웅 등 '386' 교수 4명이 모두 참석해 토론자들과 의견을 주고받았다.

먼저 탄핵방송은 공정했나를 놓고 공방전이 치열하게 벌어졌다. 윤영철 교수는 탄핵방송이 불공정했다는 근거에 대해 '탄핵사태는 공정성 규범을 적용해야 하는 합법적 논쟁의 영역에 속하는 사안인데도 탄핵방송 반대 편향을 보였다'고 발표했다.

윤태진 교수는 '방송사가 탄핵을 일탈逸脫의 영역으로 해석했다면 자가당착이다. 방송사가 탄핵 찬반에 대한 토론 프로그램을 7회나 내보낸 것은 탄핵을 논쟁적 사안으로 보았다는 증거'라면서 반박했다.

이에 대해 김재영 교수(충남대)는 '임기를 한 달 남겨둔 국회의원들이 임기가 한참 남은 대통령을 탄핵한다는 것은 합법을 가장한 일탈'이라고 주장했다. 친노 성향의 어느 교수도 '탄핵 주도 세력에 대해 오히려 준엄한 비판이 있어야 한다'면서 노 대통령 편들기에 나섰다.

'기계적 균형'에 대해서도 논쟁이 오고갔다. 윤호진 한국방송영상산업진흥원 책임연구원은 '방송사들은 탄핵 찬반 의견을 3대 7로 보도했는데 이는 당시 국민여론을 감안할 때 공정했다'고 주장했다.

이에 대해 윤영철 교수는 '방송사가 공정성 기준으로 내세운 의견 지지도나 시대정신은 권력의 입맛에 맞춰 언제든 다시 정의할 수 있는 가변적 개념'이라며 '정권의 노선을 시대정신으로 합리화해 공정방송의 기준으로 삼을 수는 없다'고 지적했다.

다음으로 탄핵보고서를 둘러싼 논쟁에 대한 토론이 있었다. 이민웅 교수는 '보고서 방법론에 대한 비판은 없고 연구자의 성향만을 문제 삼는 것은 정치적 의도를 가진 비방'이라고 지적했다.

유재천 한림대 교수도 '보고서에 대해 학문적으로 접근하지 않고 인상비평 수준의 성명을 발표하는 것은 학자의 태도가 아니다'고 질타했다.

이에 대해 강형철 교수(숙명여대)는 '보고서의 학술적 의미가 정치적으로 과도하게 해석되는 감이 있다'고 말했다.

이후 언론학회는 〈민언련〉, 〈언개련〉 등 친노 시민언론단체로부터 심한 질타를 받았으며, 방송위가 언론학회에 분석을 의뢰한 데 대해서도 많은 단체로부터 의혹을 받았다.

한편 언개련, 민언련, 언론노조 등 시민단체와 언론단체들은 긴급기자회견을 열고 언론학회의 보고서를 '편파보고서'로 몰아가면서 방송위는 탄핵방송을 공정하게 심의하라고 촉구했다.

이들은 그 자리에서 '이번 보고서가 편파방송이라는 결론을 미리 내려 놓은 채 그 틀에 분석 대상과 방법론을 꿰맞추려 하고 있다'고 밝히며 '이런 사태를 몰고 온 방송위는 공정하고 중립적인 인사들로 새로이 심의위원회를 구성해 공정한 탄핵방송 심의가 이뤄질 수 있도록 해야 한다'고 주장했다.

이민웅 교수는 '방송과 시민·학술단체, 심지어 방송사의 시청자위원회까지(탄핵 방송이 편파적이었다고 지적한) 탄핵방송 보고서를 일방적으로 비방하는 것을 보고 한국 지성의 위기를 느꼈다'고 고백했다.

이때 KBS 강동순 감사는 탄핵 편파 방송에 대해 사무실에서 기자회견을 자청해 KBS의 문제점을 조목조목 지적하고 개선안을 제시했다.

강 감사는 맨 먼저 편파보도 문제를 따졌다. 그는 '노 대통령 탄핵소추안이 가결된 3월 12일 KBS 〈9시 뉴스〉에서 19건의 편파성 기사가 나갔고 12일에는 1TV가 14시간 반, 2TV가 3시간 50분 동안 탄핵 반대 위주의 방송을 일방적으로 편성했다'고 지적해주었다.

또 'KBS는 탄핵안 가결 이후 15일간 중계차를 동원해 전국 각 지역에서 탄핵에 반대하는 목소리만 선정해 생중계로 내보냈다'며 '공신력 있는 여론조사 기관에 의뢰하지 않고 KBS 자체 여론조사로 (탄핵 소추 이후) 열린우리당 지지율이 39.6%로 올라 한나라당과의 격차가 두 배로 벌어졌다는 내용을 방송한 것도 문제였다'고 따졌다.

이날 강 감사의 기자회견은 3기 방송위원 선임을 앞두고 한나라당 추천 방송위원 몫으로 강 감사가 물망에 오르자 PD협회 등 내부 직능단체와 언노련, PD연합회 등이 잇따라 성명을 내고 강 감사 선임을 공개적으로 반대한 데 대한 반박이었다.

KBS PD협회 등 5개 직능단체는 21일 성명에서 '강 감사는 KBS 조직을 비난하고 KBS 탄핵 방송이 광기狂氣였다고 욕보였던 사람'이라며 '한나라당 사람인지 KBS 사람인지 모를 정도의 인사가 방송위원이 되어서는 안 된다'고 비난했다. 이들 단체는 또 KBS 내부감사 자료가 외부에 유출된 것도 강 감사의 책임이라는 것이다.

이에 대해 강 감사는 'KBS가 2002년 김대업 병풍사건과 2004년 대통령 탄핵소추 사건을 편파적으로 다룬 것을 내가 강연에서 비판한 데 대해 언론노조 등이 나를 비방하는 것은 적반하장賊反荷杖격'이라고 맞받아쳤다. 그는 또 'KBS의 공정성과 객관성에 문제가 있었다고 지적하면 일부 단체가 야당을 편드는 반개혁 행위로 몰아붙여 매도하는 등 공포 분위기를 조성하고 있다'며 '(언론노조 등의 성명은) 최근 KBS노조의 여론조사 결과 직원의 82.2%가 정연주 사장 연임에 반대하자 이를 반전시키려는 목적에서 나온 것'이라고 주장했다.

또 '감사 결과가 이사회와 임원진 등에 모두 보고되는데 근거 없이 나를 정보유출 주범으로 몰아세우고 있다'며 '유출 자체보다 공개된 자료의 사실 여부가 더 중요한데 소위 진보적 단체들이 내부고발만을 범죄시하는 것은 이율배반'이라고 대응했다.

삼성 X파일, 눈 뜨고 특종 날린 MBC

탄핵 정국이 대한민국을 뒤흔들고 있을 때 MBC에는 어떤 소문이 돌고 있었다. 고발 전문 이상호 기자가 안기부의 "삼성 X파일"을 받았다는 것이었다. 그 당시 사내에 떠도는 루머들을 적은 메모를 보면 대충 이런 것들이었다.

○ 이 기자는 안기부의 도청 문건과 테이프를 전량 입수했다.
○ 또 도청 사실을 뒷받침해줄 만한 사람도 만났다.
○ 윗사람이 그걸 보자면 너무 어마어마하다면서 보여주지 않는다.
○ 위에서 삼성 X파일의 방송을 막는다.

그런데 MBC에서는 내일내일 미뤄지면서 삼성 X파일 보도가 안 나가는 것이었다. 이 기자는 빨리 보도해야 한다고 주장했다는 것이다. 당시 이상호 기자의 소속 부장은 최문순 전 사장이었으며, 보도제작국장은 김재철 전 사장이었다.

이때 MBC에서는 아주 의외의 사건이 일어났다. 〈뉴스데스크〉 앵커 출신의 이인용 기자가 삼성 홍보맨으로 간 것이었다. 그때 사내에는 이인용 씨의 "뒤늦은 인사"라는 메일이 돌고 있었다. 〈뉴스데스크〉 앵커 출신이라면 당연히 정계로 갈 것으로 알았는데 재벌기업의 홍보맨으로 갈 줄은 아무도 몰랐다. 이인용 씨는 메일에서 6월 29일부터 삼성으로 출근한다고 밝혔다. MBC에서 이인용 씨의 삼성 행을 부러움 반 놀라움 반의 표정으로 바라보고 있었다. 한편에서는 노조가 주인 행세하는 MBC를 잘 떠나는 것이라고 말하는 사람도 있었다. 다른 한편에서는 사실을 보도하고 진실을 추구하던 뉴스데스크 앵커가 재벌의 품에 안긴다는 것은 영 찜찜하다고 말하는 사람도 있었다.

일부에서는 이인용 씨의 삼성 행을 강하게 비판하기도 했다. 어떤 기자는 이인용 씨의 삼성 행을 문제 삼으면 삼성이 우리를 쳐다보기나 하겠냐면서 입단속을 했다는 것이다. 하지만 이인용 씨의 삼성 행 이후 MBC사원이 삼성으로 간 사람은 한 명도 없다. 혹시 삼성이 나를 불러주지 않을까 하는 바람에서 김칫국부터 마신 것이었다.

이로부터 채 한 달이 안 된 7월 22일, MBC는 삼성 X파일을 전격 공개하였다. 이 사건으로 재계, 정계는 요동을 쳤고 유엔 대사로 나가 있던 홍석현 씨는 보따리를 싸서 돌아왔다. 이인용 씨가 삼성으로 옮겨가자마자 맨 먼저 당면한 일이 X파일 공개였다.

당시 삼성 X파일 보도 시점을 놓고 보도국에서는 말들이 많았다고 한다. 이렇게 된 것이 사내에 삼성 로비스트가 있었기 때문이었다는 것이다. MBC는 대어를 물고도 질질 끌다가 타이밍을 놓친 것이다. 고발 전문 기자로 주가를 올리고 있던 이상호 기자는 이후 고난의 나락으로 떨어지게 되었다. 보도국에서는 언론사에 길이 남을 희대의 특종을 못하게 막고 특종을 올린 기자를 왕따 시키고 그런 보도국장을 임원으로 승진시키냐는 반발이 있었다. 이 사건은 2007년 김용철 변호사의 떡값 검사 폭로전으로 연결되었다.

뜬금없이 등장한 디지털 전송방식 변경 투쟁

DTV 송출 방식은 김영삼 정권에서 결정된 정책이다. 98년 노조들은 자기들과 코드가 일치하는 DJ정권, 2003년 노무현 정권 하에서 마땅히 욕구를 분출하고 노조원들의 투쟁심을 자극할 수 있는 사안을 찾고 있었다.

이런 밋밋한 상황에서 'DTV 미국방식'이 그들의 눈에 들었다. 이것을 투쟁의 먹잇감으로 생각하고 물고 늘어졌다. 그때 구호는 "DTV 미국 전송방식 절대 불가, 이동수신 가능한 유럽식으로의 전환"이었다. 그들은 장장 4년 동안이나 미국식 전송방식 반대를 위한 투쟁을 벌이게 된다. 미국 전송방식은 이동수신이 안 된다는 그것 하나만으로 4년의 시간이 흘러갔다.

1997년부터 국책사업으로 추진되고 있던 디지털방송 사업이 2000년에 거대한 암초를 만나게 된다. MBC노조를 중심으로 뭉친 방송 3사와 언노련, 시민단체 등이 소위 미국식 전송방식에 대한 전면 부정과 동시에 유럽식 전송방식으로 바꾸라고 요구해온 것이다.

디지털 TV에 대한 방송방식은 1997년 9월 KBS, MBC, SBS 등의 방송사 및 산·학·연 전문가로 구성된 「지상파 디지털 방송추진협의회」에서 고화질(HD) 서비스가 가능한 ATSC 방식을 채택할 것을 건의한 것이다. 정보통신부는 이를 토대로 정보통신정책심의회의 심의를 거쳐 1997년 11월 우리나라 디지털TV의 방송표준으로 확정했다.

정통부는 2001년 서울을 시작으로 수도권에서 디지털방송을 시작했다. 미국식에 맞는 디지털TV가 이미 150만 대나 팔린 상황에서 결정을 번복할 수는 없는 일이다. 이에 대해 방송계는 "이동성이 떨어지는 미국식은 우리나라에 적합하지 않다. 통신과 방송, 유무선 통합이 이뤄지는데 집에서만 TV를 보라는 건 시대착오다. 앞으로 산업발전과 소비자들의 편익을 생각한다면 전송방식을 유럽식으로 바꿔야 한다"고 주장했다.

이에 정통부는 2003년 10월, 국정감사에서 "유럽식은 6MHz대역에서 고화질(HD)방송과 이동수신서비스를 동시에 한 채널로 제공할 수 없다"고 해명했다. 당시 6MHz대역에서 유럽식으로 'HDTV와 이동수신' 서비스를 동시에 제공하는 곳은 없었다. 또한 "MBC가 2001년 9월 18일부터 11월 28일까지 실시한 비교현장 시험자료를 객관적이고 공정한 전문가들로 구성된 팀으로 시험결과를 확인·검증할 수 있도록 제출해 달라고 요구하였지만 거절했다"는 것이다.

2002년 월드컵을 앞두고 전국의 디지털 전환을 완료하려고 참여정부 출범 초기에는 지역방송사들까지 모두 디지털 전송을 시작했다. 언론노조는 '유럽식은 만능, 미국식은 쓰레기'라면서 전송방식을 바꾸자고 선동했다. 이러자 진보진영 시민단체들까지 들고 일어나 전송 표준방식을 변경하라고 떠들게 되었다.

한마디로 유럽식이 우리 실정에 더 맞고, 돈도 적게 들고, 이동수신에도 유리하다는 것이었다. 굳이 대형 화면에나 어울리는 미국 방식으로 결정해서 이동수신도 안 되고, 수신율도 낮고, 난시청에도 약한 쪽으로 가느냐는 것이었다. 이들은 뜬금없이 시청자 주권을 내세우면서 '더 최근에 개발된 유럽방식이 우수한데 왜 미국에서만 통용되는 방식을 따르냐'면서 생떼를 부린 것이다.

MBC노조를 중심으로 들불처럼 번져나간 미국식 전송방식 불가론은 급기야 국영방송으로 이미 상당한 수준의 투자를 한 KBS마저 이 대열에 합류하게 된다. 그와 함께 오마이뉴스, 미디어오늘, 프레시안, 한겨레신문, 경향신문 등 당시 친여 매체들이 대거 끼어들면서 전송방식 변경 투쟁은 활활 타올랐다.

2003년 3월 KBS노조는 "DTV 미국식 강행 안 된다"는 여론조사 결과를 발표하면서 미국식 방식 반대운동에 깃발을 높이 들었다. 이 조사에서 디지털 전송방식은 '장단점을 비교한 뒤 결정하자'는 의견과 '조속히 유럽식으로 바꾸자'는 의견이 90.1%에 달한다고 밝혔다. 미국식으로 가자는 의견은 겨우 6.8%이었다. 이것은 국영방송으로 관망하고 있던 KBS가 안티 미국방식 운동에 동참하려는 명분을 만들기 위한 구실이었다.

미국식 전송방식 불가론에 최초로 불을 지핀 MBC는 〈PD수첩〉과 〈100분 토론〉을 동원하여 지원사격에 나섰다. 2002년 11월 〈PD수첩〉은 "디지털TV, 시청자는 봉인가?"에서 "단군 이래 최대 사업인 디지털TV, 이 디지털TV의 전송방식 선정의 경우 유럽방식의 전환 비용은 50조 원이 예상되지만 미국 방식의 전환 비용은 그보다 50조가 더 드는 100조에 이른다고 한다"는 주장을 했다. 미국 전송방식으로 하면 천문학적인 50조원이 국민에게 고스란히 전가된다는 것이었다.

2002년 11월 5일, 디지털TV 전송방식 변경을 위한 소비자운동(DTV 소비자운동)은 이회창, 노무현, 권영길 등 대선 후보들에게 'DTV전송방식 변경'을 공약화하라고 요구했다. 이들은 "디지털TV 전송방식 변경 없이 대통령 당선 어림없다면서 디지털TV 전송방식 변경, 대통령 선거 후보 공약화 촉구를 위한 범국민 결의대회"까지 열어 압박했다.

DTV 소비자운동 성유보 공동대표는 "모든 대선 후보들의 정책이 비슷비슷해 국민들이 무엇으로 정책을 판별해야 할지 모르고 있다"며 "대선후보 중 디지털TV 전송방식 변경을 구체적으로 공약한 후보에게 표를 줘야 한다"고 발언했다.

MBC노조 노웅래 위원장은 "전송방식 변경 투쟁은 KBS노조가 앞장서고 MBC도 동참하여 더 나가 전국언론노조가 연대 투쟁을 하면 반드시 승리할 것"이라고 밝혔다.

또 PD연합회 방성근 회장은 "정부의 DTV정책은 반민주 친재벌적 정책이며 미국 방식은 막대한 소비자 부담, 지상파 방송의 경쟁력 약화와 기능 제한, 자연재해와 같은 국가 재난 시 신속한 대응 불가 등 근본적 문제점이 있다"고 선동했다.

불교인권위원회 진관 스님은 "정통부가 미국식 DTV 전송방식을 고집한 것을 보더라도 미국 대변인임이 증명됐다"며 "우리는 기필코 DTV 전송방식 변경을 이뤄내자"고 말했다.

언론노조 전영일 수석부위원장은 "정통부는 친미사대주의 반민족적 사고를 가진 관료들이다"면서 반미감정으로 몰았다. 그는 "방송의 공적 기능을 외면하고 통신시장에 넘기려는 정통부를 향해 힘찬 투쟁을 전개하자"고 외쳤다.

2002년 5월, 일인 시위에 나섰던 SBS뉴스텍 노조 손위현 위원장은

"이제 한국을 속국의 개념에서 탈피해 서로 대등한 국가 관계로 생각하는 미덕을 가지라"고 주문했다. 그는 "현재 DTV 문제로 친미 감정을 가졌던 중산층들이 반미 감정으로 바뀌고 있다"며 "미국은 더 이상 한국 정부에게 간섭하지 말라"고 까지 주장했다.

프로그램 동원으로 미국 전송방식 반대

2003년 2월에는 MBC 〈100분 토론〉이 전송방식 논쟁에 힘을 실어주었다. "디지털방송, 미국식인가 유럽식인가"에서 당시 미국식 전송방식 반대 핵심인물인 MBC DTV 기술팀장 이완기 씨는 "DTV 전송방식 결정 당시 절차적 하자가 있었고, 이동수신율이 낮은 미국식을 고수하면 디지털시대에 아날로그 삶을 살게 돼 기술발전은 물론 사회문화 발전에 저해된다"고 따졌다. 그는 또 "미국 방식은 이동수신에 대해선 개선이 불가하고 모바일 서비스가 불가능하다고 이미 판명이 났으니까 유럽식으로 바꿔야 된다"는 것이었다.

정통부 이재홍 방송위성과장은 "미국식이 유럽식에 비해 월등히 우수하다. 디지털TV 방송 방식을 변경하는 것은 절대 고려하지 않고 있다"고 강경하게 대응했다. 그는 미국 방식이 소비자 만족도가 높고 고화질 방송에 가장 적합하다고 주장했다. 만일 유럽식으로 변경하면 우리 실정에 맞게 변형해야 하는데 이 경우 국내용 방송이 돼서 소비자와 방송사의 부담이 늘어난다는 것이었다.

한편, 정부가 미국식을 고집하는 것은 원천 기술을 보유한 '특정재벌기업'을 봐주려는 것이라는 음모론도 있었다. 여기서 '특정 재벌기업'은 LG전자였다. LG전자는 미국의 제니스를 합병하면서 그 회사가 갖고 있던 '디지털 전송방식 특허'의 대부분을 확보했다. 상대적으로 경쟁사는 DTV특허를 갖고 있지 않았다는 것이다.

　일설에는 글로벌 시장에서 상대사가 DTV기술을 개발하거나 확보할 수 있는 시간을 벌어주기 위해서 미국식 전송방식을 반대했다는 소문도 있었다. 한편으로는 LG전자가 제니스를 인수 합병은 했지만 특허료는 결국 미국으로 가는 것이기 때문에 미국식 전송방식을 거부했다는 것이다.

　어찌되었건 미국식 전송방식을 반대한 저변에는 반미 감정이 짙게 깔려있었다는 것은 부인할 수 없다. 한국전파진흥협회 자료에 따르면, 우리나라는 지난 90년대부터 DTV 기술개발에 착수하여 세계 최고수준의 기술력과 세계 DTV 특허의 33%인 3,462건을 보유하고 있었다.

　DTV 전송방식에 대한 합의를 하고 난 지 불과 두 달도 안 된 5월 31일, LG전자가 삼성에게 DTV 전송기술(VSB) 특허료를 요구했다는 기사가 떴다. 2005년 5월, DTV 전송기술(VSB)에 대한 원천 특허를 갖고 있는 미국 제니스는 2004년부터 도시바, 미쓰비시, 샤프 등과 특허 라이선스 계약을 맺었으며 일본, 미국, 대만의 7개사와 추가로 계약을 맺었다고 한다. 일부 언론은 LG전자의 자회사인 제니스가 원천특허 협상을 진행하면서 LG전자와 삼성전자 사이의 특허 전면전으로 번질 가능성이 커지고 있다고 보도했다.

제주지역 디지털 방송 전환에 영국을 취재

　시간이 흐른 2011년 9월 3일, KBS 제주총국은 "제2의 TV혁명 디지털, 제주 지상파를 타다"란 프로그램을 내보냈다. 2011년 6월 29일 우리나라에서 가장 처음으로 디지털방송으로 전환한 제주도의 모습을 다룬 것이었다. 여기서 DTV 전환의 성공 여부는 다채널에 달려 있다면서

DTV 전환을 서민의 문제로만 그려냈다. 디지털 방송을 시청하려면 셋톱박스가 필요하다는 말을 반복했을 뿐 난시청을 풀어가는 방안에 대해서는 언급이 없었다.

또 KBS는 우리와 비슷한 시기에 DTV로 전환한 영국으로 카메라를 들고 갔다. DTV로 전환한 영국 국민들은 "유럽식은 다채널로 디지털 방송을 볼 수 있어 행복하다"는 것이었다. 유럽식 DTV를 보는 중산층 가정의 행복한 모습도 보여주었다. 그 다음에는 DTV가 있어 행복하다는 아프리카 이민자 가정을 찾아갔다. 영국 BBC방송의 인터뷰도 다채널 때문에, DTV전환이 순조롭게 진행되고 있다는 것이었다. 이 프로그램에는 10여 년 전 미국식 전송방식을 저지하지 못한 데 대한 회한의 흔적이 짙게 깔려 있었다. 미국 전송 방식으로 DTV 전환을 마친 미국의 사례는 아예 거들떠보지도 않았다.

2004년 정통부 장관, 방송위 위원장, 언노련 위원장이 미국 전송방식으로 하기로 합의했으면 마땅히 미국의 실태도 점검했어야 했다. 이 프로그램은 MBC를 필두로 방송노조를 비롯해 유럽식 전송방식을 주장했던 7년 전의 트라우마에 갇히고 말았다. 미국이 싫으니까, 미국 전송방식도 싫다는 그런 분위기였다.

2004년 7월 8일, 디지털TV 전송방식이 4년간에 걸친 소모적인 논쟁 끝에 미국 전송방식으로 결정되었다. 대표위원회는 전송방식의 변경은 많은 사회적, 경제적 비용 등이 발생할 것이 우려된다며 현재의 방송방식을 변경하는 것은 바람직하지 않다는 데 합의했다.

당시 가전업계는 "전송 방식 변경으로 시간을 허비하면서 시장 선점 기회를 놓쳐 막대한 손해를 봤지만 아무도 책임지지 않는다"며 허탈해 했다. 당장 상용화가 가능할 것처럼 그들이 주장했던 '고화질과 이동성을 함께 충족시키는 방송방식'은 아직 전 세계 어디에서도 구현되지 않고 있다.

그 후 '빠른 방송기술 발전으로 미국식 방식과 유럽 방식 모두 수신 성능이 대폭 향상되었다'는 것이다. 다른 산업분야와는 달리 정보통신 분야에서 하루가 다르게 기술발전이 이루어지고 있다는 점이다. 이런 것을 뻔히 알고 있는 방송 종사자들이 미국식은 안 되니까 유럽식으로 바꾸라고 주장한 것은 반미감정과 무관하다고는 할 수 없다.

당초 MBC노조를 비롯해 방송 종사자들이 반미 의식에서 미국식은 안 된다고 주장한 흔적이 곳곳에서 볼 수 있었다. 미국식 전송방식 반대는 주한미군 철수, 2005년 황우석 교수 줄기세포 사건, 2008년 미국산 쇠고기 광우병 파동, 2011년 제주해군기지 반대 등 반미운동으로 연결되는 징검다리 역할을 하였다.

제6장 좌파 언론 커넥션의 전성기
−〈언노련〉, 미디어오늘, 〈언개련〉, MBC−

2012년 대선 초부터 끊임없이 세간의 이목을 모으며 거론되어 온 사건이 하나 있었으니 그게 바로 '장준하 의문사' 였다.

한겨레, 경향신문 등 "반 박근혜 후보"의 매체들은 연일 장준하 선생의 추락사에 대한 과거 박 정권의 개입설을 흘리며 박근혜 측을 공격하면서 관심을 끌었다. 또한 '장준하, 묻지 못한 진실(고상만 지음)' 이라는 서적도 출판되었으며 거기서 재조사가 시급하다고 역설하였다. 그런데 이와 유사한 사건이 15년 전에도 있었다.

장준하 vs 박정희, 조용수 vs 이회창의 오마쥬

1997년 대선, 이회창 후보와 김대중 후보가 박빙의 경쟁을 벌이고 있던 때 민족일보 고 조용수 사장의 이야기가 불쑥 세간에 떠올랐다.

조용수, 그는 1961년 2월 13일 창간된 〈민족일보〉의 사장이었다. 하지만 1961년 5·16 군사정변 직후인 5월 18일 '특수범죄처벌에 관한 특별법'으로 구속되었다. 죄목罪目은 조총련계 자금을 받아 신문을 발행해서 북한이 주창하는 평화통일을 선전했다는 것이었다.

1961년 10월 31일 상고심에서 사형이 선고되었고, 그로부터 50여일 후 12월 21일 형장에서 사라졌다. 이후 그는 때를 잘못 타고난 진보 지식인으로 평가되었다.

이때 언노련은 "92호 만에 폐간된 민족일보, 32살의 나이로 사형당한 조용수 사장의 사건"을 반세기 만에 재조명했다.

언노련은 '조용수 평전'을 발행하며 세상에 조용수를 다시 알리는 작업에 들어갔다. 덧붙여 대통령 후보 이회창 씨가 1961년 10월 조용수에게 사형을 선고한 혁명재판소 제2심판부의 배석 판사였다는 것을 세상에 공개했다.

이러자 언론노조와 노선을 같이 하는 시민단체들이 나서 이회창 후보에게 조용수 사형판사, 박정희 장학생의 굴레를 씌웠다. 결국 이회창 후보는 아들의 병역문제와 함께 여론의 등돌림 속에서 대권 도전 실패라는 쓴 잔을 마셔야 했다. 결과는 야당의 승리였고 정권은 좌파 정권으로 교체되었다. 이를 도운 관련자들은 논공행상을 통해 제도권 바깥에서 제도권으로, 노조에서 경영진으로 탈바꿈하는 등 대변신을 하게 된다.

당시는 언론노보였던 〈미디어오늘〉은 'DJ 대통령 만들기'의 첨병尖兵에 서면서 정론을 기대했던 많은 독자로부터 '야당 당보黨報냐'는 비아냥까지 들으며 정체성이 흔들리게 된다.

DJ 당선 후 〈미디어오늘〉은 언론노조 기관지에서 탈피하여 별도의 독립법인으로 재출범하게 된다. 당시 〈미디어오늘〉의 주역들은, 언론노조위원장 겸 발행인 이형모 씨는 KBS 부사장으로, 편집위원장 김중배 씨는 MBC 사장이 되었다.

그로부터 정확하게 10년이 지난 2012년 대선에서 불쑥 장준하 의문사가 사회적인 쟁점으로 불거져 나온 것이다. 박정희 정권에서 일어났던 장준하 의문사를 선거에 이용하기 위한 것이다. 조용수-이회창의 오마쥬를 통해 그들은 10여 년 전의 영광을 다시금 맛보고 싶었던 것이다. 프랑스어 오마쥬hommage란 "경의 표시, 그 표시로 바치는 것"이라는 의미를 갖고 있다.

출범 당시 〈미디어오늘〉의 매체 지향점은 "1)고급 정보와 깊이 있는 보도 비평이 있습니다. 2)뉴미디어 현상에 대한 심층 분석이 있습니다. 3)노동조합에서 만듭니다."이었다. 여기서 〈미디어오늘〉은 노동조합 기관지라는 것을 스스로 자인한 것이다. 3)에서 "전국 신문, 방송, 통신사에서 일하는 1만5천 명의 현직 언론인들이 만든 〈언노련〉에서 발행합니다. 노동자와 노동조합의 시각과 입장이 반영된 신문입니다. 〈미디어오늘〉은 노동, 인권문제 등 기존의 언론이 다루지 않는 부분에 관심을 갖고 신문을 제작합니다."라고 주장했다.

〈미디어오늘〉이 "노동, 인권문제 등 기존의 언론이 다루지 않는 부분에 관심을 갖고…"라고 주장했다. 사실 노동이나 인권문제는 서로 보는 시각이 다를 수는 있어도 보수언론 역시 비중 있게 다루고 있었다. 여기서 〈미디어오늘〉은 '인권문제'를 거론했는데 이들 대다수 좌파 미디어들은 수십 개의 북한의 생지옥 같은 강제수용소 실상, 탈북자의 삶, 고난의 대행군 시기에 굶어죽은 350만 명의 북한 동포 등 김일성, 김정일 치하에서 일어난 인권탄압은 외면하였다.

〈PD수첩〉 조선일보 이승복 오보 시비 개입

"조선일보 이승복 오보 시비 사건의 진상"을 둘러싸고 전쟁이 한창일 때 아니나 다를까 MBC가 개입하였다. 1998년 9월 22일, 약방에 감초처럼 〈PD수첩〉은 '이승복 공산당이 싫어요 작문 논란'을 비중 있게 다루었다. 결국 좌파단체와 조선일보의 싸움에 응원군으로 나선 셈이 되었다. 당시 김대중 정권이 낙점한 노성대 사장은 '그저 좋은 게 좋다'는 식으로 보아 넘겼다. 노조의 말 한 마디면 안되는 게 없을 정도였다.

1960년대부터 30년간은 북한의 무력도발이 잦았다. 1968년 1월 21일, 김신조가 이끄는 31명의 무장공비가 청와대를 기습하려 내려왔으며 그해 1월 23일에는 미국 정보함 푸에블로 호가 납치되어 승무원 80명 중 1명은 사살되고 나머지는 억류되었다.

김일성은 그해 말에는 울진·삼척지구에 무장공비를 침투시켜 우리 국민을 살해하는 만행을 저질렀다. 북한은 강원도와 경상도 일대 산간부락을 점거하여 혁명기지를 건설할 목표로 10월 30일부터 11월 2일까지 무장간첩 130여 명을 3차례에 걸쳐 침투시켰다. 20여일에 걸친 군대와 경찰의 합동작전으로 110명의 공비共匪가 사살되고 7명이 생포되었다. 이 과정에서 당시 9살이었던 이승복 군을 비롯해 민간인 23명이 아까운 목숨을 잃었다. 이 사건은 6·25전쟁 이후 사상 최대의 무장간첩 침투 사건이었다.

이승복(1959.12.9~1968.12.9)은 북한 무장간첩에 의한 희생자이다. 그는 강원도 평창군 진부면(현재 용평면) 도사리에서 태어나 1967년 3월 2일 속사초등학교 계방분교에 입학했다. 1968년 11월 2일 삼척의 바닷가를 거쳐서 우리 땅으로 무단 침입한 북한의 무장간첩에 의해서 12월 9일 밤 어머니, 남동생, 여동생과 함께 살해당했고 그의 형과 아버지는 크게 다쳤다.

12월 11일, 〈조선일보〉 사회면에는 '공산당이 싫어요… 어린이의 항거, 입 찢어'라는 기사가 실렸고, 이를 읽은 국민들의 분노는 하늘을 찌르고도 남았다. 그 후 이승복 군의 집은 반공사상을 고취시키는 기념물이 되었고, 교과서에는 이승복 군의 반공의식이 표상화 되었고 북한 공산집단의 잔혹상을 고발하는 상징으로 자리잡았다.

그런데 김대중 정권이 들어서면서 전교조는 난데없이 이승복 군 스토리는 가짜, 조작된 것이라고 주장하기 시작했다. 이승복 군이 살해된 사실, 이승복 군 가족 4명이 모두 살해된 사실, 강원도 주민 23명이 살해된 사실은 엄연한 증거로 뒷받침되어 있었다. 그런데 이승복 군이 말했다는 '나는 공산당이 싫어요'라는 이 외마디가 거짓말이라는 것이었다. 이승복 군 사건은 오도된 반공 이데올로기에 의해 조작된 허구虛構이며 〈조선일보〉가 앞장서서 이 신화를 날조捏造했다는 것이다.

1998년 〈언개련〉은 서울시청 지하철역에서 '오보誤報전시회'를 열었다. 이 단체는 '대표적인 오보 사례'로 〈조선일보〉가 보도한 "나는 공산당이 싫어요"라는 기사를 물고 늘어졌다.

〈언개련〉은 이 '오보전시회'에서 이승복 전시물에 이렇게 설명을 달았다고 한다. '반공구호 앞에는 진실도 필요없다'는 제하에 '나는 거짓이 싫어요.' (중략) 기사를 쓴 기자는 현장에 가지도 않고 현장 생존자도 만나지 않았다. 〈조선일보〉 기자가 유일한 목격자인 형을 만나지 못했는데 어떻게 이승복 군이 '공산당이 싫어요'라고 외치다 죽은 것을 알고서 그런 기사를 썼느냐는 것이다.

당시 〈조선일보〉 기자는 사건 상황을 이승복 군 형에게서 전해들은 마을사람들로부터 듣고 기사를 썼다고 한다. 이승복 군이 '공산당이 싫어요'라고 외치다가 죽었다는 것이 사실로 밝혀지자 김종배 씨 측은 '내가 언제 이승복 군이 그런 말을 한 적이 없다고 주장했냐'면서 '〈조선일보〉 기자가 현장에 가지도 않고 작문을 했다'고 쓴 것이라고 말을 바꾸었다. 대법원은 이승복 군이 '공산당이 싫어요'라고 말했고, 〈조선일보〉 기자가 현장에 있었다는 것을 모두 사실이라고 판단했다.

이에 대한 진실 공방은 법적 분쟁 14년 만에 대법원 확정 판결로 완결되었다. 비록 조작설을 처음으로 제기한 김종배 씨는 '자신의 기사가 허위라는 인식이 없었다'는 이유로 무죄가 선고되었지만, 그의 주장이 허위, 억지임이 대법원 판결로 재확인되었다.

오보전시회를 주관한 김주언 씨는 "허위 인식을 갖고도 오보전시회를 강행했다"는 이유로 유죄판결을 받았다.

안보상업주의-언노련, 미디어오늘의 합작품

1968년 12월 11일 〈조선일보〉 이승복 관련 기사는 이미 1995년 5월 창간된 언노련 기관지인 〈미디어오늘〉 창간 2호부터 국내 신문의 대표적인 오보 사례 제1호로 뽑혔다.

〈미디어오늘〉은 새로운 권력인 언론을 비판, 감시하고 국민과 함께 우리 언론을 바로 세운다는 명분을 갖고 출범하였다. 하지만 〈미디어오늘〉은 정치인 김대중 씨의 정권 장악을 위한 대표 매체로서 창간부터 1998년 김대중 집권까지 또 다른 형태의 언론공작, 즉 보수우익 매체에 대한 비판과 헐뜯기, 흠집 내기, 언론사 내부 인사비리 취재를 통한 영향력 확보, 언론노조를 통한 방송 장악, 대 국민 좌파 이데올로기 전파 등 친 DJ정권의 좌파 수호 미디어로서의 역할을 하였다.

김대중 집권 후 발행인 겸 언노련 위원장 이형모 씨는 KBS 부사장으로 초고속 승진을 했고, 자문위원 김중배 씨는 MBC 사장이 되었다. 또 자문위원 이효성 씨는 방송위원회 부위원장으로, 편집위원 경향신문 노조위원장 윤승용 씨는 청와대 홍보수석 비서관으로 방송과 정권의 핵심 요직을 차지하였다. 이들은 김대중 정권의 방송 장악의 핵심 세력으로 성장하게 된다. 창간 초기 편집국장 이광호 씨는 민주노동당 기관지 편집국장으로 자리를 옮기고 2대 편집국장인 백병규 씨는 〈말〉지 사장으로 갔다.

〈미디어오늘〉은 창간호부터 특집기획으로 '언론상업주의, 안보상업주의'라는 자극적인 용어를 들고 나왔다.

'오보이야기' 서두에서 '오보'란 기자가 실수로 인한 기사의 오류가 아니라 지배 이데올로기, 언론상업주의 산물이라고 규정했다. 이런 관점에서 이승복 관련 기사를 첫 번째 오보이야기로 정한 것이다. 즉 '이승복 스토리'는 그들의 척결 대상인 특정 반공이데올로기와 안보상업주의 등 두 가지 모두를 만족시킨 것이다. 이때부터 좌파 미디어들은 '안보상업주의 언론'이라는 말을 무기로 삼아 보수 미디어를 공격하게 되었다.

〈미디어오늘〉은 1995년 5월 24일 "오보이야기, 기자가 멋대로 작문, 안보상업주의 시초, '공산당이 싫어요'"라는 기사에서 "안보 관련 보도는 확인 없이도 무조건 키우고 보자는 안보상업주의를 탄생시켰다. 어린 학생들에게 반공이데올로기를 주입시키는 소재로 활용되고 있음은 주지의 사실이다. (중략) 수십 년 간 국민들에게 거짓을 가르치고 권력의 이데올로기를 확대 재생산한다. 그런데도 언론의 안보상업주의로 인한 오보는 계속되고 있다"고 주장했다. 이처럼 일부 언론의 안보 기사를 '안보상업주의'로 격하시켜 버린 것이다.

좌파 매체들은 1998년 정권 교체기까지 "조·중·동"으로 대변되는 보수언론에 대한 끊임없는 흠집 내기와 친 권력 성향에 대한 비판, 경영진 개인에 대한 과거사, 비리 추적에 많은 지면을 할애하였다.

미디어오늘에 연재된 '오보이야기'는 1995년 〈언노련〉에서 언론총서라는 별도의 책으로 발간되었다.

MBC, 신강균의 〈뉴스서비스 사실은〉 개입

2002년 8월 2일, MBC 매체 비평프로그램인 〈뉴스서비스 사실은〉 "안보상업주의의 화신 '두 조선'"에서 다시 한 번 〈조선일보〉의 안보상업주의를 비판하게 된다.

제6장 좌파 언론 커넥션의 전성기 ■ 271

이날 진행자(성경환 아나운서, 현 교통방송 사장)는 "시청자 여러분, 국가안보상업주의란 말을 들어보셨습니까? 남북관계를 냉전적 시각으로 접근해서 국민들에 불안감을 조성하는 한편, 또 이를 이용해서 장사를 하는 행태를 말합니다. 오늘 미디어 이슈에서는 국가안보를 상업적으로 이용하는 언론의 문제점을 짚어보겠습니다"면서 〈미디어오늘〉이나 〈언개련〉의 주장을 그대로 읽었다.

- 진행자 : 지난 25일 북측은 서해교전과 관련해서 유감을 표명해왔습니다. 그런데 일부 언론에서 이것을 사과로 받아들일 수 없다 해서 이걸 냉전적 시각으로 여론 몰이를 하고 있는 것이 아니냐는 지적을 받고 있는데 어쨌든 이처럼 남북의 변화된 상황과는 관계없이 끊임없이 전쟁 이데올로기를 창출하고 흡수통일을 주장하는 그런 언론이 있죠.
- 시사평론가 정태인 : 안보상업주의에 물든 언론으로 〈조선일보〉와 〈월간 조선〉을 꼽고 있습니다. 한반도에 평화정착과 화해협력보다는 남북의 긴장관계를 조장한다는 비판을 받고 있는데요. 〈조선일보〉와 〈월간조선〉의 보도태도를 하나씩 살펴보겠습니다.

정태인 씨는 이날 〈조선일보〉의 안보상업주의 사례로 1986년 11월 16일 김일성 피살설과 1996년 김정일 본처 서방 탈출 등의 오보가 안보상업주의의 구체적인 사례라고 제시했다. 또 태백산맥의 작가 조정래 씨는 "6·15 남북공동선언을 놓고 볼 때 그것은 그 누가 뭐라고 하더라도 민족사가 분단사회에서부터 통일의 역사로 방향을 대전환한 것입니다. 그런데 이런 시대에 전 시대의 반공논리만 가지고 적으로 생각하고 평화를 하지 않겠다고 하는 것이 안보라고 한다면 그것은 잘못된 안보입니다. 안보도 두 가지가 있습니다. 전쟁을 대비하는 안보가 있고 **평화를 지속시키고 싶은 안보**가 있습니다. 우리는 지금 분단시대의 전쟁을 전제한 안보로부터 평화를 지속시켜서 통일로 가야하는 평화안보의 시대에 왔다는 것을 〈조선일보〉나 〈월간조선〉 측들은 철저하게 인식해야하고 그 인식을 전환하지 않는다면 결국 영원히 민족사에서 그들은 버림받을 것입니다."

2004년 6월 25일 〈뉴스서비스 사실은〉은 "이승복 사건 보도, 사실인가? 작문인가?"를 방송했다. 〈PD수첩〉에 이어 〈뉴스서비스 사실은〉이 끼어들어 "이승복 사건"의 판을 키운 것이다.

나는 공산당이 싫어요. 당시 한 신문에 의해 '나는 공산당이 싫어요' 라고 외치다가 살해된 것으로 알려진 이승복 어린이, 그는 곧 반공의 상징이 되었다. 그런데 이승복 신화를 만들어낸 그 신문의 특종보도가 사실 확인 없이 만들어진 작문기사라는 의혹이 제기되었는데…

이처럼 〈뉴스서비스 사실은〉은 좌파 매체들의 주장을 그대로 수용한 상태에서 프로그램을 만들었다. 이 프로그램은 안보저널리즘이라는 관점에서 한 발짝도 벗어나지 않았다.

성지영 기자는 "이승복 사건 기억하십니까? 적어도 이 말은 기억하실지 모르겠습니다. '나는 공산당이 싫어요' 바로 이승복 군이 '공산당이 싫어요' 라고 항거하다가 입이 찢겼다는 겁니다. 그런데 36년이 지난 지금 〈조선일보〉의 이 특종기사가 큰 논란을 불러일으키고 있습니다."고 말했다.

다음에 98년 9월 22일에 방영된 〈PD수첩〉에 출연했던 고 이승복 군의 형님의 증언을 재인용해주었다.
● PD수첩(98. 9. 22) 이학관(이승복 군의 형님)
나는 아랫방에 와서 옥수수 있는데 앉고 승복이는 책상에 앉아서 공부하고 이랬는데 아랫방에 온 애(무장공비)는 내 옆에 하나 와 앉고 여기 문턱에 하나 있고 셋이 앉아 있었어요.

이 프로그램 진행자는 권희진 기자에게 다음과 같이 질문을 던졌다.

"권 기자, '나는 공산당이 싫어요'라고 항거하다 죽었다는 그 보도는 〈조선일보〉만의 단독보도였지 않습니까?"

당시 이 프로그램을 보면서 "단독보도"라는 말 하나로 결론은 보나마나 한 것으로 생각하면서 끝까지 지켜보았다.

성 기자는 군사정권에서는 이승복 군의 이야기가 더 없이 좋은 반공소재였다는 것을 강조했다.

〈뉴스서비스 사실은〉은 "이승복 사건 보도, 사실인가? 작문인가?"에서 진실 보도의 어려움이란 내용으로 이승복 군 사건이 과거 군사정권에서 대표적인 반공자료로 활용되었다는 것을 흑백 화면과 함께 방영하였다. 또 초등학교 교과서에 실린 내용, 특히 83년 전두환 정권 시 8쪽에서 14쪽으로 증면된 것을 부각시키면서 정권 차원에서 활용했다는 것을 부각시켰다. 아울러 도표까지 작성하여 사건일지를 공개하고 〈조선일보〉 기자가 현장에 도착했을 때 형 학관 씨는 이미 병원으로 후송되어 만날 수 없었다는 주장을 되풀이했다.

MBC는 〈조선일보〉의 보도가 오보라는 것을 입증하려고 형부터 마을 주민, 당시 현장에 갔던 기자들까지 총동원했지만 기존의 오보 프로그램과 차별성이 하나도 없었다. 소중한 시간에 다른 방송은 물론 신문에서 숱하게 다룬 내용을 재탕하여 "이승복 오보 논쟁"에 힘을 실어준 것이었다.

〈언개련〉측 변호인 김형태 변호사, 소송 당사자인 〈언개련〉 김주언 전 사무처장의 인터뷰, 이전 〈PD수첩〉 방송자료를 재방송하는 등 반대측 반론 보도도 없는 일방적 증언과 자료들을 방송하여 다시 한 번 좌파 편들기에 노골적으로 나선다.

이는 이미 좌파방송의 핵심 프로그램으로 주목받는 〈PD수첩〉과 DJ정권 후 노조에 장악된 MBC 시사 프로그램의 편향적 보도 태도를 증명해 주는 일련의 음모였다. 이는 언노련, 미디어오늘, 언개련, MBC로 이어지는 좌파 이데올로기로 똘똘 뭉친 언론계 커넥션의 대표적인 공조 사례라고 할 수 있을 것이다. 이러한 공조 사례는 민족일보 조용수 건 등 이후에 주도면밀하게 주기적으로 이어진다.

좌파 미디어들은 이승복 군 오보 논란을 통한 반공 이데올로기 흠집내기를 시작으로 〈인물 현대사〉를 통한 좌익인사 면죄부 주기, 드라마 〈서울 1945〉를 통한 좌파의 우월성 부각과 역사 왜곡, 송도율을 앞장세운 좌파이념의 확산 전파, 김현희 가짜 조작방송, 연평해전 왜곡 조작방송 등 시민단체와 언론노조를 배경으로 하는 정권 코드에 맞춰서 많은 좌편향 프로그램들을 무차별적으로 조립해 내는 데 혈안이 되었다.

제7장 전 국민에게 좌파사상 세뇌시킨 방송

지난 10년간의 좌파 미디어들은 특정 프로그램을 통하여 주기적, 지속적인 좌편향 의식 프로그램을 방송하여 시청자들이 미처 인식하지 못하는 그 무의식 속에 반미주의적, 반자본주의적 시각과 동포애와 휴머니즘을 가장한 종북 정서, 빈민층, 소외계층 등의 아픔을 달래주는 것으로 가장한 기존 체제 비판, 체제 전복의 메시지를 끊임없이 주입하였다.

프로파간다의 전주곡 – 전 국민 좌파사상 교육

좌파 미디어들은 작은 물방울이 돌에 구멍을 낸다는 수적천석水滴穿石이라는 말처럼 뉴스, 시사, 교양, 드라마 등 다양한 장르의 방송 프로그램을 좌경화 사상교육 도구로 이용하였다. 여기에 〈언개련〉, 〈민언련〉, 〈민주노총〉, 〈전교조〉 등 좌파 시민사회단체 등이 가세하여 사회 전 분야가 좌파 신드롬에 취하게 만들었다. 이로 인하여 젊은 세대와 특히 자라나는 청소년층, 심지어 기성세대까지도 심각한 국가 정체성의 혼란을 겪게 되며 그로 인한 촛불집회 등 다양한 사회적 혼란상이 야기된 것이다.

특히 과거 '위장민주언론시대'에 방영된 많은 좌편향 프로그램을 모두 다 열거할 수는 없지만 대표적 좌편향적인 시사프로그램인 〈PD수첩〉과 〈이제는 말할 수 있다〉를 표본 샘플로 총 방송 분량, 방송구성 중

좌편향 내용, 평균시청률 등을 통하여 대한민국 시청자가 그간 얼마나 좌파사상을 접하게 되었는지를 가늠해 보았다.

〈이제는 말할 수 있다〉 (조사기간: 1999.9.12~2005.6.26)
△ 김대중 정권기 : 연평균 시청률 10%, 좌편향 비율 100%
총 방영시간 3,540분, 방영횟수 59회(연평균 12회)
연평균 좌편향 방송시간 720분
△ 노무현 정권기 : 연평균 시청률 10%, 좌편향비율 100%
총 방영시간 2,460분, 방영횟수 41회 (연평균 12회)
연평균 좌편향 방송시간 720분
⇒ 500만 명 국민이 1년간 720분의 좌파사상 교육 효과

△ 김대중 정권기 〈이제는 말할 수 있다〉

회차	날 짜	제 목
1회	1999-09-12	제주 4·3사태
2회	1999-09-19	끝나지 않은 동백림 사건
3회	1999-10-03	조봉암과 진보당 사건
4회	1999-10-10	6·29의 진실
5회	1999-10-17	여수 14연대 반란
6회	1999-10-24	잊혀진 죽음들 – 인혁당 사건
7회	1999-10-31	박동선과 코리아게이트
8회	1999-11-07	박정희와 핵개발
9회	1999-11-14	노근리 사건의 진실
10회	1999-11-28	20년의 침묵 – 김형욱 실종사건
11회	1999-12-12	언론통폐합과 언론인 강제 해직
12회	1999-12-19	실미도 특수부대
13회	1999-12-26	간첩? 이수근
14회	2000-06-25	○○사단의 사라진 작전 명령서 "
15회	2000-07-02	일급 비밀! 미국의 세균전
16회	2000-07-09	94년 한반도 전쟁위기
17회	2000-07-16	KT공작의 실체, 김대중 납치 사건
18회	2000-07-23	녹화사업의 희생자들 – 군대가서 죽은 아들아

회차	날짜	제목
19회	2000-07-30	베트남전의 포로, 실종자들
20회	2000-08-06	일본 커넥션 - 쿠데타 정권과 친한파
21회	2000-08-20	금기의 시대 - 건전가요와 금지곡
22회	2000-08-27	남북교류의 선행자들
23회	2000-09-03	죽음을 선택한 사람들 - 전태일과 그 후
24회	2000-09-17	분단의 너울, 연좌제
25회	2000-09-24	어둠속의 외침 - 부산 미문화원 방화사건
26회	2000-10-08	땅에 묻은 스캔들 - 정인숙 피살사건
27회	2000-10-15	민족일보와 조용수
28회	2000-10-22	고문, 끝나지 않은 전쟁
29회	2001-04-27	보도연맹1 - 잊혀진 대학살
30회	2001-05-05	보도연맹2 - 산자와 죽은자
31회	2001-05-11	장도영과 5·16
32회	2001-05-25	반민특위 - 승자와 패자
33회	2001-06-01	3억불의 비밀 - 한일 협정
34회	2001-06-08	조국은 나를 스파이라고 불렀다 - 구미 유학생 간첩단사건
35회	2001-06-22	6·25 일본 참전의 비밀
36회	2001-06-29	푸에블로 나포 사건
37회	2001-07-06	또 하나의 분단 - 재일동포
38회	2001-07-13	자유언론실천선언
39회	2001-07-20	200억톤 물폭탄의 진실 - 금강산댐 사건
40회	2001-07-27	이승만을 제거하라 - 에버레디 플랜
41회	2001-08-03	마녀사냥 - 도시산업선교회
42회	2001-08-10	전향공작과 양심의 자유
43회	2001-08-17	박정희와 레드 콤플렉스 - 황태성 간첩사건
44회	2002-01-06	국가 보안법(1부) - 반공의 총과 칼
45회	2002-01-13	국가 보안법(2부) - 자유 민주주의를 위하여
46회	2002-01-20	비밀결사 - 백의사
47회	2002-01-27	버림받은 희생, 삼청교육대
48회	2002-02-03	김일성 항일투쟁의 진실
49회	2002-02-17	강요된 해방구 - 86년 건국대 점거농성 사건
50회	2002-02-24	북파공작원 - 조국은 우리를 버렸다
51회	2002-03-03	천황(天皇)을 살려라 - 도쿄 전범재판의 흑막

회차	날짜	제목
52회	2002-03-10	53년만의 증언, 친일경찰 노덕술
53회	2002-03-24	재개발의 그늘, 폭력철거
54회	2002-03-31	8018 판문점 도끼 사건
55회	2002-04-07	"정화작전, 삼청계획 5호"의 진실
56회	2002-04-14	"73인의 외침" - 미문화원 점거 농성 사건
57회	2002-04-21	망각의 전쟁 - 황해도 신천 사건
58회	2002-04-28	91년 5월 죽음의 배후
59회	2003-01-26	한반도 전쟁위기 1994-2003
60회	2003-02-02	미국의 검은 방패, 미사일 디펜스
61회	2003-02-09	섹스 동맹 - 기자촌
62회	2003-02-16	45계획, 10·27법난의 진실
63회	2003-02-23	반한 베트콩, 한민통의 진실

△ 노무현 정권기 〈이제는 말할 수 있다〉

회차	날짜	제목
64회	2003-03-02	강요된 화해 - 샌프란시스코 강화조약
65회	2003-03-09	서해교전과 NLL
66회	2003-03-23	북파공작원 - 2부
67회	2003-03-30	한국, IMF로 가다
68회	2003-04-06	노동자 의문사, 박창수는 추락하지 않았다
69회	2003-04-20	USFK, 주한미군
70회	2003-04-27	동맹의 거울 - SOFA
71회	2003-05-04	인권의 무덤, 청송감호소
72회	2003-05-11	맥아더와 한국전쟁 - 1부, 태평양의 시저
73회	2003-05-18	맥아더와 한국전쟁 - 2부, 또 하나의 전쟁
74회	2004-02-29	3·1절 특집 "독립투쟁의 대부, 홍암 나철"
75회	2004-03-07	만주의 친일파
76회	2004-03-21	분단의 기원
77회	2004-03-28	월남에서 돌아온 새까만 김병장
78회	2004-04-04	79년 10월, 김재규는 왜 쏘았는가
79회	2004-04-11	투기의 뿌리, 강남공화국
80회	2004-06-20	중국의 6·25 참전

81회	2004-06-27	'신의 아들' 광의 전쟁
82회	2004-07-04	1972년 7월 4일, 박정희와 김일성
83회	2004-07-11	1994년 그 해 여름 – 조문 파동과 공안정국
84회	2004-07-18	〈한국전쟁과 포로〉 1부 : 철조망 속의 지배자들
85회	2004-07-25	〈한국전쟁과 포로〉 2부 : 철조망 속의 전쟁
86회	2004-08-01	〈한국전쟁과 포로〉 3부 : 철조망의 안과 밖
87회	2005-03-20	〈육영수와 문세광〉 1부 : 중앙정보부는 문세광을 알았다
88회	2005-03-27	〈육영수와 문세광〉 2부 : 문세광을 이용하라
89회	2005-04-03	8인의 사형수와 푸른 눈의 투사들
90회	2005-04-10	허문도와 국풍 81
91회	2005-04-24	〈한국의 진보〉 1부 : 공장으로 간 지식인들
92회	2005-05-01	〈한국의 진보〉 2부 : 혁명의 퇴장, 떠난 자와 남은 자
93회	2005-05-08	〈한국의 진보〉 3부 : 혁명의 퇴장, 떠난 자와 남은 자
94회	2005-05-15	무등산 타잔 박흥숙
95회	2005-05-22	스포츠로 지배하라! – 5공 3S정책
96회	2005-05-29	10·26 궁정동 사람들
97회	2005-06-05	프락치 사건
98회	2005-06-12	끝나지 않은 비밀 프로젝트, 일본의 원폭개발
99회	2005-06-19	2005 한반도 위기 '북한은 핵을 갖고 있다'
100회	2005-06-26	100회 특집〈이제는 말할 수 있다 – 7년의 기록〉

〈이제는 말할 수 있다〉는 10%대의 평균 시청률을 기록한 100% 좌편향 프로그램으로 거의 7년여에 걸쳐 국민들에게 좌편향 성향을 주입시켰다. 이 프로그램은 방송 3사 중 노골적으로 드러내놓고 좌편향, 친북, 종북 성향을 보였다. 이런 공로로 좌파정권 10년 동안 상이란 상을 거의 다 싹쓸이하다시피 하였다.

〈PD수첩〉 (조사기간 : 2000.10.17~2008.1.29)

△ 김대중 정권기 : 연평균 시청률 8.8%, 좌편향 비율 42%
  총 방영시간 2,520분, 방영횟수 101회 (연평균 44회)
  연평균 좌편향 방송시간 1,098분

△ 노무현 정권기 : 연평균 시청률 8.8% 좌편향 비율 35%
　총 방영시간 4,800분, 방영횟수 230회 (연평균 44회)
　연평균 좌편향 방송시간 918분
⇒ 440만 명 국민이 1년간 1,003분 좌파사상 교육 효과

〈이제는 말할 수 있다〉와 〈PD수첩〉은 좌파 정권 10년 동안 좌편향성을 강하게 노출한 쌍끌이 프로그램이었다. 방송 3사의 시사프로그램 가운데 가장 질기고 강하게 좌편향성을 보인 대표 주자走者였다.

〈PD수첩〉은 평균 시청률 8.8%로 현재까지도 방송 중이며 과거 정권과 유착된 대표적 프로그램으로 김현희 가짜 조작사건, 김대중 전 대통령 대담, 황우석 줄기세포 가짜 폭로, 광우병 허위 방송 등 수많은 날조와 조작 방송을 통해 국민 여론을 호도하는데 앞장섰다.

가자! 북한으로-봇물을 이룬 북한 특집방송

2005년 9월 14일, MBC 콘텐츠사업팀은 '남북 방송영상물 소개모임' 준비 관련 실무회의를 가졌다. 이 내부 문건에 보면 이 모임은 '방송위원회 대외협력부'가 주관한 것으로 되어 있다.

이 모임에 참석한 인물은 MBC, KBS, SBS, EBS 실무책임자(KBS 글로벌전략팀, SBS 콘텐츠운영팀, EBS 정책팀)로 나타나 있다. 방송 영상물 분야는 비정치적 분야의 영상물로 모든 분야를 망라한다고 되어 있다. 또한 참여 대상으로는 남측은 KBS, MBC, SBS, EBS, 지역민방, PP, 위성방송, 위성DMB 등 방송업계가 전부 망라되어 있었다. 반면에, 북측은 조선중앙방송위원회 단일 창구로 되어 있다.

북측 방송영상물 구매에 대한 의견으로 북측이 본 행사에 지속 참여하도록 하여 민족 동질성 회복에 기여할 수 있도록 북측 방송영상물을 구

매하겠다는 것이다. 이는 결국 북한의 영상물을 우리나라 안방에 합법적으로 소개하여 전 국민을 상대로 좌편향 교육을 하는 데 활용한 것이다.

그런데 문제는 방송위 대외협력부가 주관한 남북 방송영상물 소개모임에서 대한민국을 '남측'이라고 명기한 것이다. 북측은 그렇다 치더라도 정부기관이 우리나라를 '남측'이라고 표기한 것은 북측을 의식한 것으로 보인다. 2012년 대선후보 토론에서도 좌파 성향의 후보가 대한민국을 '남측' 정부라고 말했다가 역풍을 맞은 적이 있다.

'남북 방송영상물 소개모임' 준비 관련 실무회의

'05. 9. 14. 콘텐츠사업팀
1. 회의 개요
 □ 일시/장소 : 9/14, 10:30, 방송회관 회의실(방송위 대외협력부 주관)
 □ 참석자 : MBC, KBS, SBS, EBS 실무책임자
  (KBS글로벌전략팀, SBS콘텐츠운영팀, EBS정책팀)
2. 회의 내용
 □ 경과사항 설명
 - '03.10/17~18 : 제1차 남북 방송영상물 소개모임 개최(평양)
 - '04.5/20 : 제2차 남북 방송영상물 소개모임 개최를 위한 '합의서' 체결
 - '05.7/4 : 10월 중 방송영상물 소개모임을 개최키로 '이행합의서' 체결
 - '05.9 : 북측과 세부 이행방안에 대해 실무협의
 □ 추진 계획
 - 행사기간: 10월 중순 예정(실무협의를 통해 확정)
 - 장소: 평양 또는 금강산
 - 방송영상물 분야: 비정치적 분야의 영상물로 모든 분야 망라
 - 참여대상
  남측: KBS, MBC, SBS, EBS, 지역민방,
    PP위성방송, 위성DMB
  북측: 조선중앙방송위원회
 □ 방송위 요청사항
 - 북한 측에 판매할 프로그램 목록(방송사별 20편 한정)을 9/25까지 방송위에 통보 요망
 - 방송영상물 시사장비: 협의 후 방송사에 요청 예정

- 북측 방송영상물 구매: 북측이 본 행사에 지속 참여, 민족 동질성회복에 기여할 수 있도록 북측 방송영상물을 구매
□ 향후 추진일정
- 세부 이행합의서 체결
  (행사기간 및 장소 최종 확정): 9월중
- 방송영상물 목록 상호교환: 9월말
- 원활한 방송영상물 판·구매를 위한 내부 사전 조율: 10월 초~중
- 방송영상물 소개모임 진행: 10월

 김대중 정권에서 물꼬를 튼 방송 3사의 북한 관련 특집방송을 제작하기 위한 방송인들의 북한 방문은 노 정권 들어서 절정을 이루게 된다. 노 정권이 들어서고 겨우 한 달 만인 2003년 3월 25일 KBS는 12명의 취재팀을 평양에 보내 '제6차 남북한 해외학자 통일대회'를 서울과 평양을 위성으로 연결하여 〈9시 뉴스〉를 통해 생방송으로 3일간이나 중계했다. 건국대학교 백영철 교수를 단장으로 한 남측 대표단 48명과 독일 민스터종합대학 송두율 교수를 단장으로 한 해외대표단 등이 참석했다.
 참가자들은 '6·15공동선언은 민족문제를 민족의 힘과 실정에 맞게 해결해 나가려는 자주적이고 정당한 입장'이라는 데 의견을 모았다. 남과 북, 해외의 온 겨레가 사상과 이념, 제도의 차이를 초월해 민족공동의 이익을 앞세우는 원칙에서 단결해 나가자고 다짐했다.
 또 한반도 평화를 위해서는 북·미 불가침조약 체결이 필요하다고 보고, 이를 관철해 나가는 데도 협력하기로 했다.
 이 대회에 참가하고 돌아온 박영호 통일연구원 선임연구원은 자유공론 2003년 5월호 기고문에서 '제6차 남북한 해외학자 통일대회'에서 북한은 "시종 반미와 민족 공조만을 주장했다"고 밝혔다.
 또 북한이 미국에게 불가침 조약의 체결을 주장하는 이유는 미국이 약속을 지키지 않기 때문에 쌍방 국회가 공식으로 비준한 법적 담보가

비준이 되어야 구속력이 있을 것이라고 주장하였다는 것이다. 또한 북한 핵문제는 다자간에 해결할 사안이 아니며 미국이 다자간 해결을 주장하는 것은 자기의 책임을 벗어나고 북한에 대한 압력을 국제화하기 위한 것이라고 주장했다는 것이다.

여기서 북한은 자기들에게는 아무 책임이 없으며 지금까지 모든 문제는 미국에 있다는 상투적인 주장으로 일관하였다는 것이다.

이처럼 북한의 노림수가 뻔한데도 KBS는 3일 동안이나 평양에 머물면서 생중계를 하는 등 정권의 입맛을 맞추었다. 그해 8월 15일에는 KBS 〈전국노래자랑〉 평양 편이 2시간 동안 전파를 탔다. KBS는 이 공연에 PD, 기자, 엔지니어, 연예인 등 28명이 평양을 방문하여 북한 주민 20여 명과 남북 가수 등이 어울리는 공연 실황을 조선중앙TV와 공동으로 녹화했다.

SBS도 같은 해 10월 8일, 정주영 유경체육관 개관기념 '통일음악회'를 열었다. 바리톤 김동규, 주현미, 베이비복스, 신화, 조영남, 설운도 등과 남측 1,100명의 대규모 참관단이 처음으로 휴전선을 넘어 평양을 방문하게 되었다. 공연 중 조영남이 대본에도 없는 북한 가요인 '심장에 남는 사람'을 부르는 바람에 남한 측 관계자들이 당황하였다. 이 노래는 북한에서 김정일 우상화에 광분하는 사회주의 이념을 담은 노래이다.

북한을 자주 다니는 모 기업 김 모 사장의 애창곡도 이 노래였고, 어느 야당 정치인은 자신이 가장 좋아하는 노래를 '심장에 남는 사람'이라고 드러내놓고 밝혔다.

최근에는 자유민주주의 이념을 부정하고 전향轉向을 거부하다가 세상을 떠난 비전향 장기수 추모행사에도 '심장에 남는 사람'이 꼭 불려졌다. 이 노래는 어떤 생각을 갖고 부르냐에 따라 해석이 크게 달라진다.

종북주의 이념을 가진 사람이 심장에 남는 사람이 되려면 김정일에 충성을 바친다는 뜻이다. 북한은 수령 우상화에 노래까지도 정치적 의도에 이용하기 때문에 남한에서도 인기를 얻는 이 노래가 북한을 추종하거나 이념화하는 데에 이용당할 수도 있다.

최근에는 어느 탤런트와 신부가 불렀다는 얘기가 인터넷에 떠돌고 있다. 그날 공연 전에 걸그룹 베이비복스가 입은 무대의상의 배꼽티 문제로 북한 측과 실랑이가 벌어지기도 했다.

〈심장에 남는 사람〉
인생의 길에 상봉과 이별 그 얼마나 많으랴
헤여진대도 헤여진대도 심장 속에 남는 이 있네
아, 그런 사람 나는 못 잊어. 아 그런 사람 나는 못잊어

오랜 세월을 같이 있어도 기억 속에 없는 이 있고
잠깐 만나도 잠깐 만나도 심장 속에 남는 이 있네
아, 그런 사람 나는 귀중해. 아 그런 사람 나는 귀중해

인생의 길에 상봉과 이별 그 얼마나 많으랴
헤여진대도 헤여진대도 심장 속에 남는 이 있네
아, 그런 사람 나는 못 잊어. 아 그런 사람 나는 못 잊어
아, 심장에 남는 사람. 아, 심장에 남는 사람
나는 귀중해. 나는 귀중해

SBS는 방북 기간 중 정주영체육관 앞 김일성 광장 주체탑 앞에 세워진 별도의 뉴스 세트에서 정치부 북한팀장 서두원 앵커 진행으로 〈SBS 8뉴스〉와 아침 〈7시뉴스〉를 이원 생방송했다. 7일 오전 7시 30분에는 〈생방송 모닝와이드〉 3부의 한 코너를 생방송으로 내보냈다. 북한 노동당 창건일 하루 전인 9일에는 방북하는 남측 사회단체 대표 30여 명의

일정과 북측의 노동당 창건일 행사준비 상황을 보도했다.

10월 13일부터 17일까지 평양에서 열린 제1차 남북방송인 토론회와 방송 영상물 소개 모임에는 방송위원회, KBS 등 지상파 방송 4사, 지역민방의 고위 관계자와 제작진 등 100여 명이 참가했다. 이 행사의 제2차 모임은 2005년 7월에 금강산에서 있었다.

SBS는 2005년 8월 23일 국민가수 조용필의 평양 단독공연을 류경 정주영체육관에서 가졌다. 이 공연은 평양 측에서 먼저 요청한 것이지만 북한 측의 사정으로 일곱 번의 연기 끝에 열리는 우여곡절을 겪었다.

조용필은 광복 60주년을 기념해 오후 6시부터 평양 류경 정주영체육관에서 공연을 했는데, 한국 가수가 단독으로 북한에서 공연을 가진 것은 2002년 이미자에 이어 조용필이 두 번째였다.

조용필은 이날 공연에서 7,000여 명의 북한 관객들로부터 기립 박수를 받기도 했다. 그는 '단발머리', '못찾겠다 꾀꼬리', '돌아와요 부산항에', '미지의 세계' 등 자신의 히트곡과 함께 북한 노래 '자장가', '험난한 풍파 넘어 다시 만나리'를 불러서 북한 관중들을 열광시켰다.

〈험난한 풍파 넘어 다시 만나리〉
헤어져 긴 긴 세월 눈물 속에서
서로 서로 애타게 부르던 형제
꿈결에도 잠결에도 그리웁더니
험난한 풍파넘어 다시 만나리.

달 밝으면 달이 밝아 더욱 그립고
눈 내리면 눈이 내려 보고 싶었네.
천리타향 낯선 길을 헤매일 때에
한 시인들 잊었으랴 정든 나의 집.
꿈결에도 잠결에도 그리웁더니
험난한 풍파넘어 다시 만나리

당시 이런 분위기를 보면서 머지않아 남과 북이 하나가 될 것 같은 성급한 생각이 들었다. 하지만 호전적인 북한은 남북 간에 방송교류라는 이름으로 실속을 챙기면서 전 세계를 깜짝 놀라게 할 핵실험을 착착 준비하고 있었다. 이렇게 우리나라가 북한에 경쟁적으로 들어가 북한 가요를 부르고 흥청망청 심취해 있는 사이 북한은 2006년 10월 9일 10시 35분 풍계리 핵실험장에서 핵실험을 강행하였다. 이건 전 세계를 뒤흔든 초특급 비보였다.

북한이 핵실험을 강행하는 바람에 남북관계가 소강상태에 빠져 방송 교류도 잠시 주춤거렸다.

그러나 2007년 들어서 남한과 북한은 언제 핵실험을 했냐는 듯이 남북 방송 교류를 시작했다. 2007년 KBS는 3년 전 북한 조선중앙TV에 외주 제작형태로 의뢰한 드라마 〈사육신〉을 수목 드라마 시간에 편성해 8월 8일부터 24부작으로 방송했다.

이 드라마는 KBS가 210만 달러의 제작비 전액을 북한 조선중앙TV에 주고 북한이 극본과 연출은 물론 섭외, 촬영, 편집 등 거의 전 부분을 맡아서 제작했다. 연출은 조선민주주의인민공화국의 장영복 감독이, 대본은 박인서·김일중이 담당하였으며 KBS에서는 이승희·박철도가 대본의 수정에 참여하였다. 사육신은 2005년부터 제작에 들어가 2007년 3월에 추가 촬영을 마쳐 총 제작기간 2년에 제작비 20억여 원이 들어갔다. 제작비의 3분의 2 가량은 발전차나 조명차 등의 현물로 지급되었다.

결국 사육신은 남북 합작드라마가 아니라 조선민주주의인민공화국 김정일이 연출한 드라마라는 표현이 더 타당할 것이다.

2007년은 핵실험의 여진이 남아있는 가운데 남북 정상회담이 열렸으며 방송 3사는 북한 취재에 경쟁적으로 뛰어들었다.

KBS, MBC, SBS는 평양에서 열리는 〈2007 남북정상회담〉 생중계를 하려고 특별방송을 편성하고 특보체제에 돌입하게 된다.

방송사들은 육로로 북한에 들어가는 방북단의 모습을 생중계로 보여주려고 10월 2일 오전 7시 30분을 전후해 출발지인 청와대 입구부터 도라산역과 남측 군사분계선까지 중계차 9대와 촬영 헬리콥터 2대 등 방송장비를 동원했다.

남북 정상회담이 열리는 동안 방송 3사는 대규모 인력과 장비를 동원해서 임시 스튜디오를 설치하고 현지에서 생방으로 뉴스를 진행했다.

KBS는 〈9시뉴스〉를 30분 늘려 90분간, 밤 〈뉴스라인〉은 20분을 연장해서 50분으로, 아침뉴스 〈뉴스광장〉은 아예 도라산역에 설치한 야외 스튜디오에서 방송했다.

MBC는 정상회담 전날인 1일 밤 〈뉴스데스크〉를 5분 앞당겨 시작하여 남북 정상회담 분위기를 돋구어 주었다. 2일부터 〈뉴스데스크〉는 밤 10시 10분까지 연장해 방송했으며 〈뉴스투데이〉, 〈뉴스24〉는 시간제한을 두지 않고 유동적으로 시간을 조정하면서 방송했다.

SBS는 양대 공영방송에 비해 비교적 차분하게 방송을 했으며 2일부터 〈8뉴스〉를 10분간 연장하고 3일 〈나이트라인〉은 30분간 연장했다.

이밖에 방송 3사는 특집 프로그램에서도 치열한 경쟁을 펼쳤는데 KBS는 보도특집 〈남북, 새 지평을 열다〉를 회담 당일인 4일 밤 10시 20분에, 6일 밤 8시 남북정상회담 특별기획 〈도올의 평양기행〉을 특별편성하고, 이밖에 정규프로그램인 〈일요진단〉, 〈취재파일 4321〉, 〈시사투나잇〉 등도 정상회담 내용으로 꾸몄다.

MBC는 남북정상회담의 의미를 되새겨보는 〈100분 토론〉을 4일 밤 11시 20분에, 남북 정상회담 특집 〈그린 코리아〉를 2일 오후 1시 40분에, 남북 공동제작 다큐멘터리 〈한반도의 지붕, 개마고원을 가다〉와 〈자라의 생존법칙〉 등을 연달아 내보냈다.

SBS도 3일 특별기획 〈노래로 이어진 남과 북〉을, 4일에는 〈특집좌담

2007 남북정상회담〉 등이 전파를 탔다.

이처럼 2007년에는 남북 정상회담이란 특별한 호재가 있기는 했지만 한국의 방송사들이 온통 북한 모습을 안방 시청자들에게 집중적으로 보여주어 비무장지대에서 남북이 서로 대치하고 있다는 사실을 잊게 만들었다.

김대중 정권부터 시작되어 노무현 정권에서 꽃을 피운 남북방송 교류는 어느 정도 남북문제 해결에 기여한 점도 있지만 많은 문제점을 노출한 것으로 평가되고 있다.

우선 명칭은 〈남북방송 교류〉였지만 남한 측의 일방적이고 일방적인 교류에 머물렀으며 대부분이 일과성 공연 이벤트에 치중되었다. 현지 제작물도 북한 측의 일방적인 홍보성 취재에 이용되었으며, 북한 측이 요구하는 막대한 제작비를 그대로 주는 등 실질적이고 호혜적인 교류라고 볼 수 없었다. 또한 북한에 방송장비를 무턱대고 제공하여 전략물자 수출제한에 저촉되는 게 아니냐는 우려를 자아내기도 하였다.

대통령 취임식 대신 김정일에 충성 맹세

2008년 2월 23일, MBC는 사장 임기가 거의 다 끝나갈 무렵 중계차를 필두로 15대의 방송장비를 실은 차량이 군사분계선을 넘어 평양으로 들어갔다. 이때는 이명박 대통령의 취임식을 이틀 남겨놓은 날이었다. 좌파들이 떠들며 주장하는 '공영방송 MBC' 사장은 대통령 취임식보다는 북한에서 열리는 뉴욕 필하모닉의 연주가 더 중요하였다. 물론 한 방송사 사장이 자리를 비웠다고 해서 대통령 취임식 중계방송에 차질이 빚어지는 것은 아니다. 하지만 대통령 취임식 중계는 사장이 최고 책임자가 되어 진두지휘해야 되는 것이다. 취임식 중계는 여느 중계와는 달리 말 하나, 문장 하나, 진행자의 몸짓 하나하나를 신중하게 해야 되는 것이다. 그만큼 챙길 것도 많고 미리 살펴볼 것도 많은 것이다.

최문순 사장은 2011년 7월 25일자 〈한겨레21〉과 인터뷰에서 "북의 애국가가 전 세계로 전파를 탔다"면서 김정일과 부시 대통령이 "같이 결정했다"고 말하면서 "순식간에 폭격을 하는 분위기로 바뀌었다"고 말했다. 이는 곧 우리나라는 배제된 채 미국과 북한이 결정했다는 것을 의미하는 것으로 상당한 문제가 있는 것이다.

여기서 그의 얘기 중에 "…같이 결정했다"는 것이 무슨 의미인지 정확히 드러나지 않았다. 북한 애국가를 전 세계로 내보낸 것이라면 굳이 부시와 김정일이 결정할 사항은 아니었을 텐데 말이다. 평양에서 미국 국가와 북한 애국가를 연주하려면 두 사람의 결정이 필요한 것이라는 것인지 알 수가 없다.

- 질문 : 문화방송 사장 시절 방북 경험도 있고, 북쪽 인사들과 교류해본 적도 있지 않나.
- 답변 : 2008년 2월 미국 뉴욕필하모닉이 동평양 극장에서 공연할 때 문화방송이 방송을 했다. 그때 중계차들이 개성을 통해 평양까지 이동했다. 북에서 처음으로 미국 국기를 내걸고 미국 국가를 연주했다. 북의 국가가 전 세계로 전파를 탔다. 당시 미국 부시 대통령과 김정일 위원장이 같이 결정했다. 이런 흐름은 되돌리기 힘들 줄 알았는데 순식간에 포격을 하는 분위기로 바뀌었으니…. 안타깝다.

어떤 이는 "이렇게 북한 애국가가 전 세계로 울려퍼진 것을 두고 반세기 넘게 냉동 창고에 있던 냉전이데올로기가 깨지는 순간이었다"고 평가했다. 과연 그럴까? 이것은 종북이데올로기에 심취하지 않고서는 감히 입 밖에 꺼낼 수가 없는 위태로운 발언이었다.

당시 북한은 강성대국의 자위수단을 확보한다는 명분으로 영변에서 핵실험을 준비하고 있었다. 이것은 예술을 혁명의 도구로 사용한 김정일의 남한 적화수단의 하나였지 반세기 냉전 구도를 깬 것도, 민족화해의 디딤돌을 마련한 것도 아니었다. 그저 남측 방송사가 달러를 주니까 응해준 일회성 통과의례성 행사였을 뿐이었다.

　MBC는 대통령 취임식 바로 다음날인 26일, 우리 안방에 북한 체제를 찬양하는 북한 애국가를 방송하였다.
　취임식 다음날, 평양 동평양 대극장에서 뉴욕필하모닉 공연이 성대하게 열렸다. 이날은 사장 퇴임을 불과 하루 남겨놓고 있을 때였다.
　뉴욕필하모닉 오케스트라 평양공연이 성사된 과정을 더듬어보자.

　2007년 7월, 뉴욕필하모닉은 평양으로부터 공연 초청을 받았으며, 그 해 10월 북한 문화성과 뉴욕필하모닉은 공연에 합의하게 된다.
　2007년 12월 6일, MBC는 평양과 서울 공연 중계협상에 들어갔다. 2007년 12월 11일, 뉴욕에서 평양공연을 공식 발표하는 기자회견이 있었다. 이 자리에는 박길연 북한 유엔대사가 참석했다.
　2008년 1월에는 MBC, 뉴욕필하모닉, CNN, ABC 등이 북한을 방문하여 현장을 점검했다.
　2월 23일, 방북 제작진이 육로로 출발했으며 여기에는 공연을 다큐멘터리로 제작하기 위해 별도의 팀이 추가로 투입되었다.
　뉴욕필하모닉의 환상적 공연을 전 세계에 생방송하면서도 평양에서 개최될 축구경기에 우리나라의 애국가와 태극기를 불허하겠다고 끝까지 우기는 북한의 야누스적 얼굴이 떠올랐다. 평양에서 미국 국가 '성조기여 영원하라'가 연주되었고 서울 공연에서는 애국가와 미국 국가가 연주되었다. 이처럼 북한 국가를 우리 안방에 침투시키는 문제는 어떤 균형과 안배의 논리로 설명할 수 없는 미묘한 감성을 유발시켰다.
　'뉴욕필하모닉 사업구상 및 사전준비'라는 문건에는 '북한국가 방송

가능 여부 : 국가보안법 위배 여부, 통일부 등 허용 여부 확인, 방송 이후의 후유증 고려'라는 내용이 들어 있었다. 그 후 통일부에서 발부한 신고 행정 처리 문건에 보면 북한 국가를 생중계로 내보내도 된다는 내용은 없었다. 별건으로 처리되었거나 아니면 '일단 저지르고 보자'고 밀어붙였을 수도 있다는 것이다. 이왕 내친 김에 북한 애국가의 가사를 소개하기로 한다.

〈북한 애국가〉
아침은 빛나라 이 강산 은금銀金에 자원도 가득한
삼천리 아름다운 내 조국 반만년 오랜 역사에
찬란한 문화로 자라난 슬기론 인민의 이 영광
몸과 맘 다 바쳐 이 조선 길이 받드세.

백두산 기상을 다 안고 근로의 정신은 깃들어
진리로 뭉쳐진 억센 뜻 온 세계 앞서 나가리.
솟는 힘 노도怒濤도 내밀어 인민의 뜻으로 선 나라
한없이 부강하는 이 조선 길이 빛내세.

북한 애국가는 김일성의 지시에 따라 1947년 6월 만들어진 것으로 알려져 있다. 월북 시인 박세영이 작사하고 광산 노동자 출신 음악가 김원균이 작곡했다. 북한은 헌법 제7장 제171조에 "조선민주주의인민공화국의 국가는 '애국가'이다"라고 명시해 놓았다. 통합진보당 이석기 의원이 우리나라 애국가는 법으로 정하지 않았기 때문에 국가國歌가 아니라고 말한 이면에는 북한의 국가는 헌법에서 국가로 명시되어 있다는 것을 염두에 둔 말이 아닌가 여겨진다. 우리나라는 '대한민국 국기에 관한 규정'과 행정규칙인 대통령훈령 '국민의례 규정'에 애국가 제창과 관련된 내용이 명시되어 있다.

3월 8일에는 "평양의 미국인"이라는 곡의 탄생을 기대하며 제작한 〈MBC스페셜 평양의 미국인〉이 방송되었다. 이 프로그램은 생중계로 보여주지 못한 평양 공연의 뒷얘기를 종합한 것이었다.

뉴욕필하모닉은 북한 '애국가'와 미국 국가 '성조기여 영원하라'를 단원이 모두 일어나 연주했으며, 미국 국가는 조선중앙방송을 통해 북한 전역에 처음으로 소개되었다. 당일 무대 왼쪽에는 성조기가, 오른쪽에는 인공기가 나란히 걸려 있었다.

우리나라가 북한에 선심 쓰듯이 베푸는 클래식 연주회라면 당연히 우리의 애국가도 연주되었어야 할 것이다. 수백억 원이라는 거액을 들여서 뉴욕필하모닉을 북한에 데리고 가서 연주회를 열면서 우리는 완전히 들러리로 전락하고 만 것이다.

이날 하루 행사를 치르는데 모두 15대의 자동차가 군사분계선을 넘어 북한으로 갔다. 중계차만 6대(발전차, 조명차 포함)에다가 화물차 2대, 대형화물 4대, 승합차 3대 등 모두 15대가 북한으로 올라갔다. '뉴욕필하모닉 사업구상 및 사전준비'라는 내부문건 161쪽 '자동차 운행계획서'에 보면, 표에는 15대가 북한으로 간 것으로 되어 있는데 운행계획서 4번 항에는 〈총16대?〉로 되어 있다. 왜 표에 나타난 실제 대수보다 1대가 더 많다고 되어 있고 그 옆에 물음표가 붙어있는지 의구심이 든다.

올인코리아 조용환 편집인은 뉴욕필하모닉 공연을 놓고 "가장 선한 구호를 외치면서 가장 악한 행동을 하던 미국과 북한이 뉴욕필하모닉의 평양 공연으로 불륜의 키스를 했다. 미국의 언론들은 여우같은 김정일에게 호랑이 같은 미국이 죽음의 키스를 했다고 착각하는 것 같다."고 비판했다. 과연 이렇게 천문학적인 돈을 들여서 평양에서 공연을 해주었지만 우리나라에 돌아온 것이 무엇인지 곰곰이 계산해 볼 필요가 있다.

1997년 이후 MBC는 은밀하게 대북 접촉을 시도했던 것이 여러 문건에 나타나 있다. MBC는 북한의 리 모 참사를 주로 중국 베이징의 켐핀스키 호텔에서 만났다. 얼마 전 켐핀스키 호텔그룹이 평양의 유경호텔을 인수할 수도 있다는 뉴스가 뜨기도 했다. 그럼에도 불구하고 당시에는 북한에 들어가는 일이 결코 쉽지 않았기 때문에 성사된 것은 겨우 2~3 건에 불과했다는 것이다. MBC는 켐핀스키 호텔에서 흑금성을 만나 80만 달러를 주면서 북한의 촬영권을 확보해달라고 부탁하였다.

MBC는 노 정권 집권 2년 차가 되는 2004년부터 남북 방송교류라는 명분으로 북한을 수시로 들락거렸다. MBC가 직접 접촉하기보다는 민족화해협의회(민화협), 남북학술교류협의회(학술교류협), 우리민족서로돕기(민족돕기), 민족문학작가회의(작가회의), 오마이뉴스, 겨레의 숲 등 좌파성향이 강한 단체들에게 돈을 대주어 대행시켰다.

2004년에는 "〈다큐멘터리 북녘의 음식〉, 〈뉴스데스크〉 평양 행사, 6·15공동선언 4주년 공연, 〈다큐멘터리 살아오는 고구려〉, 남북학술토론회의, 금강산 새해 해맞이 등 7차례나(중국 심양 1회 포함) 북한을 방문했다. 여기에 대략 수억 원이 지원된 것으로 나타나 있다. 2005년에는 다큐멘터리 개성의 오늘, 6·15공동선언 5주년 행사, 남북작가대회, 8·15민족대축전 축구대회, 통일마라톤" 등을 지원하는데 8억 원이 넘는 돈을 지출했다.

MBC는 2006년 "평양에서 온 국보들(서울 개최), 남북종단 왕복비행 평화의 새, 상해임시정부 유가족 성묘사업" 등에 10억 원이 넘는 돈이 투입되었다. 이 가운데 1억 원을 선급한 '남북종단 왕복비행 평화의 새'는 행사를 치르지 못하고 흐지부지 끝나버렸다.

노 정권 마지막 해인 2007년에는 "〈다큐멘터리 북한의 야생동물〉, 〈주몽, 평양에서 고구려를 만나다〉, 〈개성 만월대 남북 공동 발굴〉, 〈주몽 모자의 평양 자전거대회〉, 〈북한 산림녹화사업 청단 양묘장 건립〉, 〈회령 양묘장 지원〉, 〈동명왕릉 방제작업〉" 등 7차례나 북한을 들락거렸다. 여기에 들어간 비용만 대략 5억여 원에다 25만 불이 추가로 들어갔다.

2008년에도 "〈나진·선봉 양묘장 건립〉, 〈동명왕릉 방제작업〉" 등 두 건에 2억여 원이 지원되었다. 〈뉴욕필하모닉〉 공연 비용은 제외된 것이다.

2007년 4월 30일, 김화중 민화협 상임의장을 비롯해 김용구 전 중소기업중앙회 회장, 박원철 흥사단민족통일운동본부 상임대표, 오정수 국립산림과학원 부장, 이옥경 방송문화진흥회(방문진) 이사장, 이수호 전 민주노총 위원장(방문진 이사), 열린우리당 문희상, 배기선 의원, 한나라당 박계동, 정의화 의원, 탤런트 옥소리 씨 등 130명이 참가했다. 이들은 평양 순안구역 내 "6·15 통일양묘장 준공식 및 나무심기 행사"를 가졌다. 이 행사를 위해 MBC는 〈겨레의 숲〉에 2억 원을 지원했다.

이 행사에 참가했던 한 인사는 "북한은 땔감이 절대 부족해서 나무를 심어보았자 몇 년 지나면 다 뽑아 땔감으로 쓴다"고 전했다. 그는 이 말을 당시 북한 주민한테 직접 들었다는 것이다. 사실 북한 땅은 척박해서 나무가 잘 자라지도 않을 뿐만 아니라 가뭄이 들어 대부분이 말라 죽는다고 한다. 결국 북한에 나무를 심어보았자 땔감으로 뽑히거나 말라 죽어 하나마나한 전시성 행사가 될 수밖에 없다는 것이다.

아래 표는 2004년부터 MBC가 남북 방송교류라는 명분으로 돈을 지원하여 이루어진 행사들이다.

2009년에도 유실수(사과나무)단지조성 사업(4.1, 평양 력포구역), 동명왕릉 방제사업(4.13~16 평양), 임목종자관리센터 지원사업(10월 예정, 평양 순안구역) 등의 남북 방송교류 계획으로 잡아놓았었다.

⟨2000년⟩

프로그램(행사명)	방송일(행사기간)	장소	사업비	비고
평양교예단 초청공연	6.4~11	서울		
통일탁구대회 중계	7.28	평양		
현미, 남보원이 본 평양	8.14	평양		
금강산을 달린다 금강산 랠리	8.15	금강산		

⟨2001년⟩

프로그램(행사명)	방송일(행사기간)	장소	사업비	비고
MBC 스페셜 춘향, 평양 가다	2.16	평양		
김현경 북한 현지 리포트	3.10~20	평양		

⟨2002년⟩

프로그램(행사명)	방송일(행사기간)	장소	사업비	비고
뉴스데스크 서울-평양 2원방송	9.9~14	평양		
이미자 평양공연	9.27	평양		
오 통일 코리아	9.29	평양		
창사 특집 다큐멘터리 통일 염소의 대장정	12.3	평양		

⟨2004년⟩

프로그램(행사명)	방송일(행사기간)	장소	사업비	비고
다큐멘터리 〈북녘의 음식〉	1.31~2.1 (1.16~27)	평양	현금 30만 불 물자 10만 불	민족화해협의회
뉴스 데스크 〈노동절 평양행사〉	5.1(5.1~3)	평양	-	-
녹화 방송〈6.15 공동선언 4주년 기념 예술 공연〉	6.23(6.14)	인천	1억2천만 원	남측 민화협 지원
다큐멘터리 〈살아오는 고구려〉	6.23(5.24~6.5)	평양	3억 원	남측 민화협 지원
남북 학술회의 〈남과 북의 전통민요〉	7.19~20	심양	4천5백만 원	중국연변대학 민족연구원 지원

고구려고분 세계문화유산 〈남북학술토론회〉 취재	9.9~12	금강산	10만 불	남북학술교류협회지원
금강산 새해맞이행사 취재	12.30~1.1	금강산	500만 원	우리민족서로돕기지원

〈2005년〉

프로그램(행사명)	방송일(행사기간)	장소	사업비	비고
다큐멘터리〈개성의 오늘〉	2.7~11	개성	30만 불	민족화해협의회
6.15공동선언 5주년행사 취재 및 제작	6.14~17	평양	2억 원	가극금강 공연 지원
남북 작가대회 취재 및 제작	8.22~23	평양 백두산	5천만 원	민족문학작가회의 지원
8.15민족 대축전 〈통일축구대회〉	8.14~17	서울	5억 원	대한축구협회 지원
〈제1회 평양-남포 통일마라톤〉	11.24~30	평양	3천3백만 원	오마이뉴스에 지급 (본사취재팀 11명 출장비)

〈2006년〉

프로그램(행사명)	방송일(행사기간)	장소	사업비	비고
〈평양에서 온 국보들 -북녘의 문화유산〉	6.13~8.16	서울 지방	100만 불	국립중앙박물관 지원
남북종단 왕복비행〈평화의 새〉	5.16	불발	1억 원	한국항공스포츠협회에 계약선수금 지급
〈상해임시정부 유가족 성묘사업〉	10.1~4	평양	10만 불	임정기념사업회 지원

〈2007년〉

프로그램(행사명)	방송일(행사기간)	장소	사업비	비고
〈북한의 야생동물〉 다큐멘터리 2부작	2.4~4.29	개마 고원	8만 불	중국 요령성TV 지급
〈주몽, 평양에서 고구려를 만나다〉	3.24	평양	15만 불	민족화해협의회
〈개성 만월대 남북 공동발굴〉	2007.5~2007.7	개성	2억 원	남북역사학자협회 지원 및 특집다큐 제작

〈주몽 모자의 평양 자전거대회〉	6.4	평양	-	사업비 없음
북한 산림녹화 사업 ①청단양묘장 건립	4.30~5.2	청단	2억 원	(사)겨레의숲 지원
②회령양묘장 지원	7.7(6.3~7.3)	회령	2만 불	(사)겨레의 숲 지원
③동명왕릉 방제작업	6.30~7.3	평양	1억2천만 원 (현물)	방제약품, 장비 지원

〈2008년〉

프로그램(행사명)	방송일(행사기간)	장소	사업비	비고
뉴욕필하모닉	2.26	평양		본사 주최
북한 산림녹화 사업 ①나진, 선봉양묘장 건립	5.14	나진 선봉	5천만 원	(사)겨레의 숲 지원
②동명왕릉 방제작업	5.21~5.24	평양	1억5천만 원 (현물)	방제약품, 장비 지원

북한 광고제작 사업권에 흑금성 이용

MBC는 90년대 중반부터 안기부 대북공작원 흑금성黑金星을 대북 창구로 활용하고 있었다. 1998년 북풍사건(안기부가 김대중 전 대통령의 당선을 막으려고 북한과의 연루설을 퍼뜨린 사건)에 대한 수사가 확대되자, 안기부 이대성(68)씨가 수사 확대를 막으려고 국내 정치인과 북한 고위층 인사 간의 접촉내용을 담은 '이대성 파일'을 언론에 폭로하면서 대북공작원의 신분이 드러났다.

흑금성은 한국과 북한을 넘나든 이중간첩이라는 얘기도 나왔다. 흑금성과 MBC의 밀착관계를 몇 년 동안 추적하면서 느낀 것은 그는 정보원을 가장한 대북 사업가였다. 우연찮게 MBC가 흑금성의 먹잇감이 된 것이다. 여기서는 흑금성 사건을 주로 MBC와 관련해서만 짚어보기로 한다. 흑금성은 안기부 소속 대북 공작원이었던 박채서 씨의 암호명이었다. 흑금성은 ㈜아자커뮤니케이션(아자컴)의 전무로 베이징과 평양 등에서 북측과 접촉하여 광고촬영 계약을 따냈다. 아자컴은 남한의 인기배우와 북한의 인기가수가 백두산을 배경으로 함께 출연하는 TV광고를 찍는 프로젝트를 추진했었다. MBC는 〈뉴스데스크〉에서 "광고 분야에서 이렇게 남북 협력 사업을 이뤄내기 까지는 한 작은 기업의 끈질기고도 집념 어린 7년간의 노력이 있었습니다. 아자컴 박기영 사장은 실로 오랜만에 환하게 웃었습니다. 내부 촬영을 금기시해 온 북한을 설득해 내 오늘 정부의 승인을 얻기까지 아자컴 직원들은 지난 7년을 달리고 또 달려왔습니다."면서 장밋빛 전망을 하고 있었다.

아자컴 박기영 사장은 "금강산, 백두산과 평양, 우리가 필요한 장소는 어디라도 광고 촬영을 할 수 있도록 해주겠다."고 자신만만하게 말했다. 기자는 또 "광고에는 우리나라 모델은 물론, 북한의 인민배우와 가수, 운동선수까지 모델로 등장합니다."고 다소 들뜬 것처럼 리포트했다. 이밖에 앵커와 기자는 북한에서 광고 제작 사업이 순조롭게 될 것처럼 보도했다.

- 앵커 : 올봄에는 백두산이나 금강산 등, 북한 명승지에서 제작한 한국 상품 광고를 볼 수 있게 될 것 같습니다.
- 기자 : 이산가족 모두가 꿈에 그리는 북한의 산하 아자측은 광고를 통해 향수어린 저편 산하 구석구석의 모습을 우리 앞에 시원스럽게 펼쳐 보인다는 기대에 부풀어 있습니다.
- 기자 : 금강산 1만2천봉을 배경으로 한국산 자동차 광고, 그리고 백두산 천지에서 촬영한 핸드폰 광고를 이제 국내 텔레비전을 통해 볼 수 있게 됐습니다.

1997년 3월 2일, 〈뉴스데스크〉에서는 금강산에서 찍은 남한 상품 광고를 볼 수 있게 되었다고 보도했다. 하영석 베이징 특파원이 이 소식을 전해주었다.

여기가 금강산입니다. 민족 동질성에 우리가 앞장섭니다. 여기가 금강산 길이 있는 곳 어디든 간다. 북한의 아리따운 모델이 내금강 절경을 바라보며 우리 상품을 선전하는 텔레비전 광고물을 곧 볼 수 있게 됩니다. 우리나라 광고대행사인 커뮤니케이션 아자와 북한의 금강산국제 관광총회사는 지난달 13일 북경에서 텔레비전과 인쇄 광고물을 북한 지역에서 함께 제작 한다는 계약을 체결했습니다.

이 뉴스는 MBC만 단독으로 나갔다. 특파원은 아자컴 박기영 사장과 인터뷰를 해서 누구나 믿게 해주었다. 특파원은 또 광고 제작사업이 분단된 우리 민족이 서로를 제대로 인식하는 계기가 될 것으로 보인다고 리포트 했다.

- 박기영(아자대표): 백두산, 금강산, 묘향산의 자연 풍경을 선전 광고 및 제작 촬영을 위한 촬영 문제를 토의하고…
- 특파원: 이 계약에 의한 남북한 간의 광고 합작사업은 앞으로 5년간 진행하고 1차년도인 올해에는 4월과 6월, 9월에 각각 4주 정도의 일정으로 제작 촬영 작업에 들어갈 예정입니다. 광고사업비는 20만 달러로 하되, 사업진행에 따라서 북한 측에 추가 지불하기로 결정했습니다. 남북한 간의 이와 같은 광고 합작사업이 순조롭게 진행될 경우, 남북 경제교류에 도움을 줌은 물론, 분단된 우리 민족이 서로를 제대로 인식하는 좋은 계기가 될 것으로 보입니다.

이렇게 북한에서 광고를 제작한다는 설렘에 들떠 있을 때 흑금성이 북한 공작원이라는 사실이 밝혀졌다. 결국 이 사업은 시작도 못하고 접을 수밖에 없었다. 97년 대선 당시 김대중 전 대통령에 대한 흑색선전에 이어 "흑금성이 김대중 후보 진영과 접촉했다"는 내용의 비밀 자료가 새어나가 남북관계가 급격하게 냉각되면서 MBC는 방북증명서 발급 신청을 철회하였다.

1998년 김윤영 교양국장과 유흥렬 전무가 흑금성을 만났다는 소문이 돌았다. 그로부터 5년 후 MBC는 흑금성 관련 계약금 반환소송을 제기하였다. 사내에서는 이 사실을 극소수만이 알고 있는 일급비밀이었다.

〈사내 북한접촉 현황〉이라는 자료를 보면 "북한 관련 TV프로그램"이라는 명분으로 97년 10월 25일부터 11월 1일까지 교양제작국 김윤영 국장과 유홍렬 전무가 계약사 아자컴과 업무를 추진하러 1차 북한을 방문한 것으로 나타나 있다. 또 동일한 업무로 보도국 통일외교부 김현경 기자가 북한을 방문하였다. 다만 일정이 자세히 나와 있지 않아서 실제로 방문을 했는지 여부는 불투명했다. 김윤영 국장이 북한을 방문한다는 것을 뒤늦게 알게 된 김현경 기자가 김 국장에게 "합동제작"을 제안했지만 서로 생각이 달라 내부적으로 갈등이 빚어졌다.

아자컴은 1997년 북한 금강산국제관광총회사와 500만 달러에 5년간 백두산, 금강산 촬영 제작권 독점계약을 맺었다. 아자컴은 MBC에 계약금 5억3천여만 원, 1차 용역비 3억7천여만 원 등 9억여 원을 받고 이 권한을 넘긴 것이다. 만약 금강산총회사의 서면 승인을 못 받거나 MBC-금강산총회사 간 직접 계약을 체결하지 못하면 계약금을 반환한다는 조건이었다.

MBC는 아자컴 측에 9억 원에 이르는 거액을 지급하고 북한에서 프로그램을 찍지 못했으니까 계약금과 용역비를 돌려달라고 소송을 제기했다.

그해 12월 1일, 서울고법 민사22부(김이수 부장판사)는 "MBC가 흑금성 사태가 터지자 방북증명서 발급 신청을 철회했다고 하더라도 계약상 방북증명서 발급은 스스로 책임지게 되어 있어 아자컴에 책임을 물을 수 없다. 다만 아자컴은 1차 용역비를 받고 3개월이 지나도록 MBC 촬영팀의 방북 비자를 받아주지 못한 책임을 져서 1차 용역비 3억7천여만 원을 반환하라"고 판결했다.

엄상익 변호사는 2002년 8월 22일 〈주간조선 제1717호〉에 기고한 글에서, MBC가 흑금성을 상대로 계약금 반환청구소송을 한 재판의 모습을 이렇게 썼다.

> 7월 4일 오후 4시. 서울지방법원 9층 조정실. 때 묻은 칸막이 좁은 방은 찜통같이 후끈 달아 있었다. 문 앞의 나무의자에 앉은 나는 더위를 참고 있었다. 잠시 후 김앤장의 최 변호사가 온 얼굴에 땀방울을 뚝뚝 흘리면서 들어섰다. 소송기록이 든 분홍색 두툼한 보따리를 옆에 끼고서였다. 그는 MBC의 소송대리인이었다. MBC는 김정일에게 준 돈 10억 원을 돌려달라는 소송을 몇 년째 하는 중이었다. 두 변호사는 J부장판사가 기다리는 조정실로 들어갔다. "북한 김정일에게 얼마를 줬죠?" 판사가 나를 보고 물었다. "80만 달러를 줬습니다. 영수증 상으로는 60만 달러만 북한 당국자가 써줬답니다." 내가 대답했다. 상부에 올리는 돈 외에 실무자의 몫이 붙는다.

당시 MBC에는 대북 송금 과정에서 모종의 배달사고가 났다는 소문이 계속 돌고 있었다. 당시 소문의 진상을 캐봤지만 워낙 철벽보안을 하고 있어서 전말顚末을 알아낼 수가 없었다. MBC가 흑금성을 통해 북한에 지불한 80만 달러 가운데 60만 달러만 김정일에게 전달되고 20만 달러가 엉뚱한 데로 갔다는 것이다. MBC가 아자컴을 통해서 북한에 대금을 지불한 때가 1998년이었다. 그때는 IMF 외환위기라 환율이 1,800원까지 치솟았다. 재판장은 엄상익 변호사에게 이렇게 질문을 던진 것으로 나타나 있다.

> 그러면 김정일에게서 그 돈을 돌려받아야 하는 건데 북을 상대로 소송을 할 수도 없어서 두 분이 싸우시는 거네요.

판사가 말한 "두 분"이란 아자컴과 MBC를 가리키는 것이다. MBC는 아자컴이 대북 광고사업권을 따낸 사실을 보도하면서 북한에서 TV프로그램을 취재할 수 있는 계약을 했다는 사실에 눈독을 들였다. 아자컴이 북한과 체결한 '500만 달러 가운데 250만 달러를 부담한다' 는 조건을 제시했다고 한다. 1997년 4월 29일 MBC는 아자컴이 북한에서 확보한 TV프로그램을 촬영할 권리를 양도받기로 합의하게 되었다.

주간조선 1718호(2002. 8. 29) 하편에서 그때 상황을 엄 변호사는 이렇게 밝혔다.

> 국가 공무원의 고의나 과실은 곧 국가가 배상하는 게 법 원칙이었다. 그는 국가를 상대로 소송을 하지 않을 수 없었다. 이미 그가 계약금을 받았던 문화방송 등에서 돈을 돌려내라고 소송을 제기했던 것이다. 돈은 김정일이 먹고 국가는 방해하고 아자컴은 쓰러지고 계약을 한 문화방송은 아자컴을 물고 늘어진 것이다.

이렇게 큰돈을 들여 북한 취재를 독점하려고 MBC와 아자컴은 통일원에 방북 신청을 했다. 하지만 통일부는 언론사의 과열 경쟁이 우려된다며 방북을 보류시켰다. 여기서부터 MBC의 대북 프로그램이 꼬이기 시작한 것이다. KBS, SBS보다 먼저 북한에 발을 들여놓으려고 거액을 지급하면서까지 투기를 했는데 초기에 암초를 만난 것이다.

10월 들어 MBC의 방북을 막았던 통일원이 갑자기 MBC의 방북을 허가한 것이다. 그때 유흥렬 전무와 김윤영 교양국장이 베이징을 거쳐 방북 길에 올랐다. 15대 대선이 두 달도 채 남지 않은 시점이었다. 당시 MBC의 방북은 김영삼 정권과 모종의 거래가 있었다는 소문이 무성하게 번졌다. 이듬해 1월 아자컴과 MBC는 나머지 55만 달러를 지급하고 계약을 계속 이어가는 것으로 했다. 여기까지가 MBC와 흑금성의 커넥션의 내막이다.

아자컴과의 북한 관련 프로그램 독점 계약이 결국은 아무런 실익을 못 거두고 끝났다. 하지만 MBC는 흑금성을 뛰어넘어 김대중 정권과 함께 북한과 관련된 프로그램을 양산하게 된다. 특히 남북 방송교류가 활발해지면서 방송 3사는 북한 이벤트 전성기를 구가하게 된다.

2010년 6월 3일 MBC는 〈뉴스데스크〉에서 "검찰, '흑금성' 이중간첩 혐의 적발"이라는 타이틀로 흑금성 사건을 상세하게 보도했다. 이때 MBC는 흑금성의 아자컴에게 대북 송금을 돌려달라는 소송을 진행 중이었지만 그에 대해서는 한 마디 언급도 없었다.

    지난 97년 김대중 대통령 당선 당시 이른바 '북풍사건'으로 실체가 드러났던 안기부 대북 공작원 흑금성이 이번에는 북한을 위해 간첩활동을 한 혐의로 검찰에 적발됐습니다. 북측에 군사기밀을 넘겨준 혐의를 받고 있습니다. 김준석 기자가 전합니다.

    '흑금성', 전 국가안전기획부 대북공작원 박 모 씨의 암호명입니다. 박 씨는 90년대 중반 중국에서 사업을 하며 북한 권부 핵심 관계자들과 만나 고급 정보를 빼내는 등 유능한 첩보원으로 인정받아 왔습니다. 박 씨는 지난 97년 안기부가 김대중 전 대통령의 당선을 막기 위해 이른바 '북풍'을 일으켰다는 사건을 계기로 존재와 활동이 세상에 알려졌습니다.

    이후 대북 공작활동을 할 수 없게 된 박 씨는 중국 베이징에서 대북사업을 하며 살았습니다. 검찰 조사 결과 박 씨는 지난 2005년 북한 공작원에게 포섭돼 공작금을 받고 우리 군이 사용하는 작전 교리와 야전 교범 등 군사 기밀을 넘겨줬습니다. 북에 넘긴 문건에는 중대와 대대 등 우리 군의 편제와 운용계획 등이 담겨져 있는 것으로 알려졌습니다. 박 씨와 함께 적발된 방위산업체 간부인 손모 씨는 지난 2005년 북한 공작원에게 군 통신 관련 장비에 관한 정보를 넘겨준 혐의 등을 받고 있습니다. 검찰은 박 씨와 손 씨를 국가보안법 위반 혐의로 구속했습니다.

    MBC 통일방송협력부가 2009년 4월 21일자로 작성한 "남북 방송교류추진 현황과 향후 추진방향"이라는 자료를 보면, 남북 방송교류에 있어서 애로점으로 사업비 지원, 사업비 지급방식, 사업비 하향 조정 및 합리적 산정 등의 문제가 있다고 지적하였다. 여기서 "사업비 하향 조정 및 합리적 산정"은 흑금성에 거액을 지급하고서도 계획이 수포로 돌아간 데 따른 추후 대비책으로 추정되었다.

또 다른 대북사업 관련 공금유용 사건

2003년 9월 18일 MBC는 이긍희 사장 당시 북한과 관련된 "제주평화축전" 선급금으로 5억 8천752만 원을 지급했으며 2005년 7월 21일, 〈느낌표, 남북어린이 알아맞히기 경연〉 평양 제작 선급금으로 5천200백만 원을, 2006년 5월 17일, 〈평화의 새〉 남북종단 왕복 비행 선급금으로 1억 341만 2,600원을 지불했다.

제주평화축전 선급금으로 5억 8천여만 원이 선지급되었는데도 그 행사가 지지부진한 가운데 2005년 7월 21일, 2006년 5월 17일 등 두 차례에 걸쳐 1억 5천500여만 원이 더 지급되었다.

당시 민주당 의원인 "제주평화축전 김원웅 위원장(당시 국회 외교통상위원장)"의 개인계좌로 계약금 50만 불을 입금했으며, 김원웅 위원장은 분명히 그 돈을 북한에 전달했다는 영수증까지 제시했다는 데 물증이 남아있지 않다는 것이다. 여기서 MBC는 더 이상의 손실 발생을 막아야 할 책임이 있는데도 두 건의 계약을 통해 손실을 키웠다는 의혹이 있다.

좌파정권 10년 동안 MBC 내부에서는 대북사업을 통해 북한에 돈이 전달되는 과정에서 속칭 '배달사고'가 있을 수도 있다는 소문이 끊이지를 않았다. 2009년 8월 4일, 당시 엄기영 사장은 7억 4천여만 원의 대북사업 선급금을 손실 처리하는 것으로 종결지었다.

2005~8년 사이에 대북사업에 30억 원을 투입했으며 이밖에도 알려지지 않은 사업이 더 있다는 것이다.

MBC 극비 문건에 따르면, 이 사건에는 고위층이 간접적으로 연결되어 있는 것으로 나타나 있다. 당시 국회 외교통상위원장인 민주당 김원웅 의원 개인계좌로 거액의 돈이 입금되었다는 것은 당시 정권 실세의 입김이 작용했기 때문에 가능했을 수도 있다.

MBC는 5억 원이라는 거액의 공금을 김원웅 의원 개인계좌로 입금한 것과 김원웅 의원이 보여주었다는 입금 영수증에 대해 물증이 전혀 나타나지 않고 있다.

MBC가 김원웅 의원 개인계좌로 입금한 5억 8천700만 원이 북한에 제대로 전달이 안 되어 북한이 행사를 불참하게 되는 하나의 원인이 되었을 수도 있다는 것이다.

MBC에서는 5억 원을 개인 계좌로 전달받은 김원웅 의원이 북한에 제대로 송금을 해주지 않아서 북한이 "제주평화축전"에 불참한다고 통보했으며, 이런 통보를 받은 김원웅 의원이 돈을 마련하지 못해 결국은 행사가 제대로 치러지지 못했다는 것이다.

MBC는 이에 대해 소송을 제기해도 승소 가능성이 낮다는 변호사 의견에 따라 선급금 미수금에 대하여 손실 처리하고 말았다. MBC 내부에서는 김원웅 의원의 재산 상태를 파악하고 채권 확보를 위한 조치를 고려했던 것으로 나타나 있다.

당시 임채정 국회의장(축전 조직위원), 김두관 행정자치부 장관(축전 조직위원), 이연택 축전 공동위원장 등이 이 건과 연관이 있는 정황이 MBC 문건에 나타나 있다. 이밖에 남북 노동자 등반대회, 기념대회 등 선급금을 합쳐 남북 관련 미수금은 7억 8천3백만 원에 이르고 있다.

그동안 대북사업을 빙자하여 상당한 금액이 엉뚱한 데로 흘러갔다는 설들이 어느 정도 사실로 들어났다. 하지만 이런 큰돈이 북한에 제대로 전달되었는지를 확인할 길이 없어 유야무야 되었다.

'제주평화축전'이란 2003년 10월 23일~27일, 남북 체육선수단(축구, 마라톤, 탁구, 씨름 등)과 예술공연단(취주악단, 미녀응원단) 등 각각 4백여 명이 최초로 제주도에서 모이려는 대규모 '남북공동 체육문화 행사'였다.

김정일을 극진히 떠받든 대한민국 언론들

좌파정권 10년 동안 김정일이란 인간은 과연 우리에게 누구였는가? 왜 우리는 김정일은 떠받들고 우리 지도자는 깎아 내리는가? 이런 의문을 갖게 하는 일들이 반복되었다. 김정일이 성공한 국가의 지도자 반열에라도 올라섰단 말인가? 그는 자기 백성들을 배 골려 죽인 패륜의 독재자이다. 이런데도 일부 종교지도자들조차도 김정일의 반인륜적인 행태를 입에 올리지 않고 있다.

2010년 2월, 미디어 감시단체 〈방개혁〉이 '북한 방송의 대남 비방 실태 및 미디어법 반대투쟁 선동'에 대한 모니터링 결과에 따르면, 북한 방송은 우리 정부를 "남조선 반역정권, 독재정권, 괴뢰정권, 패당정권" 등으로 극악스럽게 비방하고 있었다. 이런데도 우리나라 방송 3사는 김정일에게 '위원장'이란 북한의 공식호칭을 깍듯이 붙여주어 우대했다.

이런 풍토는 김대중 정권 하인 2000년 8월 초, 박지원 문광부 장관이 언론사 사장단 46명을 이끌고 평양을 방문하여 "反김정일 반북보도금지, 反화합보도금지, 反통일보도금지, 反민족보도금지"를 맹세한 '8·11 남북언론 합의서'에 서명하면서 비롯되었다는 것이다.

2009년 11월 25일, 〈방개혁〉은 왜곡·편파보도 논란으로 많은 홍역을 치렀던 〈PD수첩〉을 2009년 '최악의 방송대상'으로 선정했다.

〈방개혁〉은 '2009 최악의 방송대상 시상 및 방개혁 활동보고회'를 갖고 〈PD수첩〉을 사회 갈등 조장상에다가 최악의 방송대상 프로그램으로 선정했다고 발표했다.

〈방개혁〉은 '〈PD수첩〉의 광우병 방송의 왜곡 조작이 국민을 호도하고 혼란 상태로 빠뜨려 국가적으로 엄청난 손실을 가져오게 한 대표적 사례여서 사회갈등 조장상을 주었다'고 선정 이유를 밝혔다.

MBC 프로그램 중 최악의 프로그램으로 선정된 것은 시사·교양부문 편파 왜곡상 〈뉴스 후〉, 반 기업정서 조장상 〈시사매거진 2580〉, 허위 조작상 〈100분 토론〉, 예능·오락부문 막말언어상 〈세상을 바꾸는 퀴즈〉, 불법 PPL상 〈놀러와〉 등 10여 개에 이른다. KBS '미녀들의 수다'가 시청자 우롱상, 막장드라마 '장화홍련전'은 가정윤리 파괴상이 수여되었다.

2009년 11월 25일, 방송통신심의위원회는 MBC 일일드라마 〈밥 줘〉에 '시청자에 대한 사과' 결정을 내렸다. MBC는 불륜·불법·패륜의 막장드라마를 가족 시간대에 방송했다가 방송법상 가장 수위가 높은 제재를 받은 것이다. 일일극 〈밥 줘〉는 아내가 보는 가운데 남편이 다른 여자와 안방 침대에 누워 있는 포르노 도입부와 같은 수준의 장면을 내보냈다가 시청자들의 질타를 호되게 받았다. 이 드라마는 또 일부 기업들이 앞으로 패륜 막장드라마에는 광고를 하지 않겠다는 자정선언이 나오게 된 계기를 주었다.

- 시사·교양부문
  편파왜곡상- MBC 뉴스 후
  반 기업정서 조장상- MBC시사매거진 2580, YTN 돌방영상
  사회갈등 조장상- MBC PD수첩
  허위 조작상- MBC 100분 토론
- 예능/오락부문
  막말 언어상- MBC 세바퀴
  시청자 우롱상- KBS 2TV 미녀들의 수다
  불법 PPL상- MBC 놀러와
- 드라마 부문
  가정윤리 파괴상- KBS 2TV 장화홍련

불륜선정상- MBC 밥 줘
폭력조장상- MBC 친구
청소년유해상- MBC 혼
○ 단체/개인부문
방송심의 최다 위반 방송사- MBC
불법파업 단체상- MBC노조
막말 방송인상- 김구라

〈PD수첩〉은 "MBC 해방구"로 불리는 시사교양국의 핵심 프로그램 가운데 하나다. 또 PD들이 PD저널리즘의 대표작으로 꼽고 있는 프로그램이기도 하다. 〈PD수첩〉하면 사람들은 황우석 교수의 줄기세포 논문 조작 사건과 미국산 쇠고기와 광우병 촛불시위 선동 등을 먼저 떠올리게 된다.

반면, 김대중 정권기에 〈PD수첩〉은 정권과 대립각을 세우는 아이템은 거의 다루지 않았다. 대신에 벤처기업, 정보공개, 장애인 시설, 신문개혁, 성폭행, 카드깡, 황색 스포츠신문, 사립학교, 방사선치료, 보험사기단, 돈세탁, 화장장, 검찰개혁, 안락사, 탈북자 등 우리 생활과 밀접한 민생 아이템들을 주로 다루었다. 이런 아이템의 특징은 친민생형, 친서민적, 비정치적이라는 점이다.

좌편향 프로그램의 대부격인 〈이제는 말할 수 있다〉는 1999년부터 2005년 10월까지 우리나라 언론 부분에서 주는 상이란 상은 싹쓸이하는 괴력怪力을 발휘했다. 이 프로그램은 상을 받기 위해 태어난 것이라고 해도 과언이 아닐 정도였다.

1999년부터 6년 동안 46회, 연평균 8회 정도의 상을 받은 셈이다. 이쯤 되면 제작진이 상을 받으러 다니는 데만도 바빴을 것 같다. PD가 보통 한 프로그램을 맡는 동안 상 한 번 받기도 어려운 게 현실인데 한

해에 상을 8번씩이나 받았다는 것은 '위장 민주언론 시대'였기 때문에 가능했을 것이다.

그 가운데 1999년, 방송 첫 해에 이 프로그램은 삼성언론재단이 주는 삼성언론상을 받았다는 데 주목할 필요가 있다. 삼성언론재단은 이 프로그램에 기획부문상을 주었는데 삼성의 기업 이미지와는 전혀 어울리지 않아 소위 "보험 성격"이 짙었다는 말을 들었다. 삼성그룹의 태동과 자유당 정권, 과도정부, 박정희 정권을 거치면서 삼성그룹이 성장하는 과정에서 있었던 사건들이 이 프로그램의 덫에 걸리는 것을 미연에 방지하려고 상을 주었다는 것이다. 당시 〈이제는 말할 수 있다〉가 삼성그룹으로부터 상을 받는 것을 보고 사내에서는 벌어진 입을 다물지 못하고 있었다.

역으로 삼성그룹이 이명박 정권 하에서 보수를 대변하는 프로그램에 상을 줄 수 있겠냐는 것이다. 대답은 아마 'No'가 맞을 것이다. 현 시점에서 삼성은 보수를 대변하는 프로그램에 결코 상을 주지 못한다는 것이 중론衆論이다.

2000년 10월 24일 〈여수 14연대 반란사건〉이 제6회 통일언론상 특별상을 받았다. 통일언론상 심사위원장은 언론개혁시민연대 상임공동대표이며 참여연대 공동대표였던 김중배 씨였다. 이 상은 언노련, 기자협회, PD연합회가 공동으로 좌편향적인 프로그램에 주는 격려상이었다. 제6회 통일언론상은 CBS가 만든 '2000년 남북 평화 만들기'에 돌아갔다. 이 프로그램은 "남북간 문화적·언어적 차이 극복을 위해 20차례의 연속물로 방송해 좋은 통일교육 자료로서 가치가 있다'고 공로가 인정되어 상을 받았다.

이날 MBC 시사교양국 이채훈 PD는 수상 소감에서 "여순반란 사건이 알려지지 않은 것은 기득권 세력의 '레드 콤플렉스(red complex)' 때문이라면서 반공정책을 비판하고 북한을 두둔하는 듯한 인상"을 주었다.

이 발언에는 레드 콤플렉스 때문에 북한 관련 프로그램을 맘껏 제작하지 못하는 아쉬움을 토로하는 것이었다. 레드콤플렉스란 공산주의에 대한 과민반응을 일컫는 말로서 적색공포증이라고도 부른다. 이것은 공산주의의 위협을 과장하고 공포심을 왜곡시켜 인권을 탄압하는 정치적인 행위를 말한다.

여기서 이채훈 PD는 "여순반란사건 이후 이승만 정권이 분단독재체제를 완성하자 김일성은 전쟁 이외에 다른 해결책이 없다고 생각하게 되었다"고 말했다. 이건 6·25전쟁을 이승만 정권이 유발시켰다는 좌파들의 논리를 그대로 답습한 것이었다. 이처럼 〈이제는 말할 수 있다〉는 우리 국민들의 좌편향 교과서로서의 역할을 충실히 하였다. 담당 PD의 수상 소감을 싣는다.

〈이제는 말할 수 있다-여수 14연대 반란〉 편은 분단이 고착화된 1948년의 상황을 다시 한 번 체험해 보려는 시간여행입니다.

그해 8, 9월에 남과 북에 다른 정권이 수립됐지만 누구도 분단을 실감하기 어려웠던 상황이었습니다. 단정단선單政單選[단독정부, 단독선거] 반대운동은 무참히 짓밟혔고, 고립된 섬 제주도에서는 수많은 양민이 죽어가고 있었습니다.

그해 10월 19일 일어난 여수 14연대의 무장봉기는 제주 파병을 거부해야 한다는 현실적 과제와 군부 숙청이 다가오기 전에 자구책을 마련해야 한다는 절박한 상황에서 일어난 사건이지만, 결국은 조국의 분단을 목숨으로 막아 보겠다는 마지막 몸부림이었습니다.

이 사건 이후 이승만 정권은 국가보안법을 제정하고 군부 숙청을 완료하고 학도호국단을 창설하고 김구를 제거함으로써 분단 독재체제를 완성하게 됩니다. 바로 그때 김일성이 이끄는 북한 정권은 이제 전쟁 이외에 다른 해결책은 없다는 판단을 굳히게 되는 것이지요.

모든 민주주의의 기본은 사상과 양심의 자유입니다. 이 사건이 알려지지 않았던 것은 기득권 세력이 조장하고 강요한 '레드 콤플렉스' 때문입니다. 여수, 순천 지역 주민들은 극심한 피해의식 때문에 50년이 넘도록 이 사건에 대해 입을 다물어 왔습니다.

이 프로그램이 조금이나마 건강한 역사의식을 되살리는 데 보탬이 되고 우리 언론인에게 작으나마 면죄부를 주는 프로그램으로 성공했다면 다행스럽게 생각합니다.

〈이제는 말할 수 있다〉라는 제목은 처음이나 지금이나 변함없이 부끄럽습니다. 언제나 한발 늦게 '이제야 말할 수 있다' 며 살아온 우리의 기회주의적인 모습을 떠올리게 하기 때문입니다.

프로그램의 클로징 멘트처럼, 1948년 사건 당시 통일을 염원하다가 숨져간 분들을 우리 민족 모두가 넉넉히 보듬어 안을 수 있는 그날이 하루 속히 오기를 바랍니다.

100% 좌편향 이념 전파 프로그램인 〈이제는 말할 수 있다〉가 김대중, 노무현 정권 기간 중 삼성그룹, 언론시민단체, 정부기관, 방송사, 여성단체, PD협회 등 사회 각 분야의 상을 휩쓸게 된 것은 양대 정권기의 좌경화된 사회상을 극명하게 보여주는 좋은 사례이다.

〈이제는 말할 수 있다〉 수상 내역

	기획	수 상 내 역
1999년	김윤영	- 삼성언론상 기획부문 수상 - 통일언론상 특별상 (여수 14연대 반란사건 - 연출 이채훈) - CP 김윤영, 사내 프로그램 평가상 기획상 - MBC노조 선정 좋은 프로그램상
2000년	정길화	- 민주언론상 대상 - 경실련 좋은 프로그램상 본상 - 시청자연대회의 이 달의 좋은 프로그램상 - 방송위원회 이 달의 좋은 프로그램상(녹화사업의 희생자들 - 연출 이규정) - CP 정길화, 한국청년대상 기획상 - 연말 MBC 방송대상 작가상(이진순) - PD연합회 이 달의 피디상(부산미문화원방화사건 - 연출 한홍석) - 앰네스티 언론상(민족일보와 조용수 - 연출 김환균) - 사내 프로그램제작상 공익성 우수상
2001년	이채훈	방송대상 작품상 다큐멘터리 부문 - PD연합회 이 달의 피디상(푸에블로 나포사건 - 연출 강지웅) - PD연합회 이달의 피디상(마녀사냥, 도시산업선교회 - 연출 홍상운)

		- 여성단체연합 평등, 인권 방송 디딤돌상 본상 (보도연맹, 반민특위, 5.16과 장도영) - 연출 이채훈, 정길화, 한홍석 - CP 이채훈, 사내 프로그램 평가상 우수상 - 민언련 7월의 좋은프로그램상(금강산댐의 진실-연출 이정식) - 통일언론상 특별상(전향공작과 양심의 자유 등-연출 강지웅) - YWCA 올해의 좋은 프로그램 평화부문 으뜸상(보도연맹, 연출 이채훈)
2002년	정길화	- MBC 이 달의 프로그램 상(버림받은 희생, 삼청교육대, 연출 채환규) - MBC 특별격려상 - PD연합회 이 달의 PD상(북파 공작원, 연출 이규정) - 민언련 2월의 좋은 프로그램상 (김일성 항일투쟁의 진실, 건국대사건, 북파공작원 / 연출 곽동국, 조준묵, 이규정) - 신문방송인클럽 한국언론대상('정화작전, 삼청계획 5호'의 진실, 기획 정길화, 연출 채환규) - 경실련 선정 2002년 좋은 프로그램상(1991년 5월, '죽음의 배후' 연출 홍상운) - 언론인권상 특별상(1991년 5월, '죽음의 배후' 연출 홍상운)
2003년	최승호 이채훈	- MBC 이 달의 프로그램상 ('섹스동맹 - 기지촌', 이모현) - 민언련 이달의 좋은 프로그램상 ('동맹의 거울 - SOFA', 이모현)
2004년	정길화	- PD연합회 이 달의 PD상(독립투쟁의 대부, 홍암 나철, 연출 박정근) - MBC 노동조합 이 달의 좋은 프로그램상('94년 그해 여름 - 조문파동과 공안정국', 연출 유현) - 민언련 7월의 추천 프로그램('1994년 그해 여름 - 조문파동과 공안정국', 연출 유현) - MBC 이 달의 프로그램상(특집 3부작 '한국전쟁과 포로', 연출 김환균) - 방송위원회 이 달의 좋은 프로그램상('한국전쟁과 포로', 연출 김환균) - 제16회 안종필자유언론상 특별상 - 제10회 통일언론상 특별상('1994년 그해 여름 - 조문파동과 공안정국', 연출 유현) - 제9회 YWCA 좋은 프로그램상 평화 부문 으뜸상('신의 아들' 과의 전쟁, 연출 한학수) - 부패방지위원회 유공상('신의 아들' 과의 전쟁, 연출 한학수)
2005년	김환균	- 민주언론운동시민연합 2005년 4월의 추천 방송(8인의 사형수와 푸른 눈의 투사들, 김환균) - MBC 노동조합 좋은 프로그램상(스포츠로 지배하라! 5공 3S 정책, 강지웅) - PD연합회 이 달의 PD상(한국의 진보 3부작, 연출 한학수) - MBC 이 달의 프로그램상 (10·26 궁정동 사람들, 연출 장형원) - 방송위원회 2005년 7월 이 달의 좋은 프로그램상 (끝나지 않은 비밀 프로젝트 - 일본의 원폭 개발, 박건식)

- 2005년 방송문화진흥회 구성작가상 TV부문 금상 ('끝나지 않은 비밀 프로젝트 – 일본 원폭개발의 비밀, 작가 윤희영, 연출 박건식)
- 2005년 방송문화진흥회 구성작가상 TV부문 은상 ('한국의 진보' 3부작, 작가 송미현, 연출 한학수)

이상 통산 46회 (2005년 10월 현재)

좌편향 의식화에 앞장선 방송 3사

한 시청자가 과거 '위장민주언론시대'에 앞에서 열거한 〈이제는 말할 수 있다〉, 〈PD수첩〉, 〈서울 1945〉 등 3개의 프로그램을 모두 보았다면 매번 최소한 1,963분(32.7시간), 어떤 해는 6,223분(104.7시간)을 개인의 의사와 관계없이 좌편향 사상교육을 받은 것이 된다.

10년간의 이런 방송이 춤을 추고 있는 실정에서 대한민국이 좌익국가가 되지 않은 것을 다행으로 여겨야 할 판이다.

1997년도 한 월간지가 초등학생을 대상으로 실시한 설문조사에서 37.8%가 6·25 전쟁을 조선시대에 일어난 것이라고 답변했고, 98년 6월 23일 행정안전부에서 실시한 청소년 안보·안전 의식 설문조사에서도 6·25전쟁이 일어난 해를 모르는 학생이 57%나 되었다.

심지어 2004년 육사 입학생 중 34%가 미국을 대한민국의 주적主敵으로 알고 있을 정도로 역사 왜곡이 정도를 넘어선 것은 좌편향 방송이 합법적으로 국민 정서에 침투하여 의도적으로 감수성이 예민한 청소년들을 의식화시켰기 때문이다.

2008년 한국통계정보연구원의 서울 초·중·고교 학생 1,995명(초등778명, 중 654명, 고 523명)과 학부모 644명, 교사 280명을 대상으로 실시한 '통일의식 설문조사' 결과, 중·고교생의 35%는 6·25전쟁이 언제 일어났는지 모르는 것으로 나타났다.

6·25 전쟁을 일으킨 나라를 묻는 질문에 '북한'이라는 응답은 초·중·고생 59.9%(초 44.5%, 중 70.5%, 고 69.9%)에 그쳤다. 특히 초등학생의 35.1%는 '한국이 6·25를 일으켰다'고 응답한 반면, '북한이 일으켰다'고 정확히 알고 있는 초등학생은 44.5%에 불과해 절반에도 미치지 못했다. 중학생의 12.1%는 6·25 전쟁 도발국으로 일본을 지목하여 현대사 교육에 허점이 많다는 것을 그대로 노출시켰다.

　6·25전쟁이 몇 년에 일어났느냐는 항목에서 중학생의 37.3%, 고교생의 31.8%는 '모른다'고 응답했다. 우리나라를 가장 위협하는 국가에 대해 중학생은 일본(35.7%)과 북한(34.9%)을, 고교생은 북한(36.6%)과 미국(34.5%)을 꼽았다. 우리나라의 동맹국과 북한을 비등하게 '위협 국가'로 인식하고 있는 것이다.

　또 '국가가 위기에 처했을 때 내가 할 수 있는 일을 생각해 본 적이 있느냐'는 질문에는 절반 이상(중 53.3%, 고 58.2%)이 '없다'고 답했다는 것이다.

　이런 사태는 반국가 범죄 행위를 민주화운동으로 규정하고 보상을 해준 '민주화운동 관련자 명예회복 및 보상심의위원회(민보상)'와 국가보안법 개폐 논란 등의 사회적 분위기가 좌편향으로 기울게 만든 좌파적 이데올로기 교육 때문에 일어났다는 것이 전문가들의 지적이다.

미디어법 반대와 민영화 논리의 괴리

　2009년 12월, 방송 3사 노조는 미디어법 통과를 앞두고 파업에 들어갔다. MBC노조가 주축이 된 언론노조는 언론법 개정=MBC민영화=방송장악이라는 등식을 세워 강하게 반발하였다. 심지어 〈뉴스데스크〉 앵커는 생방송 중 노조의 정당성을 강조하며 공영방송을 지키기 위해 거리로 나가겠다고 고지하고 파업에 들어갔다.

1999년 김대중 정권에서 PD연합회보 - 한길리서치가 방송 PD들을 대상으로 민영화에 관한 설문조사를 실시했었다. 당시 민영화 대상 방송은 MBC와 KBS2 등 2개 채널이었다.

공중파 민영화에 대한 설문조사(1999년 1월 14일)는 PD연합회보 - 한길리서치가 실시한 〈방송 현안에 대한 설문조사 중〉에 있는 것으로 KBS, MBC, SBS, EBS 서울지역 TV방송 프로듀서 200명을 대상으로 한 면접조사였다. KBS 1TV와 2TV의 분리에 대해서는 SBS PD가 가장 높은 70.2%가 지지했으며 MBC PD는 절반에 약간 못 미치는 45.8%로 나타났다.

그런데 MBC 민영화에 대해서는 KBS PD는 54.9%가 지지했으며 SBS PD는 더 높은 59.6%의 지지율을 보였다. 그런데 EBS PD는 무려 80.0%의 지지율을 보였다. 전체로 민영화에 대한 찬성은 52.0%, 반대는 38.8%로 찬성이 과반을 넘었다. 당시에 대체로 방송 4사의 PD들은 MBC를 민영화해야 한다는데 공감대를 형성하고 있었다. 그런데 MBC PD들은 72.9%가 민영화를 반대한다는 입장을 보였다. 그 후 MBC에서 민영화라는 단어 자체를 거론하는 것은 거의 "자해행위"나 마찬가지 취급을 받고 있다. 민영화란 단어는 입 밖에 내서는 안되는 금기어이다.

당시도 'KBS 1,2 TV분리' 와 'MBC 민영화' 의 경우 KBS나 MBC의 노조가 모두 '반대' 의 입장을 강하게 나타냈지만 직접적 이해관계가 있는 4대 방송사를 대상으로 실시한 조사 결과는 실로 충격적으로 나타났다. KBS 2TV와 MBC 민영화에 대해 한 목소리로 정부의 방송장악 음모라고 규탄해 왔지만 실제 PD들의 생각은 그들의 주장을 뒤엎는 것이었다.

1. KBS 1, 2 TV 분리

구 분	찬 성	반 대
KBS PD		
SBS PD	70.2%	
EBS PD	58.0%	
MBC PD	45.8%	

2. MBC 민영화

구 분	찬 성	반 대
MBC PD		72.9%
KBS PD	54.9%	
SBS PD	59.6%	
EBS PD	80.0%	

　이 조사 결과를 보면 KBS와 MBC의 분리, 민영화에 대해 반대하는 것은 해당 방송사 소속 PD뿐이며 타사 PD들은 찬성 의견이 월등히 높았다.

　이것은 정권의 방송장악을 음모陰謀라고 주장하며 불법 파업과 제작 거부 등을 통해 정권을 타도하자고 외쳐온 것이 한낱 허구이며, 실제 속내는 자신들의 밥그릇을 지키기 위한 집단이기주의에 불과하다는 것을 입증하는 것이다.

　그 후 노조를 기반으로 보직에 특정 지역 출신자를 대거 기용하여 온 방송을 장악하게 된다. 조선시대에도 탕평책이 있었고, 과거 군사정권 시절에도 지역 배분에 따라 행정부, 사법부, 나머지 관련 기관까지도 특정 지역 출신이 배제되지 않도록 안배했다. 그런데 김대중 정권은 인사에 있어서 최소한의 상식조차 지키지 않았다. 가히 〈김대중 방송〉이란 말을 듣기에 부족함이 없는 사상 초유의 지역 편중 인사를 통해 방송을 완벽하게 손아귀에 넣었다.

MBC 정치노조의 불법 정치파업 230일

MBC는 파업으로 날이 새고 파업으로 해가 저물었다. 이명박 정권에서만 232일의 파업을 기록하고 있다. 대통령 5년 임기, 1,825일 기준으로 보면 12.71%를 파업으로 저항한 것이다. 이것은 김대중 정권에서의 파업 일수 15일에 비해 거의 16배나 더 많은 것이다. 그 결과 MBC는 방송 3사 중 가장 뒤떨어진 방송으로 전락했으며 2012년 광고매출도 4,000억 원대로 추락한 것으로 알려졌다.

〈1988년 이후 MBC노조 파업 실상〉

연도	파업일수	대통령(총파업일수)	사장	노조위원장	파업이유	활동내용
1988.8.26~8.29	4일	노태우 (90일)	황선필	정기평	국장 중간평가제	디지털국장 포항MBC 사장
1989.9.8~9.20	13일			강성주	국장 추천제	보도국장 현 포항MBC 사장
1992.9.2~10.21	50일		최창봉	이완기	해고자 복직	기술국장 기술본부장, 울산MBC사장 현 미디어오늘 사장
1992.12.18				김종국	14대 대선	기획실장 마산MBC 사장 현 대전 MBC 사장
				박신서		편성국장, 미주지사장
1996.3.14~4.4	23일	김영삼 (36일)	강성구	최문순	사장 퇴진	MBC 사장, 국회의원 현 강원도지사
1996.4.11				정찬형	15대 총선	김중배 사장 비서실장 라디오본부장, 글로벌사업본부장
1997.1.7~1.19	13일			이득열	이완기	노동법 개정 반대 민노총 연대 파업	기술국장 기술본부장, 울산MBC사장 현 미디어오늘 사장

날짜	일수	대통령	노조위원장	사측	사안	비고
1997.12.18		김대중 (15일)			15대 대선	
1998.6.4					2회 지방선거	
1999.7.13~7.27	15일		노성대	박영춘	방송법 개혁 요구 방노련 연대 파업	
2000.4.13					16대 총선	
2002.6.13			김중배	노웅래	3회 지방선거	국회의원(2선)
2002.12.19					16대 대선	
2004.4.15		노무현 (0일)	이긍희	최승호	17대 총선	〈PD수첩〉(해고)
2006.5.31			최문순	김상훈	4회 지방선거	기술국 부국장
2007.12.19				박성제	17대 대선	
2008.4.9		이명박 (232일)	엄기영	박성제	18대 총선	선거방송기획단 팀장 (해고)
2008.12.26~1.7	13일				미디어법 개정반대	
2009.2.26~3.3	6일				미디어법 개정반대	
2009.4.29					국회의원 5개 선거구 등 재.보궐선거	
2009.7.21~7.24	4일				미디어법 개정반대	
2010.4.5~5.13	39일			김재철	사장, 부사장 퇴진	시사교양국 PD 해고
2010.6.2				이근행	5회 지방선거	
2010.7.28					국회의원 8개 선거구 등 재.보궐선거	
2012.1.30~7.18	170일			정영하	공영방송 정상화, 사장 퇴진	기술국 차장 (해고)
2012.4.11					19대 총선	
2012.12.19	?				18대 대선	

노조는 노 정권 5년 동안은 파업은 고사하고 정권의 실정을 질타하는

변변한 성명 하나 내놓지 않았다. 탄핵 때는 노무현 구하기에 발벗고 나섰지만 기자실을 폐쇄할 때는 눈과 귀를 막아버렸다.

그동안 MBC에서 파업을 이끌었던 노조위원장 출신은 승승장구 잘 나가면서 MBC 사원들의 롤모델이 되었다. 사원들은 "나도 저렇게 파업을 열심히 하면 출세하겠지…" 하는 생각에 사로 잡혀 있다. 파업 참가만이 가장 확실한 성공 보증수표이기 때문이다. MBC노조는 또 선거 때만 되면 파업병이 도지는 특이한 집단이라고 할 수 있다. 역대 노조위원장들이 지금 어떤 자리를 거쳤으며 지금은 어떤 자리에서 영화를 누리고 있는지, 현재 노조위원장들이 어떤 위치에 있는지를 보면 MBC노조의 파업의 근본적인 이유를 알 수 있을 것이다.

88년 노조 초대 위원장은 지금 새누리당 심재철 의원이었다. 1987년 MBC에 입사하여 가장 먼저 한 일이 노조를 설립한 것이었다. 심재철 위원장은 1993년 1월, 방송민주화 투쟁에서 업무방해죄(노동쟁의조정법, 징역 8월, 집행유예 2년)로 잠깐 구속되었다가 풀려났다.
그런데 뜻밖에도 그는 1995년 신한국당 안양 동안구 지구당 위원장으로 정계로 입문하게 되었다. 초대 위원장이 야당이 아닌 보수당으로 방향을 잡은 정치 행보는 지금도 미스터리로 남아있다.
'역대 MBC노조집행부' 라는 자료를 보면, 초대 노조위원장은 정기평(1987.12~89.3)에서 시작되고 있다. 심재철 의원은 1987년 12월부터 89년 3월까지 대외협력국장으로 이름이 올라 있다. 거기에는 성경섭과 함께 있으며 나중에 최상일로 바뀌었다. 아마 심재철 초대 노조위원장이 신한국당으로 갔기 때문에 일부러 노조위원장에서 그의 흔적을 지운 것으로 추정된다. 위원장이 신한국당으로 가자 노조는 어안이 벙벙해져 벌어진 입을 다물지 못했다고 한다. 광주 태생에다가 운동권 출신이 신

한국당으로 가자 노조는 그를 배신자로 규정하고 사안이 있을 때마다 그를 공격했다.

지금도 노조는 수시로 역대 노조위원장들과 모임을 가지면서 정보를 교환하고 있지만 심 의원과는 교류가 없는 것으로 알려져 있다. 심지어 심 의원은 광우병을 보도한 MBC를 상대로 'SRM제거 광우병 발병소 위험성 논란'에 대한 자신의 발언을 정정보도와 함께 5억 원의 손해배상 소송을 청구했다.

그는 광우병에 걸린 소라도 SRM을 제거하면 안전하다는 자신의 발언은 과학적인 사실임에도 불구하고 이 발언이 터무니없는 것처럼 MBC가 보도하여 명예가 훼손되었다고 주장했다. 그는 비록 소송에서 지기는 했지만 자기 친정 노조에 승부수를 띄웠다는 것은 그만큼 애증의 골이 깊었기 때문으로 추정된다.

〈노태우 정권 시 노조위원장〉
△ 심재철(광주) : 기자, 초대 노조위원장, 새누리당 4선 의원
△ 정기평(서울) : 디지털국장, 포항MBC 사장
△ 강성주(대구) : 보도국장, 현 포항MBC 사장(구찌백 사건, 장뇌삼 사건 연루)
△ 이완기(인천) : 기술국장, 기술본부장, 울산MBC 사장, 현 미디어오늘 사장 (MBC노조 지분)

〈김영삼 정권 시 노조위원장〉
△ 김종국(서울) : 기획실장(2008년 광우병 책임자), 마산, 창원MBC사장, 전 대전 MBC 사장, 현 사장
△ 박신서(의정부) : 전 편성국장, 전 미주 지사장
△ 최문순(춘천) : 사장(2005.2~2008.2), 국회의원, 현 강원도지사

〈김대중 정권 시 노조위원장〉
△ 정찬형(서천) : 김중배 사장 비서실장, 라디오본부장, 글로벌사업본부장

△ 박영춘(경남) : 인력자원국장, 감사실(김재철 사장 퇴진 서명)
△ 노웅래(서울) : 국회의원(민주당 2선)

〈노무현 정권 시 노조위원장〉
△ 최승호(충북) : 해고(〈PD수첩〉 4대강 집중 보도. 한겨레에 사장 비난)
△ 김상훈(서울) : 기술부 근무

〈이명박 정권 시 노조위원장〉
△ 박성제(경기) : 해고(광우병 선동, 미디어법 반대 파업 주도)
△ 이근행(전남) : 해고(김재철 사장 출근저지 파업 주도)
△ 정영하(서울) : 해고(김재철 사장 퇴진 170일 파업 주도)

　노 정권이 막을 내린 이후 위원장 출신들은 무리한 파업으로 입신출세는 고사하고 해고를 당하여 MBC를 떠났다.
　김대중 정권 말기에 노조위원장을 맡았던 인물 가운데 노웅래 씨만 금배지를 달았을 뿐 노웅래 씨 이후 노 정권에서 위원장을 지낸 5명 모두가 정치파업, 불법파업에 올인 하다가 징계를 당하였다.
　방송사 노조위원장을 비롯해 노조집행부라는 것 하나만으로 요직에 올라가는 악습의 고리가 끊어지고 있는 것이다. 2013년 2월에 〈언노련〉 이강택 위원장이 임기를 마치고 KBS PD로 돌아왔지만 누구 하나 관심을 두지 않고 있다. 이처럼 과거의 투쟁 일변도의 노조 패러다임이 변한 것이다. 좌파노조들이 이것을 빨리 깨우치고 프로그램에 승부를 거는 참방송인이 되어야 할 것이다.
　노 정권 초기에 위원장이었던 최승호 PD는 2012년 불법 파업으로 해고를 당해 MBC를 떠나 〈뉴스타파〉에 몸을 담았고 기술부문의 김상훈 위원장은 송신소에 근무하고 있다.
　2008년 광우병 촛불집회를 촉발시킨 〈PD수첩〉을 지키고 2009년에는 미디어법 반대 파업을 주도한 박성제 위원장은 한 때 선거방송기획단에 몸을 담았다. 2010년에는 뉴욕 특파원을 지망했다가 좌절을 맛보았다. 그는 광우병을 보도한 〈PD수첩〉의 검찰 압수수색을 몸으로 막아주었다. 2011년에 해고를 당했다.

시사교양국 PD출신 이근행 전 위원장은 김재철 사장 출근 저지 파업을 하다가 해고당했으며 2012년에 복직해서 언노련에 파견 근무하고 있다. 이들 위원장 전까지 MBC에서 노조위원장은 성공의 보증수표로 통했다. 하지만 이제 다시는 옛날의 춘삼월 호시절은 오지 않을 것이다.

툭하면 파업을 무기로 경영진을 협박하고 시청자를 볼모로 파업을 하는 노조가 변하지 않으면 MBC의 미래는 결코 순탄치 않을 것이다. 미국 자동차의 메카로 불렸던 디트로이트가 180억 달러의 부채를 앉고 파산한 것은 강성 전미자동차노조의 파업 때문이었다는 것은 새삼스러운 게 아니다. MBC노조가 "출세욕"을 내려놓지 않으면 다음 수순은 민영화로 가는 길밖에는 달리 방도가 없을 것이다.

노조, 간부들의 출세 길로 가는 징검다리

이제부터는 노조위원장을 보필한 노조집행부의 행로를 살펴볼 차례이다. 일부는 왜 MBC노조 집행부만 여기서 거론하느냐고 따질 것이다. MBC는 주인이 없고 국가기관의 감사도 받지 않는 별동別棟조직이다. 그런 틈을 타서 노조가 장악했기 때문에 노조집행부가 인사를 좌지우지하게 된 것이다.

1989년 강성주 씨가 위원장일 때 경영부문 부위원장이었던 정준 씨는 사업국장과 일산 드림센터 신사옥건설기획단장을 거쳐서 제주MBC 사장을 지냈다. 손석희 아나운서는 교육문화국장을 맡았으며 그 후 아나운서실장으로 있다가 사표를 내고 대학교수로 전환한 다음에 〈100분토론〉, MBC 라디오 〈시선집중〉 진행자를 지냈다. 2013년 5월 10일, 13년 동안 진행했던 〈시선집중〉을 접고 논문 표절 시비가 나오는 그날 JTBC 보도부문 사장으로 옮겨갔다. 그때 변희재 씨는 손석희 씨의 석사논문 표절의혹을 제기했으며 보수단체는 JTBC 앞에서 논문표절 의혹을 해명하라고 촉구했다.

조직국장 이용석 씨는 홍보국장을 거쳐서 사장 특보, 경인 지사장을 거쳐 글로벌사업본부장을 지냈으며 2013년 5월 청주MBC 사장이 되었다. 노조 회계감사 이상근 씨는 기술국장을 지내고 안동 MBC사장을 끝으로 물러났다.

홍보국장 윤도한 기자는 기자들이 가장 선망하는 워싱턴 특파원을 지냈다. 1990년 기술부문 부위원장을 지낸 정재순 씨는 기술국장을 거쳐 청주MBC 사장으로 내려갔다.

이처럼 당사자의 전문성이나 능력과는 상관없이 노조 집행부를 지냈다는 것 하나만으로 요직에 발탁되는 일이 허다했다. 이처럼 노조 친위대가 지방사는 물론 주요 보직을 독식해도 누구 하나 이의를 제기할 수가 없었다. 노조에 반기를 들었다가는 곧 한직으로 쫓겨 가는 수모를 겪기 때문이었다.

홍보국장 정일윤 기자는 보도국장을 거쳐 진주MBC 사장으로 내려갔으며 조직국장 김정수 씨는 기획실 부실장을 거쳐 라디오국장이 되었다가 원주 MBC 사장으로 영전하게 된다. 그 후 MBC미술센터 사장을 지냈다.

2008년 광우병 촛불시위가 극에 달했던 시기에 뉴스데스크 앵커를 지낸 신경민 씨가 노조집행부였다는 것은 가려져 있다. 신경민 씨는 노조위원장 안성일 씨가 해고되고 이완기 기술국장이 대행으로 있을 때 민실위 간사로 활동한 이력이 있다. 노조에서 민실위 간사는 보도부터 드라마, 예능, 시사 등 모든 프로그램의 공정성을 감시하는 기구로 저승사자로 불리고 있다.

92년 12월, 보도국 김종국 기자가 노조위원장이 되었다. 그는 교섭쟁의국장에 기술 출신 문효선, 홍보국장에 정길화 시사교양국 PD, 민실위 간사에 임홍식 기자, 편성제작 민실위 간사에 신석균 씨를 집행부로 끌어들였다. 정길화 PD는 〈이제는 말할 수 있다〉를 제작하다가 김재철 사장 특보가 되었다. 지금은 브라질 상파울루 지사장 겸 특파원이다. 신석균 씨는 중국 지사장을 거쳐 인도네시아 지사장을 지냈다.

94년 1월 시사교양국 PD 출신 박신서가 노조위원장이 되었다. 이때 보도국 황용구 기자는 보도부문 부위원장에, 드라마국 오현창 PD는 편성제작부문 부위원장에, 경영부문 부위원장에는 김재형 씨, 사무처장에 최문순 씨가 선임되었다.

여기서 처음으로 최문순 씨는 노조 '사무처장'이라는 직책을 받으면서 투쟁대열에 발을 들여놓았다. 편성제작 민실위 간사에 최진용 시사교양국 PD가 그 자리를 이어 받았다. 황용구 기자는 2012년, 보도국장이 되었으며, 오현창 PD는 글로벌사업본부장이 되어 의혹투성이인 한·중 드라마펀드를 주도했다. 2006년 6월 이후 한·중 드라마펀드 169억 원의 기금은 미스터리로 남아 있다. 최진용 PD는 2003년 11월 18일에 〈PD수첩〉 "제568회 16년간의 의혹, KAL폭파범 김현희의 진실"에서 '김현희는 가짜다'라고 단정을 짓는 방송을 만들었으며 2012년 4월, 제주 MBC 사장이 되었다.

1995년 3월에 최문순 기자가 드디어 MBC노조를 장악하면서 전면에 부각되었다. 사무처장에 시사교양국 PD출신인 박정근 씨가 되었다. 그는 통일방송협력단장으로 대북 사업을 주도하면서 전성기를 보내게 된다. 그는 대북 사업을 주도하면서 불투명한 송금사고가 일어나게 되었다. 정책기획국장에는 경영부문의 권영만 씨가 되었으며 그는 청와대로 들어갔다가 후에 교육방송(EBS) 부사장이 되었다.

복지사업국장에는 박정문 씨가 되었는데 그는 2005년에 사내벤처인 튜울립이란 회사를 세웠다가 부실화되어 징계를 받았다. 또 사내벤처로 홍순관 기자가 경영하는 스토리허브도 있었다.

96년 3월 정찬형 라디오PD가 아주 이례적으로 노조위원장이 되는 이변이 일어났다. 라디오 PD는 60여 명에 불과하고 연간 매출도 600여억 원으로 MBC 전체 매출의 10%에 불과하다. 라디오 역할이 미미한 가운데 라디오PD가 노조위원장이 된 것이다.

보도부문 부위원장에 차경호 기자, 편성제작부문 부위원장에 백종문 PD, 기술부문 부위원장에 박병완 씨, 사무처장에 고민철 씨가 되었다. 차경호 씨는 보도국장, 보도본부장, 기획실장을 지내고 2012년 4월에 대구MBC 사장이 되었다. 백종문 씨는 편성본부장으로 있다.

박병완 씨는 디지털TV 전송방식인 미국식과 유럽식을 놓고 정보통신부와 대립각을 세우고 2년 넘게 용병傭兵으로 투쟁을 이끌었다. 고민철 씨는 경영본부장이 되었다 원주MBC사장으로 갔다. 이처럼 MBC에서 노조집행부가 된다는 것은 거의 출세를 보장받은 것이나 다름없는 것이었다.

MBC 노조, 세계인에게 보내는 영상 메시지

2009년 3월, 미디어법 저지 파업 중에 MBC노조는 '대한민국은 독재국가' 라는 자체 제작한 동영상을 유튜브에 올렸다. 동영상 제작에는 노조원인 최현정 아나운서(영어), 권희진 기자(프랑스어), 이동희 PD(스페인어), 하지은 아나운서(일본어), 방현주 아나운서(중국어)가 참여했다.

326 ■ 좌파정권 10년, 방송은 이런 짓들을 했다

〈MBC 동영상 중국어 방현주 아나운서〉

"대한민국의 민주주의가 위기에 처해 있습니다. 13억 중국인들이여!! 한나라당 '고흥길' 의원에게 전화를 걸어 항의해 주십시오. '왜 이래 아마추어같이'. 또 한 통의 항의전화를 해주십시오. 이번에 전화 걸 사람은 김형오 국회의장입니다. '전 세계가 주목하고 있다. 허튼짓 하지마라.'"

〈MBC 동영상 일본어 하지은 아나운서〉

"긴급속보입니다. 이명박 대통령이 취임한지 이제 겨우 1년, 대한민국의 자유민주주의 기반이 흔들리고 있습니다. 한나라당이 합의 없이 언론의 자유를 규제하는 법안을 밀어붙이고 있습니다. 한국에서는 이것을 날치기라고 부릅니다. 이 악법은 온 국민의 분노를 부르고 있고 대한민국은 언론의 자유를 잃을 위기에 처해 있습니다."

방현주 아나운서는 "13억 중국인들이여, 김형오 국회의장과 고흥길 문방위원장에게 전화를 걸어 허튼짓 말라고 항의해 달라", "대한민국에 독재 정권이 부활했다", "한나라당의 미디어법 논리는 새빨간 거짓말"이라고 호소하면서 불끈 쥔 주먹을 흔들며 '언론 장악 저지 투쟁'이라는 구호를 중국말로 외쳤다.

저들의 주장대로 정말 대한민국이 독재국가라면 이렇게 허무맹랑한 구호를 외치기 전에 저지를 당했을 것이다. 후진타오 주석에게 대한민국이 독재국가라고 호소한 것은 삼류 코미디만도 못한 것이었다.

이것은 MBC가 노조의 전유물이자 사유물이라는 것을 보여주는 극명한 사례였다. 노조는 불법 파업을 하는 것도 모자라 대한민국을 독재국가로 단정 짓고 언론탄압 국가로 국격을 끌어내렸다.

MBC 노조는 세계인에게 이런 저급한 동영상을 내보내면서 할아버지 할머니의 조국, 나의 조국, 내 자식이 살아야 할 대한민국의 얼굴에 침을 뱉은 격이었다. 노조는 자신들의 목적 달성을 위해서라면 어떠한 패륜행위도 서슴지 않고 자행하였다. 말끝마다 MBC는 공영방송이라고 주장하면서 방송을 진행하는 기자, PD, 아나운서들이 주먹을 흔들며 선동적 구호를 외치는 등 말기적 증상을 세계인에게 보여주었다.

중국인들이 이것을 보고 과연 한국의 민주주의가 위기를 맞고 있다고 생각하였을까? MBC 노조가 불순한 의도로 동영상을 유포시켰다면 이건 분명히 과대망상증에 걸린 환자나 할 수 있는 짓이었다.

하지은 아나운서의 일본어 선동문은 도무지 뭘 말하는지 알 수가 없다. 긴급속보 형태로 만들어져 이것을 본 세계인들이 한국에 무슨 정변政變이라도 일어난 것으로 오해하기 쉽게 만들어졌다. 선동문에서 "미디어법은 날치기로 처리되었으며 대한민국은 언론의 자유를 잃을 위기에 처해 있다"고 외쳤다. 저들은 미디어법이 언론의 자유를 박탈하는 악법으로 세계에 알린 것이다.

국민들은 더 이상 노조를 지지하지 않는다. 노조가 정의롭고 공정한 집단이 아니라는 것을 알게 되었다.

김대중, 노무현 정권에서는 온갖 편파방송을 해놓고서도 자기들이 지지하지 않는 정권으로 바뀌니까 광우병 촛불난동, 한·미 FTA 반대, 해군기지 반대, 4대강 반대 등 별별 구실을 붙여서 저항을 한 것이다.

MBC가 노영방송이라고 하는 견해들

MBC가 노조에 장악된 데에는 두 가지 시스템이 작동하고 있기 때문이다. 먼저 프로그램 편성권이 사장에서 이사로, 다시 이사에서 국장으로 내려왔다는 것이고, 다른 하나는 상향上向평가제다. 이것은 하급자들이 상급자들을 평가하는 것으로 대표적인 하극상下剋上이다.

상향평가제는 노조의 뜻에 따르지 않거나 비협조적인 상급자들을 몰아내는 데 유용하게 쓰이고 있다.

상향평가제가 두려워서 보직자들은 노조원들의 근무태도가 나빠도 질책을 하지 못한다.

또 하나는 〈민실위〉와 공방협(공정방송협의회)이다. 재수 없이 여기에 걸리는 날이면 빠져나갈 길이 없다. 상향평가제와 민실위, 공방협은 노영방송을 지키는 족쇄와도 같은 것이다.

MBC노조의 〈민실위〉와 〈공방협〉은 MBC 뉴스의 성향을 좌지우지하여 좌편향, 반기업, 반미, 반정부로 몰아가는 노조의 친위대 역할을 하고 있다.

MBC노조는 홈페이지 조합원 광장에서 "〈민실위〉는 뉴스를 포함한 MBC의 전파를 타는 모든 프로그램의 공정성 감시를 주목적으로 한다. 권력에 굴종해야 했던 부끄러운 과거에 대한 참회와 그 같은 과거를 되풀이할 수 없다는 참을 수 없는 분노에서 태동한 것"이라고 소개하고 있다. 노조는 "권력에 굴종해야 했던 부끄러운 과거…" 운운하면서 자기들이 '위장 민주언론의 시대' 10년 동안 정권에 아부했던 것은 조금도 반성하지 않고 있다.

〈민실위〉는 공정방송 실현을 위한 MBC노조의 핵심조직이다. 민실위는 위원장 직속기구로 보도와 편성·제작 두 파트로 이뤄지며, 뉴스를 포함한 MBC의 전파를 타는 모든 프로그램의 공정성 감시를 주목적으로 한다. 권력에 굴종해야 했던 부끄러운 과거에 대한 참회와 그 같은 과거를 되풀이할 수 없다는 참을 수 없는 분노에서 태동한 것이 MBC노조라는 점에서, 민실위는 방송민주화를 위해 싸워 온 우리 조합의 정신과 투쟁의 역사가 응집되어 있는 '공정방송을 향한 제도적 장치'라 할 수 있다.

〈민실위〉 조직은 96년 단일노조 출범 이후 대폭 강화됐다. 서울지부와 지방지부의 〈민실위〉를 한 개의 조직으로 통합해 유기적인 활동을 벌이고 있다. 이러한 전국 단위의 민실위 활동을 뒷받침하기 위해 단위노조에 따라 별도의 민실위가 조직돼 있다.

민실위 활동을 효과적으로 수행하기 위해 조합 내에 민실위 간사 2명을 두고 있다. 보도부문 민실위 간사와 편성·제작부문 간사가 있는데, 이들은 노조 전임으로 활동하고 있다. 전임은 노조일만 하면서 월급을 받는 노조원을 말하는 것이다. MBC노조는 그동안 내부에 8명의 전임자를 두고 있으며 PD협회, 언노련, 기술 등에 3~4명을 전임자로 내보내고 있다. 그동안 10명이 넘는 사원이 노조 또는 임의단체 활동가로 일하면서 MBC에서 급여를 받았다.

민실위 활동은 MBC의 역사를 대변한다. 지난 87년 노조 창립 이후 다섯 번의 파업과 두 번의 제작 거부를 거치면서 민실위는 공정방송 실현을 위해 노력해 왔다고 주장했다. 민실위 활동 중 가장 역점을 두는 부분은 뉴스를 비롯한 보도 관련 프로그램에 대한 감시 기능이다. 보도 관련 프로그램을 철저히 모니터해 불공정 보도나 편집상의 문제점 또는 주요 현안 누락 여부 등을 가려낸다.

사전 감시도 민실위의 주요 업무다. 프로그램이 방송강령과 배치되거나 불공정 시비가 있을 경우 또는 외압, 청탁의 소지가 있다고 판단될 경우 민실위는 미리 사측에 이의를 제기하고 프로그램의 방영 중단이나 연기를 촉구하게 된다.

민실위는 이와 함께 드라마나 쇼, 그리고 편성상의 문제점도 수시로 지적하면서 방송의 공영성 유지를 위해 힘을 쏟고 있다고 한다.

제15대 대통령 선거와 지자체 선거 방송에서 노사는 공정 보도를 위해 선거방송 실시 전에 '대선·지자체·보도 원칙'에 합의하고 시행에 들어갔다. 당시 민실위원들은 조를 나누어 보도원칙에 따른 모니터 활동을 활발히 전개했다.

민실위의 이런 감시 활동은 사내외의 다른 감시활동과 유기적인 관계를 맺고 있다. 민실위에서는 전국 민실위 회의를 정규적으로 열고 있으며 또 시민단체 중심의 모니터팀과도 유기적인 관계를 유지하고 있다. 이밖에도 KBS 노조와 정기적으로 민실위 회의를 갖고 주요 현안에 대한 공동 대응책을 모색한다.

여기서 KBS노조와 연대하면서 동체라는 것을 스스로 밝히고 있지만 KBS노조는 MBC에 비하면 아주 순진한 편이다. MBC노조는 표독스러우면서 섬뜩하다.

MBC노조에는 민실위를 능가하는 상위조직이 더 있다. 바로 공정방송협의회, 즉 〈공방협〉이다. 공방협은 방송의 공정성에 문제가 발생했을 경우 노사 간에 민실위에서 제기하는 문제를 풀어나가는 해결사라고 할 수 있다. 이것은 매달 한 차례 열리는 정기 공방협과 노조가 열자고 하면 언제든지 따라야 하는 임시 공방협이 있다.

이 공방협에는 노조위원장과 사장은 물론 본부장, 국장 등이 참석해야 하며 여기서 민실위는 문제의 근원을 추궁하고 재발방지 대책 마련을 요구할 수 있다.

공방협은 민실위 행동대에 해당하며 민실위의 최종병기라고 보면 정확한 표현일 것이다. 이러다 보니 사장도, 임원도, 국장도 민실위와 공방협 얘기만 나오면 두려워 한다. 민실위는 특히 공방협을 통해 불공정 관련 당사자, 즉 본부장, 국장, 부장 등에 대해 문책은 물론 심하면 보직을 해임하라고 요구할 수 있다.

이러면 사측은 특별한 이유가 없는 한 이를 수용해야 한다. 이래서 노조에 가입할 수 없는 보직자들이 노조원으로 남게 되며 파업 때는 성금을 내주기도 하는 상식 저편의 일들이 벌어지고 있다. MBC노조는 "공방협은 민실위 활동의 최종 창구"라고 스스로 밝히고 있다.

이처럼 민실위는 경영진에게는 저승사자처럼 굴지만 노조원들에게는 "당근"을 주어 이탈을 막기도 한다. 민실위는 공정방송에 기여한 프로그램을 '좋은 프로그램'으로 선정해 노조원에게 상금을 주면서 달래고 있다. 〈PD수첩〉이나 〈이제는 말할 수 있다〉 등 좌편향 프로그램이 '좋은 프로그램상'을 단골로 받은 것이 그런 것이다. 이런 "당근"을 받은 노조원은 노조 지시에 적극적으로 따르게 되고 파업이 있으면 이판사판으로 참여하여 보답하는 것이다. 이것이 차곡차곡 쌓이게 되면 승진도 되고 보직도 받을 수 있는 에너지가 된다.

MBC노조가 제일 듣기 싫어하는 말이 'MBC는 노영방송'이라는 말이다. 이 말을 들으면 눈에 쌍심지를 켜고 공격을 한다. 그럼 노조가 경영하면 제대로 될 것인가? 이런저런 의문이 들게 마련이다. 물론 경영이 잘 될 리가 없다. 그러면 노조가 어떻게 했기에 MBC는 노영방송이란 딱지가 붙게 된 것일까? MBC는 방송이다 보니 경영권, 인사권말고도 편집권이란 게 더 있다.

방송이나 신문에 있어서 편집권은 절대적인 것으로 뉴스의 논지를 좌우하게 된다. MBC에서는 좀 황당한 에피소드가 전해오고 있다. 어느 중소기업 사장이 소비자 불만 문제로 MBC가 취재해 갔다는 말을 듣고 보도국장을 만나 제발 살려달라고 사정을 했다는 것이다. 이 제품이 불량이라고 보도가 되면 문을 닫아야 할 형편이었다. 100여 명의 종업원은 일자리를 잃게 되었다. 한참 생각하던 보도국장은 자기가 해줄 수 있는 게 하나도 없으니까 노조위원장을 만나 사정을 말해보라고 했다는 것이다. 이래서 MBC에는 "국장-이사-부사장-사장-위원장"으로 서열이 정해져 있다는 얘기가 있다.

〈MBC노조가 노영방송이라는 주장들〉

일 시 (시대적 배경)	발언(발표)자	내 용
2009년 (《PD수첩》 광우병 방송 이후)	최창섭 (전 서강대 교수)	① MBC의 일부 젊은 PD는 그들의 숙주와 같은 노동조합을 믿고 조작 편파 방송을 하고 있다 ② MBC가 공영방송이 아닌 노영勞營방송을 하고 있다
2009년 (MBC가 민영화되면 보수매체가 MBC를 인수할 수 있다는 MBC보도 이후)	동아일보 사설	설령 MBC 민영화가 법적으로 가능해진다고 하더라도 동아일보는 노조가 방송을 장악하다시피 한 '노영勞營방송' MBC를 인수할 뜻이 전혀 없음을 분명히 해두고자 한다.
2010년 (MBC노동조합이 김재철 사장을 사장 으로 인정하기를 거 부하며 출근저지투 쟁을 시작한 후)	김진철 (전 방개혁 위원)	30여 년 간 MBC에 근무한 사람이 낙하산이라면 도대체 노조가 판단하는 낙하산의 기준은 무엇인가? 노조의 기준대로라면 MBC사장은 노조가 임명하는 길만이 최상이고 유일한 해법이라는 것인데, 이런 작태야말로 노조 스스로 MBC는 노영방송이며 노조의 뜻에 반하는 것은 무조건 '방송장악'으로 낙인찍는다는 것을 만천하에 공표하는 것에 다름이 아니다.
2010년	동아일보	사실은 방송사 노조의 힘이 지나치게 비대해져 지상파가 내부 구성원들의 정치적 견해를 대변하고, 집단 이기주의를 추구하는 사적私的도구로 잘못 쓰이고 있는 것이 문제가 되고 있다. '방송사 사장은 지나가는 과객'이라는 말로 대변되는 느슨한 방송사 지배구조의 틈을 노조가 비집고 들어오면서 '노영방송'의 폐해가 나타난 지 오래다. 권력 개입과는 전혀 다른 차원의 내부적 문제가 또 하나 도사리고 있는 것이다.
2012년 (MBC노동조합이 김	MBC정상화 국민행동	우리가 잊지 말아야 할 것은, MBC가 지금도 노영방송이라는 것이다. 좌익정권 10년 동안 MBC의 실질적 경영자는 MBC

재철사장 퇴진을 외치며 파업을 선언한 이후)	충격보고서	언론노조였다. 그런데 MB정권 하에서도 좌편향 방송은 달라진 게 없다. 미국산 쇠고기는 광우병을 일으킨다는 거짓 선동과, 천안함 폭침은 북한 김정일이 저질렀다는 증거가 없다는 궤변 등 오늘도 저들의 대한민국 흔들기는 계속되고 있다.

노조를 위해 행동하는 보직간부 노조원들

2010년 4월 현재 MBC노조에는 973명과 업무직 120명, 비정규직노조 MBC분회 75명 등 1200여명의 근로자가 조합원으로 가입되어 있다. 그런데 문제는 '노동조합 및 노동관계조정법' 제2조 제2호에 따라 노조원이 될 수 없는 근로자들이 노조원이라는 것이다.

보직간부의 절반이 노조원으로 드러났다. 보직간부와 국장급 85명이 노조원이었는데 이들은 노동법에 규정된 '사업주를 위해 행동하는 자'이다. 이 수치는 보직간부의 범위에 따라 약간 달라질 수 있다. 이처럼 MBC에서는 '사업주를 위해 행동하는 자'가 노조원으로 불법 정치 파업을 간접적으로 지원하고 있다.

MBC 심장부라고 할 수 있는 기획조정실의 경우 5개 부서에서 26명, 비서실 1명, 감사실 2명, 인사부 6명, 회계부 8명, 정보시스템부 8명, 신사옥추진본부 7명, 홍보국 8명, 선거방송기획부 4명 등 주요 정보, 정책, 기획, 회계, 예산 등 극히 보안이 요구되는 부서에 근무하는 사원들이 노조원이었다. 또 보도국에서 흔히 "정·경·사"라고 일컫는 정치부, 경제부, 사회부 등에 어림잡아 91명이 노조원이었다. 또 특파원들의 대부분이 노조원이었다. 특파원은 해당 지역에서 사장을 대리하여 뉴스를 취재하여 본사로 보내는 역할은 물론이고 특별한 정보나 첩보들을 갖고 있게 마련이다. 이래서 특파원에게는 본국에서 근무할 때보다 임금과 체재비 등 3배 정도를 더 지급하는 것이다. 아이티 지진 현장에 취재 갔던 기자가 조작보도를 하자 모 특파원이 그 기자를 지원하는 일도 있었다.

언론노조가 상급단체로 되어 있는 방송사 비정규직노조 MBC분회의 경우 3차례나 영등포구청에 조합설립 신고를 했지만 받아들여지지 않았다. 비정규직노조 MBC분회는 한국커넥션㈜의 근로자들로 MBC에 파견된 근로자들로 이루어진 노조였다. 이들은 ㈜문화방송의 근로자가 아니기 때문에 조합설립 허가가 나지 않았다. 그런데도 이들 근로자들은 MBC노조 파업에 동참하였으며 노조투쟁기금으로 100만 원을 지원하였다.

㈜문화방송과 한국커넥션㈜이 2004년 11월에 체결한 '업무위탁계약서' 제6조(사용자의 책임) 조항에 보면 "① 본 계약에 따른 업무를 수행하는 '을'의 직원은 어느 경우에도 '갑'의 직원으로 간주되지 않으며, '을'은 직원의 임면, 근태 관리, 업무상 지휘·감독, 보수 등 근로조건, 인사관리에 관한 사항, 건강·위생·안전 관리 등 산업안전관리, 국민건강보험, 산업재해보상보험 등 사회보장보험법령에 관한 사항 및 기타 고용관계에서 발생하는 모든 사항에 대한 사용자로서의 모든 의무와 책임을 진다"고 되어 있다.

MBC분회는 조합비의 일부를 민노총 언노련에 분담금으로 납부하고 있으면서 MBC본부 노조의 파업에 동참하였다. 2010년 4월 5일 사장 출근 저지 파업에는 매일 10여 명이 돌아가면서 파업에 참여한 것으로 알려졌다. 언노련은 4월 22일 본부·지부·분회장에게 보낸 공문 'MBC 총파업 관련 보도요청의 건'(문서번호 2010-58)에서 "정권의 언론 장악에 맞서고 있는 MBC 조합원 동지들에 대한 본부·지부·분회의 연대와 협조 감사드립니다"라면서 파업에 동참하라는 지시를 내렸다.

우리나라 근로기준법에서는 '사업주를 위해 행동하는 자'를 '근로자의 인사, 급여, 후생, 노무관리 등 근로조건의 결정 또는 업무상 명령이나 지휘 감독에 대한 권한과 책임을 사업주로부터 부여받은 자'로 규정하고 있다. 노조에 가입한 보직 부장과 국장의 경우 직급은 차장, 부장 대우라도 직위는 부장, 부국장, 부실장, 국장으로 되어 있어, 이들은 '사측의 이익을 대변하는 자' 또는 '사업주를 위해 행동하는 자'라는 것이다. 이들 보직 부장은 수십, 수백 명의 인사권을 행사할 수 있으며 노무관리, 근태관리를 하는 책임도 지고 있는 자들이다.

회사 심장부에서 근무하는 국장급 노조원

이들 중 기획실장 장만호 씨는 MBC 심장부라고 할 수 있는 기획실에서 중대한 기밀을 취급하고 있는 인물이었다. 또 총무부장 장창식 씨는 전 사원의 개인 정보를 취급하는 자리에 있으면서 노조원 신분을 유지하고 있었다. 홍보국장 최기화 씨는 'MBC의 입'의 역할을 하면서 노조원으로 가입하여 조합비를 내주고 있었다.

이처럼 보직간부들이 노조를 탈퇴하지 못하는 것은 앞에서 언급한 상향평가제上向評價制 영향이 크다고 할 수 있다. MBC에서 상향평가제는 하루 빨리 폐기해야 할 "악법 중의 악법"이다. 이것은 노조원의 뜻에 거슬리는 상급자들을 몰아내는 제도이다. 노조원들의 상사 평가가 인사에 반영되기 때문에 보직을 받아 인사권을 갖고 있으면서도 노조에 그대로 남아 있는 것이다.

보직자는 상향평가를 잘 받아 그 자리를 유지해서 좋고, 노조는 묵시적으로 파업을 지지해주고 조합비까지 내줘서 좋은 것이다. 보직자는 상향평가를 의식하여 노조원에게 인사고과를 후하게 주게 된다. 이러다

보니 노조원의 근태勤怠가 나빠도 지적을 못하게 된다.

결국 노조원들 먼저 챙겨주다 보니 노조에서 탈퇴한 자나 반노조성향이 있는 자는 낙제점을 받게 되는 것이다. 보직부장이 노조의 일탈행위를 비판하지도 못하고 때로는 사측 정보를 노조에 넘기는 사례도 있었다. 심지어 업무추진비로 파업 중인 노조원들에게 성찬을 베푸는 사례도 있다는 것이다. 이런 행태는 바로 상향평가제 때문에 생기는 것이다.

몇 년 전 고위 임원 출신이 끝까지 노조에서 탈퇴하지 않았다는 설이 있었다. 노조에 빚을 지고 있었기 때문에 임원이 되어서도 조합비를 내주었던 것이다.

2005년부터 현재까지 상향평가가 나빠서 보직에서 쫓겨난 자가 상당수 되는 것으로 알려져 있다. 2013년 초 인사에서 김 모 국장은 상향평가를 잘못 받아 석 달 만에 국장 자리에서 물러났다. 이럴 경우 대부분이 노조원들 몇 명이 담합하면 한 사람 보내는 것은 식은 죽 먹기보다 더 쉬운 일이다.

보직간부 노조원을 100명만 잡아도 세전 급여의 1.5%를 조합비로 내니까 연간 1억 원이 들어오는 것이다. 그 기간이 10년이면 10억 원이 노조로 흘러간 것이다. 이렇게 보직간부들이 낸 조합비가 불법, 정치파업의 원동력이 되었다. 검찰도 고용노동부도 MBC노조의 불법 사실을 처벌해 달라는 고발장을 받고도 아예 신경을 쓰지 않았다.

2010년 5월 초, 〈방개혁〉은 MBC노조 자체가 불법노조이며 불법정치파업을 하고 있다면서 서울중앙지검(검찰총장 김준규)과 고용노동부 서울남부고용센터(장관 임태희)에 위법 사실을 고발했다. 하지만 두 군데다 질질 끌다가 정권이 바뀌었다. 항간에는 고위 실세가 "그쪽은 건드리면 골치 아픈 데니까 적당히 하라"고 지시했다는 것이다.

여기서 불법 노조의 구체적인 사건을 두 개만 들고자 한다. 개개 사업

장마다 고유한 특수성이 있어 단순 비교하는 것은 쉽지 않지만, 여기서 구체적인 사례를 들어본다.

첫째, ○○공단 감사실 감사2부에 근무하는 차장(3급) 김△△씨는 2007년 9월부터 2009년 5월까지 감사부서에 근무하고 있으면서 노조원이었다. 이런 사실이 국정감사에서 적발이 되자 노조에서 탈퇴하였다. 둘째, 2008년 1월, ○○생명 노조 파업에서 사측은 '사업주를 위해 행동하는 자'는 노조에 가입할 수 없는데도 파업에 참여한 지점장 99명을 해고했다. 이 과정에서 3월 14일 서울지방노동청 남부지청은 "보험회사의 지점장은 회사 이익을 대변하는 관리자 신분"이라는 정의를 내려주었다. 또 노동부 장관은 "보험회사 지점장은 노조 가입 대상이 아니다"라고 대통령에게 보고하였다.

분명히 MBC노조에는 앞에서 예를 들은 두 기업 이상으로 사측을 위해 일하는 자가 노조원으로 가입되어 있는데도 검찰과 노동부는 아무런 행동이 없었다. 항간에는 "MBC는 무섭다. 건드리지 마라", "그런데 MBC노조는 더 무섭다. 근처에 얼씬도 마라"는 말이 돌고 있다는 것이다. 앞의 두 기업과 MBC의 차이점은 노조는 4의 권력이라는 방송사 노조라는 것이었다.

제8장 좌파들 스스로가 촛불시위는 실패 인정

2007년 12월 대선에서 이명박 후보가 승리해 좌파정권 10년이 막을 내렸다. 이때 10년 동안 방송을 장악하면서 농락했던 좌파 언론인들은 경기驚氣를 일으켰다. 이들은 10년 동안 정권을 등에 업고서 조작, 왜곡, 날조 등을 자행하면서 태평성대를 구가했다. 이렇게 되자 좌파언론인은 MB정권 심판론으로 대세를 뒤집어 보려는 음모를 꾸미게 된다. 이것은 좌파정권 10년 동안 정권의 입맛에 맞는 프로그램으로 보은報恩하면서 정권에 기생하였던 꿀 같이 달콤했던 그 맛을 잊지 못하였기 때문이었다.

목숨 걸고 광우병 쇠고기 먹겠습니까?

〈PD수첩〉 광우병 프로그램의 스튜디오 백드롭(backdrop: 배경)에는 섬뜩한 문장이 파란색 바탕에 대각선으로 "목숨 걸고 광우병 쇠고기 먹겠습니까?"라는 흰 글씨가 깔려 있었다. 거기다가 소름끼치는 음악이 쓰러지는 소가 나오는 장면에서 깔렸다. 사실을 전달하는 시사 프로그램에서 비트가 강한 엇박자의 음악으로 공포 분위기를 조성한 것이다.

MBC는 애당초부터 자기들의 코드와 맞지 않는 MB정권은 안중에도 없었다. 노조는 MBC 출신인 정동영 후보가 대권을 잡을 것으로 확신하고 있었다. 그러기에 정 후보의 낙선은 좌파방송 선봉대였던 MBC노조에게는 청천벽력이나 마찬가지였다. 10년 만에 정권 교체에 성공한 한나라당은 성공에 도취되어 좌파들의 음모를 제대로 간파하지 못하고 있었다.

이명박 정부는 출범으로부터 두 달 후, 〈PD수첩〉, '미국산 쇠고기 광우병에서 안전한가?'로 철퇴鐵槌를 맞았다.

4월 29일 밤 11시 5분, MB 정권에게는 운명의 시간(Domsday)이었다. "목숨을 걸고 광우병 쇠고기를 먹어야 합니까?"라면서 쓰러지는 소들을 보여주자 국민들은 아연실색하였다. 미국산 쇠고기를 먹는 것은 곧 죽음이었다. 정권은 〈PD수첩〉 긴급취재 '미국산 쇠고기 광우병' 한 방으로 전열을 정비도 하기 전에 혼절昏絕 상태에 빠지게 된다. 그 후 좌파들은 이명박 정부가 야심차게 추진하는 4대강 사업은 물론이고 노무현 정권에서 추진했던 한미FTA, 제주 해군기지 건설 등 국책사업에 대해 이런저런 이유로 사사건건 트집을 잡기 시작하였다.

〈PD수첩〉은 미국산 쇠고기와 관련된 프로그램을 7월 15일까지 정확히 78일 동안에 다섯 차례나 방송한 것은 거의 전무후무한 일이었다.

5월 13일, 〈PD수첩〉은 '미국산 쇠고기, 과연 광우병에서 안전한가'를 두 번째로 방영하여 전편의 주장을 거듭 확인시켜주었다.

이 프로그램은 불난 집에 기름을 뿌린 격이었다. 그 당시 시위 현장에 나온 시민들은 '나는 더 살고 싶다' 면서 'MB정권 퇴출' 이라는 구호를 손피켓에, 셔츠에, 심지어 양쪽 볼에다 붙이고 울부짖었다.

5월 27일, '시사 집중, 미국산 쇠고기 수입과 언론 보도 – 누가 국민을 혼란에 빠뜨리는가' 가 또 전파를 탔다. 이날 〈PD수첩〉은 이렇게 보도했다.

지난 4월 17일 한·미 양국 간의 쇠고기 협상이 타결되었다. 이에 미국 쇠고기가 수입 가능하게 되면서 국민들의 불안감은 고조되었다. 하지만 보수 언론들은 정부의 쇠고기 협상의 문제점을 보도하고 국민 건강의 안전성을 우려하기보다 성과만을 내세우며 정부를 감싸기에 바빴다. 심지어 수년 전부터 자신들이 우려해 오던

광우병의 위험성과 한국인의 취약성마저 부인하며 미 쇠고기의 안전성을 강조하고 나섰는데… 이러한 주요 일간지의 상반된 보도와 말 바꾸기에 대해 국민들은 비난의 목소리를 높이고 있다. 하지만 보수언론들은 광우병 프로그램에 잠복해 있는 음모를 파헤치려는 노력은 없이 광우병 선동을 근거 없는 괴담으로만 몰아가고 있었다.

한 발 더 나아가 촛불시위에 참여하는 학생들과 국민들을 반미, 좌파세력으로 매도하며 색깔론, 배후론을 제기하기도 했다. 더욱이 한·미간 서신교환만으로는 달라진 상황이 없는 데도 권력을 감시하고 공정해야 할 언론이 오히려 정부의 주장에 편승하고 있다는 비난이 일고 있는데… 정부의 고시를 앞둔 지금 상황에서, 과연 앞으로 남은 과제는 무엇이고 언론의 역할은 무엇일까.

광우병 쇠고기를 규탄하는 촛불시위가 최고조에 이른 6월 24일에는 '긴급취재 쇠고기 추가협상과 〈PD수첩〉 오보 논란의 진실'이란 타이틀로 네 번째 광우병 특집이 나갔다.

지난 토요일 한·미 쇠고기 추가협상 결과가 발표되었다. 100점 만점에 90점짜리 협상이었다는 유명환 외교통상장관의 말처럼 정부와 한나라당의 평가는 칭찬 일색. 하지만 협상 결과 발표 후에도 시청에 모여든 많은 시민들은 90점은 90점이되 1000점 만점에 90점이라며 알맹이 없는 미봉책에 불과하다면서 분노의 목소리를 높였다.

대통령이 두 번이나 국민 앞에 머리를 숙인 끝에 나온 추가협상, 과연 국민의 안전을 지킬 장치들을 담아 온 것인지 〈PD수첩〉이 긴급 점검한다. 추가협상 결과를 발표할 즈음을 전후해 일부 인터넷과 보수신문, 그리고 정부와 여당에서는 〈PD수첩〉이 과장 선동한 내용이 속속 드러나고 있다며 비난의 수위를 높이고 있다. 이러한 주장이 나오는 원인 그리고 진실을 밝힌다.

〈PD수첩〉 오보 논란, 그 진실은?

4월 29일, 〈PD수첩〉이 미국 쇠고기의 광우병 위험과 협상 과정의 문제점을 처음 방송한 이래, 미국 쇠고기 수입은 우리 사회의 가장 큰 이슈로 부각되었다. 그 와중에 〈PD수첩〉은 국민의 편에서 꼭 해야 할 방송을 했다는 칭찬과 광우병 위험을 과장함으로써 초등학생들마저 거리로 나오도록 선동했다는 비난을 함께 들어야 했다.

6월 20일, 비난은 행동으로 이어졌다. 뉴라이트 전국연합, 어버이연합, 국민행동본부 등 보수 성향의 단체들이 MBC를 에워싸며 규탄시위를 하는 일까지 벌어졌다.

이런 가운데 농림수산식품부는 대검찰청에 〈PD수첩〉을 명예훼손으로 고발했다. 최근엔 〈PD수첩〉에 잘못된 부분이 있다는 신문 기사, 인터넷 동영상 등으로 인해 시청자 게시판에 '〈PD수첩〉에 실망했다', '정말 진실이 뭐냐'는 글들이 올라오고 있다. 끊임없는 오보 주장들이 나오는 이유와 그 진실은 무엇인지 함께 짚어본다.

품질시스템평가인 QSA로 30개월 이상 쇠고기 막을 수 있나? 한미 쇠고기 추가 협상에서 가장 관심을 모았던 30개월 이상 쇠고기 수입 차단 장치, 정부가 제시한 그 해답은 바로 QSA였다. QSA는 미 농산물 유통법에 근거한 품질 체계 검증 프로그램. 한국에 수출을 원하는 업체들이 30개월 미만 검증을 위한 QSA를 만들고 미 농무부가 그것을 승인하고 관리함으로써 30개월 이상 된 쇠고기가 수출되지 않도록 하겠다는 것이다. 하지만 안심해도 된다는 정부의 설명과는 달리 민간 자율에 무게를 둔 QSA만으로는 한계가 있다는 전문가들의 목소리도 있다. QSA문제와 더불어 특정 위험 물질(SMR) 제거 및 검역주권 회복과 관련한 추가 협상의 내용을 짚어봤다. SRM은 광우병을 일으키는 변형 프리온이 많이 들어 있는 소의 뇌와 두개골, 눈, 혀, 척추, 편도, 회장원위부 등 7가지 부위를 일컫는다."

7월 15일, 마지막으로 '〈PD수첩〉 진실을 왜곡했는가?' 가 방송되는데 이는 검찰의 수사에 정면으로 반박하는 내용으로 채워져 있다. 이때 검찰은 MBC에 취재원본 테이프를 제출하라고 압박하고 있었다. 그 내용 중에 의도적으로 왜곡한 것이 있는지 보겠다는 것이었다.

검찰은 7월 2일, 〈PD수첩〉 팀에 촬영 원본을 제출하라고 요구해 왔다. 〈PD수첩〉 4월 29일자 방송에 대해 농림수산식품부가 명예훼손 혐의로 수사의뢰한 건에 대해 사실관계를 확인하기 위해서라는 이유였다. 검찰이 요구한 것은 아레사 빈슨(인간 광우병으로 사망한 것으로 의심돼 미국 질병통제센터가 부검을 실시했던 미국인 여성)의 어머니를 인터뷰했던 동영상 전부 등 모두 10건이었다. 검찰은 〈PD수첩〉이 의도적으로 왜곡했을 가능성을 염두에 두고 조사하려고 했다.

'명예훼손 혐의'에 대한 수사 목적이라면 '누구의 명예가 어떻게 훼손되었다는 것인지' 밝혀야 함에도 검찰의 자료 요청서에는 그에 관한 아무런 언급이 없었다. 정부 정책에 대한 언론의 비판에 대해 명확한 이유도 제시하지 않은 채 원본자료를 내놓으라는 검찰의 요구는 법 논리로도 상식적으로도 맞지 않다. 취재 과정과 내용을 검찰이 확인하겠다는 것은 권력에 대한 언론의 감시, 비판 기능을 심대하게 위축시키는 행위로 언론의 자유를 보장한 헌법 정신을 훼손하는 행위이다. 한편, 방송을 통해 공개되지 않은 내용을 외부에 유출한다는 것은 취재원 보호 차원에서도 있어선 안 되는 일이기에 제작진은 검찰의 요구에 응하지 않았다. 검찰이 원한다면 〈PD수첩〉의 원본을 볼 수 있다면 앞으로 정부 정책을 비판하는 〈PD수첩〉의 취재에 응해 줄 사람이 얼마나 될까?

사정이 이러함에도 '〈PD수첩〉이 뭔가 켕기는 것이 있어 그러는 것이 아닌가'며 의혹의 눈길을 보내는 사람들이 있고 그것을 은근히 부추기는 언론이 있다. 〈PD수첩〉 제작진은 그에 대해 분명한 목소리를 내고자 한다고 했다.

중앙일보 7월 7일자 "검찰, 〈PD수첩〉 취재자료 왜 집착하나" 라는 기사에는 검찰 관계자가 기자들을 만나 "〈PD수첩〉이 아레사 빈슨의 모친을 상대로 유도질문을 했을 가능성이 있다"고 말한 부분이 나온다. 검찰이 그렇게 생각하는 근거로 제시한 것은 '빈슨의 모친이 다른 미국 인터뷰에서는 vCJD(인간광우병)란 단어를 한 번도 사용하지 않았을 뿐 아니라 CJD와 vCJD의 차이점을 명확히 알고 있다는 점' 이다.

〈PD수첩〉 광우병 프로그램의 공동 번역자였던 정지민 씨는 저서 "주, 나는 사실을 말한다"에서 "의도가 없이는 불가능할 양적·질적 오류가 있었다. 제작진이 자의적으로 어떤 오역을 했으며, 사실 관계가 어떤 식으로 왜곡됐고, 자료 선택 과정에서 해선 안 되는 취사선택을 어떻게 했다"고 밝혔다. 정지민 씨는 원본 테이프에서 PD가 아레사 빈슨의 어머니에게 딸이 인간광우병으로 죽었다는 것으로 계속해서 유도 질문을 하였다는 것이다.

〈PD수첩〉은 아레사 빈슨의 장례식 장면과 사람들이 통곡하는 소리 그리고 고인의 침실과 유품 장면 등에다 〈PD수첩〉이 어머니의 영어 인터뷰 내용 중 'this disease (that) my daughter could possibly' 부분을 '우리 딸이 걸렸던 병'으로, 'If she contracted it, how did she' 부분을 '아레사가 어떻게 인간광우병에 걸렸는지 모르겠어요'로, 버지니아주 보건당국의 보도자료 'Virginia Department of Health Investigates Illness of Portsmouth Woman' 부분을 '보건당국 자료 vCJD 사망자 조사'라는 자막으로 처리하였다.

이것은 거의 조작 수준에 드는 것이다. 버지니아주 보건당국은 아레사 빈슨이 인간광우병으로 죽은 것을 조사하는 것이 아니라 부검으로 사인을 조사하는 것이었다. 정지민 씨는 또 2008년 6월 25일 "번역·감수 과정에서 '주저앉는 소를 광우병 소라고 말하는 것이나 버지니아주 보건당국은 부검으로 정확한 원인을 조사하고 있어 자막으로 인간광우병이라고 넣는 것은 무리'라고 거듭 지적했지만 PD들이 무시했다"고 밝혔다. 그날(4월 29일) 오전까지는 광우병으로 되어 있었는데 녹화 2시간 정도를 앞두고 인간광우병으로 자막이 바뀌었다는 것이다.

번역자 정지민 씨가 제기한 문제들에 대한 해명

〈PD수첩〉은 지난 6월 24일, '쇠고기 추가협상과 〈PD수첩〉 오보논란의 진실' 편을 통해 항간에 떠도는 왜곡, 오역 논란과 관련해 제작진의 입장을 밝힌바 있다.

그런데 이 방송이 나간 다음 날, 〈PD수첩〉 시청자 게시판에 '영어 번역·감수한 사람입니다' 란 제목의 글이 올라왔다. 글쓴이는 미국 취재 내용 중 일부의 번역을 맡았던 프리랜서 번역가 정 모 씨. 정 씨가 자신이 느낀 〈PD수첩〉 제작 과정의 문제점을 인터넷 게시판에 올리면서 왜곡, 오역 논란은 가일층 확대되었다. 일부지만 미국 취재분 번역에 참여했다는 점에서 정 씨의 말이 몇몇 신문뿐 아니라 다수의 시민들에게도 꽤 설득력 있게 다가갔기 때문이다.

조선·중앙·동아 등 신문들이 많은 지면을 할애하여 정 씨의 주장을 실어 나르면서 〈PD수첩〉 vs 정 씨의 구도가 만들어지기도 했다. 정 씨의 문제 제기는 기존에 나왔던 〈PD수첩〉에 대한 정부·여당, 조·중·동의 비난들과 본질적으로 다르지 않다. 정 씨를 이용한 일부 신문들의 주장에 대해서는 〈PD수첩〉 인터넷 홈페이지 공고문을 통해 이미 입장을 밝혔지만 이번 방송을 통해 다시 분명히 짚고 넘어가고자 한다.

MBC는 여섯 가지 오역이나 진행자의 단정적인 말 등이 광우병 또는 인간 광우병 관련 오보에 해당하는데도 불구하고 이에 대해 일부 해명(5.13. 등)은 있었지만 빨리 정정방송하지 않은 것은 「방송심의에 관한 규정」 제17조(오보정정)를 위반한 것으로 판단한다고 결론을 내렸다. 아래에 MBC 심의실의 세부 결정 내용 전문을 그대로 싣는다.

〔MBC 〈PD수첩〉 심의결정 세부내용〕

〈PD수첩〉, 긴급취재 미국산 쇠고기 광우병에서 안전한가 1, 2 프로그램 방송 중, '휴메인 소사이어티'의 동영상인 주저앉은 소를 전기 충격기로 찌르는 등의 동물학대 동영상과 광우병 의심 환자(아레사 빈슨)의 장례식 장면 등을 방송하면서,

가. 2008. 4. 29. 23:25:07 경, 미국 동물학대방지 시민단체인 휴메인 소사이어티가 공개한 동영상 화면 방송 직후, 관련자 인터뷰 장면에서 실제 인터뷰 내용은:
I think a large percentage of population didn't even realize that dairy cows were slaughtered.
라고 하여 "많은 사람들이 젖소를 도축하는 줄 몰랐을 것이다" 라는 취지의 인터뷰였음에도 불구하고, 해당 방송화면 자막에는 '아마 대부분의 사람들이 심지어 이런 소가 도축됐다고 생각하지 못할 거예요' 라고 표시하여 마치 "이런 소"가 앞선 화면에서 나타난 주저앉은 소 또는 광우병 의심소를 의미하도록 하여, 원문과 같이 젖소로 방송하는 것과 단순히 이런 소로 번역하여 방송한 것과는 큰 차이가 있을 수 있으며,

나. 2008. 4. 29. 23:26:28 경, 아레사 빈슨의 장례식 장면 이후 이어진 아레사 빈슨 어머니와의 실제 인터뷰 장면은:
It's just so amazed me that there's so many people who is involved with this disease that my daughter could possibly have and that only lets me know that others can be affected by this.
라고 하여 "너무 놀랍게도 우리 딸이 걸렸을지도 모르는 병에 다른 수많은…" 이라는 취지의 내용이었음에도 불구하고, 해당 방송화면 자막에는 '너무 놀라운 일이었죠. 우리 딸이 걸렸던 병에 다른 수많은 사람들도 걸릴 수 있다는 것을 생각하면요.'라고 단정적으로 표시했으며

다. 2008. 4. 29. 23:29:48 경, 미국 WAVY TV 화면을 보여주면서,
…Doctors suspect Aretha has variant Creutzfeldt-Jakob Disease or vCJD…
라고 하여 "의사들이 CJD 혹은 vCJD발병을 의심하고 있다…" 라는 취지의 내용이었음에도 불구하고, 해당 방송화면 자막에는 '의사들에 따르면 아레사가 vCJD라는 변종 크로이츠펠트 야콥병에 걸렸다고 합니다.'라고 표시한 것은 미국 방송사의 화면을 인용하여 미국 의사들도 아레사가 마치 인간광우병에 걸린 것으로 진단하고 있는 것처럼 단정적으로 방송한 것이며,

라. 2008. 4. 29. 23:31:38 경, 아레사 빈슨 어머니와의 실제 인터뷰 화면내용은:
The results had come in from the MRI and it appear that our daughter could possibly have CJD.

라고 하여 "MRI 검사 결과 아레사가 CJD일 가능성이 있다고 하더군요" 라고 했음에도 불구하고, 해당 방송화면 자막에는 'MRI 검사 결과 아레사가 vCJD(인간 광우병)일 가능성이 있다고 하더군요.'라고 표시하여 CJD를 vCJD로 표기했으며,

마. 2008. 4. 29. 23:34:59 경, 아레사 빈슨 어머니의 인터뷰 화면내용은:
If she contracted, how did, how did she. Because she always lives in the same state.

라고 하여 "만약 그녀가 병에 걸렸다면…"이라고 했음에도 불구하고, 해당 방송화면 자막에는 '아레사가 어떻게 인간 광우병에 걸렸는지 모르겠어요. 아레사는 버지니아에서만 살았고…" 라고 표시하여 실제 본인은 가정하여 말하고 있는데도 불구하고 마치 아레사 빈슨이 인간 광우병에 걸린 것으로 단정적으로 방송한 것이며,

바. 2008. 4. 29. 23:36:50 경, 미국 동물학대 방지 시민단체인 휴메인 소사이어티 관계자(마이클 그레거)의 인터뷰 내용은:
When the employees who were charged with animal cruelty were asked, they said that their supervisors told us to do this.

라고 하여 "동물학대 혐의를 받고 있는 인부들에게 물었더니 관리자가 이렇게 하라고 해서…"라고 언급하고 있음에도 불구하고, 해당 방송화면 자막에서는 '현장책임자에게 왜 (광우병 의심소를 억지로 일으켜 도살하냐) 물었더니…"라고 표시한 것은, 동물학대에 관한 인터뷰 질문 내용에 대한 답변을 마치 광우병 관련 질의에 대한 응답인 것으로 설명을 삽입하여 시청자를 오인케 한 것으로 이 같은 여섯 가지 오역과 관련한 내용은 「방송심의에 관한 규정」 제9조(공정성) 제3항 및 제14조(객관성)를 위반한 것으로 판단한다.

사. 진행자가 스튜디오에서 "아까 광우병 걸린 소… 도축되기 전 그 모습도 충격적이고…" 라고 단정적으로 방송한 것도 불명확한 내용을 사실로 오해하게 만든 것으로 이는 「방송심의에 관한 규정」 제14조(객관성)를 위반한 것으로 판단한다.

아. 동 프로그램에서 한국인이 인간 광우병에 더욱 취약하다는 내용 중 인간 광우병 발병환자의 프리온 유전자형을 분석한 근거만을 가지고 "한국인이 인간 광우병 발병 확률이 94%"운운한 것은, 확정적이지 않은 불명확한 내용을 사실인 것처럼 방송한 것으로 이는 「방송심의에 관한 규정」 제14조(객관성)를 위반한 것으로 판단한다.

자. 사회적 쟁점이나 이해관계가 첨예하게 대립되는 사안을 다루는 방송프로그램에서는 관련 당사자의 의견이 오해가 일어나지 않도록 균형 있게 다루어야 함에도 불구하고, 정부 측은 협상대표 한 사람만 인터뷰한 뒤 동 협상에 반대하는 각 단체 대표 및 전문가 등의 인터뷰를 집중적으로 소개한 것, 미국의 도축시스템·도축장 실태·캐나다 소 수입·사료통제 정책 등에 대해 견해가 다른 인사가 있을 수 있음에도 불구하고 미국 소비자연맹이나 휴메인 소사이어티 관계자의 인터뷰만을 방송한 점, 미국 소의 나이 측정을 다루면서 일방의 견해만 방송한 점 등은 「방송심의에 관한 규정」 제9조(공정성) 제2항을 위반한 것으로 판단한다.

차. 동 방송프로그램은 상기 여섯 가지 오역(표기) 및 진행자의 단정적인 표현 등이 결국 광우병 또는 인간 광우병 관련 오보에 해당했음에도 불구하고 이에 대해 일부 해명(5.13. 등)은 있었으나, 지체 없이 정정 방송하지 않은 것은 「방송심의에 관한 규정」 제17조(오보정정)를 위반한 것으로 판단한다.

'유전자 하나만으로 광우병 걸린다'로 단정

〈PD수첩〉은 '저널 오브 휴먼 제네틱스'에 실린 한림대 김용선 교수의 논문을 인용해 인간 광우병인 변형 크로이츠펠트-야콥병(vCJD)을 일으키는 프리온 단백질의 특정 부위 유전자형이 한국인의 경우 M/M형이 94%이어서 영국인이나 미국인에 비해 인간 광우병에 취약하다고 보도했다. 영국인 인간광우병 환자가 한 명을 빼고는 모두 M/M형이었다는 것이 바로 그 근거였다.

2008년 5월 9일, 조선일보는 김용선 교수를 만나 '한국인 94% M/M형 유전자'라는 논문에 대해 인터뷰를 했다. 그날 인터뷰에서 김 교수는 '유전자가 질병 발생의 중요한 한 요인이지만 유전자 하나만으로 인간 광우병에 잘 걸린다고 단정적으로 얘기하기는 어렵다'고 밝혔다.

그의 인터뷰를 보면서 M/M형 유전자 문제로 전국이 마비될 지경인데도 김 교수는 왜 한 마디도 하지 않고 침묵을 지켰을까 하는 의구심이 든다. 그가 출연을 거부한 것인지 아니면 방송에서 출연을 안 시킨 것인지 지금도 의문이다. 청와대 턱밑에서 "청와대로 돌진하자"는 구호가 난무하고 있는데도 말 한 마디 없었다. 김 교수가 조선일보 기자와 나눈 일문일답 가운데 쟁점이 되는 내용만을 가려 뽑았다.

〈김용선 교수의 조선일보 인터뷰〉

- 기자 : 유전자뿐만 아니라 인종 간 차이로 광우병 발생 위험이 달라질 수 있나?
- 김 교수 : 일반적으로 그렇다. 하지만 인간 광우병 환자 수(207명)가 전 세계적으로 워낙 적기 때문에 그럴지 아직 정확히 모른다. 앞으로 더 많은 연구가 필요하다.
- 기자 : 논문을 보면, 광우병에 안 걸리게 하는 유전자형(코돈 219)은 한국인이 백인보다 더 많은 것으로 나와 있다(한국인은 8%, 백인은 0%).
- 김 교수 : 맞다. 그래서 모든 걸 종합적으로 판단해야지 하나의 유전자만 갖고 해석해서는 안 된다.
- 기자 : 김 교수팀의 논문은 어느 나라 산발적으로 발생하는 크로이츠펠트 야콥

병(sCJD)을 대상으로 한 연구이기 때문에 인간 광우병(vCJD)과 직접 연관이 없다는 주장도 있는데.
- ○ 김 교수 : 우리나라에는 광우병 환자가 없으니까 sCJD로 연구할 수밖에 없다. 둘 다 프리온이 병을 일으키는 것 아니냐.(병이 발생하는 원인은 같다는 의미로 답변).
- ● 기자 : 미국산 쇠고기 수입을 반대하는 입장에서는 김 교수의 논문이 반대 근거가 되고, 찬성하는 입장에서는 논문이 과장됐다고 하는 등 정치적 입장에 따라 논문 가치가 달라지고 있다.
- ○ 김 교수 : 그것 때문에 곤란해 죽겠다. (재차 질문에도 더 이상의 답변을 하지 않음)
- ● 기자 : 논문에 대해 공식적으로 입장 표명을 할 의향이 있는가?
- ○ 김 교수 : 생각해 보고 있다. 조만간 결정하겠다.
- ● 기자 : 시중에는 라면 스프만 먹어도 광우병에 걸릴 수 있다는 말이 떠돈다.
- ○ 김 교수 : 왜 그런 얘기가 나오는지 모르겠다. 과학적으로 근거가 없다.
- ● 기자 : 미국산 쇠고기라도 특정위험물질(SRM)을 제거하면 안전한가?
- ○ 김 교수 : 지금 여기서 단정적으로 답변하기 곤란한 질문이다.
- ● 기자 : 미국산 스테이크를 먹나?
- ○ 김 교수 : 그렇다.

〈PD수첩〉은 김용선 교수의 논문 가운데 광우병 프로그램의 논리 전개에 들어맞는 부분을 논증적인 근거로 발췌해서 썼다. 정작 그 논문을 쓴 김 교수는 '유전자가 질병 발생의 중요한 한 요인이지만 유전자 하나만으로 인간 광우병에 잘 걸린다고 단정적으로 얘기하기는 어렵다'고 밝혔다. 이건 〈PD수첩〉의 주장이 틀렸다는 것을 말해주는 결정적 증거가 되었다.

2008년 5월 8일, 한국과학기술연구원(KIST) 신희섭 신경과학센터장은 기자들을 만난 자리에서 '김 교수 논문은 인간광우병인 변형 크로이츠펠트-야콥병(vCJD)이 아니라 아직 감염경로가 확실하게 밝혀지지 않은 산발형 크로이츠펠트-야콥병(sCJD)에 대한 것'이라고 밝혔다. 이것은 인간광우병과는 전혀 무관하다는 의미로 받아들여졌다. 광우병에 걸린 소에서 비롯된 vCJD는 주로 영국의 20대에서 많이 발병했다. 반면 60대 이상 고령층에서 발병하는 sCJD는 우리나라 등 전 세계에서 발병하고 있다는 것이다.

영국인의 36.8%가 M/M 유전자형인데 영국인 sCJD환자는 71%이며, 한국의 일반인 529명을 대상으로 한 분석에서 94.33%가 M/M형이고 150명의 한국인 sCJD환자는 100% M/M형이란 것이다.

신 박사는 결론적으로 김 교수의 논문은 한국인의 유전자형이 인간광우병이 아닌 sCJD에 취약할 수 있다는 것으로 해석돼야 한다고 설명했다.

정부도 이 논문이 인간광우병과는 관련이 없다고 밝혔다. 즉, 유전자 하나로 어떤 질병에 대한 취약성을 단정할 수 없다는 것이다. 하지만 광우병 촛불시위에 빠져든 시민들의 귀에 이런 해명이 먹힐 리가 없었다.

이때 방송 3사는 광우병 촛불시위를 생중계하느라 눈코 뜰 새 없이 바쁘게 돌아갔다. 이들에게 광우병 촛불시위는 입맛에 딱 맞는 뉴스거리였다. 이들은 아예 시청광장에 중계차를 붙박이로 설치해 놓고 시시각각 생중계로 소식을 전달했다. 6월 들어 시청 광장의 광우병 촛불시위 인파는 눈덩이처럼 불어나고 있었다. 시위대는 겨우 취임한 지 넉 달이 겨우 될까 말까 한 대통령의 퇴진을 요구하고 있었다. MBC는 시간 시간 뉴스는 물론 시사 프로그램에다 드라마, 라디오까지 광우병으로 채우고 있었지만 경영진의 모습은 보이지 않았다. MBC는 무법천지 해방구나 다름 없었다.

〈2008년 광우병 촛불시위 당시 MBC 임원 명단〉

이 름	직 위	현 재
엄기영	사장	경기문화재단 대표(2012.4 취임)
김세영	부사장	미확인
김종국	기획실장	창원MBC 사장(2012.4 퇴임) 대전MBC 사장(2012.4 선임), 현 MBC 사장
이재갑	제작본부장	미확인
송재종	보도본부장	미확인
문장환	기술본부장	삼척MBC 사장 역임
박성희	경영본부장	미확인
한귀현	감사	원주MBC 사장(2012.4 퇴임)

잘못 인정할 땐 악영향…최대한 시간 끌자

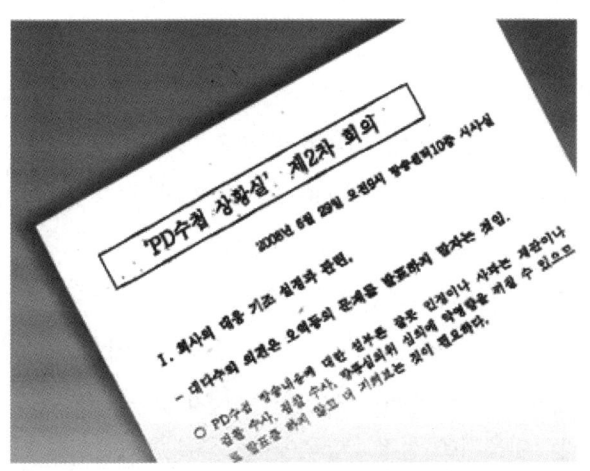

　MBC 경영진은 6월 들어 촛불시위가 점차 반정부, 정권 전복, 이명박 정권 타도로 번져나가자 위기의식을 느꼈는지 '상황실'을 설치하고 대책을 논의한 것으로 드러났다.
　조선일보와 동아일보는 "MBC 경영진은 섣부른 잘못 인정이나 사과는 법원 재판, 검찰 수사, 방송통신심의위원회의 심의에 악영향을 미칠 수 있으므로 최대한 시간을 벌면서 지켜보자는 대책을 세웠다"고 보도했다.

이때 조선일보는 MBC 경영진이 작성한 대책 문건을 공개했다.

> 본보가 9일 입수한 'PD수첩 상황실 회의' 문건에 따르면 MBC는 최근 'PD수첩 상황실'을 설치하고 PD수첩의 조능희 책임 PD를 비롯해 기획 홍보 등 각 분야 팀장급 10여 명이 참여해 지난달 27일 첫 회의를 열었다.
> 이틀 뒤 열린 2차 회의에는 PD수첩 변론을 맡은 법무법인 덕수의 김형태 변호사가 참석했으며, 회의 결과는 경영진에게 보고된 것으로 알려졌다. 대책회의 내용을 보면 "끝까지 가는 방안도 있지만 민영화 상관관계도 고려해야 하며, 방통심의위의 심의 대응에는 PD연합회와 언론노조를 활용하며 PD수첩 의견만 듣다 실기한다. 잘못을 인정하자는 소수 의견도 있다"

6월 29일, 'PD수첩 상황실' 2차 회의 문건에는 "대다수의 의견은 오역 등의 문제를 발표하지 말자는 것"으로 기록돼 있다. 이어 "MBC가 번역 또는 오역의 문제점을 방송하는 순간, 이를 선의로 받아들이기보다 악용될 가능성이 높다. 내용에 작은 실수가 있었다고 경영진이 인정하는 순간 국민들은 'MBC가 정말 잘못했구나' 라며 MBC에 대한 실망과 공격이 이어질 수 있다"는 발언들이 들어있다.

심지어 내부 심의와 관련하여 "심의에 착수하거나 착수한다고 발표하는 것 자체가 광우병 보도가 문제가 있다는 인식을 심어줄 수 있어 신중해야 한다"고 되어 있다. 이건 기가 찰 노릇이었다.

1차 회의 문건의 '대응기조 설정' 항목에서도 "잘못 인정이나 사과를 하지 않고 검찰 소환 불응 등으로 최대한 시간을 끄는 명분을 모색한다"는 발언이 있다. 다만, 29일 회의 문건에는 "오역의 잘못을 인정하고 털고 가는 게 필요하다는 소수 의견도 제시됐다"면서 "끝까지 가는 방안도 고려해 볼 수 있으나 민영화와의 상관관계도 고려해야 한다"고 기록돼 있다. 여기서 MBC 경영진은 광우병 보도로 인해 "민영화론"이 나오는 게 아닌가하고 걱정을 한 것이다. 이것은 MBC에서 민영화라는 의제는 민감하게 받아들여지고 있다는 명백한 증거였다.

6월 30일 3차 회의 문건에는 "검찰이 PD수첩을 명예훼손으로 걸기는 어렵다는 것이 다수 의견이며, 신문에 나타난 수사방향 등을 분석해 검찰로서는 실전을 방불케 하는 문답을 만들어야 한다"고 되어 있다.

심지어 방통심의위의 심의에 대해서는 "회사의 직접 대응보다 PD연합회나 전국언론노동조합 등 외부단체가 나서는 것이 낫다"는 발언이 있다. 특히 7월 1일 방통심의위 심의 때 사람들이 모여 피케팅을 하면 심의에 영향을 끼칠 수 있다며 (오후) 1시부터 미디어행동, PD연합회가 주축이 돼 기자회견 및 피케팅을 할 예정이라고까지 적시했다.

문건은 심의 결과가 '주의' 조치로 나올 때에는 노조나 협회의 유감 표명으로 대응하고, '경고' 이상이 나오면 재심 신청 및 행정소송으로 대응한다는 방안도 내놨다.

이처럼 MBC 경영진은 자신들의 잘못을 회피하기 위해 〈PD수첩〉에 대한 방어 전략을 수립했으며, 심지어 광우병 방송으로 MBC를 민영화 하자는 의견이 나오는 게 아닐까 하고 우려하였다. 더 심각한 것은 방송법에 따라 당연히 해야 하는 "내부심의" 조차 하지 말자는 내용도 있었다. MBC 경영진은 "자기 자리를 보전하는 것" 말고는 아무 생각이 없었던 것 같았다.

조갑제 대표는 MBC 경영진의 이러한 행태를 두고 "범죄 집단 회의만도 못한 PD수첩 대책회의"라고 평가절하 했다.

검사 출신의 한 변호사는 MBC가 〈PD수첩〉의 광우병 왜곡 보도 대책회의록을 읽어보곤, "증거 인멸을 모의한 것으로 볼 수도 있다"면서 "보도가 정당하다고 주장하는 방송사에서 어떻게 이런 논의가 이뤄졌는지 놀랍다"고 말했다. 6월 30일 대책회의 참석자들은 "보조작가, 작가, 미국 코디, FD 등 소환 또는 조사 가능성에 대비해야 한다"면서 "보조작가의 노트북 컴퓨터 압수수색에 대비한 회사 차원의 대응이 있어야 한다"고 요청했다.

KBS, MBC, SBS 등 촛불 시위 보도시각

광우병 촛불시위 당시〈뉴스데스크〉앵커는 신경민 기자(현 민주통합당 의원)과 박혜진 아나운서였다.
〈뉴스데스크〉에서 매일 밤 광우병 시위현장을 연결하고 있을 때 보도본부장은 송재종 씨였다. 그는 보도국을 이끌고 있는 최고책임자였다. 〈뉴스데스크〉에서 매일저녁 광란의 현장이 주요 뉴스로 채워지고 있을 때 보도본부장의 모습은 비치지도 않았다.
광우병 촛불시위 현장을 연결하면 기자는 시위 참가자를 주최측 추산으로 부풀려서 리포트 하였다.
방송 3사는 하루에 최소한 5개 아이템을 촛불시위에 할당하면서 촛불시위 현장을 생중계하였다.

2008년 6월 1일부터 30일까지 촛불시위가 가장 극심했던 30일 동안 3사의 광우병 보도 실태를 알아보자.
MBC는 광우병 촛불시위의 불을 지핀 선동사령부답게 보도에 있어서도 앞서나가고 있었다. 뉴스 첫머리에 '이 시간 시위 현장'을 두어 기자가 자극적으로 리포트하였다. 기자는 시위대 참가자수, 상황, 이동경로, 앞으로의 행동계획 등을 소상하게 알려주었다.
2008년 6월 1일부터 30일까지 KBS, MBC, SBS 등 방송 3사는 아예 다른 기사들은 뒤로 제쳐두고 광우병 실시간 중계를 포함해 200여 건을 융단폭격 하듯이 쏟아댔다. 아이템 수에 있어서 국민의 세금과 시청료로 운영하는 KBS 1TV가 248건으로 가장 많았다. 다음이 상업방송인 SBS가 208건으로 2위였으며 MBC는 199건으로 3위였다.

〈KBS 뉴스9〉

6월3일 [14건]	1 헤드라인 2 정부, '30개월 이상' 쇠고기 수출 금지 요청 이충형 3 이 대통령 "국민 원치 않으면 수입 중단 당연" 이석호 4 美 "한국과 긴밀 접촉 중"…30개월 한시적 표시 윤제춘 5 버시바우 대사 "재협상 필요성 못 느껴" 금철영 6 정부 요구 관철 방안은? 김원장 7 정부, 협상 주무부서 확실히 정해야 박일중 8 여당, 재협상까지 승부수 띄우나 박전식 9 야, "재협상만이 해법"…개원 불투명 엄경철 10 시민단체, "재협상만이 유일"…성명 잇따라 류란 11 시청 앞 '촛불 시위' 인파 몰려들어 강민수 12 '과잉 진압' 반발 확산…경찰청장 등 고소 오수호 13 경찰이 뿌린 '하론 소화기' 위험성 논란 이효연 14 [심층취재] 인터넷 '공론장' 자리 매김 송영석
6월4일 [15건]	1 헤드라인 2 정부, '대미 특사' 파견 추진…美 설득 주력 이석호 3 정운천 "美 육류업계 결의하면 검역 재개" 이수연 4 수입 업체들도 30개월 이상 '자율 규제' 위재천 5 '민간 자율 규제' 한계… '정부 보증' 묘안 필요 박현진 6 美, 협조 요청 "우려" … '재협상'엔 함구 이현주 7 야, '등원 무기 거부'…국회 파행 불가피 임세흠 8 버시바우 '모욕적 발언' 파문 여정민 9 靑 '국민과의 대화' 연기…수습책 고심 금철영 10 각 계, '반발 확산' …연행자 '전원 석방' 송영석 11 오늘도 거리행진…내일부터 '72시간 연속집회' 류란 12 '박사모'가 촛불을 든 까닭은? 박경호 13 대학가, '美쇠고기 반대' 동맹 휴업 확산 서재희 14 집회 자원봉사자들, '안전·질서 유지'한 몫 이재석 15 과잉진압 고발 과정서 '사이버 테러' 잇따라 오수호

6월5일 [10건]	8 민간 주도 '자율 규제' 3단계로 추진 고영태 9 '민간 자율 규제' 실효성은? 이수연 10 美, 30개월 이상 대신 '내장·갈비' 수출 주력 윤지연 11 버시바우, "재협상과 유사한 해결책 도출" 이정민 12 민노총 총파업 '경고'…대학가 '동맹 파업' 서재희 13 72시간 촛불시위…보수단체 등장 '긴장 고조' 오수호 14 촛불 집회장서 50대 남성 분신 '중태' 강민수 15 경찰 '과잉 진압' 자제 분위기 이효연 16 '쇠고기 고시 무효' 사상 최대 헌법 소원 17 촛불 민심 따라 언론사도 '희비' 정홍규

〈MBC 뉴스데스크〉

6월3일 [9건]	[정치] 30개월 이상 쇠고기 수출중단 요청 [정치] 2년유예 추진…버시바우 "재협상 NO" [정치] 자율규제 협정이란? 한계는? 집중분석 [정치] 이 대통령 "수출중단은 당연"…인적쇄신 고심 [정치] 여당은 재협상 촉구…배경은? 집중분석 [정치] 야당 반응 "꼼수, 시간벌기" [사회] 시민·전문가 "달라진 게 뭐냐" 기획보도 [세계] 미국 육우회사 자구책… "30개월 표시" [정치] 재협상 요구 왜 못하나 기획보도 [사회] [촛불시위 현장중계] 빗속 거리행진중.. 참여자 점차 늘어 [사회] 민심 악화.. 시위 부상자 속출에 사망설까지
6월4일 [12건]	[정치] 버시바우 "미국 5개 수출업체 라벨링" [통일외교] 한미, 어떤 얘기 오가나 [경제] 국내 수입업자 "30개월 이상 미 쇠고기 수입자제" [정치] 자율규제 실효 있나? 심층진단 [사회] 이시각 촛불집회…참가자, "자율규제는 눈속임" [정치] 이 대통령, '여론 악화 의식' 국민과의 대화 연기 [정치] 여야, 버시바우 대사 발언 성토 [사회] 미국 비식용 고기 들어온다 기획보도 [사회] 촛불과 미디어 집중취재 [사회] 시위참가자, 경찰청장 퇴진 요구… '곤혹스런 경찰' [사회] 경찰, 이름을 가려라 [사회] [단신] '여학생 사망설' 게시자 체포
6월5일 [8건]	[종합] 정부, 미국측과 다방면 협의중.. "30개월 수입막겠다" [사회] 수입업자 "군소업체가 문제" 기획보도

	[사회] 버시바우 "진의 왜전 유감" [사회] 서울광장 보훈단체 행사.. 촛불시위대와 충돌 우려 [사회] 72시간 촛불집회 시작 [사회] 촛불집회 자발적 참여와 기부 기획보도 [정치] '군홧발' 사법처리, 줄징계 [사회] 10만 3천여 명 '쇠고기' 헌법소원

〈SBS 8뉴스〉

6월3일 [9건]	30개월 이상 쇠고기만은.." 미국에 수출중단 요청 '자율규제' 방식 효과 있을까…한계와 문제점 미국 '수입중단' 수용할까…전방위 설득 나서 결국 '30개월 이상 쇠고기' 차단…그 배경은? 미국 정부 '이러지도 저러지도'…침묵 속 고민 정치권 반응은…"등원 촉구" vs "눈속임 불과" 청와대, 모레쯤 인적쇄신 포함한 수습안 발표 물대포 직접 실험해보니…잘못 썼다간 '흉기' 서울대 민교협 "어청수 경찰청장 물러나야"
6월4일 [11건]	한미 민간업체들 '30개월 자율규제' 결의하나 "자율규제, FTA·WTO에 배치"…정부 "문제없다" 기름 붓는 버시바우?…'국민 폄하' 발언 파문 MB '국민과의 대화' 연기…인적쇄신폭 클 듯 18대 국회 '파행 출범'…야당 "개원 무기연기" '쇠고기 민심' 보려했는데…재보선 투표율 저조 대학들 "촛불집회 동참하자"…동맹휴업 확산 '강경진압' 그날, 경찰청장 "청와대 사수" 지시 비옷 입고 모여든 촛불들…철야집회 긴장고조 경찰 "사망설 사실 아니다"…유포 용의자 검거 네티즌들 "악성루머 몰아내자"…자정의 목소리
6월5일 [8건]	재협상 아닌 '자율규제'…"국민이 믿을 때 시행" 10만명 모여 고시 헌법소원…'법리싸움' 번지나 한 총리, 대학 총학생회장들과 시국토론 벌인다 꺼지지 않는 '72시간의 촛불'…최대 인원 거리로 보수단체 수면 위로?…촛불시위대와 마찰 우려 "어쩌다 이렇게까지" 분신 기도에 안타까움 봇물 '군홧발 전경' 형사처벌…"어 청장도 책임져야" "엄숙주의는 가라"…대중을 이끄는 '집회의 변신'

KBS 2TV는 계산에 넣지 않았다. 또 종합에는 다른 내용이 섞여 있는 경우가 많아서 일부는 제외했다. 이것까지 계산에 넣으면 더 늘어나게 될 것이다.

이때 방송 3사 모두는 현장에 중계차를 배치하고 '현장중계', '이 시각 뉴스' 등의 이름으로 촛불시위 모습을 실시간으로 전해 주어 촛불시위가 활활 타오르도록 분위기를 띄웠다.

MBC는 6월 1일에 [베스트 리포트] 청와대 충돌 행진'에서 시위대가 청와대로 향하는 행진을 첫 꼭지로 최상급을 뜻하는 'Best'라는 단어를 붙여 처리했다. 이처럼 시위대가 청와대로 쳐들어가자면서 광화문 네거리로 모여들고 있는 모습을 '베스트 리포트'라고 보도한 것이다.

KBS 1TV는 3일 동안에 무려 39개의 광우병 아이템을 내보내 가장 많았다.

KBS는 하루 평균 13개의 광우병 촛불시위 아이템을 내보낸 꼴이었다. 다음은 MBC가 29개 아이템을, SBS가 28개 아이템을 메인 뉴스시간대에 폭탄처럼 퍼부었다. 방송 3사는 3일 동안에 모두 98개 광우병 아이템을 쏟아낸 것이다.

이제는 방송 3사가 뽑은 뉴스 제목들을 살펴보기로 하자. 6월 3일 KBS 〈뉴스9〉는 "시청 앞 '촛불시위' 인파 몰려들어, 이어서 '과잉 진압' 반발 확산…경찰청장 등 고소, 경찰이 뿌린 '하론 소화기' 위험성 논란" 등의 14건이 촛불시위대에게 유리하게 나갔다.

4일에도 KBS 〈뉴스9〉은 역시 "오늘도 거리행진…내일부터 '72시간 연속집회', 대학가, '美쇠고기 반대 동맹 휴업 확산' 등 예고편까지 내보내어 시위꾼을 모집하는 역할까지 했다.

이들 뉴스에서는 시청 앞 광장으로 가서 촛불시위에 동참하도록 독려해 주었고 내일의 시위를 안내해 주는 역할을 했다. 이처럼 국민의 시청료로 방송하는 KBS가 불법 시위를 부추긴 것이다.

5일은 "민노총 총파업 '경고'…대학가 '동맹 파업', 72시간 촛불시위…보수단체 등장 '긴장 고조', 촛불 시위장서 50대 남성 분신 '중태'" 등을 연속해서 보도해 〈뉴스9〉은 드러내놓고 시위대를 지지하는 뉴스를 양산하였다.

3일, MBC는 촛불시위 마지막 사회부 꼭지에서 '민심 악화.. 시위 부상자 속출에 사망설까지' 라는 기사를 내보냈다. 이건 시위군중이 사망한 것처럼 선동하여 시위를 더 강하게 할 수 있도록 자극할 수 있는 뉴스였다. 이런 것은 사실이 정확하게 파악이 되고 나서 보도해도 늦지 않는 것이다. '사망설'은 유언비어인데도 불구하고 사실인 것처럼 보도한 것이다. 이때 촛불시위에 참여한 군중이나 사건을 리포트 하는 기자나 모두가 흥분되어 들뜬 상태였다. 〈PD수첩〉 광우병에 이어 MBC가 보도한 '시위군중 사망설' 괴담은 사이버공간을 타고 빠르게 퍼져나갔다. 다음날 앵커는 "사망설을 유포한 사람을 체포했다"고 짧게 말하고 어물쩍 넘어갔다. 한 번의 거짓말은 또 다른 거짓말을 낳는다는 진리가 그대로 드러난 것이다. 반면에 KBS는 사망설을 아예 다루지 않았으며 SBS는 "경찰 '사망설 사실 아니다' … 유포 용의자 검거, 네티즌들 '악성루머 몰아내자' … 자정의 목소리" 등 두 꼭지를 연달아 보도해 MBC와는 대조가 되었다.

연일 광우병 촛불시위가 광풍狂風처럼 휩쓸면서 시청 앞 광장은 무법천지가 되어가고 있었다. 6월 한 달 동안 MBC는 대략 199건의 촛불시위 뉴스를 내보냈고, KBS는 248건, SBS는 204건의 촛불시위 뉴스를 다루었다. 방송 3사 통틀어 모두 661건이 나간 셈이다.

좀 더 구체적으로 방송 3사의 촛불시위 보도를 파고 들어가 살펴보기로 하자. 〈뉴스데스크〉는 6월 18일부터 지독한 편향, 과장, 선동을 일삼게 된다. 현장에 나가 있는 기자는 엄연히 야간에 열리는 촛불시위가 불법폭력 시위라는 것을 알면서도 '폭력이나 불법' 등의 용어를 한 번도 사용하지 않았다. 심지어 불법으로 차도를 점거했는데도 평화스런 거리행진이라고 미화시켜 주었다. 시위대가 진압 과정에서 조금이라도 다치거나 병원으로 실려 가면 침소봉대하여 사망설까지 조작하면서도 시위대의 공권력에 대한 도전에는 눈을 감았다.

6월 27일 〈뉴스데스크〉는 "정부의 벽창호와 같은 그런 태도로 인해 국민들이 분노하고 흥분한 건 사실이지만 지난 5일 동안 촛불시위는 매우 평화로운 행진이었습니다."라는 광우병국민대책회의 박석원 상황실장의 인터뷰를 내보냈다.

이틀 후 경찰은 전의경 372명 부상, 경찰 버스 111대 파손, 경찰 장비 1,512점 손상이라고 피해 결과를 발표했다. 이것은 바로 '매우 평화로운 행진'이라는 보도가 허구였음을 밝혀주는 물증이었다.

이날 촛불시위에 참가한 민주당 안민석 의원이 경찰한테 폭행을 당했다는 보도가 있었다. 여기서 '국회의원을 이렇게 린치하는데 시민들에겐 어떻게 했겠습니까?'라면서 안 의원이 폭행당하는 화면을 내보냈다. 이런 보도와는 달리 안 의원이 경찰 지휘관을 폭행하는 동영상이 〈SBS 8뉴스〉에 나가면서 허위라는 게 드러났다. MBC는 안 의원이 폭행당하는 장면만 내보내 안 의원의 주장에 힘을 실어주었.

일반 국민보다도 준법정신을 철저하게 지켜야할 국회의원이 불법시위 현장에 들어가 경찰을 폭행한 것이다.

6월 26일 MBC뉴스는 보건의료노조원 1,500명이 장충체육관에서 미국 쇠고기 수입반대 결의대회를 갖고 서울광장으로 떠났다는 소식을 전했다. 홍명옥 보건의료노조 위원장은 '광우병 쇠고기 수입에 맞서서 당당히 투쟁할 것이고요. 특히 병원 급식에 미국산 쇠고기 수입 반대를 분명히 하겠습니다.' 라고 말했다.

홍 위원장은 "환자를 치료하는 병원에 미국산 쇠고기가 급식에 들어오지 않도록 하겠다"면서 입원한 환자들과 그 보호자들을 선동하였다. 여기서 '광우병 쇠고기=미국산 쇠고기' 라는 등식을 만들어 미국산 쇠고기에 대한 공포감을 환자는 물론 그 보호자들에게까지 심어준 것이다.

6월 29일에는 장대현 광우병 국민대책회의 홍보팀장의 "정부가 폭력진압에 나서면서 광우병 위험에 쏠린 국민 관심을 시위국면으로 전환시켜 돌파하려 한다"는 인터뷰로 시위대를 자극시켰다.

〈뉴스데스크〉는 촛불시위가 벌어진 5월 9일부터 7월 10일까지 시위 핵심 인물인 광우병국민대책회의 박원석 상황실장(참여연대 합동사무처장)의 인터뷰를 여섯 번이나 단독으로 내보내 그를 전국적인 인물로 띄워 주었다.

박 실장은 참여연대 합동사무처장 출신으로 동국대 사회학과에 재학 중이던 1990년 화염병 시위를 하다 구속되어 징역 1년 집행유예 2년을 선고받았다.

박 씨는 촛불시위 당시 무대에 올라가 시위 참가자들에게 '청와대로 가자' 면서 선동했다. 그 후 시위대는 광화문 네거리에서 차도를 점거하고 밤새 경찰과 대치하면서 청와대 돌격을 외쳤다. 이처럼 박 씨는 촛불시위가 시작 된 이후 거의 매일 밤 '청와대 진격'을 외치면서 시위대를 이끌었다.

그는 2012년 4·11총선에서 통합진보당 비례대표 6번으로 금배지를 달았다. 〈뉴스데스크〉에서 단독으로 인터뷰한 발언들을 보면 정권퇴진 운운 하는 등 선전선동으로 점철되어 있다는 것을 알 수 있다.

- 6월 9일 : 시민들이 유언비어에 현혹돼서 촛불시위에 참여한다는 발상은 과거 독재정권 시절 국민들의 자발적 의지를 폄하하는 것이다.
- 6월 18일 : 나이를 어떻게 검증할 건가. 검역체계 허술해서 30개월 어떻게 알아 볼 거냐 라고 묻는데, 반송하겠다 하다가 미국을 믿겠다고 했다. 국민들은 정부도 못 믿는데….
- 6월 24일 : 그 자리에 영등포 경찰들이 있었음에도 불구하고 제지하거나 폭행한 사람을 연행하려는 시도도 않고 그 장면을 수수방관….
- 6월 25일 : 대통령이 사과 성명을 발표한 게 일주일이 안 됐다. 이렇게 태도를 바꿔서 80%가 반대하는 고시를 강행하겠다는 것은 또 한 번의 국민 사기극이다.
- 6월 27일 : 정부의 벽창호와 같은 그런 태도로 인해 국민들이 분노하고 흥분한 건 사실이지만 지난 5일 동안 촛불시위는 매우 평화로운 행진이었습니다.
- 7월 10일 : 기회를 줬음에도 불구하고…. 국민의 목소리를 외면한다면… 재협상 문제를 넘어서 정권퇴진을 요구하는 운동을 불사할 것이다.

여기서 '30개월의 소를 어떻게 알아볼 수 있느냐…'에는 우리 정부와 미국을 불신하는 반미감정이 진하게 배어있고 '폭행한 사람을 수수방관…'은 자기들의 폭력성을 숨기려는 자기 합리화였다. '국민 80%가 반대하는 고시를 강행 운운…'은 시위대를 자극하는 발언이었다. '촛불시위는 매우 평화로운 행진 운운…'은 폭력시위를 비폭력 평화행진으로 미화한 것이었다.

박원석 실장의 인터뷰 내용의 진정성은 제쳐 두고라도 동일 인물, 그것도 선동하는 내용이 사흘에 한 번 꼴로 〈뉴스데스크〉에서 나간 것이다. 이것은 미국산 쇠고기 = 미친소 = 광우병 쇠고기라는 등식을 적용하는 자들의 촛불시위에 대해 정당성을 부각시켜 주려는 것이었다.

이처럼 MBC는 〈PD수첩〉에서는 광우병 촛불시위를 촉발시키고 〈뉴스데스크〉는 선동과 갈등을 조장하였다. 이제라도 방송 3사는 광우병 촛불시위 선동방송에 대해 국민 앞에 석고대죄席藁待罪의 자세로 용서를 구하는 것이 후손에게 떳떳하게 서는 길이다.

이처럼 국가가 위기로 몰리고 있을 때 유명 방송인, 국회의원, 시민운동가, 노동운동가, 일부 교수들, 진보성향의 변호사들까지 자녀들을 미국에 유학을 보냈다는 루머가 인터넷에 떠돌았다. 그들은 '미국산 쇠고기=미친 소=인간광우병=반미주의' 라고 외치면서 자식들은 광우병이 우글거리는 사지死地인 미국으로 보내었다.

2012년 3월 28일, 미디어워치(138호)는 민주통합당 박영선 의원이 아들을 외국인학교에 보내고 있다고 폭로했다. 한 시민은 "광우병 파동 때 그렇게 미국을 싫어하는 듯이 말하던 분이, 대부분 미국 국적의 아이들이 다니는 외국인학교에 아들을 입학시킨 것은 이중적으로 보여 제보했다"고 한다.

MBC 출신 정동영 의원은 자녀 2명을 고교 때 미국에 조기 유학시켜 대학까지 보냈다고 한다.

홍근수 목사도 자녀 3명을 모두 미국에 유학시켰다. 이들의 자녀들은 미국에서 미국 쇠고기를 먹으면서 공부하고 있는데 정치적인 성향 때문에 미국산 쇠고기는 광우병이 득실거리니까 수입하지 말라면서 촛불시위를 벌였다.

올인코리아에 따르면, 광우병 촛불시위를 앞장서서 독려한 KBS 정연주 사장의 두 아들은 미국에서 자랐으며, 미국에서 직장 생활을 했다고 한다. 한명숙 전 총리의 아들은 미국에서 중학교를 다닌 것으로 알려져 있다. 전 민주노총 위원장과 전 민노당 의원을 지낸 단병호 씨의 아들도 미국에서 공부했다. 지독한 반미주의자인 강정구 씨는 부부가 모두 젊어서 미국에서 유학을 했으며, 장남은 미국에서 대학을 나왔고, 차남은 카투사로 군복무를 마쳤다는 것이다.

손학규 전 민주당 대표는 영국 옥스퍼드대학 유학생 출신이라는 것은 널리 알려진 사실이다. 광우병은 1985년 영국에서 처음으로 발병했으며 발병 환자도 가장 많았고 광우병 감염이 의심되는 소들을 살처분했다. 손 전 대표는 1988년까지 약 7년간 영국에서 유학생활을 했으며 1999년에는 미국에서 머무르기도 했다. 이처럼 광우병 촛불시위 선동에 동참한 일부 지도자들은 광우병 소굴에서 유학을 했거나 자식들을 사지로 보내 공부를 시키고 있었다.

광우병과 관련 있는 변종 크로이츠펠트 야콥병은 1997년 영국에서 최초로 보고되었다. 현재까지 전 세계에서 200여 명이 인간광우병으로 사망한 것으로 알려져 있다. 200여 명의 사망자 가운데 160여 명이 영국인이었다. 당시 영국에서는 100억 달러가 넘는 세금으로 보상을 해주면서 400만 마리의 소를 살처분했다. 다행히도 그 후로는 광우병 발병 소식은 어쩌다 한번쯤 들리고 있다. 인간광우병은 충분히 극복할 수 있는 질병이다. 광우병은 소에게 동족의 부산물을 먹이지 않으면 발병되지 않는다는 것이다. 19세기에 인육을 먹었던 파푸아뉴기니 원주민들에게 광우병과 같은 구루병이 일어났던 것은 하나의 과학적인 진실이다. 오히려 지금 지구 온난화가 급속하게 진행되면서 말라리아가 점점 더 북상하고 있어 우려가 더 커지고 있다.

5월 29일 신경민 앵커는 '검역 대책 여전히 허점'이라는 리포트에서 '문제는 걱정되는 소 부위가 거의 그대로 들어온다는 점입니다. 또 검역에서 얼마나 걸러질지 장담하기 어렵습니다.' 라면서 부정적인 멘트를 남발했다. 이처럼 '소 부위가 거의 그대로 들어온다'는 전제에서 기자를 불렀다.

쇠고기에서 광우병 위험물질은 두개골, 편도선, 뇌수, 3차 신경절, 눈, 척수, 척추, 등신경절 등이며 이들 부위는 수입하지 못하게 되어 있다. 그런데 〈뉴스데스크〉를 보면 미국이 이런 규정을 어길 것이라는 전제 조건을 깔고서 리포트 하였다. 한 마디로, 미국을 어떻게 믿겠느냐는 뉘앙스가 진하게 깔려 있는 것이다. 이날 기자는 우리나라가 광우병 위험부위를 몽땅 수입하는 것처럼 리포트했다.

> 광우병 위험이 상대적으로 높은 30개월 이상 소의 뼈와 고기는 이제 합법적으로 수입됩니다. 광우병 위험물질인 소의 뇌, 척수 등도 30개월 이하라면 피할 수 없게 되었습니다.

이 리포트는 광우병에 걸릴 위험이 있는 미국산 쇠고기를 거의 통째로 수입되는 것으로 오해를 하게 만들었다.

〈뉴스데스크〉

| 6월11일
[11건] | [사회] 6.10 촛불집회, '비폭력'으로 끝났다
[사회] 집회에서 나온 민심
[정치] 이 대통령 "새로운 각오로 출발하겠다"
[정치] 정치권 정국 해법 봇물
[사회] 이시각 촛불집회… 향후 일정
[사회] 40일간의 촛불집회
[사회] '불통'의 장벽 컨테이너
[사회] 촛불2008 아고라의 등장
[정치] '보수 지성'의 작심한 이 대통령 비판
[세계] 미국 정부 "현 상황, 한국 국내 문제일 뿐"
[정치] 부시 訪韓 연기될 듯 |

〈SBS 8뉴스〉

| 6월11일
[10건] | 촛불집회에 놀란 정부, '민생우선' 정책 재조정
"국민 불안 않도록"…미국과 다각적 추가협의
6월 항쟁이후 최대규모 집회…큰 충돌 없었다 |

> "비폭력! 비폭력!" 평화 지켜낸 성숙한 시민의식
> 시위대 자극 않도록…경찰도 '조심조심' 대응
> '시민단상' 스티로폼 vs '명박산성' 컨테이너
> 386이 본 촛불집회…"한단계 더 높은 민주주의"
> 주최측 70만, 경찰 8만…왜 이렇게 차이날까?
> "20일이 재협상 시한…정권 퇴진운동 나선다"
> 촛불집회 방향성 놓고 난상토론…"공은 정부로"

〈뉴스9〉

| 6월11일
[12건] | 1. 헤드라인 뉴스
2 "재협상 않으면 퇴진 운동도 불사" 이재석
3 6·10 촛불 대행진, 충돌 없이 마무리 이승준
4 비폭력 평화시위 자제력 빛났다 이효연
5 '컨테이너 장벽'의 의미는? 박경호
6 인터넷 토론장 '아고라', 촛불 집회 '배후' 정홍규
7 청와대, 다음 주쯤 '인적 쇄신' 단행 이춘호
9 국회 개원 새누면…여야, '가축법' 공청회 합의 윤영란
10 '30개월 결의' 상당수 대기업 외면 이수연
11 '쇠고기 장관 고시' 위헌 논란 가열 노윤정
12 美 정부, "FTA 비준으로 해결" 이현주
13 美 소비자단체, '광우병 전수 검사' 촉구 윤제춘 |

 2012년 6월 11일, KBS, MBC, SBS 방송 3사는 촛불시위 뉴스를 10건 이상 내보냈다. 전날 경찰은 청와대로 몰려가려는 시위대를 저지하려고 세종로에 컨테이너 박스로 장벽을 쌓았다. 이를 두고 KBS는 '컨테이너 장벽의 의미는?'으로, MBC는 '불통의 장벽 컨테이너로', SBS는 '시민단상 스티로폼 vs 명박산성 컨테이너'로 약간은 조롱조의 자막을 붙였다. 이들 자막은 방송 3사 모두 반 MB를 의미하는 '장벽, 불통, 명박산성' 등으로 희화화되어 있었다.

 또한 이날 SBS는 '386이 본 촛불집회…' '한 단계 더 높은 민주주의'라면서 불법시위를 민주주의로 추켜세웠다. 아무리 좌파노조가 방송을 장악하고 있는 세상이라고는 하더라도 불법과 폭력이 난무하는 촛불시위를, 386의 입을 빌리기는 했지만, '한 단계 더 높은 민주주의' 라고 추켜세울 수가 있을까? 이건 촛불시위 주동자들에게 보내는 격려밖에는 달리 해석할 수가 없는 일이었다. 그래서 이들 방송 3사가 무엇을 얻었는지 그때나 지금이나 의문이 가시지 않고 있다.

촛불 시위대의 해방구 서울시청 광장은 폭력으로 난장판이 되었는데도 KBS는 '비폭력 평화시위 자제력 빛났다' 고 시위대를 칭송하였다. 이건 눈이 있으면 금방 알 수 있는 것이었다. SBS는 '비폭력! 비폭력! 평화 지켜낸 성숙한 시민의식', MBC는 '6·10 촛불집회, 비폭력으로 끝났다' 고 거들었다. 그러면서 이들 방송 3사는 시위대는 폭력을 자제하고 있는데 오히려 경찰이 폭력을 행사하는 것이 문제라는 식으로 몰아가고 있었다.

2012년 5월 북한은 대남 선전용 웹사이트 '우리민족끼리', 노동신문, 반제민족민주전선의 웹사이트 '구국전선' 등을 총동원해서 그동안 광우병 촛불 세력들이 주장했던 것과 비슷한 허위 사실을 퍼뜨렸다. 이들은 우리나라는 30개월 이상 미국 쇠고기를 수입하고 있으며 미국을 다녀온 광우병 조사단은 관광단이라고까지 깎아내렸다.

14일, 북한 대남 선전용 웹사이트 '우리민족끼리' 는 "남조선에서 미친 쇠고기 수입을 반대하는 인민들의 투쟁이 반정부 투쟁으로 번지는 것은 응당하다"면서 들쑤셔댔다. 또 최근 "광우병에 걸린 소 병원체의 0.001g만 섭취해도 사람이 병에 걸려 목숨을 잃는다. 30개월 이상 키운 소를, 그것도 뼈가 있는 그대로 받아들여 인민들에게 먹으라고 강요한다"는 등 허위사실도 함께 퍼날랐다.

여성시대 MC 양희은의 운동가요 "아침이슬"

　5월 중순 넘어 연예인들의 광우병 촛불시위 참가와 선동발언이 TV는 물론 라디오, SNS를 통해 무차별 전파되고 있었다.
　6월 10일, MBC 라디오시대 여성 진행자 양희은 씨는 세종로 광화문 동화면세점 앞 촛불시위 특설무대에 올라 '아침이슬'을 불렀다. 이때는 시위대가 청와대로 돌진하자면서 이순신 장군 동상 앞에 설치된 컨테이너박스 앞에서 대치하고 있을 때였다.
　양희은 씨는 6·10항쟁기념 100만 촛불시위에서 무대에 올라 시위대와 운동가요 '아침이슬'을 합창하였다. 이날 현장에는 민주노동당 강기갑 의원과 영화배우 문소리, 가수 안치환 씨가 함께 하면서 시위대의 반응은 격렬해졌다. 어떤 신문은 "이날 촛불시위 내내 애청곡이었던 '아침이슬'을 양희은 씨가 직접 부르자 거리를 가득 메운 참석자들은 감격해서 이를 따라 불렀다"고 쓰기도 했다.
　양희은 씨는 MBC 라디오의 간판 프로그램 여성시대의 MC다. 라디오 프로그램의 진행자는 공인이다. 방송을 하다 보면 이런저런 의견을 수렴해야 하는 입장에 서기도 한다. 그래서 어느 쪽으로 치우친 발언이나 행동을 하게 되면 그 프로그램의 정체성이 흔들리게 된다. 여성시대를 맡았던 PD로서 그날 현장에서 양희은 씨의 모습을 보면서 걱정이 이만저만이 아니었다. 이런데도 MBC에서는 양희은 씨의 이런 행태에 대해 아무도 문제를 삼지 않고 넘어갔다.
　이날 문소리 씨는 "미친 소가 어쩌면 큰 깨달음을 준 건지도 모르겠다. 이명박 정부의 본질과 실체, FTA가 무엇인지를 알게 했다"며 "미친 운하도 있고 미친 교육도 있다. 미친 민영방송 등 여러 가지가 남아 있다. 끝까지 멋진 모습, 자신의 의사를 표현하는 모습 보여주셨으면 좋겠다. (중략) 이런 장관(壯觀)을 만들어주신 대한민국 국민 자랑스럽다. 함께 하겠다"고 외쳤다.

이런 가운데 연예인들의 광우병 선동 발언이 위험수위를 넘나들면서 촛불시위의 불쏘시개 역할을 하게 된다. 이들은 TV와 라디오를 넘나들면서 광우병 괴담을 퍼뜨리고 있었다. 양희은, 문소리, 안치환, 김구라, 박미선 등 연예인의 정제되지 않은 광우병 발언과 행동은 그들의 인기만큼이나 신뢰성을 갖고서 사이버공간을 통해 퍼져나갔다. 일부 연예인들의 이 같은 행동은 자기의 존재감을 드러내려는 자기 PR이었다.

- 김민선 : 나란 인간은 언젠가 죽는 순간이 왔을 때 곱고 예쁘게 죽고픈 사람이다. 머릿속에 숭숭 구멍이 나서 나 자신조차 컨트롤하지 못하는 나란 사람은 상상하기도 싫다. 그런데 10년, 20년, 아니 바로 내일일 수 있는 이야기. 광우병이 득실거리는 소를 뼈째로 수입하다니, 차라리 청산가리를 입 안에 털어 넣는 편이 오히려 낫겠다.
- 이동욱 : 이런 나라에서 살아야 하나? 국민을 병신으로 알지? 쇠고기 수입하면 청와대에서 보란 듯이 한 점씩을 드시겠지. 쇼하고 있네.
- 김디지 : 아 씨발 국민 몇 좀 되지면 어때. 경제나 살리면 되지. 독도 가서 너나 처먹어 미친 소. (촛불집회 참석하여) "나는 미국 쇠고기의 99.9%의 안정성이 아닌 0.1%의 위험성을 이야기하러 이 자리에 나왔다"며 "그 0.1%가 나 혹은 나의 가족, 나의 아내, 나의 자식, 나의 친구가 될 수 있다."
- 이하늘 : 이명박 대통령이 얼리버드(일찍 일어나는 새)라고 하는데 그래서 잠이 덜 깨서 비몽사몽 하느라 그런 결정을 내린 것 아니냐.
- 김구라 : 미국산 쇠고기를 먹느니 생삼겹을 씹겠다. 우리나라 국교를 (소를 먹지 않는) 힌두교로 바꾸자.
- 박미선 : 광우병의 요인이 후추 한 알 정도만 몸속에 들어와도 중독이 된다고 한다. 더구나 한국인은 뼈를 곤 사골국물을 좋아하지 않느냐. 돈을 많이 벌면 뭐 하냐 죽으면 끝나는 걸.
- 김가연 : 광우병 방송을 보고 나니 입맛이 뚝 떨어진다. 강대국의 외압에 개방할 수밖에 없다면 적어도 자구책이나 대안은 마련하는 게 정부의 일 아닌가? 얼마

전 대통령의 말을 잊었는가? 정부는 국민의 머슴이라 했다. 그런데 머슴이 주인을 죽이려 하고 있다. 청와대 점심메뉴는 값싸고 질 좋은 미국산 30개월 이상된 쇠고기 뼈가 통째로 들어간 갈비탕을 추천한다.

○ 함소원 : 청와대의 점심메뉴는 값싸고 질 좋은(?) 미국산 30개월 이상된 소고기 뼈가 통째로 들어간 갈비탕을 추천한다.

● 김혜성 : 차라리 독 있는 복어 먹지 미친 소 먹어서 서서히 죽긴 싫어요. 당신들부터 수입산 쇠고기 마음껏 드세요. 필요하시면 제가 사드리겠어요. 협상은 개뿔…. 주는 대로 저희가 조건 없이 무조건 사드리겠습니다. 이렇게 굽신굽신 거린 거라는 생각밖에 안 드네요. 우리는 그냥 미쿡 애완동물도 안 먹는 거 주십시오. 저희가 먹겠습니다, 라니…. 미친 소를 수입하는 사람들이 최소한의 정보지식도 없이 그냥 무개념으로 수입하니까 더 열 받는다. 중국 대만도 우리나라보다 훨씬 조건이 까다로운데 우리는 그냥 '미친 소 주십시오. 주는 대로 저희가 조건 없이 무조건 사드리겠습니다' 이렇게 굽실굽실 한다.

○ 박용하 : 기도합니다. 모두가 하나 되길. 대한민국 국민의 힘을 보여주자구요! 화이팅!!

● 최진실 : 설렁탕을 아이들에게 자주 먹이는데 엄마로서 참을 수 없다.

○ 김지우 : 먹고 죽으라는 거야, 아니면 아무것도 먹지 말고 아사하라는 거야.

● 서민우 : 손끝마다 가득 찬 촛불들을 보고, 각자의 눈망울에 가득 찬 열망을 보고 아직 대한민국은 죽지 않았음을 느꼈다. 사랑합니다, 대한민국. 미친 소는 너나 쳐드세요.

○ 하리수 : (바이러스로 인간이 멸종하는) 영화 '나는 전설이다'의 내용이 현실이 될 수 있다.

● 김부선 : 영화배우가 아니라 아이의 건강을 걱정하는 한 어머니의 입장으로 집회에 참석했다. 더 많은 연예인들이 나섰으면 좋겠다.

○ 정 찬 : 정부가 30개월 넘는 쇠고기를 수입하는 대신 뭘 얻어왔는지 모르겠다. 그런 쇠고기를 먹어야 하는 우리 국민을 생각하면 답답하다. 우리 청소년들이 0교시 수업하고 급식으로 미국산 쇠고기를 먹고 죽어서 대운하에 뿌려질 수는 없다.

● 메이비 : 잠이 안 온다. 정말. 힘내요 다들

- ○ 송백경 : 소가(속아) 넘어갔다. 소가(속아) 넘어가니 소는 운다. 소갔고(속았고) 속았다.
- ● 프라임 : 우리 땅에서 자란 우리 味(맛 미)소는 설 자리를 잃었다. 未(아닐 미)소 때문에 진정한 美(아름다울 미)소가 사라졌다.
- ○ 이준기 : 큰 선거 때나 국민을 섬기네 마네 웃기지도 않는 거짓말로 눈시울 붉히기나 하지 도대체 뭐하나 똑바로 하는 게 있나요? 늦지 않았으니 정신 좀 차리세요. 국민을 섬기기 싫은 거지? 우리가 달래지지 않으니 거슬립니까? 방해가 되니 치워버리고 싶나요? 평화시위는 잊어버리고 몽둥이라도 하나씩 들고 나가 맞서야 정신을 차리실는지. '강경진압' '강제연행', 역사 속에 익숙한 단어들. 웬만해서는 들고 일어나지 않는 국민들이 참고 힘든 생계를 유지하며 한 나라의 국민으로써 자부심을 갖고 버텨 가던 그들이 무엇인가 참을 수 없나 봅니다. 너무 답답하고 울화가 치밀었나 봅니다. 이런 울분들이 모여 한이 되었을 땐 당신들도 언젠가는 역사 속에서 치워버리고 싶은 거슬리는 존재일 뿐입니다. 늦지 않았으니 정신 좀 차리세요.
- ● 김희철 : 사람들을 채식주의자로 만들려는 고도의 프로젝트. 이제 뭐 먹고 살지? 팬들의 사랑만 먹고 살아야 하나? 재수 없게 미친 소 걸려서 병신 되면 어쩌지?
- ○ 세 븐 : 미친소? 머슴이나 줘! 내일 쇼 케이스를 앞두고 일찍 자고 싶었는데 불안해서 잠이 안 온다. 국민들의 위대함을 보여줍시다.
- ● 이승환 : 가수이기 전에 시민의 한 사람으로서 여기에 섰다.

한편, 가뭄에 콩 나듯 광우병 촛불시위에 반대하는 발언을 했다가 곤욕을 치룬 연예인들도 있었다. 이들은 시위 찬성자들에 의해 질타를 받고 방송을 하차하거나 사과까지 하는 위기로 내몰렸지만 응원군은 하나도 없었다.

- ● 정선희 : 애국심을 불태우면서 촛불집회에 참석하더라도 환경오염 시키고 맨홀 뚜껑을 가져가는 등의 사소한 일들이 사실은 양심의 가책을 느껴야 하는 범죄다. (중략) 작은 건 중요하게 생각하지 않으면서 큰 것만 생각하는 것도 문제인 것 같다.

○ 선우재덕 : 우리나라가 미국보다 강한 국가라면 당장 수입을 중단할 수 있겠지만 나름대로 사정이 있을 것이다. 한우는 안전한데 광우병 파동으로 애꿎은 사람들이 피해를 보고 있다.

● 황정민(아나운서) : 물대포 쏘는 경찰이야 기대한 것이 없어서 그런가 보다 했지만, 버스를 끌어내는 등 폭력적으로 변질된 촛불시위는 실망.

MBC, 억지 사과방송, 노조의 극렬 저항

2008년 8월 12일, MBC는 〈PD수첩〉의 광우병과 관련해 사과방송을 내보내게 된다. 그때 엄기영 사장은 노조원들이 2층 방송 주조정실 입구를 점거하고 농성을 벌이자 경영센터에 있던 MBC플러스 주조정실과 본사 주조정실을 링크시켜 사과방송을 어렵게 내보냈다. MBC는 방송통신위의 사과명령 결정을 수용하기로 합의했다.

12일 오후 10시 40분께 〈뉴스데스크〉가 끝난 직후 〈소 핫! 놀라운 베이징〉 방송 직전에 〈PD수첩〉에 대한 사과문을 고지했다.

사과문에서 "광우병 의심환자 사망소식을 다루며 여섯 가지 오역과 진행자가 주저앉은 소에 대해 '광우병 걸린 소'로 단정하는 표현을 방송하고 한국인이 서양 사람보다 인간 광우병에 더 취약하다는 내용을 방송하고 미국의 도축시스템, 실태, 사료정책 등에 대해 일방의 견해만 방송했다"며 "방송심의에 관한 규정 9조(공정성) 제2항 및 3항 제14조(객관성) 제17조(오보정정)를 위반해 방송통신심의위원회의 제재 조치 결정에 따라 방송통신위원회로부터 '시청자에 대한 사과명령'을 받았다"고 밝혔다.

하지만 이것은 사후약방문死後藥方文이었다. 엄 사장은 이날 확대 간부회의에서 〈PD수첩〉의 기획 의도와 사실 관계의 정확성 그리고 MBC의

미래를 총체적으로 판단해 방통위의 제재를 대승적으로 수용하기로 했다며 그동안 시청자 여러분께 걱정을 끼쳐드린 데 대해 정중히 사과드린다고 말했다. 여기서 말하는 'MBC의 미래'란 바로 MBC를 민영화하자는 것이었다.

동시에 노조와 시사교양국 PD들을 의식한 나머지 엄 사장은 "〈PD수첩〉에 대한 다양한 견해가 있을 수 있지만 〈PD수첩〉의 문제 제기는 결과적으로 국민건강과 공공의 이익에 기여했다고 평가한다"면서 노조의 눈치를 살폈다.

[社告] 〈PD수첩〉 광우병 보도 최종 판결

문화방송은 지난 2008년 4월 29일 방송된 〈PD수첩〉 '긴급취재! 미국산 쇠고기, 과연 광우병에서 안전한가'라는 보도와 관련해 국민에게 사과드립니다.

대법원이 형사상 명예훼손에 대해서는 무죄 판결을 내렸지만 보도의 주요 내용은 허위라고 판시해 진실 보도를 생명으로 하는 언론사로서 책임을 통감하고 있습니다.

대법원은 최종 판결에서, 1. 다우너 소를 광우병 소로 지칭한 부분과 2. 미국 여성 아레사 빈슨이 인간 광우병으로 사망한 것처럼 언급한 부분, 3. 한국인이 인간 광우병에 걸릴 확률이 94퍼센트에 이른다고 지적한 부분 등 3가지 주요 내용을 '허위'로 결론 내렸습니다. '다우너 소'는 광우병 외에도 골절, 상처, 질병으로 인한 쇠약 등 다양한 원인이 있을 수 있어 광우병 소로 단정 지을 수 없으며, 아레사 빈슨은 인간 광우병이 아니라 크로이츠펠트 야콥병으로 사망한 것으로 판명되었습니다.

대법원은 한국인이 인간 광우병에 걸릴 확률이 94퍼센트라고 언급한 것도 '허위'로 판단했습니다. 다만, 쇠고기 협상 보도가 공익적 사안이라는 점에서 형사적 명예훼손과 관련해서는 '무죄'로 판결했습니다.

시사·고발 프로그램의 기본 임무는 사회의 부정·부패를 드러내어 고발하고 더 나은 사회로 가기 위한 대안을 제시하는 것입니다. 〈PD수첩〉이 한미 쇠고기 협상 절차를 점검하고 문제점을 지적하려 한 것은 정당한 취재 행위였습니다.

그러나 기획 의도가 아무리 정당하다고 해도 프로그램을 지탱하는 핵심 쟁점들이 '허위 사실'이었다면, 그 프로그램은 공정성과 객관성은 물론 정당성도 상실하게 됩니다. 지난 2008년 미국산 쇠고기 수입 협상 논란과 광우병이 전 국민의 주요 관심사였던 시점에 문화방송이 잘못된 정보를 제공한 것은 어떤 이유로도 합리화될 수 없습니다.

당시 문화방송의 잘못된 정보가 국민의 정확한 판단을 흐리게 해 혼란과 갈등을 야기했다는 지적도 겸허하게 받아들입니다. 문화방송은 대법원의 판결을 겸허하게 받아들이는 한편, 이를 계기로 취재 과정에서 드러난 문제점을 점검하고 바로잡겠습니다.

언론의 첫 번째 임무는 사실을 바탕으로 한 공정한 보도이며, 이를 위해 취재 제작 가이드라인을 철저히 준수하도록 하겠습니다. 시의성을 빌미로 부실한 취재를 합리화하던 관행에서 벗어나겠습니다. 시사 프로그램에 대한 심의절차 등 내부 시스템을 재점검해 제작 과정에서 발생할 수 있는 오류를 교정할 수 있도록 하겠습니다.

문화방송은 대법원의 판결을 계기로, 취재 과정에서 드러난 문제점을 점검하고 프로그램 제작자들이 작은 사실이라도 확인에 확인을 거듭하도록 시스템을 고치겠습니다. 더욱 겸손한 태도로 더 좋은 프로그램을 만들어 시청자 여러분의 신뢰에 보답하도록 하겠습니다. 다시 한 번 머리 숙여 사과드립니다.

2011년 9월 5일 ㈜문화방송

이어서 "오늘 방통위의 제재를 수용함과 아울러 언론 본연의 사명을 다시 한 번 강조하고자 한다"면서 "언론은 자유롭고 책임 있는 정보 전달자가 돼야 하며, 국민을 대신해 비판, 감시기능을 다해야 한다. 저는 언론의 자율성과 MBC의 독립성을 지키기 위해 최선을 다하겠다"고 강조했다. 이 같은 사장의 발언은 강성 노조의 비위를 거스르지 않으려는 수사修辭로 보였다. 다음날 〈뉴스데스크〉는 MBC 입장을 그대로 전달했다.

〈MBC, 〈PD수첩〉 책임 통감… 재발 방지 약속〉

최근 대법원이 MBC 〈PD수첩〉의 광우병 보도 일부 내용이 허위라고 최종 판결한데 대해, 오늘 MBC는 공식 사과문을 발표했습니다. MBC는 재발 방지를 위해 시사프로그램 제작 시스템을 재점검하겠다고 밝혔습니다. 안형준 기자가 보도합니다.

"대법원은 지난 2008년 4월 29일 〈PD수첩〉의 보도 중 '다우너 소'를 '광우병 소'로 지칭한 것은 '허위'라고 판결했습니다. 미국 여성 아레사 빈슨이 인간광우병으로 숨진 것처럼 언급한 부분과, 한국인이 인간 광우병에 걸릴 확률이 94%에 이른다고 지적한 부분도 '허위'로 결론 내렸습니다.

다만 형사상 명예훼손으로 기소된 데 대해서는 공익적 사안에 대한 보도라는 이유로 무죄를 선고했습니다. 이에 대해 MBC는 오늘 사고社告를 통해 국민에게 사과하고 진실보도를 해야 할 언론사로서 책임을 통감하고 있다고 밝혔습니다.

한미 쇠고기 협상절차를 점검하고 문제점을 지적하려던 것은 정당한 취재행위였지만 핵심 쟁점들이 허위라면 공정성을 잃게 된다고 인정했습니다. 나아가 〈PD수첩〉의 잘못된 정보가 국민의 판단을 흐리게 했다는 지적도 겸허히 받아들인다고 밝혔습니다. MBC는 재발 방지를 위해 공정보도를 위한 취재·제작 가이드라인을 철저히 준수하겠다고 약속했습니다.

또 시사프로그램에 대한 내부시스템을 재점검해 제작과정에서 발생할 수 있는 오류를 교정할 수 있도록 하겠다고 강조했습니다."

또 "보도, 시사 프로그램의 정확성, 공정성, 신뢰도를 높이기 위해 빠른 시일 안에 보다 강화된 새로운 가이드라인을 만들고 데스크 기능을 강화하고 법률 전문가의 사전 검증 시스템을 도입하겠다"며 '공정하고 균형 잡힌 프로그램 제작을 위한 제도적 장치 마련'을 약속했지만 이런 약속은 아직까지 제대로 지켜지지 않고 있다.

〈PD수첩〉, 4.29(화) 23:20~00:20 중점모니터(사후심의 자료)

1. 잘된 점
   ○ 예방이나 치료도 할 수 없는, 100% 치사율이라는 광우병의 치명적인 위험성을

효과적으로 전달했다. 이달 초 광우병에 걸린 소를 도축하는 충격적인 동영상을 재구성해 미국 내 광우병 관리 실태의 문제점을 환기시키고, 인간 광우병이 의심되는 여성이 발병 1주 만에 사망하기까지의 과정을 통해 사안에 대한 경각심을 유발했다.

○ 갑자기 협상이 타결되어 논란이 되고 있는 점들을 잘 지적했다. 이번에 타결된 협상안에 30개월 이상의 소까지 허용한다는 내용이 왜 문제가 되는지를 꼼꼼히 짚어주었고, 이제까지는 들어올 수 없었던 7가지 특정 위험물질 중 5가지가 들어오게 되었다는 내용을 CG로 상세히 전달해 도축과정의 이해를 도왔다. 협상 타결에 대해 한우협회, 국회조차 모르고 있었다는 사실은 이번 협상의 문제점을 여실히 보여주었다

○ 미국 내에서도 쇠고기에 대한 불신이 커지고 있다는 점이나, 광우병이 과장됐다는 정부의 주장에 대해 동물의 부산물로 인한 교차오염의 문제까지 제기하는 등 정부의 발표 내용을 반박할 수 있는 자료를 충분히 제시했다. 특히 한국인의 유전자 분석결과를 통해 한국인이 유전적으로 광우병에 취약하다는 내용은 충격적이었다. 막연한 불안감 조성이 아닌 명확한 근거자료를 통해 '정부가 광우병의 실태를 잘 알고 있는지 의심스럽다'며 일침을 가해 언론의 역할을 충실히 수행했다.

2. 아쉬운 점

○ 광우병의 정확한 감염경로나 전염의 파급력 등에 대한 설명이 부족했다. 수입된 미국산 쇠고기가 단순 고기로만 소비되는 것이 아닌 스프류, 화장품 등에도 활용된다고 했는데 이런 경우의 감염 경로, 전염성 정도 등에 대한 보다 정확한 정보가 주어졌다면 더 좋았겠다. (이하 생략)

"〈PD수첩〉 중점모니터(사후심의자료)"가 사내에 돌았다. 물론 사후심의라는 것은 심의규정에 따르는 것 말고는 아무런 의미는 없다. 시사교양국이 광우병 프로그램을 4월 29일, 5월 13일, 25일, 6월 13일, 7월 15일 등 다섯 차례나 내보냈어도 심의실은 조용했다.

이때는 촛불시위로 전국이 요동치고 있었다. 비록 사후심의라지만 이

미 번역 오류 논쟁은 뜨겁게 벌어지고 있었다. 이 자료에는 번역의 오류나 화면조작 등에 관한 지적이 하나도 없었다. 더욱이 아쉬웠던 점에서 지적한 화장품, 스프류의 감염 경로를 밝혀주지 않았다는 대목은 사건을 더 키우라는 것이나 마찬가지였다. 노조가 방송을 장악한 MBC에서는 충분히 나올 수 있는 모니터 결과였다.

〈PD수첩〉 광우병 사후심의 문건에서 MBC는 광우병의 치명적인 위험성을 효과적으로 전달했다고 평가했다. 또 갑자기 협상이 타결되어 논란이 되고 있는 점들을 잘 지적했다고도 했다. 정부의 발표 내용을 반박할 수 있는 자료를 충분히 제시했다고 심의한 것이다. 심의실 역시 노조원이 다수이기 때문에 노조나 〈PD수첩〉의 주장에 반하는 평가를 내리기는 힘들었을 것이다.

더 자세히 들여다보면 "치명적인 위험성을 효과적으로 전달했다"느니 "사안에 대한 경각심을 유발했다", "일침을 가해 언론의 역할을 충실히 수행했다"는 등으로 제 식구를 감쌌다. 또한 아쉬운 점은 "감염 경로… 설명이 부족했다, 화장품, 스프류… 정확한 정보가 주어졌다면 더 좋았을 것이다" 라는 등 좌충우돌했다.

청소년들은 라면 스프가 광우병을 전염시킨다는 뉴스를 보고서 시위 현장으로 나왔다고 한다. 이들은 "나는 더 살고 싶어요", "나는 15년밖에 못 살았어요", "엄마, 엄마보다 먼저 가서 죄송해요" 등등의 구호를 외치게 만든 것이 바로 라면 스프였다.

숨죽이고 촛불난동 지켜본 대주주 방문진

노무현 정권에서 임명된 방문진 이옥경 이사장과 8명의 이사들은 촛불시위 내내 숨도 제대로 안 쉬고 있었다. 이옥경 이사장은 그해 9월 30일 촛불이 사그러들자 본사에 사후심의 여부와 내부 통제 장치, 내부 심의제도 개선 여부를 요구하였다. 이미 사과방송을 내보낸 뒤였다. 이건 원님 행차 뒤에 나팔을 부는 격이었다. 벌써 사과방송도 내보냈고 촛불시위도 시들해지고 있을 때 방문진은 MBC에 심의여부를 요구한 것이다. 이건 너무나 늦은 뒷북치기였다.

〈방문진 이사장 요구자료 0930〉
1. 4월 29일 방송된 〈PD수첩〉 관련, 사전심의와 사후심의를 했는지 여부
2. 시사보도 프로그램 방영과 관련된 내부 통제장치 강화 내용
3. 이후에 내부 심의제도 개선된 내용이 있는지?

[답변자료]
1. 4월 29일 방송된 〈PD수첩〉 관련, 사전심의와 사후심의를 했는지 여부
○ 사전심의
- 현장 경험을 겸비한 분야별 전문 심의위원 12인이 모든 사전심의 대상 프로그램을 심의함. 전문 심의위원은 보도 시사, 드라마 예능, 외주 영화 분야로 구성되어 있음.
- 별첨1 : 〈PD수첩〉(4월 29일 방송) 사전심의 내용
○ 사후심의
- 담당 외부 모니터 요원이 방송된 프로그램을 보고 집중 심의를 함.
- 관련 내용을 인트라넷 〈모니터 보고서〉란을 통해 게재하고 있으며, 프로그램별로 담당자에게 〈사후심의〉 내용을 메일로 발송하고 있음.

2. 시사보도 프로그램 방영과 관련된 내부 통제장치 강화 내용
- MBC는 언론 종사자로서 취재, 제작 시 준수해야 할 사항들을 명기한 '방송강령'을 제정하고 내부 구성원이 프로그램 제작 시 이를 준수토록 하고 있습니다.
- 언론 보도는 그 사명과 기능상 일정 부분 경영과는 독립적으로 고유의 기능을 수행하여야 하며, 지나친 사전 통제는 언론 고유의 기능을 위축시킬 우려가 있는

만큼 시사보도프로그램 제작의 원칙과 기준을 정하고 취재, 제작시 이를 준수하고 사후 책임을 지도록 하는 것이 바람직할 것입니다.
- 본사의 '방송강령'은 그 자체로서 규범적 효력을 가지고 있으며, '방송강령'이 규범적 효력을 가짐으로서 자체 통제 시스템으로 작용하고 있습니다.
- 현재 환경변화에 따라 시사보도프로그램의 취재, 제작과 관련한 기존의 원칙과 기준을 보완, 수정하여 새로운 가이드라인을 작성 중에 있습니다.
- MBC는 보도국과 시사교양국을 중심으로 〈방송제작 가이드라인 위원회〉를 만들어 게이트키핑 기능에 대한 합리적인 강화안을 만들고 있습니다. 아울러 〈PD수첩〉팀에서는 CP 아래에 〈프로듀서〉를 신설해, 데스크 기능과 사실 검증(fact-checker) 기능을 강화하는 안을 준비 중입니다.

3. 이후에 내부 심의제도 개선된 내용이 있는지?
- 자체심의를 통한 (사전)심의 지적 사항이 프로그램 제작에 적극 반영되도록 하고, 방송 후 심의와 관련한 문제가 발생할 경우, 책임소재를 분명히 하기 위해 사규(방송심의규정)를 개정하여 기존의 〈3진 아웃제〉를 확대 적용함.
- 방송심의규정을 위반한 정도가 심대할 경우에 한하여 1회를 위반하더라도 징계를 요청할 수 있도록 명시하였고, 관례상 엄격하게 적용하지 않던 조항들을 모두 실제 적용키로 함.

은밀하게 사전에 기획된 광우병 프로그램

〈PD수첩〉팀은 언제부터 광우병 프로그램을 준비하고 있었을까? 미국산 쇠고기 수입 협상은 노무현 정권에서도 문제가 되었던 사안이며 이명박 정권은 그대로 이어받아 진행한 것이다.

왜 그러면 노무현 정권에서 쇠고기 수입문제를 매듭을 짓지 못하고 차기 정권으로 이양되어 문제를 키운 것인가? 방송에서 광우병 논란은 어제오늘의 얘기가 아니었다.

2004년 1월 16일, 신강균의 〈뉴스서비스 사실은〉에서 미국에서 광우병 소가 발생하고 우리 정부가 미국산 쇠고기 수입을 금지하자 미국이 인체에 해가 없으니 해제하거나 완화해달라고 요청했지만 우리 언론이 미국의 압력을 강하게 비난했다는 내용을 내보냈다.

그 후 EBS, KBS 등에서 산발적으로 광우병을 다루었지만 폭발력은 별로 없었다. 〈PD수첩〉이 폭발력이 거의 핵폭탄급의 광우병 프로그램을 언제부터 준비했는지 담당PD들이 남긴 글을 통해서 추적해보기로 한다.

〈PD수첩〉 광우병 프로그램 CP였던 조능희 씨가 재판장에게 보낸 '피고인 최후진술서'라는 장문의 글을 보면, 이미 이명박 대통령 취임식 전부터 이 프로그램을 준비하고 있었다는 게 드러났다.

조 PD는 이 글에서 "저와 미국산 쇠고기의 인연은 2007년부터 시작되었습니다"라고 하여 상당히 오래 전부터 광우병을 취재할 준비를 하고 있었다.

조 PD는 "처음 김보슬 PD가 광우병 얘기를 꺼낸 것은 2008년 2월 초였습니다. 그때 미국에서 다우너 소 동영상이 공개되고 대규모 리콜 사태가 벌어진 직후였는데, 김 PD가 그 동영상과 기사들에 관심을 보이며 쇠고기 문제에 대해 공부하고 있었습니다"라고 말하고 있다.

조 PD는 대통령의 취임식에 미국 축산육우협회 앤디 그로세타(Andy Groseta) 회장이 참석한다는 첩보를 입수하게 된다. 그로세타가 누구를 만나서 무슨 말을 하는지를 취재하면 앞으로 한미 쇠고기 협상의 윤곽을 미리 볼 수 있을 것으로 판단했다고 밝혔다.

그 얼마 후에 이명박 대통령 취임식에 앤디 그로세타 미 축산육우협회 회장이 초청되어 참석한다는 사실이 알려졌습니다. 김보슬 PD는 그로세타의 한국 일정을 따라다니며 취재해보겠다는 아이템을 냈습니다. (중략) 그러나 앤디 그로세타의 한국 방문 일정이 비밀에 부쳐지는 바람에 취재 자체가 불가능해 그 아이템은 더

진척되지 못했습니다.

그는 재판장에 보낸 글에서 "4월 13일부터 광우병 취재에 들어갔다" 고 밝혔다. 그러나 과연 해외 취재가 포함된 프로그램을 불과 2주만에 그렇게 빨리 제작할 수 있었을까 의심이 든다. 오디오만 있으면 되는 라디오도 해외 취재가 있는 광우병 프로그램을 그렇게 빨리 취재하는 게 불가능에 가깝다. 시사교양국의 다른 PD들에게 확인한 결과 "사전에 충분히 조사가 되었다면 가능할 수도 있지만 그렇게 하면 큰일난다"는 답변이 돌아왔다.

〈PD수첩〉 담당자들은 1월에 들어서 광우병 프로그램을 준비했을 수도 있는 것으로 볼 수 있다. 여기서 1월로 추정하는 것은 미 축산육우협회 앤디 그로세타 회장이 대통령 취임식에 참석한다는 소식이 전해진 시점이 1월이었다. 물론 〈PD수첩〉 취재팀이 이 정보를 뒤에 들었을 수도 있다는 것은 배제하고 추정하였다.

〈PD수첩〉 제작팀이 광우병 취재에 착수한 시점은 4월 13일보다 훨씬 이전이었다는 것으로 볼 수 있다. 조 PD 말대로 4월 중순에 광우병 프로그램 취재에 들어갔다면 시간이 너무 촉박하여 오보가 나올 수밖에 없었을 것이다. 이처럼 우리 건강과 국가간 교역에 중대한 영향을 미치는 광우병 프로그램을 "번갯불에 콩 구어 먹듯이" 제작한 것은 초대형 사고를 잉태하고 있던 것이다.

다음으로 조 PD는 '피고인 최후 진술서'에서 번역 문제를 재판장에게 소상하게 설명해주었다. 여기서 두 가지 사안을 밝혔다. 먼저 번역을 잘 챙기지 못한 데 대해서는 자기의 과실이었다는 것을 인정했다. 또 번역의 오류에 대한 책임은 번역자가 아니라 자기가 지겠다고 말했다. 이것은 프리랜서인 작가들을 보호하려는 것으로 보였다.

그 와중에 영어 번역 자막을 꼼꼼히 체크 못한 것은 저의 불찰이었습니다. 초벌과 감수, 두 번이나 번역작업을 체크하는데 그런데서 오역이 생기리라고는 전혀 상상하지 못했습니다. 저의 22년 동안의 방송생활 중, 온 국민이 할 줄 아는 영어를 두 번이나 번역하면서 오역 논란이 된 적은 한 번도 없었습니다. (중략)

그럼에도 불구하고 결국 번역에서 발견된 오류의 최종 책임은 담당 PD와 CP인 저에게 있습니다. 그 책임을 초벌 번역자나 2차 번역자에게 묻지 않는 것이 방송의 기본입니다. 〈PD수첩〉도 이런 원칙을 견지해 왔으며 번역 잘못으로 인한 책임에 대해선 기꺼이 감수하여 왔습니다. (중략)

생방송이 시작되었는데도 더빙 중인 부분이 있었고, 부 조정실에선 다음 테이프가 도착하지 않아 초비상 상태였습니다. 이 와중에 진행자가 말실수를 했다는 것은 전혀 알지 못했습니다.

영국 광우병 소를 미국 광우병 소로 둔갑

〈PD수첩〉은 광우병 프로그램 예고편부터 큰 잘못을 저질렀다. 미국 쇠고기를 먹으면 광우병에 쉽게 걸릴 수 있다는 내용의 방송을 예고하면서 미국 동물보호단체인 휴메인 소사이어티에서 받은 주저앉는 소 영상을 사용하였다. 40초의 영상에 다우너 소가 등장하는 광우병 프로그램을 예고한 것부터 허위였다. 이건 어떤 일이 있어도 해서는 안되는 심의규정을 어긴 것이다. 방송심의규정은 프로그램을 제작하는데 있어서 지켜야할 최소한의 규정이다.

또 〈PD수첩〉은 영국에서 광우병이 밝혀지기 훨씬 전인 1985년에 찍은 동영상을 미국산 쇠고기의 위험성을 설명하는데 살짝 끼워넣었다. 이건 조작이며 날조라고 할 수 있다. 이런 사실을 〈PD수첩〉 제작팀이 몰랐을 리가 없다.

당시 미국산 쇠고기 협상 대표였던 민동석 전 차관이 쓴 〈대한민국에서 공직자로 산다는 것〉(나남출판)을 보면 영국 피츠햄 농장에서 쓰러지는 소를 광우병 소로 조작한 것은 〈PD수첩〉 제작팀이 배포한 보도 자료에서부터였던 것으로 나타났다.

　문제가 된 〈PD수첩〉의 화면을 보면 쓰러져 뒷다리가 무릎을 꿇은 소가 나타나는 자막에는 '광우병 소'라고 적혀있다. 일어서려고 고통스러워하면서 끙끙거리는 소의 모습이었다. 〈PD수첩〉은 그 동영상(영국 피츠햄 농장의 쓰러지는 소)을 통해 미국 광우병 소가 위험하다는 메시지를 시청자에게 전달하고 있다.

　내가 본 바로 이 장면은 방송 시작 22분 48초와 52초 사이에 끼워 넣은 장면이다. 그런데 그게 전혀 엉뚱한 다른 나라의 화면이라는 것이다. 그 자료 화면은 24년 전 영국 피츠햄 농장에 있는 쓰러져 있는 소를 찍은 화면이었다. (20쪽)

　민동석 씨는 계속해서 "나는 그게 왜 미국 광우병 소의 불법 도축장면으로 둔갑되어 방영되었는지 도대체 이해할 수가 없다. 〈PD수첩〉은 이 장면을 프로그램의 가장 중요한 핵심으로 써먹었다. 심지어 그 화면은 광우병의 본국인 영국에서도 광우병을 알기 전에 찍힌 것이었다. 영국 피츠햄 농장의 쓰러진 소는 (광우병소가 아니라) 단순 골절骨折된 소였다."고 밝혔다.

　사실이 이렇다면 이것은 화면 도둑질에다가 조작까지 하여 국민들에게 불안감을 심어준 것이다. 〈PD수첩〉은 자기들이 원래 정해놓은 목표로 나가기 위해 화면을 조작하였다.

　필자는 〈PD수첩〉이 생기기 전인 1989년에 라디오 〈마이크출동〉 프로그램 MC를 한 적이 있다. 그때 취재원의 음성을 변조한다거나 아니면 짜깁기로 없는 것을 있는 것으로 바꾸려는 시도는 감히 생각조차 하지 않았다. 그렇게 하는 것은 바로 중대범죄라고 생각했다.

　MBC가 언론사에 발송하는 보도자료인 "프로그램 정보통신"에 영국 피츠햄 농장의 쓰러지는 소의 사진을 쓴 것으로 밝혀졌다. 이처럼 〈PD

수첩〉과 MBC는 사실 확인도 하지 않고 미국산 쇠고기의 광우병 위험성을 고발하는 프로그램 보도자료에까지 1984년 영국에서 단순 골절로 쓰러지는 소의 영상을 쓴 것이다.

블로거 하민혁 씨가 〈블로그 민주통신〉에 올린 〈충격과 공포, 광우병 PD수첩 40초의 메시지〉라는 글을 그대로 옮겨 싣는다.

〈PD수첩〉의 광우병 예고편 〈40초〉가 던진 메시지는 엄청난 충격을 던졌다. 어쩌면 〈PD수첩〉의 본질은 광우병 메인 방송이 아니라 예고편에 있다고도 할 수 있다.

〈PD수첩〉 광우병 프로그램을 말할 때 무심코 지나치는 게 하나 있다. 바로 전날인 4월 28일에 나간 광우병 예고편이었다. 방송이나 영화에서 예고편은 메인 방송의 내용을 고도로 압축하여 보여주게 된다. 즉, 방송의 핵심 내용을 함축해서 전달하는 것이다. 더구나 방송에서 예고편은 시청자가 가장 많이 보는 뉴스데스크나 일일드라마 등 황금시간대에 주로 전파를 타게 된다. 그래서 예고편은 짧지만 파급력이 메인 방송을 능가하는 위력을 발휘하게 마련이다.

〈PD수첩〉 광우병 예고편은 선동적으로 잘 만들어졌다. 시청자에게 제작진이 의도하고 있는 '충격'과 '공포'를 제대로 전해 주었다. 40초라는 아주 짧은 시간에 시청자를 공포의 분위기로 이끄는 데 성공했다. 예고편에서 공무원이 등장해 거두절미하고 "30개월 된 쇠고기도 수입을 허용하겠습니다"라고 쇠고기 수입 발표문을 낭독한다. 이어서 "아마 두 사람이 잠결에 합의를 한 것 같다"는 이명박 대통령의 잠꼬대 같은 소리가 이어진다. 그런데 그 마당에서 또 정신 나간 사람처럼 바람 빠진 헛웃음을 터트린다.

이어서 당장 '협상 즉각 중단'이라는 머리띠를 두른 사람들이 화면에 가득 넘치고 거기에 "미국산 쇠고기 협상 무효!"라는 큼지막한 자막이 등장한다. 그 사이에도 카메라는 '사기극', '광우병 미친소' 등의 현수막을 어지럽게 쫓는다.

그때 붉은색에서 초록 화면으로 바뀌면서 정지된 화면에서 한 사내가 한숨을 토하듯 내뱉는다. "정말 우리가 속았다. 정말 속았다."

그리고는 이내 "미국의 요구를 다 받아들인 협상이 아닌가"라는 멘트로 이어진다.

이제 "무차별한 미국 쇠고기 도축현장!"이라는 시뻘건 자막과 함께 그 유명한 '주저앉는 소'가 클로즈업된다. 그렇게 주저앉은 소를 전기충격기로 찌르는 처참한 장면이 화면에 등장한다. 이것은 '동물학대'를 고발하는 영상이었다. 광우병 사태를 보도하는데 갑자기 동물 학대 영상을 보여주면서 이것이 바로 광우병 소라는 것을 각인시켰다.

그 다음에 마지막 삶의 고통에 비명을 지르는 소 울음소리가 나오자 음산한 배경음악을 깔아준다.

붉은 장미로 뒤덮인 아레사 빈슨의 주검을 담은 관이 보이고 "미국 광우병 사망 의혹"이라는 글이 뜬다. 이건 몇 초 전 '주저앉은 소의 고기'를 먹고 죽은 광우병 사망자라고 연상이 되게 화면을 짜깁기 했다. 이어 사망자의 모습과 그 앞에서 울음을 터트리는 어머니의 뒷모습이 화면에 뜬다.

그 화면은 엄숙하게 "긴급취재! 미국산 쇠고기, 광우병에서 안전한가?"라는 메인 타이틀이 뜨면서 끝난다.

이것이 40초의 마력이었다. 〈PD수첩〉은 이미 40초짜리 예고편 하나로 백만 촛불시위를 이끌어내는 데 성공했다. (하민혁의 민주통신, 2009. 11. 2.)

지금까지 〈PD수첩〉이 화면까지 조작했다는 사실은 널리 알려지지 않았다. 〈PD수첩〉은 광우병 첫 방송 30개월 넘은 미국 소가 광우병에 취약하다는 설명을 하는 데서 다른 화면을 조작한 것이다.

2010년 7월 1일, 민 전 대표는 이날 증인 신문에서 〈PD수첩〉이 의도적으로 화면을 왜곡·조작했으며, 그 여파로 대규모 촛불 시위가 발생했다고 설명했지만 받아들여지지 않았다.

마크 제롬 월터스의 〈에코데믹 새로운 전염병이 몰려온다〉(이한음 옮김, 북갤럽)를 보면, 영국 피츠햄 농장에서 일어났던 역사적 진실이 잘 드러나 있다. EBS, MBC, KBS(방송 순)가 광우병 프로그램에서 인서트로 사용한 피츠햄 농장 화면은 엄밀히 말해 광우병이라고 자막을 넣어서는 안 되는 것이다. 왜냐하면 그 당시(1984년)에는 광우병이란 병명을 몰랐기 때문이다. 다시 말해 그때는 광우병이라는 용어 자체가 존재하지 않았다는 것이다.

광우병은 영국에서 소나 양의 머리뼈와 내장 등을 1972년부터 소의 사료에 섞어주면서 생긴 신종 질병이다. 1986년 공식으로 학계에 소 해면상 뇌증(BSE)이란 학명으로 보고되었고, 그 후 과학자들의 노력으로 광우병 원인이 변형 프리온이라는 단백질이라는 사실이 밝혀진 것이다. 인간광우병은 광우병 소에 있던 변형 프리온을 사람이 먹으면 생기는 뇌질환으로 1996년에 공식적으로 확인이 되었다. 인간광우병은 저절로 발병하는 산발성 광우병(sCJD)과 비슷하면서도 발병 나이, 증상 등에서 크게 다르다는 것은 기본상식이다.

2009년 12월 9일, 우리나라를 찾은 미국 육류 수출협회(USMEF) 필립 셍(Philip M.Seng) 회장은 서울 웨스틴조선호텔에서 있었던 "미국산 쇠고기 판매 재개 1주년 기자 간담회"에서 " '한국에서 논란이 된 다우너 소가 주저앉는 장면'은 25년 전 영국에서의 사례를 보도한 것이지, 미국과는 전혀 관련이 없다"고 선을 그었다.

그날 기자회견장에는 수십 명의 기자들이 있었지만 누구 하나 이 문제를 주의 깊게 듣지 않았다. 더구나 광우병 사건의 당사자인 MBC조차도 이 사실에 대해 귀를 막았으며 5월 13일 〈PD수첩〉 제2편에서 "자료화면"이라고 자막을 넣어 면피를 하는 꼼수를 부렸다. 어쩌면 이건 〈PD수첩〉이 다우너 소를 광우병 소라고 한 것이나 아레사 빈슨을 인간광우병 환자라고 한 것, 한국인이 광우병에 잘 걸리는 유전자형을 갖고 있다고 한 거짓말보다 더 큰 사건이다. 이건 "미국산 쇠고기 = 광우병 소"라는 억지 주장을 끼워 맞추려고 영국 소의 화면을 갖다가 미국 광우병 소로 조작한 것이다.

피츠햄 농장 증후군, 영국 런던 근교 피츠햄 농장에서 1984년 발병, 이 수수께

끼의 질병은 목장 내 소들에게로 계속 퍼져나갔다. 도저히 진단을 내릴 수 없었던 수의사는 피츠햄 농장 증후군이라는 이름을 붙였다. 특징적인 것은 뇌를 공격한다는 것, 수년이 지나 이 병은 '소에게서 새로운 진행성 해면상 뇌증'이 발병한 것으로 판명이 났다. 광우병은 새로운 질병이 아니라 전염성 해면상 뇌증(TSE)라는 뇌 소모성 질환의 한 종류였다.

이처럼 방송 3사는 방영 시기는 다르지만 피츠햄 농장의 쓰러지는 동일한 장면을 서로 다르게 자막으로 표시했다. MBC는 30개월 소를 설명하는 끝부분에 영국 소 장면을 넣었다. 달리다가 넘어지는 미국 소 장면에 영국 피츠햄 농장 소의 동영상 장면을 이어 붙였다. 그러면서 '광우병 소'라는 자막을 넣었다. 〈에코데믹 전염병이 몰려온다〉에서 마크 제롬 월터스는 최초로 광우병이란 것이 알려진 게 1986년이었다고 기술하였다. 그렇다면 MBC가 영국 피츠햄 농장의 쓰러지는 소를 '광우병 소'라고 단정한 것은 심의규정을 위배한 것이다. 그때까지는 소가 쓰러지는 원인이 규명이 안 되어 "피츠햄 농장증후군"으로 불렀다. 다시 말해 1986년 이전의 쓰러지는 소는 광우병 소라고 표시해서는 안 되는 것이다.

필립 셍 회장은 "〈PD수첩〉과 인터뷰 당시 이춘근 PD는 질문을 완벽하게 준비해 와서 자기의 의도대로 방송을 만들었다"면서 "결론을 내려놓고 거기에 끼워 맞추는 방송을 만드는 MBC가 과연 공영방송이 맞는지 묻고 싶다"고 성토했다. 당시 방송에 나왔던 괴기스런 도축장 분위기, 음산한 배경음악이 흐르는 가운데 주저앉는 소를 강제로 일으키는 장면을 보니 자기도 혐오감이 일더라"고 고백했다.

아마 〈PD수첩〉은 2006년 11월 26일, EBS가 방송한 〈지식채널e〉의 자료화면에 눈을 돌린 것으로 보인다. 아니면 미국에서 취재를 하면서 영국 소 동영상을 받았을 수도 있다. EBS 〈198화 미친 공장〉은 오프닝에서 젖소 한 마리가 걷다가 쓰러지는 모습이 나왔다. 그러다가 젖소들이 사료를 먹는 장면에서 "1984년 영국 피츠햄 농장 갑자기 걷지 못하다 숨진 소"라는 자막이 물 흐르듯이 뜬다.

이로부터 약 17개월 후 이와 똑같은 장면이 MBC 〈PD수첩〉에서도 나가게 된다. 이때 MBC는 '광우병 소'라는 자막을 넣었다. 이건 감기에 걸린 환자를 폐암이라고 하는 것에 비유할 수 있다.

이때 수의사 박상표 씨가 광우병의 일반적인 얘기와 국가별 발생실태를 설명하고 있었다. 그러다가 아메리카 대륙이 나오면서 캐나다 1명, 미국 3명의 광우병 환자가 발생했다는 그래픽이 떠올랐다. 여기서 박상표 씨가 30개월 이상 된 쇠고기를 수입하게 되었다는 얘기를 하고 있을 때 소들이 무리지어 달리는 장면으로 바뀐다. 이때 맨 뒤에서 달리던 소 한 마리가 넘어진다. 바로 다우너 소인 것이다.

이어서 문제의 화면이 이어진다. 미국 쇠고기의 위험성을 설명하는 장면에 "1984년 영국 피츠햄 농장의 다우너 소" 장면이 인서트로 순식간에 들어왔다 사라진다. 조금이라도 한눈을 팔면 못보고 지나갈 정도였다. 대략 22분 44초에서 51초까지 약 7초 정도였다. 휴메인 소사어티가 제공한 다우너 소 장면은 오프닝과 미국 소를 설명하는 데서 두 번이나 반복 사용되었다. 무엇보다도 사실성이 중요시되는 다큐멘터리에서 그 장면의 출처를 분명하게 밝혔어야 한다. 〈PD수첩〉 제작팀은 이를 무시한 것이다. 이 장면은 30개월 이상과 SRM 일부가 수입되면 광우병 쇠고기가 들어올 수 있다는 주장을 입증하는 데 사용된 것이다. 이렇게 시청자들은 1984년 영국 피츠햄 농장의 광우병 소와 미국의 소를 동일시하도록 무의식 중에 세뇌당한 것이다. 이것은 〈PD수첩〉이 연출한 '7초의 마력$_{魔力}$'이었다.

방송심의에 관한 규정 제14조(객관성)에 보면 "방송은 사실을 정확하고 객관적인 방법으로 다루어야 하며, 불명확한 내용을 사실인 것으로 방송하여 시청자를 혼동케 하여서는 아니 된다."고 되어 있다. 또 제15조(출처명시)에는 "① 방송은 직접 취재하지 않은 사실 또는 다른 매체의 보도를 인용하거나 자료를 사용할 때에는 그 출처를 명시하여야 한다."고 되어 있다. ②항에는 "보관 자료를 사용할 때에는 보관 자료라는 것을 밝혀야 하며, 다만 보관 자료라는 것을 일반적으로 알 수 있는 경우에는 예외로 한다"고 되어 있다. 이를 테면 일기예보에서 "내일은 눈이 내리겠습니다"라고 예보할 때 자료화면을 쓰면 "자료화면"이나 "보관 자료"라고 밝혀줘야 한다.

〈"피츠햄 농장의 쓰러지는 소"에 대한 자막처리〉

KBS1	EBS	MBC
2006. 10. 29.	2006. 11. 26.	2008. 4. 29.
〈KBS 일요스페셜〉 얼굴 없는 공포, 광우병 -미국 쇠고기 보고서	지식채널 e 미친 공장	〈PD수첩〉 미국 쇠고기, 광우병에서 안전한가?
1986년 영국	1984년 영국 피츠햄 농장 갑자기 걷지 못하다 숨진 소	1) 보도자료 및 프로그램 : 광우병소 2) 자료화면
방송심의규정을 지키긴 했지만 1984년을 1986년으로 바꿔 자막처리, 이것은 프로그램 의도를 관철하려고 광우병이 1986년에서야 밝혀졌다는 사실을 알고서도 연도를 조작한 것으로 추정됨.	방송심의규정 제14조 객관성, 제15조 1항 '출처명시', 2항 자료화면 등의 수칙을 지켰음. '에코데믹 전염병이 몰려온다'에 피츠햄 농장의 쓰러지는 소의 병명이 1986년에야 밝혀졌다고 기술되어 있음.	방송심의규정 제14, 15조를 위배.(4월 24일부터 나간 예고편은 미국 광우병소로 특정했음) 5월13일 제2편에서는 이 장면을 '자료화면'이라고 처리하여 책임을 회피해 보려는 술수로 보임.

〈PD수첩〉은 방송 심의규정 14조와 15조를 위반한 것이다. 이렇게 볼 때 MBC, KBS, EBS 가운데 EBS가 심의규정을 가장 잘 지킨 것이다.

KBS도 광우병 프로그램에 관심을 갖고 있었다. 2006년 10월 29일, KBS는 일요스페셜 〈얼굴 없는 공포, 광우병-미국 쇠고기 보고서〉에서 휴메인 소사이어티와 피츠햄 농장의 동영상을 사용했다. 그런데 KBS, MBC, EBS 3사는 피츠햄 농장의 자료화면을 표기하는 자막이 서로 크게 달랐다. KBS는 '1986년 영국'으로 자막을 처리하여 1984년으로 처리한 EBS와는 2년의 격차가 있었다. 대체로 EBS와 KBS는 피츠햄 농장의 자료화면을 사용하면서 심의규정을 지키려고 노력한 흔적이 보였다.

〈PD수첩〉이 영국 피츠햄 농장의 쓰러지는 소를 인서트로 끼워 넣은 배경은 분명하다. 아마 좀 더 충격적인 영상이 필요했으며, 다음 얘기를 전개하는 연결고리로 사용하기에 안성맞춤이었기 때문으로 추정되었다. 미국의 다우너 소를 광우병 소로 몰아가는데 이 장면이 요긴하게 쓰였다. 이 장면을 본 시청자들은 "미국 다우너 소는 광우병에 걸린 것이고 미국에서 광우병은 1, 2년 된 게 아니구나" 하고 받아들였을 것이다. 〈PD수첩〉은 20년이 넘은 영국 자료화면을 사용하여 다우너 소는 광우병 소라는 것을 기가 막히게 조합시킨 것이다.

애초 오역을 의역으로 빙자한 선동 프로그램

2008년 4월 29일 이후 MBC는 초강성 노조, 해방구 시사교양국, 보도 패권주의가 뒤엉켜 아수라장이었다. 여기에다 민노총, 언노련, 언개련, 민언련, 전교조 등의 좌파 시민단체, 노조 지지세력, 좌파매체들의 선동, 강남좌파들이 준동하면서 MBC는 어수선했다.

이때 〈PD수첩〉 광우병 프로그램에서 의역 논쟁이 벌어졌다. 나중에 알게 되었지만 이 프로그램에 4명의 번역자가 투입되었다고 한다. 이 사람 저 사람이 문장을 만지다 보면 번역이 이상해지게 될 우려가 있는 것이다. 특히 광우병이라는 과학적 사실을 추구하는 아이템을 다루는 프로그램에서 의역意譯은 좀 아니었다. 의역의 사전적인 풀이를 보면 "개개의 단어나 구절에 너무 얽매이지 않고 전체의 뜻을 살리는 번역"이라고 되어 있다. 반대로 직역直譯이란 "외국어로 된 말이나 글을 단어 하나하나의 의미에 충실하게 번역하는 것"이다. 광우병처럼 첨예한 학술적인 사안을 다루는 프로그램에서는 가능한 의역을 피하고 팩트가 전달되도록 직역을 했어야 한다. 의역이 지나치면 그 말의 본질이 왜곡될 수 있기 때문이다.

"〈PD수첩〉 광우병 관련 제작경위서"라는 자료를 보면 PD들이 처음부터 고의적으로 번역을 왜곡했다는 사실이 드러나 있다. 번역은 1차는 작가, 2차는 번역가, 3·4차는 담당PD가 책임지고 결정하는 것으로 되어 있다. 여기서 번역은 자막용 슬라이드를 작성하는 것이기 때문에 방송 화면에 비치는 그 내용을 말하는 것이다.

우선 번역 감수와 의역화 과정을 보면 "1차 번역본을 바탕으로 이연희 작가 자막 정리 → 정지민을 불러 이연희 작가와 함께 확인 수정 → 이춘근 PD가 한 번 더 수정 → 김보슬 PD 일부 수정"의 절차로 되어 있다. 결국 담당PD가 번역에 대해 최종 책임을 지는 것이다. 여기까지는 그런대로 문제가 없어 보였다. 하지만 의역화意譯化 과정에 들어가면 PD가 의역화라는 구실로 "기획된 오역"을 감행하고 있다는 것이 드러난다.

먼저, 〈dairy cow〉를 보자. 이것은 분명히 우유를 생산하는 젖소를 가리킨다. 이 단어에 대한 의역화 과정에 대해 PD가 설명한 내용을 보기로 하자. 이건 그대로 "젖소"라고 번역했어야 다른 오해가 없었을 것이다. (이하 *표시는 슬라이드에 대한 제작진의 의견임)

〈dairy cow〉

〈번역본〉: 광우병 걸린 소가 (*dairy cow를 downer cow로 잘못 알아들은 듯)
〈1차 슬라이드〉(이연희) : 이런 소가

〈2차 슬라이드〉(정지민) : 이런 소가
〈3차 슬라이드〉(이춘근) : 이런 소가

* 최초 번역자가 '광우병 걸린 소'라고 번역한 것이 잘못되었다는 것을 김보슬 PD는 편집과정에서 알았으며, 문맥상 광우병 위험이 높은 젖소를 지칭하는 것이라 판단, 동영상과 전혀 관련이 없는 것이 아니라고 생각하여 이런 소로 바꾸는 것이 어떻겠냐고 이연희 씨에게 의견 제시하고 감수랑 상의해 보라고 전달. 이연희의 증언에 의하면 정지민 씨에게 〈dairy cow〉가 정확히 무엇인지 묻자, 정지민이 소의 종류 중 하나라며 설명해 주었는데, 간단히 "젖소"가 아니라 소의 특징을 길게 설명. 동영상의 흐름상 아픈 소를 도축해 문제가 되는 것이며, 길게 설명되는 소의 종류를 자막에 넣는 것이 힘들겠다고 생각한 이연희가 "이런 소로 그대로 두어도 괜찮지 않겠느냐"고 묻자 정지민도 동의함.

이번에는 〈PD수첩〉에서 미국 여성의 사인을 규정하는 중대한 사안이면서 우리에게는 "공포의 쓰나미"처럼 다가온 광우병 CJD를 어떻게 번역했는지를 볼 수 있다.

〈PD수첩〉 제작진은 먼저 CJD라고 번역을 한 다음에 1차, 2차, 3차 슬라이드에서 각각 작가 이연희, 번역자 정지민, 3차 이춘근 PD등 3명이 모두 CJD라고 번역을 했다. 그런데 4차 번역에서 김보슬 PD가 CJD를 인간광우병이라고 슬라이드를 바꿨다는 것이다. 이렇게 해서 아레사 빈슨은 인간광우병으로 사망한 게 되어 버렸다.

아래 설명에서 보면, 그 엄마의 말이 CJD라고 말하지만 고의로 vCJD로 바꾼 것이다. "다운소, could possibly have, suspect" 등의 슬라이드 작성에는 보조작가, 번역가, PD 등 3단계를 거쳤지만 "CJD"를 "vCJD"로 슬라이드를 작성하는 데는 이춘근 PD가 마지막으로 참여하여 네 명이 되었다. 이건 추측하건데 미국산 쇠고기를 먹으면 광우병에 걸릴 수도 있다는 쪽으로 몰고 가려다 보니 CJD를 vCJD로 바꾸는 것이 필요했기 때문으로 추정된다. 정지민 씨 기억으로는 오전까지는 분명히

CJD로 되어 있었는데 녹화를 두 시간 정도 앞두고 vCJD로 바뀌었더라는 것이다.

〈PD수첩〉 광우병 1편에서 터닝 포인트는 "다우너소도, suspect도, could possibly have"도 아닌 아레사 빈슨의 어머니의 발언을 왜곡하여 인간광우병으로 조작한 것이다. 터닝 포인트란 어떤 일에서 승패를 좌우하는 분기점을 말한다. 아레사 빈슨의 어머니는 "MRI 검사를 해본 결과 아레사가 CJD일 가능성이 있다고 하더군요"라고 말했다. 그런데도 〈PD수첩〉은 "vCJD"로 자막을 바꾸는 "희대稀代의 조작극"을 연출한 것이다. 겉으로 보기에는 'v'라는 소문자가 하나 있고 없고 차이지만 그 결과는 하늘과 땅만큼이나 크다. vCJD란 광우병에 걸린 쇠고기를 먹은 사람이 감염되는 질병이지만, CJD는 쇠고기와는 아무런 상관이 없다. 결국 보조작가, 번역자, 1차 PD가 "CJD"라고 번역했는데도 김보슬 PD가 "vCJD"로 조작했다는 사실이 이 문건으로 드러났다. 이 〈PD수첩 광우병 보도 관련, 제작경위서〉에는 "미공개"라는 단서조항이 들어 있었다. 또한 "〈PD수첩〉 광우병 보도 관련 조사"라는 문건도 마찬가지였다. 이 두 건의 자료에만 "미공개"라는 글자가 들어 있었다.

만약 여기서 아레사 어머니 말 그대로 "CJD"로 번역했다면 〈PD수첩〉은 더 이상 광우병 프로그램 제작에 집착할 필요가 없었을 것이다. 이건 애초에 의도한 대로 〈PD수첩〉 광우병 프로그램을 끌고 가려고 시도한 연출이었다.

〈PD수첩〉 제작팀은 "다우너 소 학대, 아레사의 사망원인, 영어 특유의 미묘한 말의 의역 과정"을 거치면서 미국산 쇠고기 수입 반대, 한미 FTA반대 등 광우병과 아무런 관계가 없는 것들을 끌어들여 증폭시킨 것이다.

〈CJD〉

① 〈번역본〉 : CJD
〈1차 슬라이드 작성〉(이연희) : CJD

〈2차 슬라이드 작성〉(정지민) : CJD

〈3차 슬라이드 작성〉(이춘근) : CJD

〈4차 슬라이드 작성〉(김보슬) : vCJD

원문 : The results had come in from the MRI and it appeared that our daughter could possibly have CJD.

자막 : "MRI 검사 결과 아레사가 vCJD(인간광우병)일 가능성이 있다고 하더군요.

* 김보슬 PD는 아레사 엄마가 CJD라고 말하지만 분명히 vCJD를 뜻하고 있어 표기를 vCJD로 바꾸는 것이 시청자에게 혼돈을 주지 않는다고 보고 수정했다고 함.

이밖에도 다른 슬라이드에서도 의역이라는 명분으로 자의적인 번역이 곳곳에서 눈에 띄고 있다. 의역이란 문학작품을 번역할 때 통용되는 것이지 이렇게 진실 여부를 놓고 의견이 엇갈리는 과학 다큐멘터리 프로그램에서는 직역이 바람직하다.

다음은 휴메인 소사이어티 동영상 자료에 나오는 "animal cruelty"란 표현이 어떻게 번역되었는지를 살펴보자. 이것 역시 다우너 소를 광우병 소로 둔갑시키는 데 이용되었다. 일어서지 못하는 소를 학대하는 장면을 문제 삼으면서 "광우병에 걸린 소"라고 한 것이다. 〈PD수첩〉은 재판에 자기들이 불리할 것 같으니까 부랴부랴 다우너 소가 전부 광우병에 걸린 소는 아니라고 해명했다. 하지만 이것 역시 아레사 빈슨의 어머니가 말한 CJD를 vCJD로 조작한 것과 연결되어 있는 것이다.

〈animal cruelty〉

〈번역본〉: 저희가 농장 직원들에게 왜 그러느냐고 물어보니까 위의 회사 상사들이 그렇게 일을 시켰다고 하더군요.

〈1차 슬라이드 작성〉(이연희) : 저희가 농장 직원에게 왜 (광우병 의심소를 억지로 일으키는지) 물어보니

〈2차 슬라이드 작성〉(정지민) : 저희가 농장 직원에게 왜 (광우병 의심소를 억지로

일으키는지) 물어보니

〈3차 슬라이드 작성〉(이춘근) : 현장 책임자에게 왜 (광우병 의심소를 억지로 일으켜 도살하냐고) 물었더니

원문 : When the employees who were charged with animal cruelty were asked, they said that their supervisors told us to do this.

자막 : 현장 책임자에게 왜 (광우병 의심 소를 억지로 일으켜 도살하느냐)고 물었더니

* 모든 사람이 "animal cruelty"를 듣지 못한 것으로 보임. 이연희가 설명을 덧붙이기 위해 (광우병 의심소를 억지로 일으키는지)를 추가했고, 이춘근 PD는 이를 다시 수정함. 이연희의 증언에 의하면, 정지민이 다우너 카우 동영상이 동물 학대 관련 동영상으로 광우병 프로그램에 사용되는 것에 문제가 있을 수 있다는 의견을 제시, 확실히 의견을 말한 것은 사실이나 피디에게 전하라거나 이 동영상이 명백한 왜곡이다, 라는 발언은 아니었다고. 이연희가 광우병 소의 대표적인 증상이 주저앉는 것이라는 정도의 설명만 해주고 바로 다음 자막으로 넘어감. 이연희는 이 부분에 대한 것이 충분히 제작진 내부에서 논의된 것이라 판단, 피디에게 정지민의 의견을 전달하지 않았음. 이 외에는 정지민이 따로 의견을 제시한 것이 없다고 증언.

여기서 "쓰러진 소"가 "광우병 의심소"로 둔갑하게 되었다. 〈PD수첩〉은 물론 나중에 오역에 대한 해명을 하기는 했지만 쓰러지는 소는 광우병 소라고 이미 각인된 다음이었다. 번역에 대한 의견을 보면 "번역자 중의 한 사람인 정지민 씨가 다우너 소 동영상이 동물 학대 관련 동영상인데 광우병 프로그램에 사용되는 것에 문제가 있을 수 있다는 의견을 제시"한 것으로 나타나 있다.

〈could possibly have〉

〈번역본〉 : 우리 딸이 앓았던 질병을

〈1차 슬라이드 작성〉(이연희) : 우리 딸이 걸렸던 병에

〈2차 슬라이드 작성〉(정지민) : 우리 딸이 걸렸던 병에

〈3차 슬라이드 작성〉(이춘근) : 우리 딸이 걸렸던 병에
원문: I can't understand how my daughter could possibly have the human form of mad cow disease.
자막: 내 딸이 인간광우병에 걸릴 수 있다는 것을 이해할 수 없었다.
* 최초 번역본 그대로임

또 핫이슈가 되었던 "suspect"라는 단어의 해석을 보기로 하자. 이것은 보통 "의심한다"라는 뜻으로도 쓰이지만 대체로 "생각한다"는 "think"의 의미로도 자주 쓰인다. 여기서 아레사 빈슨의 사인을 vCJD로 조작했기 때문에 "vCJD에 걸렸다고 한다"는 의역이 나오게 된 것이다.

〈suspect〉

〈번역본〉: (vCJD에 걸렸다고) 한다.
〈1차 슬라이드 작성〉(이연희) : (vCJD에 걸렸다고) 한다.
〈2차 슬라이드 작성〉(정지민) : (vCJD에 걸렸다고) 한다.
〈3차 슬라이드 작성〉(이춘근) : (vCJD에 걸렸다고) 한다.
* 최초 번역본 그대로임

아레사 어머니가 딸의 질병을 말하는 데서 "suspect"나 "If she contracted, How did, How did she…"에는 설마 하는 마음이 들어 있다고 할 수 있다. 그런데 이것을 거의 단정적으로 vCJD로 몰고 간 것은 이 프로그램의 최초의 의도를 관철시키려고 한 것이다. 더욱이 아레사의 어머니는 의사도, 광우병 전문가도 아닌데도 〈PD수첩〉이 전적으로 그녀의 말 한마디에 목을 맨 것은 고의성이 드러나는 부분이다.

〈If she contracted, how did, how did she〉

〈번역본〉: 딸이 인간광우병에 감염됐다면 어떻게 감염됐을까 생각했어요.
〈1차 슬라이드 작성〉(이연희) : 아레사가 어떻게 인간광우병에 걸렸는지 모르겠어

요.
〈2차 슬라이드 작성〉(정지민) : 아레사가 어떻게 인간광우병에 걸렸는지 모르겠어요.
〈3차 슬라이드 작성〉(이춘근) : 아레사가 어떻게 인간광우병에 걸렸는지 모르겠어요.
원문: Doctors suspect Aretha has a variant Creutzfeldt-Jakob disease or vCJD.
자막: 의사들에 따르면 아레사가 vCJD라는 변종 크로이츠펠트-야콥병에 걸렸다고 합니다.
* 간단히 만드는 과정으로 보임

2008년 6월, MBC는 방문진의 요구에 따라 "광우병 방송 관련 보고서"를 제출했다. 대주주인 방문진 이사장에게 제출한 내용을 보면 어느 정도 오역이 바로잡힌 것처럼 보인다. 하지만 방문진도 MBC 사장도 CJD를 vCJD로 조작한데 대해서는 문제의 심각성을 인식하지 못했다. 아마 그럴 경우 사건이 수습불능 사태로 빠져들 것이 두려웠기 때문이었을 것이다. 〈PD수첩〉 제작팀이 슬라이드로 처리한 내용 가운데 유독 아레사 어머니가 말한 CJD에 관한 오역 여부가 누락되어 있었다. 만약 여기서 CJD를 vCJD로 바로 잡으라고 하게 되면 이 프로그램의 존재 자체를 부정하는 꼴이 되기 때문에 손을 못 댄 것이다.

2010년 2월 18일, 대한의사협회(의협)는 "아레사 빈슨의 유족들은 가능성이 희박한 CJD 혹은 vCJD의 가능성만을 주장하여 현지 방송의 주목을 끌었지만, 시체 부검을 통하여 아레사 빈슨의 사인死因이 급성 베르니케뇌병증으로 최종 확인되었다"고 밝혔다. 인간광우병이 아니었다.
이것은 하지만 1심 판결 다음에 나와서 주목을 끌지 못했다. 무척 아쉬운 대목이었다. 아레사 빈슨은 비만치료를 위하여 위 절제수술을 받은 다음에 사망하여 가족들이 해당 의료진에 소송을 제기했다는 것이다. 의협은 아레사 빈슨 사망 사건의 경과에 대한 의료진의 설명은 전혀 없는데도 불구하고 가족들의 일방적인 주장만 현지 언론을 통하여 알려졌다고 지적했다.

〈MBC가 방문진에 보고한 오역 여부〉

원문장	오역문장	7/15(779회) 정정
로빈 빈슨/고 아레사 빈슨의 어머니 너무 놀라운 일이었죠. 우리 딸이 〈걸렸던〉 병에 다른 수많은 사람들도 걸릴 수 있다는 것을 생각하면요. could possibly have...	걸렸던	걸렸을 수도 있는
2008.4.8. 미국 WAVY TV 〈의사들에 따르면〉 아레사가 vCJD라는 변종 크로이츠펠트 야콥병에 〈걸렸다고 합니다.〉 Doctors suspect....	의사들에 따르면 … 걸렸다고 합니다.	의사들은 의심합니다.
로빈 빈슨/고 아레사 빈슨의 어머니 아레사가 어떻게 인간광우병에 〈걸렸는지〉 모르겠어요. 아레사는 버지니아에서만 살았고 If she contracted it...	걸렸는지	걸렸다면
보건당국 보도자료 : 버지니아 보건당국 〈vCJD사망자〉 조사	vCJD 사망자 조사	뇌질환 관련 사망자

"MBC가 방문진에 보고한 오역 여부"라는 자료를 보면 "걸렸다"는 번역과 "인간광우병"에 대한 오역을 바로 잡았다고 나와 있다. 그런데 정작 "인간광우병"이라는 오역 또는 의도된 의역에 대해서는 바로 잡았다는 내용이 빠져있다. 먼저 "could possibly have"인데 방송에서는 "걸렸던"으로 나갔으며 나중에 "걸렸을 수도 있는"으로 정정 보도했다고 밝혔다. 또 "Doctors suspect…"는 "걸렸다고 합니다"를 "의심합니다"로 정정했다. 그런데 여기서 MBC는 "인간광우병"으로 조작한 사실에 대해서는 문장에 분명히 나와 있는 데도 바로 잡았다는 말이 없었다. 또 방문진도 그것을 몰랐고 그저 지엽적인 영어 해석에만 매달렸다는 것이다.

MBC가 방문진에 보고한 자료에는 분명히 아레사 빈슨의 사인이 인간

광우병으로 되어 있다. 이런데도 MBC는 이 자료를 방문진에만 보고하고 덮어둔 것이다. 즉 인간광우병이 조작된 것으로 알고 있으면서도 후폭풍이 두려워서 이 문건을 공개하지 않았을 수도 있다.

〈PD수첩〉 취재팀, 인간광우병 질문을 유도

여기서 인용한 어머니의 인터뷰는 검찰이 〈PD수첩〉 취재팀이 편집하면서 주고받았던 이메일 내역을 압수수색하는 과정에서 드러난 것이다. 〈PD수첩〉 취재팀이 아레사 빈슨의 어머니 로빈 빈슨을 찾아가 인터뷰한 것 가운데 특이한 내용만을 발췌하였다는 것을 미리 밝힌다.

〈PD수첩〉 취재팀이 어머니와 인터뷰한 내용을 보면 다음 세 가지가 문제였다. 먼저 취재팀은 어머니에게서 딸의 사망 원인이 인간광우병이었다는 말을 유도해내려고 끝까지 매달렸다는 것이다. 다음은 딸이 인간광우병에 걸린 원인을 찾아내려고 음식부터 여행지까지 비슷한 질문은 반복해서 던졌다. 마지막으로 취재팀은 아레사가 입원했던 병원에 다른 인간광우병 환자가 있었는지도 물었으며 심지어 병원에서 인간광우병을 숨기지 않느냐면서 음모론을 제기하기도 하였다. 정말 광적으로 〈PD수첩〉은 광우병 트라우마에 갇히고 말았다. 여기서 이들은 소시오패스 환자를 닮았다는 느낌이 들었다. 소시오패스란 자신의 성공을 위해서는 수단과 방법을 가리지 않으며 자기가 한 일에 대해 전혀 '양심의 가책'을 느끼지 않는 증상이다.

취재팀은 어머니 로빈 빈슨에게 인간광우병(vCJD)에 대해 아주 전문적인 내용의 질문도 던졌다. 솔직히 말해서 그 어머니는 딸의 보호자일 뿐이지 의사나 의료전문가는 아니다. 설령 어머니가 어떠한 확증적인 말을 했다고 하여도 그것이 방송에 나가서는 안 되는 것이다. 심지어 병원과 의사가 어떤 음모를 꾸미고 있는 게 아니냐는 질문을 하였다는 데서 〈PD수첩〉 취재팀의 사전에 계획된 어떤 의도가 있는 게 아닐까 하는 의심이 들었다. 이 번역문을 보면서 아레사 빈슨의 사인을 인간광우병으로 몰아가려고 사전에 결정한 것이라는 판단이 섰다. 일례로 어머니에게 딸이 평소에 좋아하는 음식에 대해 물었다. 그런데 어머니는 딸이 쇠고기, 돼지고기, 닭고기 등을 모두 좋아했다고 대답하였다. 아마 〈PD수첩〉 취재팀이 "아레사가 특별히 쇠고기 좋아했다"는 답변을 들었다면 어떻게든 인간광우병과 연결시켰을 것이다.

이게 뜻대로 안 되자, 취재팀은 아레사 빈슨의 여행에 관한 질문을 던졌다. 주로 고향에서 살았다는 답변이 돌아와서 광우병이 발발한 지역과 연관을 짓는 것도 안되었다. 사실 어떠한 답변이 나왔건 여행과 인간광우병은 아무 연관성이 없는 데도 취재팀은 물고 늘어졌다. 여기서 질문자는 모두 PD로 바꾸었으며 두 사람의 번역 가운데 가장 의미 전달이 잘 되는 번역문을 골랐다. 아울러 원문이 있는 경우는 그대로 실어서 비교해볼 수 있게 해주었다.

- PD : 의사들은 사망 원인이 뭐라고 하나요?
- 어머니 : 생각하기로는 CJD에 대해 정보가 아주 많다고 생각해요. 또 병원도 아주 좋은 병원이었지만, 전에는 이런 환자가 없었던 것 같아요. 제 딸은 너무 일찍 퇴원을 했거든요.
- PD : 다른 병일 가능성도 있나요?
- 어머니 : 어떤 종류의 CJD일 수 있다는 가능성이 있어요. 하지만 다른 병의 가능성은 모르겠어요. 어떤 가능성도 있을 수 있죠. 다른 병일 가능성도 있지만 부검 결과가 나오기 전까지는 알 수 없죠.
- 번역자 : (의사) 바롯이 해줬다는 말에 만족하지 못하고 똑같은 질문을 또 던졌는데 CJD, 어떤 종류의 CJD(번역가 B씨의 번역본에서조차 "일종의 CJD")라는 발언과

다른 병일 가능성이 있다는 발언을 끄집어내는 데만 성공했습니다. 이것 후에는 그냥 음식 관련 질문을 던지기 시작했죠.

〈PD수첩〉취재팀은 아레사 빈슨이 평소에 어떤 음식을 좋아했느냐고 물었다. 아마 취재팀은 여기서 고인이 쇠고기를 즐겨 먹었다는 답변을 기대했을 수도 있다.

- PD : 생전에 딸아이가 어떤 음식을 좋아하고 어떤 음식을 주로 먹었습니까?
- 어머니 : 우리 딸은 먹는 걸 좋아했어요. 통통하고 아름다운 아이었어요. 다른 어린 미국인처럼 음식을 많이 먹었어요. 어떤 종류라… 집에서는 건강에 좋은 음식을 만들어줬어요. 하지만 패스트푸드점에 가서 먹기를 좋아했어요. 햄버거 가게, 피자 가게… 대체적으로 모든 음식을 좋아했어요. 모든 음식을 좋아했죠. 수술을 받기 전까지는 정상적인 식생활을 해왔어요. 물론 수술 후에는 식생활을 바꿨죠. 먹지 말라는 음식들이 있었거든요. 대학에서 친구들과 어울리며… 딸아이는 평생 버지니아 주에서 살다가 대학을 피터스버그로 갔어요. 친구들과 어디에 가서 먹을 때마다 전화를 했어요. 미국에 있는 음식을 모두 다 먹었어요. 그녀는 행복해질 때까지 음식을 먹었죠.
- PD : 딸이 쇠고기를 더 좋아했나요?
- 어머니 : 햄버거를 좋아했어요. 비프타코도 좋아했어요. 하지만 치킨도 좋아했어요. 그리고 돼지고기도 좋아했죠. 하지만 모든 아이들은 햄버거를 좋아하잖아요. 그녀도 많이 좋아했죠. 자기 몫을 먹었죠.
- 번역자 : 음식에 대한 질문은 완전히 실패한 셈입니다. 음식 이야기 꺼내니까 위 수술 이야기나 바로 하고, 고기, 쇠고기 이야기 꺼내니까 소뿐 아니라 치킨, 돼지고기… 질문의 취지에 전혀 반응하지 않고 그냥 문자 그대로 "사랑하는 딸이 생전에 좋아하던 음식"을 주제로 답하는군요. 취재하는 사람 표정 가관이었겠습니다. 알아듣기 어려운 내용도 아니니까.

취재팀은 병원에 다른 CJD 환자도 있었냐고 물으면서 여기서 인간광우병으로 번역했다. 이것은 버지니아주 보건당국이 다른 인간광우병 환자를 은닉해놓고 발표하지 않는가 하는 의심에서 던진 질문으로 보인다. 하지만 어머니는 자기 딸이 유일한 환자였다고 대답한다.

- ● PD : 병원에 있는 동안 다른 CJD 환자도 있었나요?
- ○ 어머니 : 아니요. 우리 딸은 그 병원에서 인간광우병 진단을 받은 유일한 환자였고 환자의 증상을 보고 CJD 가능성이 있다고 했죠. 신경과 의사 외에 다른 의사들은 딸의 증상에 대해서 말하지 않았어요. MRI 검사를 하고 퇴원시켰는데, 딸을 어떻게 돌봐야 하는지 말해주지 않았죠.

여기서 A씨가 번역한 것은 인간광우병으로 오역한 사례가 자주 보였다. 번역문에 보면 "우리 딸은 그 병원에서 인간광우병 진단을 받은 유일한 환자였고…"라고 되어있다. 그런데 원문은 눈을 몇 번이고 씻고 봐도 인간광우병이라는 단어는 안 보인다.

No, I… we were made to feel that our daughter was the only patient that had been ever diagnosis in this condition at the hospital. And they did[didn't] know whole lot. The hospital itself but the neurologist he did. And he put it out on.. I guess the medical web and the symptoms that his patient was showing and someone responding and told him that I believe she could possibly have the CJD based on her symptoms but no one talked to us other than the neurologist about our daughter's condition. Once the results were in for MRI my daughter was discharged. No one talked to us how to care for her.

- ● 번역자 : (의사) 바롯 빼고는 아무도 자신들에게 이야기해주지 않았다고 하죠. 그래서 병원에서는 이 병에 대해 잘 모르는 것 같다고 녹취해야 말이 됩니다. 그리고 바롯이 인터넷에 환자의 증상을 올렸다는 것은 MRI 판독의의 말(여러 번 나오는 "초기단계"라는 표현 참조)을 듣고, 의사들끼리 공유하는 사이트에 증상을 올린 것으로 보입니다. 이것을 빈슨 모친 앞에서 한 것이 아니라, CJD라고 설명해주면서 나온 말 중 하나로 해석해야겠죠. 다른 의사들은 말을 안 해주니까 잘 모르는 것 같았지만 바롯은 알았는데 그 경위가 이렇다는 것이죠. 미안하지만

여기에선 번역 비교를 또 해야 할 필요가 있습니다.

취재팀은 아무리 해도 의도했던 답변이 나오지 않자 아레사 빈슨의 여행지까지 묻는다. 광우병은 전염병이 아니어서 여행지와는 아무런 관계가 없다. 아레사 빈슨은 대학을 제외하고는 평생 같은 주와 도시에서 살았다고 한다.

- ○ 어머니 : 평생 동안 같은 주에서 같은 도시에서 살았고, 집을 떠나 4년간 대학에 다녔지만 대학 역시 같은 버지니아 주에 있는 거였죠. 가족여행을 했지만 북쪽으로는 뉴욕 남쪽으로는 플로리다 밖에 간 적이 없었죠. 내가 말한 주 지역 이외 다른 지역은 여행도 많이 하지 않았는데 왜, 어떻게 인간광우병에 걸렸는지 아직도 알 수 없어요. 병원에서 언제, 어디서 감염됐을 때 생각했는데, 딸이 떠난 지금도 언제, 어디서, 어떻게, 왜 감염됐는지 아직도 몰라요. 몰라요.

- ● PD : 결과가 인간광우병으로 나온다면… 다른 가족들은 어떻게, 아니면 어떻게 대응할 것인가?
- ○ 어머니 : 남편과 난 광우병에 대해서 이야기를 했지만 너무나 생소해요. 아직도 충격에 빠져있고 하루하루 결과 기다리는 중이죠. 딸이 실제로 인간광우병에 걸렸다면 와우~~ 어떻게 해야 할지 모르겠네요. 이 질병을 감당할지도 모르는데 어떻게 대응을 할지 모르겠네요. 정말 알 수 없어요. 아직도 충격에 빠져있고, 의심했던대로 결과가 나온다면 오 세상에!!! 딸이 어떻게 감염됐나 어디부터 시작할지 모를 거예요.
- ● 번역자 : 다음 원문을 예측해보자면 "To find out the result, (is) to know what has only been suspected" 정도가 아니었을까 하네요. 로빈 빈슨 본인이 앞에서 vCJD에 대해 한 말들을 감안하면 vCJD를 크게 의심한다는 뜻이 아니라 그냥 결과를 모르니까 현재로선 의심일 뿐인데 결과가 나와서 확실히 알게 된다면… 이라는 뜻이겠죠.

취재팀은 마지막으로 음모론을 제기해봤지만 기대했던 답을 얻지 못하였다. 이건 혹시 병원에서 의사들이 인간광우병이란 사실을 숨기고 보호자에게 말을 해주지 않는 게 아닌가 하는 질문이었다.

- PD : (병원이나 의사가) 뭔가를 숨기려 하진 않던가요?
- 어머니 : 지금 현재로썬 그렇다고 보지 않는다. 만약 그들이 숨기려고 했다면 이것보다 더 많은 것을 행했으리라 본다. 왜냐하면 내 딸은 MRI를 찍은 뒤로 빨리 사망했기 때문에 그사이에 다른 기관들과 대화를 나누었는데… 그렇지 않았다고 본다. 내 딸이 한 달 동안 살았었는데 그 사이에 정보를 받으려고 노력했으며 그 며칠간만 주어졌기 때문에 그렇다고 본다. 우리에게 알려지길 우리가 알고 있는 것이 모든 진실인지는 잘 모르겠다. 내가 뭐라고 하는지 알겠는가? 내가 제대로 말하고 있기를 바란다. 왜냐면 우리는 각기 다른 사람들과 이야기할 시간이 주어지지 않았다. 그리고 내 딸의 사망에 대해서 조사가 진행되면서 우리는 검시 결과에 의존하였다. 내가 말했듯이 나와 내 남편은 답변을 원하는 많은 질문들을 가지고 있으며 우리는 그 질문들에 대한 답을 모르겠다. 왜냐면 우리들은 검시 결과를 기다려야 했기 때문이다. 반면에 우리는 질문이 아직도 있다. 왜냐면 그 결과는 우리 질문에 대한 답이 되지 않기 때문이다. 나는 누구에게 물어봐야 할지 모르겠다. 정말 모르겠다. 누구와 내 딸의 상황에 대해서 상담해야 할지 모르겠다.

지금까지의 질문을 보면 〈PD수첩〉 취재팀은 아레사 빈슨이 인간광우병으로 사망했다는 것으로 사전에 결론을 내려놓고 아레사 빈슨의 어머니를 만난 것으로 추정된다. 아레사가 인간광우병으로 죽었다는 말을 얻어내려고 병원과 의사의 음모론에 대해 물었지만 원하는 답변을 얻는 데는 모두 실패했다. 설마 인간광우병 환자를 숨겨놓고 그 사실을 은폐할 수는 없을 것이다. 만약에 그걸 숨겼다가 나중에 드러나면 그 충격과 파장은 감히 상상을 초월할 것이다.

광우병으로 몰고 가는 데 유리한 인물만 섭외

광우병에 대한 규명은 아직도 끝나지 않았다. 에이즈가 그랬던 것처럼 언젠가는 광우병이 사라지는 날이 올 것이다. 광우병을 일으키는 프리온에 대한 연구는 지금도 계속되고 있다. 가장 확실한 예방책은 소에게 소의 시신을 먹이지 않는 일이다. 1957년, 식인풍습이 있는 파푸아 뉴기니 원주민들에게 쿠루라는 질병이 유행했었다. 동족 식습관이 불치의 병을 일으킨 것이다.

방송 3사는 물론 EBS의 광우병 프로그램을 보면서 느낀 것은 "광우병을 임상적으로 제대로 아는 의사다운 의사는 한 명도 안보였다"는 것이다. 신종 질병일수록 더욱더 신중하게 다루어야 한다.

미국산 쇠고기는 광우병에 걸린 소를 도축한 것이라고 주장하는 사람들만 주로 화면에 비쳤다. 또 다른 방송의 경우도 몇 사람이 널뛰기식으로 출연해서 새로울 게 없었다. 이런 예민한 사안을 다룰 경우, 의견을 제시해 주는 출연자도 상당히 중요하다. 〈PD수첩〉이 다섯 편을 내보내면서 만난 인물들을 보면 소위 "반미 감정"에 찌들은 것 같았다. 광우병을 의학적인 관점에서 접근해야지 반미 감정으로 접근하는 것은 이 프로그램이 정치적이라는 것을 의미하는 것이다.

취재팀은 미국에서 휴메인 소사이어티 마이클 그래거, 소비자단체 핸슨, 주치의 바롯, 어머니에게 대부분을 의존했다. 여기서 바롯을 빼고는 의학적인 소견을 말해서는 안 되며 그들의 얘기가 사실인 것처럼 쓰여서도 안 된다. 우리나라의 경우 국회의원 강기갑, 민주사회를 위한 변호사 모임 FTA 대책위원(민변) 송기호 변호사, 국민건강을 위한 수의사연대 박상표, 건강권 실현을 위한 보건의료단체연합 우희종, 우석훈 등 한정된 인사들이 나와서 광우병에 대한 사실 전달보다는 〈PD수첩〉의 주장을 정당화 시켜주었다. 〈PD수첩〉은 이들 출연자들과 학교 급식을 교묘하게 결합시켜 선동으로 몰아갔다. 〈PD수첩〉은 다른 의견을 갖고 있는 사람도 출연시켜서 공정성과 다양성을 보여주었어야 옳았다고 본다.

〈PD수첩〉은 미국 한 도축장에서 나온 쇠고기 1억 4,300만 파운드가 36개 주 10만 개가 넘는 학교에 급식 재료로 사용되었다고 했다. 실제는 3,700만 파운드가 연방 식품공급 프로그램에 학교급식 등으로 제공되었는데도 1억 4,300만 파운드로 뻥튀기했다. 또 리콜된 쇠고기가 학교에 공급된 양과 관련한 것이 두 번 나왔는데 그 중 한 번은 의도적이지 않은 실수였으며 다른 한 번은 3,700만 파운드의 쇠고기가 학교 급식에 제공되었다고 설명했다.

미국산 쇠고기=광우병 쇠고기라는 등식을 제시해 놓고 학교급식을 언급한 것은 학생들과 부모에게는 충격으로 다가갈 수밖에 없었다. 생명을 담보로 광우병 쇠고기를 먹어야 하나? 할 정도로 예민한 문제였다. 질병에 취약한 어린아이들이 먹는 음식에 미국산 쇠고기를 공급하는 것으로 호도하여 엄마들과 아이들을 촛불시위대로 끌어들였다.

자기도 모르게 촛불시위에 끌려 들어간 아이들은 절규했다. "저는 15년밖에 못 살았어요" "엄마 제 꿈은 이걸로 끝인가요?" "엄마보다 먼저 세상 떠나 미안해요"라는 손 피켓을 흔들면서 울고불고 난리였다.

드라마 〈스포트라이트〉까지 촛불시위 선동

MBC가 광우병 촛불시위 선동에 드라마까지 동원하였다는 사실을 아는 사람은 그리 많지 않다. 수목드라마 〈스포트라이트〉는 2008년 촛불시위가 한창일 5월 14일 첫 방송이 나갔다. 이 드라마는 16부작으로 김도훈 PD가 연출했지만 제작은 MBC 사내벤처인 스토리허브의 MBC 홍순관 기자가 맡았다. 또 총 제작은 스토리허브 김상옥 전무가 담당했다. 이것은 사내 제작이 아니라 결국은 회사는 자금을 지원해주고 사내벤처가 제작한 것이었다.

MBC가 제작비를 지원한 이 드라마에는 광우병 촛불시위 장면과 삼성 떡값 검사를 연상시키는 장면이 있어 논란이 되었다. 이 드라마에 등장하는 조 변호사의 프로필과 김 모 변호사의 실제 프로필이 일치했다는 것이다. 드라마 화면에 비친 조 변호사의 생년월일과 출생지가 실제 김 변호사와 같았다고 한다. 그래서 네티즌이 뽑은 '스포트라이트' 명장면에 MBC노조의 시위가 들어갈 정도였다.

애당초 이 드라마는 삼성 비리 폭로사건과 촛불시위 등 사법적 판단을 다투고 있는 사건과 정권 퇴진을 외치면서 매일 벌어지고 있는 미국산 쇠고기 수입 반대 등의 문제를 다루려고 기획된 것이다. 이러니 당연히 네티즌들의 눈길을 끌 수밖에 없었다.

6월 26일 14회에서 남녀 주인공이 말하면서 지나가는 병원 복도에는 이명박 대통령의 사진과 함께 '이명박 OUT', '미친소 OUT, 미친의료', '협상무효 고시철회' 라는 포스터가 보였다. 당시 MBC로비에는 노조가 광우병 촛불시위를 선동하는 포스터, 현수막이 난잡하게 붙어 있었다.

이처럼 〈스포트라이트〉는 대 국민 선동 전략으로 'MB OUT' 이라는 구호를 노출시켜 주었다. 그런데 이 드라마의 시청률이 신통치 않았다고 한다. 이렇게 되자 이 드라마 제작자는 작가를 교체하였다. 작가가 교체되면서 이 드라마의 흐름이 이상하게 전개되기 시작했다는 것이었다. 당시 들리는 말로는 작가를 교체하게 된 배경은 담당PD가 멜로적인 장면을 많이 넣기를 바랐다는 것이다. 그런데 작가가 이를 거부하는 바람에 교체하게 되었다는 것이다.

하지만 작가가 교체되고부터 이 드라마는 촛불시위를 선동하는 쪽으로 흐름이 바뀌었다. 9회부터 황주하, 최윤정 작가가 새로 맡으면서 〈스포트라이트〉는 촛불시위에 본격적으로 뛰어들어 시청률 반등을 노렸다. 당시 촛불시위에 가담하는 시민들만 잡아도 시청률에서 승산이 있다고 본 것 같았다. 〈스포트라이트〉는 SBS '일지매'와 KBS '태양의 여자'와의 시청률 경쟁에서 밀리고 있었다. 작가를 드라마 중반에 교체한 것은 시청률을 끌어올리려는 '극약처방' 이었다.

작가 교체 후 이 드라마에 촛불시위 장면이 등장하게 된다. 드라마까지 동원하여 "반정부, 반미, 미국산 쇠고기는 광우병 소"라는 거짓말을 증폭시켰다. 더욱이 MBC 기자들까지 끌어들여 드라마에 촛불시위를 생중계하는 분위기를 연출하는 사태가 벌어졌다. 10회분에서 방송기자인 주인공들이 광화문 촛불문화제 취재를 맡아 현장에 나서는 장면이 마치 실제처럼 비쳐졌다. 주인공들은 모니터로 중계 화면을 지켜보면서 "이게 몇 명이야? 붉은악마 몇 배나 되겠다", "사진 찍다 깔려 죽는 거 아니야?"와 같은 대화로 시위군중이 많다는 것을 은근히 과시하였다.

6월 10일에는 촛불시위 장면이 그대로 드라마에 비치면서 48시간 만에 현실 사건이 드라마로 방영되는 신기록을 세웠다고 떠들었다.

이렇게 광우병 촛불시위까지 동원했지만 〈스포트라이트〉의 시청률이 신통치 않자 〈100분 토론〉까지 드라마로 끌어들였다. 실제로 〈100분 토론〉은 5월 22일에 "미국산 쇠고기 안전한가?"라는 주제로 방송을 했다. 또 〈스포트라이트〉에는 김수진, 오해정, 김경호 기자 등 현직 기자들이 출연해서 광우병 촛불시위 소식을 전달하였다. 이처럼 현직 기자를 드라마에 출연시켜 촛불시위가 허구가 아니라 사실이라는 것을 입증해주었다. 이렇게 MBC는 뉴스, 시사, 드라마, 정보프로그램 등 이용할 수 있는 것은 모두 동원하여 광우병 촛불시위를 선동한 것이다.

이와 비슷한 시기에 MBC에서는 일일 드라마가 촛불시위를 선동하는 장면을 방송했지만 시위대 함성 소리에 묻혀 넘어갔다. 이 사건은 일일 드라마 〈아현동 마님〉에서 일어났다.

2008년 5월 6일, 〈아현동 마님〉은 수입쇠고기를 놓고 부부간에 갈등을 빚게 만들었다. 오비이락烏飛梨落이라는 말처럼 촛불시위로 광화문 일대가 아수라장으로 변했을 때 이 장면이 나간 것이다. 이 드라마 작가는 소위 "아닌 척하면서 광우병 괴담을 믿게 만드는 트릭"을 쓴 것이다. 작가는 주부들에게 절대적인 영향력을 미치는 안방 드라마에까지 광우병을 암시하는 장면을 끼워 넣은 것이었다.

〈아현동 마님〉 작가는 〈보고 또 보고〉, 〈인어아가씨〉, 〈왕꽃선녀님〉, 〈하늘이시여〉 등의 인기 드라마를 썼던 임성한 씨였다. 〈아현동 마님〉(연출 손문권)은 5월 6일 종영 나흘 남겨놓고 수입 쇠고기 타령을 늘어놓았다. 〈아현동 마님〉 201회분에서 임신한 금녀가 남편 영방에게 불만을 털어놓는 장면에서 수입고기가 등장하였다.

남편은 처음에 삼겹살을 사왔다가 금녀가 값싼 돼지고기를 사왔다고 투덜거리자 수입산 쇠갈비로 바꿔왔다. 그때 남편이 사온 고기를 확인한 금녀가 "이거 한우 아니고 수입 갈비 아냐? 나 안 먹어"라고 말하는 것이었다.

남편이 "집 근처 정육점에는 한우 갈비가 다 팔려서 어쩔 수 없었다"고 말하자 금녀는 "정육점이 여기 슈퍼 하나 뿐이야? 백화점이랑 마트 가면 한우갈비가 없어? 뱃속에 우리 애가 수입고기 먹고 커야겠냐"고 다그쳤다.

여기서 작가는 임산부를 등장시켜 수입쇠고기는 태아에게까지 나쁜 영향을 미칠 수도 있다는 것을 은근하게 암시해주었다. 이처럼 〈아현동 마님〉은 광우병을 직접 거론하지 않으면서 이 장면을 본 시청자들이 광우병을 연상하도록 만들었다.

이것은 〈아현동 마님〉 작가가 스스로 생각해서 쓴 것인지 아니면 누군가가 그것을 넣자고 제안한 것인지는 알 수 없다. 그저 치밀한 수법 앞에 놀라지 않을 수 없다. 이밖에도 이 드라마는 방송 내내 상식을 벗어난 대화로 화제몰이를 하였다. 그 한 예로 무한도전에 대한 비방, 외사촌 동생을 딸로 입양하는 패륜적인 관계 설정, 엽기 사극쇼, 중국집 탕수육 비방 등이 입에 오르내렸다.

KBS, 72시간 촛불문화제 생중계 동참

KBS는 5월 14일, 〈긴급점검 SRM, 준비되지 않은 개방〉이라는 광우병 프로그램을 들고 나왔다. 여기서 미국 쇠고기 전면 개방의 가장 큰 쟁점은 수입이 확정된 "30개월령 특정 위험물질(SRM)"의 안전성을 놓고 따졌다. "국내의 검역시스템과 유통시장에서 안전성이 의심되는 미국산 쇠고기의 특정 부위를 걸러낼 수 있을까?"라면서 정부에 대한 불신감을 최대한 부풀렸다.

또 2008년 6월 8일, 〈KBS스페셜-쇠고기 재협상은 불가능한가?〉에서는 72시간 촛불문화제 생중계를 내보내어 선동에 나섰다. 타이틀이 끝나자마자 시청 앞에 모인 시위대의 단말마斷末魔같은 외침과 "국민심판 이명박, 협상무효 고시철회"라는 구호가 화면을 가득 메웠다.

　　이명박은 물러나라. 물러나라.
　　성난 민심이 모여들고 있었다. 청와대로 가는 길이 전경버스에 막혔다. 정부와 국민의 소통도 가로 막혔다.
　　물러나라. 물러나라.
　　시위대는 청와대로 움직이기 시작했다.
　　군중들의 분노는 대통령을 향하고 있었다.
　　쇠고기 촛불이 붙은 지 한 달. 거리의 촛불은 새로운 국면으로 접어들었다. 매일 밤 재협상을 요구하는 촛불은 반미 그 이상을 넘어서고 있었다.

　　정부는 괴담이라면서 맞섰다.

물대포 진압, 경찰의 강경 진압
결국 자율 수입을 고육책으로 제시
현충일…
최대 인파가 몰려들었다.
청와대 일괄사표
종교지도자들은 재협상 불가를 표명했다.

이렇게 KBS는 시위대의 분노와 증오를 증폭시켰다. 마치 90년대 민주화시위를 보는 것 같은 착각이 들었다. 국영방송 KBS가 이런 선동방송을 하는 것을 보면서 세상이 왜 이렇게 돌아가는지 모르겠다고 혀를 차는 사람들이 늘어났다. 마치 이명박 정부를 당장이라도 끝장내고 말 것처럼 KBS는 시위대와 한 몸이 되어 움직이고 있었다.

격한 시위 장면 반복
이명박 OUT!
이명박 정부는 왜 대답하지 않고 있는 것인가?
국민은 승리한다.
72시간 연속 촛불집회
쇠고기 좋아해요.
이명박의 대폭 양보와 미국은 무슨 관계가 있는 건가.
부시 대통령 만나려고 쇠고기를 급하게 합의해 준 게 아니냐.
쇠고기는 개방 선물이다.
한국 대통령으로서는 캠프데이비드 처음 방문이다.
10대, 여고생 작은 촛불이 도화선이 되었다.
촛불에 기름을 부은 격이었다.

정부는 이처럼 국영방송 KBS가 나서서 광우병 괴담을 확산시키자 당혹스러웠을 것이다. 청계천에 10대들이 나와서 촛불집회에 참여하기 시작했다.

미국 의회의 급행료
통상문제가 정치문제로 비화되고 있었다.
90%가 반대하는데 강행하는 것이 오히려 국제 신인도가 하락하고
한국 정부는 90% 국민의 뜻을 무시하는 독재정부, 신인도가 떨어진다.
이런 나라에 투자했다가는 나중에 기업이 망할지도 모르겠다.
오히려 재협상을 안 하면 국제신인도가 더 떨어질 것 같다.

촛불의 함성이 들불처럼 번져나가고 있다.
잘못된 협상을 바로잡는 것이다.
국민의 생명과 건강이라는 것보다 우선할 수 없다.

 KBS는 "정부가 광우병 등 문제가 발생할 경우 수입을 전면 중단하겠다고 하자 이것은 미국과의 합의를 부정하는 것이라 또 다른 파장이 예상된다."는 식으로 비꼬았다. 당시 방송 3사 뉴스 모두가 이 모양이었다. 이것은 반대를 위한 반대, 정권에 대한 적대감에서 비롯된 것이었다.

 SBS도 광우병 선동 대열에 결코 뒤쳐지지 않았다. 5월 12일, 〈그것이 알고 싶다〉는 "광우병 논란, 127개월 젖소가 남긴 진실"을 내보냈다. 주요 내용은 정부가 미국에서 광우병 소가 발견되었는데 수입 중단 등의 조치를 취하지 않았다는 것이었다.
 6월 14일 〈그것이 알고 싶다〉는 "6월 항쟁 특집-촛불, 대한민국에 소통을 말하다"를 내보냈다. 여기서 SBS는 광우병 촛불시위를 6월 항쟁 특집으로 포장하였다. "6월 항쟁"이란 국민들이 군부독재에 저항하여 독재정권의 종말을 이끌어낸 민주화 사건이었다.

 무시당한 10대의 촛불 - 잘 못 끼워진 첫 단추 … 아무도 몰랐다. 수십만의 촛불이 한 달 넘게 대한민국을 밝히게 될 줄은. 교복을 입은 여학생이, 유모차를 끈 엄마가, 온 가족이 촛불을 들고 거리로 나와, 취임 100일도 안 된 대통령에게 '물러나라'는 구호를 외칠 줄은. 아무도 몰랐다. 정부도. 시민들도. 적어도 처음엔.

처음은 어떻게 시작되었던가? 촛불집회를 처음 이끌었던 10대들의 목소리는 발랄하지만 명쾌했다.

'미친소, 너나 처드삼'

정부와 경찰은 '배후'를 철저히 수사하겠다고 했지만, 학생들의 우려까지 수사할 수는 없었다.

이때 SBS는 "학생들이 나설 문제가 아니라고만 얘기하시는데, 어른들이 먼저 나섰다면 왜 우리가 굳이 이러겠어요?"라는 메시지를 전달한다. 이쯤부터 학생들까지 대거 촛불시위로 몰려들었다. 학생들은 얼굴을 위장하려고 착용한 마스크에 "안 먹어 X"라든지 가슴에 "너나 먹어", "이명박 OUT" 등 어른들이 마련해 준 선전선동 구호로 치장하였다.

6월 20일, 〈SBS 시사토론〉은 "촛불정국 해법, 국정쇄신 방향은?"에서 광우병을 진단했으며 27일, 〈SBS 시사토론〉에서는 "쇠고기 추가 협상, 제대로 됐나?"를 연달아 방송했다.

MBC, 영국 163번째 광우병 사망자 조명

이제 시사교양국 프로그램인 MBC스페셜을 빼놓고 갈수는 없을 것 같다. 광우병 논쟁이 미국에서 영국으로 넘어간 것이다. 광우병 촛불시위도 시들해지고 2008년도 저물어가는 11월 7일, MBC는 또 다시 광우병을 들고 나와서 꺼진 불을 다시 지펴보려고 했다. 〈잃어버린 나의 아이〉에는 인간광우병으로 아들을 잃은 영국인 어머니의 애절한 마음이 담겨 있었다.

이 프로그램은 원래는 7월 18일에 방송하려다가 검찰의 수사가 진행되고 있는 상황이어서 연기되었다. 이 프로그램은 영국에서 163번째 광우병으로 사망한 앤드류 블랙이라는 청년의 삶을 다루었다. 이 역시 광우병에 대한 공포심을 부추기는 내용이었다. 이처럼 한 해에 〈PD수첩〉이 광우병을 다섯 차례나 방송하고 〈MBC스페셜〉로 광우병 선동의 대미를 장식한 것이다. 이듬에 2009년 4월 28일 〈PD수첩〉은 '광우병 방송 1년'을 회고하는 프로그램을 또 내보냈다.

주부 대상 생활정보 프로그램의 광우병 칠갑

방송 3사는 주부들이 주로 보는 아침 프로그램에서 '광우병' 공포로 칠갑했다. 심지어 미국산 쇠고기에 대한 부정적인 여론을 조장하려고 서민층이 주로 사는 동네를 찾아가 애기를 업고 있는 주부에게 유도 질문을 던졌다. 여기서 하나의 구체적인 사례를 들어보기로 한다.

- 리포터 : 어머니, 요즘 광우병 걱정되시죠? 여기 애기한데 수입 쇠고기 먹이겠어요?
- 주부 : 그러게 말에요. 걱정 많이 되죠. 상상만 해도 정말 끔찍해 죽겠어요. 우리 같이 어려운 사람들은 애들한테 수입고기라도 먹여야 하는데 광우병 때문에 겁나서 못먹이죠.
- 리포터 : 그러면 어떻게 하시겠어요?
- 주부 : 한우는 비싸고 그렇다고 수입고기는 못 먹이죠. 한우는 먹일 엄두가 안나요. 참 걱정에요.

그 후 아침 주부대상 프로그램인 〈출발 모닝 와이드〉는 물론 〈한밤의 TV연예〉까지 광우병 선동에 끼어들었다. 〈한밤의 TV연예〉는 "광우병이 득실거리는 소를 뼈째 수입하니 청산가리를 입안에 털어 넣는 편이 낫겠다"고 극악스런 발언을 한 김민선의 입장을 들어보았다.

제8장 좌파들 스스로가 촛불시위는 실패 인정 ■ 415

심지어 건강문제를 다루는 〈백세 건강스페셜〉에서 시골의사 박경철의 "의사가 잘 가르쳐 주지 않는 건강이야기"에서 유전자 조작식품부터 광우병까지 다루었다.

8월 2일, 〈그것이 알고 싶다〉 "내가 먹는 쇠고기를 알고 싶다"에서는 초등학생의 "10억을 준대도 믿을 수 없다"는 발언을 내보내 정부 정책에 대한 불신을 조장했다.

MBC 생방송 〈좋은 아침〉은 원래 시사프로그램이 아니었다. 이 프로그램은 정감 있는 생활정보를 전하는 프로그램이었다. 그런데 어느 날부터 생활정보보다는 아침에 보고 듣기에는 역겨운 살인, 강간, 강도, 사기 등 우리 사회의 음습한 구석에 초점을 맞추기 시작했다. 이것은 시청률을 겨냥한 틈새시장을 노린 것이었다. 4년 전 이 프로그램의 MC를 지낸 모 아나운서에게 이렇게 물었다.

- 필자 : ○○씨, 좋은 아침 보니까 시골 노인 부부가 피살된 얘기를 내보냈는데 정말 끔찍했어요. 왜 끔찍한 사건만 다뤄요?
- MC : 그러게 말예요. 저는 그런 끔찍한 사건을 다룬 날은 밥도 못 먹어요. 정말 힘들어요.
- 필자 : 저도 그렇습니다. 저는 안 봐요. 그걸 보면 세상이 무섭고 사람이 싫어지고… 그 이유가 있을 거 아녀요? PD가 그런 사건을 다루는 이유가 분명히 있는 게 아닌가요?
- MC : 있어요. 딱히 드러내지는 않지만 그런 사건을 다뤄야 시청률이 오른대요. 그래서 그런 끔찍한 사건 현장을 찾아간대요.

이건 〈좋은 아침〉 진행자와 차를 마시면서 실제로 나눈 대화를 그대로 옮긴 것이다. 그 진행자는 지금도 현직에서 일하고 있어서 실명을 밝히지는 않기로 한다. 이 프로그램에 미국산 쇠고기 수입반대 광우병 촛불시위는 제대로 걸린 먹잇감이었다. 이처럼 주부 대상의 프로그램이 우리

이웃의 훈훈한 인생살이보다는 살벌한 현장으로 카메라를 돌렸다. 그래야 시청률이 오르기 때문이었다.

2008년 4월 〈PD수첩〉이 광우병을 내보내기 전인 4월 22일부터 〈좋은 아침〉은 "미국 쇠고기 전면 수입! 믿고 먹어도 되나?"로 선수를 쳤다. 이 프로그램이 〈PD수첩〉의 길라잡이를 한 것이다. 이처럼 시사교양국은 광우병 프로그램에 있어서 손발이 척척 맞았던 것이다. 더 기가 막힌 것은 광우병 프로그램 사이사이에 "한우 가격 폭락, 물 민영화 물 값 폭등, 의료민영화, 전기민영화, 유전자조작 농산물" 등을 살짝 끼워 넣어 광우병 괴담과 시너지효과를 노렸다.

〈좋은 아침〉에서는 4월 22일부터 8월 7일까지 약 100여 일 동안 광우병만 35회 정도가 나갔다. 이는 3일에 한 번꼴로 광우병을 다룬 셈이다. 5월 2일에 "충격! 한국인 유전자, 광우병에 더 위험하다!"는 〈PD수첩〉과 내용이 같았다.

5월 6일의 "축산 농민의 연이은 자살! 벼랑 끝에 내 몰린 농심", 5월 16일의 "2.0세대, 촛불집회의 중심에 서다" 등은 전적으로 촛불시위를 홍보하는 내용이었다.

5월 16일의 "2.0세대, 촛불집회의 중심에 서다", 5월 19일의 "촛불 든 10대들! 우리도 대한민국 국민입니다"는 10대, 20대들에게 촛불시위에 참가하라고 부추긴 것이었다.

이때 〈좋은 아침〉은 좋다좋다 하니까 상투 잡는다는 말처럼 별 희안한 것까지 들고 나왔다. "우리들은 광우병 쇠고기 수입에 반대합니다"는 현수막이었다. 5월 22일의 "미국 쇠고기 수입반대 현수막 확산"은 가히 눈뜨고는 볼 수 없는 내용이었다.

이날 진행자는 의기양양해서 "과천에서는 드디어 가정에서 미국산 쇠고기 수입을 반대하는 현수막을 걸기 시작했다"고 전했다. 이것은 촛불시위에 참석을 못하는 분은 미국산 쇠고기 수입 반대 현수막이라도 걸어달라고 호소하는 것처럼 들렸다.

　이 현수막은 제작 배포된 지 하루만에 200여장이 모두 동나는 등 뜨거운 호응을 얻고 있다. 뿐만 아니라 타 지역에서도 문의가 잇따르고 각종 온라인 쇼핑몰에서도 구매신청이 끊이지 않고 있다.

　이 아이디어는 과천시 시의회 의원 서형원 씨가 낸 것으로 알려져 있다. 서형원 씨는 환경운동연합 정책기획실장 출신의 시민운동가를 지냈다.

　8월 1일에는 "경찰관 기동대 창설! 백골단 부활 논란"을 내보내 국민들을 자극했다. 과거 독재정권 시대에 시위진압 부대원들이었던 백골단이 부활되었다고 전했다. 그 후 시위대는 '명박산성'을 넘어 청와대로 돌진하자는 구호를 외치면서 경찰과 밤새 대치하였다. 이쯤되면 이건 주부 대상 생활정보 프로그램이라고 해야 할지 아니면 선전선동 프로그램이라고 해야 할지 헷갈리게 된다. 이처럼 〈PD수첩〉이 광우병으로 정권을 강타한 특공대라면 〈좋은 아침〉은 지원중대라고 할 수 있다. 〈좋은 아침〉이 광우병 촛불시위 기간에 내보낸 내용들을 모아보았다. 여기에는 물값 파동, 햄버거 탈모원인, GMO옥수수 등 괴담 수준의 내용들이 상당히 있었으며 이들은 대개 미국과 연관된 것이었다.

　○ 2008.4.24. : 5일 만에 50만원 날렸다! 폭락하는 한우 값에 허탈한 농민들
　○ 2008.4.28. : 미국산 쇠고기 전면 개방! 과연 안전한가?
　○ 2008.4.29. : **긴급점검, 생활 속의 FTA 시리즈- 농산물 식량이 무기 되는 세상! 한국의 미래는?
　○ 2008.4.30. : **물의 재앙? '물' 민영화의 공포! **[생활 속 FTA] 환자 생명을 흥정한다? 생명인가 이윤인가!
　○ 2008.5.2. : 충격! 한국인 유전자, 광우병에 더 위험하다! **긴급점검! 생활 속 FTA 선진국이 되기 위한 개방?!

- 2008.5.5. : 한미 쇠고기 수입 협상, 들썩이는 민심! 왜? [긴급점검, 생활 속 한미 FTA 2탄] 미국산 쇠고기 전면 개방! 우리의 식탁이 위협받고 있다!
- 2008.5.6. : **GMO 옥수수! 먹느냐~ 마느냐! 유전자변형, GMO 옥수수 논란. **축산농민의 연이은 자살! 벼랑 끝에 내 몰린 농심
- 2008.5.7. : **[긴급점검! 생활 속의 한미FTA] 서비스개선 vs 가격폭등, 공공서비스 민영화 논란!
- 2008.5.8. : 국민 불안 씻을 수 있을까? 쇠고기 청문회!
- 2009.5.9. : **〈생활 속 FTA〉 의료개방 문제, 우리도 미국처럼?!
- 2008.5.15. : 한미FTA! 쇠고기 이외의 쟁점사항은?
- 2008.5.16. : 오늘 아침 브리핑, 2.0세대, 촛불집회의 중심에 서다 **한미 FTA와 우리의 미래
- 2009.5.19. : 촛불 든 10대들! 우리도 대한민국 국민입니다
- 2008.5.22. : 미국 쇠고기 수입반대 현수막 확산
- 2008.5.23. : 고개 숙인 대통령, 그러나…
- 2008.5.28. : 오늘 아침 브리핑, 성난 민심, 불꽃을 피우다. **물 값이 금값 된다? 물 민영화!
- 2008.6.4. : 오늘 아침 브리핑, 격앙된 촛불… 미국산 쇠고기 재협상되나?
- 2008.6.10. : 오늘 아침 브리핑, 다윗과 골리앗? 촛불 시위 VS 촛불 반대 시위
- 2008.6.12. : 촛불시위 폭력 논란
- 2008.6.16. : 오늘 아침 브리핑, 촛불집회 스타, '강달프' 강기갑 의원! 짧지만 샤프하게~ 촛불집회 속 시민들은 말한다!
- 2008.6.17. : 될 때까지 촛불 시위 VS 촛불시위는 국정 흔들기 - 보수와 격돌한 촛불 집회!
- 2008.6.19. : 미국산 쇠고기가 호주산으로? 대형 할인점의 쇠고기 둔갑술
- 2008.6.20. : 대통령 특별 기자회견! 민심의 반응은?
- 2008.6.23. : 꺼지지 않는 촛불, QSA 무엇인가?!
- 2008.6.27. : 美쇠고기 장관고시 강행! 들끓는 민심!! 원산지표시제 확대! 제대로 될까!!
- 2008.6.30. : 과격시위 vs 강경진압 1박2일 촛불집회

○ 2008.7.1. : '100g에 900원' 미 쇠고기 유통 시작
○ 2008.7.3 : 촛불시위 진압 80년대식?
○ 2008.7.4. : 천주교 시국선언! 다시 평화의 촛불 타오르나?!
○ 2008.7.7. : 빗속의 평화! 50만 촛불의 힘. [주간기획] 왕십리 곱창골목까지도? 쇠고기 수입이 뭐 길래!
○ 2008.7.8. : 머리 빠지는 아이! 원인은 패스트푸드?
○ 2008.7.9. : 쇠고기 원산지 표기 첫 날!
○ 2008.7.14. : 쇠고기 국정조사! 국민불안 해소될까?
○ 2008.7.17. : [기획취재] 미국산, 한 판 뜨자~ 한우가 뿔났다!
○ 2008.7.28. : 미국 쇠고기 장관고시 한 달 후! 국민 쇠고기 신뢰지수는?
○ 2008.8.1. : 오늘 아침 브리핑, 경찰관 기동대 창설! 백골단 부활 논란
○ 2008.8.7. : 부시 미 대통령 방한이 남긴 것

〈좋은 아침〉, 인터뷰 짜깁기로 여론조작

2008년 7월 29일, 〈좋은 아침〉은 촛불시위 진압을 거부한 이길준 의경의 양심선언을 다루었다. 이때 전 의경 부모의 인터뷰 내용을 허락 없이 편집하여 끼워 넣어 방송조작을 하였다가 들통이 났다.

광우병 촛불시위 진압을 못하겠다면서 근무지를 이탈한 이길준 의경의 양심선언을 다루면서 "내 아들이 정권의 허수아비가 되기 위해 간 것은 아니잖아요?"라는 어머니의 인터뷰를 함께 내보냈다. 이 인터뷰는 근무 이탈과 무관하게 20여일 전에 취재한 내용이었다. 그런데 PD는 관련 없는 인터뷰를 편집해서 조작한 것이다. 결국 어머니가 이길준 전경의 근무지 이탈을 지지하는 것으로 조작한 것이다.

그렇잖아도 〈좋은 아침〉은 아침부터 어린이 성폭력, 이혼, 존속 살인, 연예인 자살, 농촌 강절도, 삼성전자 근로자의 백혈병, 물값 폭등, 위기

의 부부 등 우리 사회의 어둡고 칙칙한 면을 너무 자주 보여준다는 비판을 받고 있다. 이 시간대는 시청률의 사각지대여서 음습한 구석을 파고 들어서라도 시청률을 끌어올리려고 기를 쓰고 있었다. 그 후 〈좋은 아침〉은 전 의경 부모의 인터뷰 내용을 편집하여 왜곡한 데 대해 사과방송을 내보냈다.

뿌리 깊은 방송조작의 발자취 탐구

방송 조작의 역사는 미국에서 TV방송 초창기인 60여 년 전에 처음으로 일어난 것으로 알려져 있다. 최근 들어 방송기술이 발달하면서 그 수법도 점점 지능화하고 있다는 것이다. 전 세계 어디서나 사실 전달이 절대 생명인 뉴스나 다큐멘터리에서조차 조작 논쟁이 다반사로 일어나고 있다. 특히 우리나라의 방송조작에 대한 모럴 해저드가 심각한 실정이다. 하루가 멀다하고 방송 조작 사건이 일어나 이제는 만성체질이 되어버린 것 같다. 이에 대해 제작자도 경영자도 책임의식을 전혀 느끼지 않고 재수 없어 걸리면 사과하면 된다는 식이다.

방송에서 조작행위가 일어나는 이유는 사안에 따라 다르겠지만 대부분이 시청률 경쟁 때문이다. 시청률이 낮으면 제작자는 저평가를 받기 때문에 조작을 해서라도 시청률을 올려야 한다.

또 하나는 어떤 특정한 목표가 있을 때 방송조작을 하게 된다. 바로 〈PD수첩〉 광우병이 이런 사례에 속한다고 할 수 있다. 이 프로그램은 만약 노 정권이 정권을 재창출했더라면 무난하게 넘어갔을 것이다. 그런데 자기들이 지지하는 정권이 대패大敗하자 새 정권 타도를 부르짖게 된 것이다. 이것이 바로 광우병 촛불난동으로 나타난 것이다.

여기에는 좌파정권 10년 동안 일어난 평택 미군기지 반대, 맥아더 동상 철거, 송두율 귀국 지지, 김현희 가짜설 유포, 한미FTA반대, 미군기지 다이옥신 오염 사태, 제주 해군기지 건설 반대 등과 반미, 미군철수 등과 연동되는 것이다.

더 큰 문제는 방송을 조작하다가 적발되어도 대부분이 솜방망이 징계로 그치고 있다. 그래서 방송조작이 아무런 죄의식 없이 되풀이되는 것이다. 그래서 방송조작에 대해서는 일벌백계─罰百戒로 엄중하게 다스려야 한다고 하지만 그때뿐이다.

최초의 TV방송 조작은 미국의 '퀴즈쇼'에서 일어났다. 1959년, 'Twenty one'이란 퀴즈쇼에서 6주 연속 우승을 차지한 출연자가 퀴즈쇼가 조작되었다고 발언해서 알려지게 되었다. 그는 청문회에서 담당PD한테 정답을 미리 받았다고 털어놓았다.

1992년 미국 NBC는 '데이트라인'이라는 뉴스에서 GM트럭 충돌 실험 보도를 하면서 연료탱크에 소형 로켓 엔진을 달고 불꽃을 조작하였다. 이 사건으로 NBC 뉴스 신뢰도는 2위에서 4위로 추락했다. 당연히 사장은 책임을 지고 물러났다. NBC는 미국 방송 사상 가장 긴 3분 30초의 사과방송을 내보냈다. 200만 달러의 피해보상금 지불은 별도였다.

1993년 NHK는 다큐멘터리 '오지의 히말라야 무스탕왕국'을 촬영하면서 제작진은 고산병에 걸린 것처럼 산소마스크를 썼으며 유사流砂가 흐르는 장면은 스탭을 시켜서 연출했다. 또 물을 못 마신 말이 죽는 장면은 죽은 말을 사다가 연출하는 등 무려 60여 개의 장면을 조작했다. 이 사건으로 NHK 회장은 6개월 감봉, 수석 감독 6개월 정직 등 6명이 징계를 받았다. NHK는 사장이 직접 나서서 국민 앞에 머리를 조아리고 사과했다.

1996년 독일의 다큐멘터리 PD 미하엘 본이라는 제작자는 91년부터 22편의 TV다큐를 조작하였다가 걸렸다. 아는 사람들을 KKK단원으로 변장시켜 책을 불사르게 하는 등 거의 창작 수준의 다큐멘터리를 만들었다. 이 사건으로 그는 사기혐의로 2년간 감옥 생활을 했다. 출감 후 그는 영국 TV에 출연해서 "만일 조작이 드러나지 않았으면 인간이 목성에 착륙하는 다큐멘터리까지 만들 작정이었다"고 털어놨다.

이런 발언은 방송조작이 마약처럼 중독성이 강하다는 것을 입증해준 것이었다.

1998년 영국에서는 국제적인 상을 여덟 번이나 받은 다큐멘터리 '커넥션'이 조작된 것으로 드러났다. 남미 콜롬비아에서 영국까지의 마약 거래선을 밝히는 프로그램이었다. 더구나 이런 조작은 범죄와 관련된 것이어서 충격이 더 컸다.

2003년 5월 29일, 영국 BBC 국방전문기자 앤드루 길리건(Andrew Gilligan)은 라디오에 나와서 "정부 고위층이 '이라크 전 관련 보고서에 이라크가 45분 이내에 대량 살상무기를 배치할 수 있다'는 내용을 넣을 것을 지시했다"고 익명의 정부 관계자의 말을 빌려서 보도했다. 영국 정부는 즉각 BBC가 거짓으로 보도했다면서 반박했다. BBC도 그 보도는 사실이라고 주장했다.

7월 9일, BBC는 국방부 무기 전문가이자 유엔 이라크 무기사찰단이었던 데이빗 켈리(David Kelly)가 익명의 제보자라고 밝혔다. 켈리 박사는 7월 17일 자살한 시체로 발견되었다. 이듬해 1월 28일 헛튼조사위원회는 "BBC가 취재원이 제공한 정보의 진위를 파악하지 않아서 오보를 냈다"고 결론을 내렸다. 다음날 개빈 데이비스 이사장이, 이튿날에는 그렉 다이크 사장이 오보 파문에 대한 책임을 지고 퇴진했다. 오보를 낸 길리건 기자도 회사를 떠났다. 이 길리건 사건은 오보에 대해 당당하게 책임을 진 BBC를 더 신뢰하는 기회로 만들어주었다. 우리나라에서는 오보가 일어나도 사장이 직접 나서서 국민 앞에 사과한 적도 없고 더욱이 오보에 대한 책임을 지고 물러났다는 사례는 한 건도 없었다. 이건 방송을 조작한 사람과 경영진은 한통속이라는 것을 보여주는 것이다.

2006년 BBC는 〈여왕과의 1년〉 예고편에서 다른 장소에서 촬영한 화면을 같은 장소에서 연속해 일어난 것처럼 조작했다가 망신을 샀다. 한 사진작가가 엘리자베스 2세 영국 여왕에게 왕관을 벗어달라고 요구한 다음에 나오는 장면은 여왕이 화가 나서 촬영을 거부하고 나가는 것처럼 보였다. BBC는 "단순한 편집상의 실수였다"고 해명했지만 비난을 피할 수 없었다. 또 스튜디오에 견학 온 어린이에게 전화를 걸게 하여 퀴즈 정답을 맞히게 하였다. 문제는 런던에서 시청자가 전화를 건 것처럼 조작했다는 것이다. 이것으로 BBC는 1억여 원의 벌금을 별도로 납부했다.

2007년 일본 간사이TV는 '낫토'에 다이어트 효과가 있다는 방송을 하면서 실험 데이터를 조작했다. 낫토를 먹은 참가자들의 중성지방 수치가 개선됐다는 데이터를 보였으면서도 정작 출연자의 중성지방 수치 측정을 하지 않았다가 걸려 신뢰를 잃었다.

죄의식 없이 되풀이 되고 있는 방송조작

이제부터 우리나라에서 최근에 일어났던 방송 조작 사건 사례를 몇 가지만 보기로 하자.

DJ정권 첫해인 1998년, KBS 자연 다큐멘터리 '일요스페셜-수달'에서 화면을 조작한 사건이 터졌다. 거기에 나온 수달은 자연산이 아니라 철망에 가두어 놓은 것이었다. 잡아다 놓은 수달을 마치 자연에 있는 것처럼 촬영을 한 것이다. 이 조작으로 담당PD 신동만 등 관계자 13명이 정직, 감봉 등 중징계를 받았다. 국장 2명은 책임을 지고 보직에서 물러났다.

2002년 1월 MBC '느낌표-다큐멘터리 이경규 보고서'에서는 너구리를 잡는 모습을 찍으려고 그물망에 걸려 있는 너구리 한 마리를 풀어놓고 다시 잡았다가 적발되었다. 그 후 이 프로그램의 신뢰도는 땅으로 떨어졌다.

2008년 SBS 〈긴급출동 SOS 24〉에서 방영된 '찐빵소녀 사건' 방송에 대해 법원은 '방송 조작'이라며 3억 원의 손해배상 판결을 내린 사건이 있었다. 휴게소를 운영하는 가족이 정신이 온전하지 못한 한 소녀를 수년 간 학대했다는 내용이었다.

2009년, 전에 수달을 조작해서 물의를 일으켰던 신동만 PD가 또 조작을 했다가 적발되는 사건이 있었다. 신 PD는 〈밤의 제왕 수리부엉이〉에서 수리부엉이가 토끼를 사냥하는 장면에서 토끼를 묶어놓고 야생에서 찍은 것처럼 조작했다가 윤무부 교수의 제보로 들통이 났다. 그날 밤 늦게 필자는 윤무부 교수와 전화통화로 화면조작이 되었다는 것을 확인하였다.

2009년, tvN의 예능 프로그램 〈화성인 바이러스〉에 출연해 '아는 남자만 400명'이라고 말한 한 여대생은 방송 직후 "제작진이 내가 한 말을 과장·조작했다"면서 양심선언을 했다.

2009년 KBS '미녀들의 수다'에서 "키 180㎝ 이하인 남자는 루저

(loser · 낙오자)"라고 말한 한 여대생의 발언이 문제가 되었다. 이 여대생은 나중에 "그저 작가들이 적어준 대본에 충실했을 뿐"이라고 밝혔다. 이건 국영방송이 외모지상주의를 선동한 것으로 인권을 침해한 사례였다. 이건 추측인데 미국에서 이런 발언이 문제가 되었다면 키가 180cm 이하인 남자들이 집단소송을 걸었을 수도 있고 소송에서 패소했다면 KBS는 파산을 했을 것이다.

2010년 〈뉴스데스크〉는 아이티 대사의 발언을 조작 방송했다가 당사자의 거센 항의로 사과방송을 내보내고 기자에게는 징계를 내렸다. 당시 뉴스 조작에는 상당히 고의성이 있는 것으로 소문이 나 있었다. 이때 일부 보도국 선후배들은 담당 기자의 조작을 오히려 격려하는 작태까지 보였다고 한다.

2010년 KBS 〈VJ특공대〉는 한국에 살고 있는 일본인 유학생을 걸 그룹을 만나러 방한한 열성팬으로 둔갑시켰다. 〈VJ특공대〉는 '한국 아이돌 일본 점령기'에서 '소녀시대'의 일본 팬들이 한국을 직접 찾아왔다고 했는데, 이들 모두는 한국에 살고 있는 일본인 유학생과 회사원들이었다.

2011년 7월 16일, 〈100분 토론〉은 반값 등록금 토론에서 좌파 진영의 전문 활동가로 알려진 운동권 목사를 학부모로 둔갑시켜서 여론을 유리하게 끌고 가도록 조작했다가 적발되었다.

빅뉴스는 "등록금 인하, 어떻게?"란 〈100분 토론〉에 학부모로 소개된 방청객 최헌국 씨는 학부모가 아니었다고 폭로했다.

생명평화교회 목사인 최 씨는 용산참사 범국민대책위 기독교 대표로 단식투쟁을 벌였으며 쌍용차 사태 당시에도 광우병 촛불시위를 주도한 박석운 민주언론시민연합 공동대표와 함께 '쌍용차해결촉구를 위한 사회 각계 인사의 대정부 건의문을 발표했다는 것이다. 최 씨는 또 2008년 6월 12일에는 시청 앞 광장 촛불시위에 나타나 성공회 대성당에서 광우병 쇠고기 반대 기도회를 갖고 기도 후에는 시청으로 행진했다. 〈100분 토론〉 제작팀은 이런 사람을 버젓이 "방청객 최헌국 학부모"라고 자막을 넣어 시민운동가를 학부모로 바꿔치기한 것이다. 이후 〈100분 토론〉은 〈100분 조작〉이라는 결코 아름다울 수 없는 불명예를 얻었다. MBC에서 〈100분 토론〉만을 전문으로 오랫동안 담당했던 이 모 PD는 그 후 JTBC로 옮겨가 유사 프로그램을 맡고 있다고 한다.

2012년, MBC는 올림픽을 보도하면서 홍대, 코엑스, 서울광장 등을 연결하려다 제대로 안 되자 "서울의 한 기업체 사무실"을 보여줬는데 그곳은 바로 MBC 보도국이었다. 이러자 파업 중인 노조가 들고 일어나 사건이 커졌다.

2013년 2월에는 SBS '정글의 법칙'이 '조작 논란'에 휩싸였다. 모 연기자는 "먹기 싫은 거 억지로 먹이고 동물들을 잡아서 근처에 풀어놓고 리액션을 하도록 시켰다"고 털어놓았다. 그런데도 이 프로그램은 높은 시청률을 자랑하면서 승승장구 잘 나가고 있다.

조작 허위 방송에 철퇴를 가하는 선진국

이제는 조작방송의 구체적인 사례와 함께 그것이 가져다준 사회적 파장이 어떻게 마무리되었는지 보기로 한다.

일본에서 허위 조작보도로 일본 열도를 뒤흔들던 "시금치 다이옥신"이란 사건이 있었다. 이 사건은 어떤 면에서 〈PD수첩〉 광우병 프로그램과 일맥상통하는 데가 있을 것 같아서 사건 내막을 자세히 소개한다.

1999년 2월 1일, TV아사히는 밤10시에 방송하는 〈뉴스스테이션〉 16분짜리 환경 특집에서 시금치에서 맹독성 농약인 다이옥신이 검출되었다고 보도했다. 그런데 방송 제작자가 데이터를 잘못 인용하는 바람에 이것이 사회문제로 비화되었다.

TV아사히의 간판 뉴스인 〈뉴스스테이션〉은 혼슈 사이타마껭(埼玉縣) 남단에 있는 도코로자와(所澤) 지역의 시금치 등 농산물에서 다이옥신이 검출됐다고 알렸다. 이때 민간 환경연구소의 검사 데이터를 인용하는 과정에서 실수를 저질렀다. 또 보도에서 "일본 대기오염은 다른 나라 10배 정도이고, 도코로자와는 일본 평균의 5~10배나 된다"라고 말하였다. 이것은 도코로자와 지역의 시금치가 세계 수준의 100배나 될 정도로 다이옥신에 심각하게 오염된 것처럼 알려졌다.

2008년 7월 25일, 조선일보 한삼희 논설위원의 "〈PD수첩〉 日本서 재판받는다면"이란 환경칼럼에서 〈뉴스스테이션〉 앵커와 환경연구소장이 방송에서 주고받은 내용을 썼는데 그것을 옮겨본다.

- 앵커 : 이 야채라고 하는 것은 시금치라고 생각해도 좋습니까?
- 소장 : 주로 시금치입니다만, 이파리식물이죠.
- 앵커 : 이파리 야채가 0.6~3.8이라, 엄청나군요.
- 소장 : 일본 대기오염은 다른 나라 10배 정도고, 도코로자와는 일본 평균의 5~10배나 됩니다.
- 앵커 : 세계 수준과 비교하면 도코로자와 야채의 다이옥신은 100배 높다. 이런 얘기네요.
- 소장 : 100배까지는 어떨지 몰라도 굉장히 높습니다.

한 위원은 "여기서 혼동인지 일부러인지 대기 농도와 야채 농도에 관한 설명이 뒤섞여버렸다"고 지적했다.

이 뉴스가 나가자 그 지역의 시금치 등 야채 값은 폭락하고 농민들은 당장 생계가 막막하게 되었다. 그 지역 농협이 조사한 결과 야채의 다이옥신 검사 수치는 안전범위에 들어 있는 것으로 나타났다고 한다.

TV아사히 이토 사장이 "데이터의 설명이 불충분해 농민 여러분에게 폐를 끼쳤다"면서 사과했지만 허위방송으로 피해를 입은 농민들은 손해배상 청구소송을 제기했다. 2001년의 1심 재판, 2003년의 2심 재판에서는 TV아사히가 모두 승소했다. 법원은 다이옥신의 위험성을 고발한 공익적 프로그램이었다고 판단한 것이었다.

2003년 10월 16일, 일본 최고재판소는 원심을 깨고 TV아사히의 패소로 판결했다. 최고재판소의 판결문은 "TV는 신문과 달리 시청자가 차례차례 제공되는 정보를 순식간에 이해할 것을 강요당하는 것이어서, 녹화 등 특별한 방법을 강구하지 않는 이상 제공된 정보의 의미 내용을 충분히 검토하거나 재확인하는 것이 불가능하므로 (…) 영상과 효과음을 포함한 방송 내용 전체로부터 받는 인상을 종합 고려해서 명예훼손 여부를 판단해야 한다"는 취지였다. 이 판결은 지금도 "명판정"의 구체적인 사례로 칭송을 받고 있다.

이 판결문은 〈PD수첩〉 조능희 PD가 읽었더라면 쓰러지는 소를 광우병 소로, 영국 피츠햄 골절 소를 광우병 소로, 위장 수술 후유증인 베르니케뇌병변의 소견이 있는 아레사 빈슨의 사인은 인간광우병으로 조작하지는 않았을 것이다.

TV아사히는 다이옥신이 고농도로 검출된 엽차 잎의 검사 결과는 숨기고 '주로 시금치'라고 하여 시청자의 오해를 산 것이다. 재판부는 위험성을 과장해 센세이션을 일으키려는 의도가 반영된 것이라고 본 것이다. 아사히 보도국장은 "우리 주장이 받아들여지지 않아 유감이다. 판결은 국민의 알 권리와 자유를 제약할 가능성을 안고 있다고 생각한다"면서 변명했다. 최고재판소의 판결이 나오고 다섯 달 만인 2004년 3월 〈뉴스스테이션〉은 추억 너머로 영원히 사라졌다. 자승자박에 사필귀정이었다. 진실이 거짓을 누르고 이긴 것이다. 18년간 그 프로그램을 진행했던 구메이 히로시 앵커도 책임지고 퇴진했다. TV아사히는 농민들에게 1,000만 엔을 변상하는 것으로 합의하고 사건은 마무리되었다.

1985년 10월 7일에 첫 전파를 발사한 〈뉴스스테이션〉의 인기는 일본에서 23개 방송사가 받을 정도로 대단했다. 이 프로그램은 드물게 TV아사히와 연예인 매니지먼트 기업인 오피스·Two·One이 공동 제작하였다. 초기에는 8%대의 시청률을 보였지만 나중에는 보도 프로그램치고는 드문 20%의 시청률을 기록했다. 하지만 '시금치 다이옥신' 허위보도로 인해 20년 가까이 지속된 장수 프로그램은 설 땅을 잃어버렸다. 다이옥신 시금치 파동은 광우병에 비할 바는 아니지만 일본 법원은 허위보도에 대해 준엄하게 책임을 물었다. 이것이 바로 국가의 정도正道이며 법치法治이다.

실패로 끝난 좌파들의 광우병 촛불난동

지난 10년 동안 정권에 아부하면서 달콤한 꿀맛에 길들여진 좌파 방송인들은 광우병 촛불시위로 정권을 뒤집고자 했다. 하지만 국민들의 호응은 거기까지였다. "명박산성, 불통산성"으로 선동했지만 대다수 국민들은 좌파들의 불순한 의도를 눈치 채고 슬슬 빠져나갔다. 이들은 뒤집기에 실패하여 폐족廢族이 되었다.

1999년 이후 파업과는 담을 쌓고 있었던 MBC노조는 대대적으로 파업에 돌입하였다. 2008년부터 2012년까지 네 차례의 파업과 두 번의 제작 거부를 하게 된다. 이런 일은 과거 DJ, 노무현 정권에서는 감히 생각조차 할 수 없는 사건이었다.

〈PD수첩〉의 일격으로 정권은 개혁의 동력을 잃고 허둥대었지만 대통령에게는 제갈공명諸葛孔明같은 책사策士가 없다는 게 불운이었다. 정권 5년 가운데 잃어버린 1년은 영원히 보상받을 수 없는 시간이 되었다. 노무현 정권에서 넘겨받은 미국산 쇠고기가 국민에게는 다시는 만회할 수 없는 손실을 끼쳤다. 그때 누구 하나 광우병 촛불난동을 초기에 냉정하게 합리적으로 풀어볼 생각은 안하고 '촛불집회 하다가 그치겠지' 하는 안이한 태도로 대처하였다.

MB정권의 실세였던 곽승준 대통령 직속 미래기획위원장은 2012년 3월 22일, JTBC 시사토크쇼 〈신예리 & 강찬호의 직격토크〉에서 "2008년 촛불집회 때 실용파가 힘을 잃고 강만수 씨 등 과거 패러다임을 고수하는 훈구파가 득세하면서 MB노믹스가 좌초할 수밖에 없었다"고 주장했다. 노선 전환의 결정적 계기는 '촛불시위'였으며, 이 대통령도 촛불소동을 기점으로 급격히 수구적으로 변했다고 지적했다.

곽승준 씨는 또 "매년 7%씩 성장해서 4만 달러 시대로, 세계 7위 국가가 된다는 '747공약'은 이뤄질 수 없는 것인데 홍보라인에서 밀어서 내놓게 된 것이라 안타깝다"고 토로吐露했다. 이처럼 〈PD수첩〉 광우병 프로그램 하나가 정권의 숨통을 조인 것이다. 〈PD수첩〉 광우병이 정권과 국가 전체에 미친 부정적인 영향은 감히 계량화된 수치로 표현할 수 없었다.

대법원은 4년 2개월에 걸쳐 공방전을 벌인 〈PD수첩〉 광우병에 대해 제기된 7건, 43억여 원의 손해배상 청구소송과 형사재판에서 모두 무죄를 선고했다. 광우병 방송은 범죄로 인정할 만한 것은 없다고 본 것이다. 이를 두고 당사자들과 일부 좌파언론은 "〈PD수첩〉 보도의 정당성을 확인하는 동시에 정부와 검찰의 주장이 억지였음을 말해 주는 증거"라고 주장했다. 그들은 무죄를 선고받자 "그동안의 소회를 생각해 한을 풀어 놓자면 제작진끼리 서로 끌어안고 통곡해도 시원치 않고, 실명을 거론하며 큰 소리로 비난해 주고 싶은 사람이 한두 명이 아니라"고 말했다.

〈PD수첩〉 광우병을 제작한 조능희 PD는 트위터에 "드디어 피고의 여정이 모두 끝났습니다. 이젠 3개 소송의 원고가 되었습니다. 이런 날을 고대했습니다. 2년 6개월 전 겨우 형사재판 1심을 끝내고 쓴 글을 다시 보며 감회에 젖습니다. 이제 다시 시작입니다"라면서 결연한 의지를 보였다.

〈PD수첩〉 광우병 소송현황 일람

개요	사건본호	원고 (청구취지)	피고 (피고소인)	청구이유	진행상황	기일진행
농림부제기 정정/ 반론보도 청구소	대법원 2009다 52649	농림 수산식품부 (정정/반론)	문화 방송	미국산 쇠고기의 광우병 감염 위험성에 비추어 이번 미국산 쇠고기 수입위생조건의 문제점을 보도하였으나 다우너 소, 최근 사망 여성의 사인 및 MM형 유전자와 광우병과의 상관관계는 높지 않고, SRM 분류기준 및 광우병 발병 시 우리 정부 단독 조치 등에 대해 오보함	* 1,2심 일부 패소(정정보도 및 반론보도) * 쌍방 상고 * 현재 상고심 계속 중	기일 미지정
SRM제거 광 우병 발병소 위험성 논란	서울고등 2009나 24813	심재철 (정정보도)	문화 방송	광우병 걸린 소라도 SRM을 제거하면 안전하다는 자신의 발언은 과학적인 사실임에도 불구하고 위 발언이 터무니없는 것처럼 보도하여 명예를 훼손함	* 1심 본사 승소 * 심재철 항소 * 항소심 진행 중	2010. 1. 27. 10:00 선고기일

미국산 쇠고기 보도 시청자 피해 (시변1차)	서울고등 2009나 32135	강경문 외 461 (4.62억 배)	문화방송	미국산 쇠고기의 위험성이 낮음에도 불구하고, 다우너 소, MM형 유전자, 최근 사망 여성의 사인, SRM 분류기준 등에 대하여 허위 보도를 하여 방송법을 위반함으로써 일반 시청자인 원고들이 정신적 스트레스와 공분을 느끼고, 촛불집회로 출퇴근 불편을 겪으며, 먹거리 및 방송 프로그램에 대한 불신감을 느끼고 수출입업자, 택시영업자, 한우 식당업자의 영업이익이 감소됨	* 1심 본사 승소 * 원고항소 * 항소심 진행 중	2010. 1. 13. 10:00 선고기일
재미교포 피해 (시변2차)	서울남부 2009가합 670	정광길 외 378 (10.2억 배)	문화방송	미국산 쇠고기의 광우병 우려 보도로 인하여 재미교포인 원고들은 광우병 위험에 대해 무지한 사람들로 인식되고, 미국인들과 갈등을 겪는 등 정신적 피해를 입음	* 1심 진행 중	2010. 1. 26. 10:00 선고기일
재미교포 및 시청자 피해 (시변3차)	서울남부 2009가합 1635	간정혁 외 268 (2.69억손배)	문화방송	미국산 쇠고기 광우병 우려 보도로 인한 시청자피해소송 Ⅰ, Ⅱ 에 이은 추가 소송	* 시변 2차와 병합심리 중	2010. 1. 26. 10:00 선고기일
명예훼손 형사고소	서울중앙 2009고단 3458	민동석 정운천	송일준 외 5인	이번 미국산 쇠고기 수입위생 조건의 문제점을 보도하였으나 다우너 소, 최근 사망 여성의 사인 및 MM형 유전자와 광우병과의 상관관계는 높지 않고, SRM 분류기준 및 광우병 발병시 우리 정부 단독 조치 등에 대해 오보하였으며, 이로 인해 정부의 명예를 훼손함	* 검찰 불구속 기소후 1심 공판절차 진행 중	2010. 1. 20. 14:00 선고기일
에이미트	서울남부 2009가합 17586	에이미트외1 (3억손배)	문화방송 외6	쇠고기협상 보도로 인해 쇠고기 수입업자인 원고들의 영업이익 감소로 인한 손해배상청구	* 1심 진행 중	2010. 1. 19. 10:25 변론기일

여기서 김성옥 씨가 조갑제닷컴에 올린 명단 가운데 방송에서 광우병 보도와 직접적으로 관련된 인물들을 열거하기로 한다. 이들 말고도 더 많은 제작자들이 있지만 임원들과 대체로 핵심적인 역할을 한 사람들만 밝힌다. 아무래도 광우병과 관련해서는 방송 3사 가운데 MBC가 가장 독하게 프로그램을 만들었다고 볼 수 있다. *표시가 된 임원은 필자가 추가한 것이다.

MBC가 〈PD수첩〉으로 광우병 문제를 왜곡하여 촛불시위에 불을 당겼으며 KBS와 SBS는 뉴스와 시사프로그램으로 불법폭력을 선전·선동하고 경찰의 공권력을 비웃는데 앞장을 섰다. 당시 지상파 3사의 방송책임자는 아래와 같다.

〈MBC〉
엄기영(사장, 강원 춘천, 출신학교 서울대 사회학과)
*김종국(기획조정실장, 서울, 고려대 경제학과)
송일준 (PD수첩 진행, 시사교양국 부국장. 전남 영암. 고려대 사회학과)
신경민(뉴스데스크 앵커, 전북 전주, 서울대 사회학과)
송재종(보도본부장, 서울, 서울대 불문과)
김성수(보도국장, 서울대 독문과)
정호식(시사교양국장, 전 언론개혁시민연대 집행위원, 고려대 사회학과)
김세용(보도국 총괄데스크, 충북 영동, 성균관대 사학과)
정형일(뉴스데스크 팀장, 전북 고창, 서울대 영문과)
정관웅(보도제작국장, 서울, 한국외대 정외과)

〈KBS〉
정연주(사장, 경북 경주, 서울대 경제학과)
이일화(보도본부장, 충남 홍성, 공주사대)
유연채(보도본부 보도총괄팀장, 서강대 신방과)
남성우(편성본부장, 전남 함평, 고대 신방과)

홍기섭(뉴스9 앵커. 한양대 경제학과)
용태영(미디어포커스 데스크, 전남 광주. 서울대 법대)

촛불시위 사회적 비용은 3조7천억 원

2008년 한국경제연구원은 "촛불시위의 사회적 비용"이라는 보고서에서 촛불시위로 인해 발생한 총 사회적 비용은 3조 7,513억 원이라고 발표했다. 총 비용은 2007년 GDP 기준 0.4% 규모로 나타났다.

〈추정결과 요약〉   (단위: 백만 원)

구 분		범주	비용	소계	합계
직접피해 비용	참가자의 생산손실	촛불시위 참가자	0 (109,031)	35,623	1,057,453
		민노총 파업	35,623		
	공공지출	경찰비용	81,576	83,986	
		인적물적비용	2,410		
	제3자의 손실	교통 관련 비용	2,665	937,844	
		영업손실	904,179		
		광고손실	31,000		
간접피해 비용	사회 불안정	거시 경제적 비용	1,837,764	2,693,893	
	국정과제지연	공공개혁 지연비용			

주: 1) ( )안은 본 연구에서 사회적 비용으로 간주하지 않은 촛불시위 참가자의 생산 손실을 의미함.
2) 광고손실은 조선, 중앙, 동아일보 3사의 평상시 월평균 광고수입과 광고 중단 압력 이후의 광고수입과의 차이임. 따라서 광고로 인한 승수효과는 제외되었음.

직접 피해비용은 1조574억 원에 달했는데 시위 참가자의 생산손실만 356억 원이나 되었다. 여기에는 민노총 파업에 따른 생산손실만 포함된 것이었다. 일반인까지 포함시키면 더 늘어나게 될 것이다. 공공지출비용은 840억 원이었다. 시위를 진압한 경찰 비용은 816억 원, 인적·물적 비용은 24억 원으로 나타났다. 촛불시위에 참가하지 않은 제3자의 손실은 9천378억 원으로 거의 1조 원대에 이르렀다. 서울시청과 광화문 인근 지역 사업체, 식당, 서비스업체 등이 입은 영업손실은 9천42억 원, 교통 관련 비용은 27억 원, 광고 손실은 310억 원이나 되었다.

간접피해 비용도 2조6,939억 원으로 만만치 않았다. 사회 불안정에 따른 거시 경제적 비용은 1조8,378억 원에 달했으며, 공공개혁 지연에 따른 비용은 8,561억 원이었다.

점차 시간이 흐르면서 시위참가자나 주동자(이익집단)들이 '촛불'에 편승하면서 공기업 민영화, 교육개혁, 기업환경개선을 위한 규제개혁, 한·미 FTA 반대 등 미국산 쇠고기 문제와 무관한 정부정책에 제동을 걸었다. 또한 국회의원들이 등원을 거부하여 민생법안 처리가 지연되었고, 특정 언론에 대한 광고 중단 압력 등으로 시장경제의 기본 메커니즘이 흔들리고 있는 실정이 반영된 것이다.

■ 에필로그 ■

혁명을 꿈꿨던 좌파 방송인들의 음모

미국산 쇠고기가 정권을 불구로 만들었다. 정말 기가 막힐 일이었다. 자기들과 코드가 맞는 정권은 방송의 포맷을 깨면서까지 서로 모시지 못해 안달이었다. 김대중 대통령은 임기 중은 물론 퇴임 후에도 방송에 출연했다. 오히려 현직 대통령보다 더 자주 방송에 등장했다.

이명박 정권 중반부터 좌파 방송의 난맥상을 차기 정권에 넘겨주지 말 것을 틈만 나면 권고했다.

무엇보다 MBC사태는 간단하게 보았다가는 차기 정권의 발목을 잡게 만든다고 지적했다. 이명박 정권에서 누구 하나 이 말을 경청하지 않았다. 정권 5년은 참으로 짧다. 그 꿈을 펼치기에는 시간이 너무 부족하다. 죽어라고 뛰어도 다 못할 수 있다. 마라톤 선수가 42.195킬로미터 풀코스를 달릴 때 몸에 주렁주렁 뭔가를 매달지 않는다. 대통령도 그와 같다. 거치적거리는 게 있으면 개혁의 속도가 떨어진다. 바로바로 제거해야 한다.

아니나 다를까, 야당은 MBC 사태를 빌미로 물고 늘어졌고 새 정부는 출범부터 꼬였다. 정말 가공可恐할 만한 전술이었다.

"MBC 해고 노조원 복직 그리고 김재철 사장 퇴진과 검찰 수사 촉구"

어떻게 MBC 사태를 갖고 새 정부 조직개편과 바터를 할 생각을 했을까? 이것은 전적으로 MBC 사태를 차기 정권에 넘겨준 전임 정권이 책임질 일이다.

여기서 MBC해고자의 복직 문제는 정치권이 끼어들 문제가 아니다. 이명박 정권에서 230여 일을 파업하고 광우병으로 촛불난동까지 일으켰다. 불법 정치 파업에는 응당 책임이 따르게 마련이다.

김재철 사장 퇴진 운운하는 것은 방송에 정치가 개입하는 것이다. 저들은 이명박 정권이 김 사장을 낙하산으로 보냈다고 주장했다. 사장을 내려라 하는 것 자체가 정치권이 방송에 개입하는 것이다.

검찰 수사 운운하는 것은 야당의 방송 개입을 넘어 사법부에 대한 개입이다. 김 사장의 불법행위가 많이 공개되었고 노조가 고발한 마당에 검찰의 태도를 지켜보면 되고, 혹시 그 범죄를 입증할 수 있는 물증이 있으면 그리로 건네주면 된다.

대한민국은 삼권분립이 철저한 민주국가이다. 입법부가 사법부에 특정인을 수사하라고 압박하는 것은 월권행위이다. 그러면서 국회의원 체포동의안 처리에는 이리 빼고 저리 돌려 제 식구 감싸기를 해오지 않는가.

김대중, 노무현 정권으로 이어진 10년은 북한에 대한 퍼주기로 우리 국민들은 통일이 내일이라도 될 것처럼 마취시켰다. 그건 김정일을 너무 가볍게 본 것이다. 이때 방송 3사는 정권에 충성경쟁을 하려고 북한으로 달려갔다.

1997년, MBC는 흑금성에 비밀리에 접근해 북한 TV프로그램 독점취재계약을 맺었다. 여기에는 삼성전자 애니콜 광고 제작도 들어 있었다고 한다. 이것은 김대중 정권으로 연결된 방송의 북한에 대한 과열로 이어지게 되었다. 이것을 감지한 통일부는 MBC의 방북을 불허하게 된다.

이러는 사이에 흑금성의 실체가 드러나고 북한 현지 취재는 수포로 돌아간다. 2006년 MBC는 아자커뮤니케이션과의 소송에서 일부 승소한다.

방송에서는 북한보다 더한 김일성 3대에 대한 충성으로 넘치고 있었다. 북한은 우리 것을 겨우 한두 개 방송하는 데 비해 우리는 북한의 좌파이념을 선동하는 프로그램들을 받아다 방송하거나 마오쩌둥은 물론 남미의 좌파전도사, 미국의 저격수라고 불렸던 베네수엘라 우고 차베스 대통령의 일대기를 국영방송에서 내보냈다. 그런 그도 2013년 3월 5일 눈을 감았다.

좌파정권 10년 동안 교육을 받은 학생들이 지금은 청년이 되어 직장을 잡게 되었다. 이들은 좌파정권에서 "한 가지만 잘하면 대학에 간다"는 달콤한 포퓰리즘에 매료되어 자기 개발을 등한시했다. 세상은 냉엄한 것이다. 세상은 경쟁이다. 경쟁이 없으면 세상은 답보상태에 머물렀을 것이다. 18세기 산업혁명은 기술의 진보를 가져왔다. 당시 증기기관으로 대표되는 "발전의 엔진"은 교육이었다. 아마 교육이 없었으면 기술진보는 한참 더뎠을 것이다.

부모는 자식이 평판이 좋은 사람을 따르라고 말한다. 자기 자식이 못된 인간과 만나기를 반길 부모는 이 세상 어디도 없을 것이다. 국가도 마찬가지다. 우리나라는 세계의 시선을 끄는 나라가 되었다. 조그만 나라 대한민국이 어떻게 IT에서 저렇게 앞서가는지 의아하게 생각하게 되었다.

좌파정권 10년 동안 우리 방송이 북한에 보낸 관심들이 무엇이 되어 돌아왔는지 생각해 볼 일이다. 계속 퍼주었더라면 북한이 핵실험을 안 했을 것이고 미사일을 발사하지 않았을 것이라고 생각하는 것은 순진하다 못해 바보스런 생각이다. 북한이 남한에서 받은 돈과 곡물과 생필품을 어디다 썼는지는 이미 다 밝혀진 것이다.

2002년 김대중 정권이 막을 내릴 즈음 방송은 차기 정권 재창출에 동원되었다.

6·15남북공동선언, 2002년 월드컵 4강 진입 등 경사스런 분위기를 이어 나가 차기에 좌파정권이 실권을 잡으려는 것이었다. 방송은 6·15정신이 퇴색되지 않도록 분을 바르고 광내는 일에 몰두하고 있었다. 방송 3사는 계속해서 군불을 지피면서 구들장이 식지 않도록 충성을 바쳤다.

좌파정권에게는 월드컵 4강이 큰 힘이 되었다. 비록 안방에서 치른 지구촌 축제이기는 했지만 4강이라는 화려한 실적을 거두었다.

전국에 대한민국의 함성이 가득할 때 뜻하지 않은 사건이 터졌다. 바로 연평해전이었다. 월드컵 결승전만 남겨놓은 때에 북한은 연평도 북방한계선(NLL) 근처에서 순시 중이던 우리 해군 함정에 선제공격을 가했다. 6명의 군인이 희생되었고 군함은 침몰되었다. 이렇게 우리 해군이 피해를 입었고 국가 자존심에 상처를 입었는데도 DJ정권은 월드컵의 열기가 식을까봐 전전긍긍 눈 하나 까딱하지 않았다.

국민들은 놀라서 기절할 지경이었는데도 김 대통령은 일본에서 열리는 월드컵 결승전을 참관하러 도쿄로 날아갔다. 그는 히로히토 일왕과 나란히 앉아서 결승전을 지켜봤다. 그때 김 대통령은 무슨 생각을 하면서 축구를 관람했을까?

6월 29일 방송 3사는 연평해전을 시시각각 전하고 있었다. 워낙 갑작스럽게 당한 일인지라 국민들은 대경실색했다. 이때는 북한의 선제공격으로 우리 해군이 피해를 입은 것으로 보도되었다.

그런데 보도에 돌발변수가 생겼다. 7월 2일부터 MBC가 연평해전이 우리 어선이 월선조업을 하는 바람에 일어난 것으로 몰아가기 시작한 것이다. 여기에도 관성의 법칙이 작용하는지 MBC는 멈출 줄 모르고 우리 어선의 월선이 북한 공격의 빌미가 되었다고 선동했다.

또 어선의 월선 조업을 막지 않은 우리 군에도 책임이 있다는 식으로 보도몰이를 하고 있었다.

반면에 KBS, SBS는 연평해전은 북한의 도발이라는 처음의 보도태도를 그대로 지켰다. 이렇게 되자 MBC는 최후의 카드를 꺼내들었다. 우리 어선이 월선조업을 하고 있다는 연평도 주민을 찾아낸 것이다. 이 사람의 인터뷰를 넣어 보도하면서 우리 어선의 월선조업을 막지 못해서 연평해전이 일어났다고 군을 비난하고 나섰다.

이때는 대선을 다섯 달 남겨두고 있었던 시점이다.

대통령, 박수치는 사람 없는 쓸쓸한 퇴장

이명박 정권은 끝내 아마추어리즘에서 헤매다가 역사의 뒤안길로 사라져 갔다. 애벌레는 허물을 벗지 않고서는 나비가 될 수 없다. 이명박 정권은 나비가 되질 못했다. 그저 누에고치 속의 애벌레에 머물렀다.

필자는 이명박 정부와 어느 정도 교감을 나누고 있었다. 이명박 대통령과는 청계천 복원사업을 할 때 인연을 맺었다. 서울시장 당시 시장실에서 두어 번 만난 적도 있었다.

이명박 정부는 4년짜리 정권이었다. 흔히 말하는 잃어버린 1년이 천추의 한이었다. 국가 백년대계를 설계해야 할 중대한 시기에 "명박산성"과 "촛불 불통"으로 실기失機를 한 것이다. 5년 임기 중 1년은 금싸라

기같은 시간이다. 한번 간 시간은 그것으로 끝이다.

  돈은 잃으면 벌면 되고 건강은 잃으면 되찾으면 되지만, 시간만은 한번 잃어버리면 끝이다. 시간은 지위의 고하 여하를 막론하고 하루 24시간이다.

  이명박 정권이 실패작으로 끝난 것은 전적으로 MBC에 책임이 있다고 본다. MBC는 이명박 대통령이 하는 일이면 뭣이든 시비를 걸었다. 예쁘게 본 것이 하나도 없었다.

  이명박 정권은 정말 운이 없었다. 2008년 4월부터 〈PD수첩〉이 광우병 프로그램을 다섯 번이나 내보내고 〈좋은 아침〉이 매일 광우병으로 선동하고, 드라마 〈스포트라이트〉에서 광우병 현장을 연결하는 장면을 집어넣고, 일일드라마 〈아현동 마님〉에서 수입 쇠고기를 들먹이면서 국민들을 공포의 블랙홀로 빨아들였다. 이때 이런저런 관계로 정권의 배려를 받아 높은 자리에 올라간 임원들은 머리카락 보일라 꼭꼭 숨었다.

  이명박 정권은 MBC 경영진을 잘못 선택한 것이다. 거기다가 정치색깔이 분명한 노조를 만만하게 본 것이 불행의 시작이었다. 펄펄 끓는 물을 식히려면 장작을 빼내야 한다. 솥에다가 찬물을 아무리 부어봐야 잠시뿐이다.

  이럴 때 정권의 안위安危를 예측하고 나설 수 있는 용기를 가진 인물이 하나도 안 보였다. 또 허황된 광우병 선동을 잠재울 수 있는 책사策士 하나 안 보였다. 결국 정권은 광우병 촛불시위 – 미디어법 반대 – 4대강 반대 – 한미FTA 반대 등 정치파업으로 이골이 난 "막강 MBC노조"를 만만하게 보았다가 큰코다친 것이다. MBC는 정부 조직개편안으로 새 정부의 발목을 잡고 늘어지게 만들었다.

  무주공산 MBC는 20년 넘게 음모를 먹고 자란 독버섯과 같은 괴물이다. MBC를 만만하게 봤다가는 또 다시 국운을 상승시킬 기회를 상실하게 될 수도 있다.

　이에 대한 답은 "민영화"이다. 오죽했으면 김대중 정권은 출범하자마자 MBC를 민영화시키려고 작업했을까. 이렇게 되자 MBC는 특수로비팀을 급조해서 민영화 저지에 나섰다. 독버섯은 음습한 데서 잘 자라는 법이다.

■ 저자후기 ■

그리스 철학자 아리스토텔레스는 이렇게 말했다. "대중이 믿지 않는 진실보다 대중이 믿는 진실 같음이 더 설득력이 있다."

또 프랑스 사상가이자 사회심리학자였던 구스타브 르봉Gustave Le Bon(1841~1931)은 그의 저서 『군중심리』에서 "군중 속의 개인과 독립된 개인은 다르다. 일반 개인은 똑똑해도 군중 속의 개인은 멍청하다. 따라서 군중도 멍청하고, 원시적이며, 충동적이다"라고 했다.

독일 나치정권에서 교묘한 선동정치로 젊은이들을 전쟁터로 끌어낸 선전장관 파울 요제프 괴벨스Paul Joseph Goebbels(1897~1945)는 "사람들은 한 번 말한 거짓말은 부정하지만, 두 번 말하면 의심하게 되고, 세 번 말하면 이내 그것을 믿게 된다"고 했다.
이 모든 주장과 매스 미디어는 오늘날 하나로 이어진다.

미국 시카고대 역사학자 다니엘 부어스틴Daniel J. Booerstin(1912~)은 『이미지와 환상(원제 Image)』에서 "미디어가 이미지를 있는 그대로 자연스럽게 보여주는 것이 아니라 조작되고 만들어진 것이며 이것은 가짜다. 이런 가짜 이미지가 진짜를 압도하여 사람들이 가짜를 더 따르고 믿고 있다."고 설파했다. 이게 1960년대 미국의 병리현상이었는데 50년도 더 지난 우리 사회에 그대로 적용되고 있다. 미래를 내다본 부어스틴의 선견지명에 경의를 보내고 싶다. 부어스틴의 『이미지와 환상』을 읽으면서 자연스레 광우병 촛불난동을 떠올렸다.

우리는 매일 방송을 접하며 그 안에서 웃고, 울고, 기뻐하고, 슬퍼하며, 내일의 희망을 꿈꾸기도 하지만, 절망하고 분노하며 길거리로 뛰쳐나오기도 한다. 하지만 그 이면에 의도된 국가 정체성에 대한 부정과 사상적 이념적 지배 이데올로기에 대한 대항이 담겨 있다면 방송은 이미 그 기능을 상실했다고밖에 볼 수 없다. 이것이 바로 위장 민주언론이다.

  이 책은 위장 민주언론 세력들의 방송장악 음모와 왜곡, 편향적 시도를 막아내기 위한 고뇌의 흔적이다.
  MBC와 관련된 내용이 많은 것은 방송을 장악하고 파업을 주도한 책임의 대부분이 MBC노조에 있기 때문이다. MBC는 방송 3사의 파업은 물론 이념 투쟁을 선두에 서서 지휘했다.

  이 책에 이어서 다음에는 이명박 정권에서 종북 좌파, 위장 민주언론 세력들이 정권을 탈취하려는 음모와 불통의 정권, 대통령으로 만들어가는 과정을 밝히는 책을 낼 것이다.

  이 책이 나오기까지 도와주신 분들이 많이 있지만 그 분들의 완곡한 사양에 따라 이름은 거명하지 않았다.
  그 분들에게는 좀 미안한 얘기지만 "아직 봄이 오기에는 멀었다"고 할 수 있다. 이 분들이 "나도 이 책이 나오는 데 공을 들였소"라고 당당하게 밝힐 수 있는 날이 어서 오기를 기대한다.

2013. 9.
공저자 최도영·김강원

좌파정권 10년, 방송은 이런 짓들을 했다

2013년 9월 5일 초판 인쇄
2013년 9월 12일 초판 발행

저　자 ｜ 최도영·김강원
펴낸이 ｜ 박기봉
펴낸곳 ｜ 비봉출판사
출판등록 ｜ 317-2007-57 (1980년 5월 23일)
주　소 ｜ 서울 금천구 가산동 550-1. 롯데 IT캐슬 2동 808호
전　화 ｜ (02) 2082-7444
팩　스 ｜ (02) 2082-7449
E-mail ｜ bbongbooks@hanmail.net / beebooks@hitel.net
ISBN ｜ 978-89-376-0400-3 03330

값 15,000원

ⓒ 이 책의 판권은 본사에 있습니다.
본사의 허락 없이 이 책의 복사, 일부 무단전제, 전자책 제작 유통 등 저작권 침해 행위는 금지됩니다.